谢晖法学论著系列

法的思辨与实证

谢晖 著

法律出版社
LAW PRESS · CHINA

谢晖：流浪的思想

——《法的思辨与实证》再版序

丽君来信告诉我：她决定把这部已经出版了十三年的书重新出版，期望我能够就内容进行修订，并征求我的意见，能否把涉及回族法文化的几篇文章删去，以新的论文替代？我答应了她的再版要求，尽管这部书之前已经重印过，但还是敝帚自珍，能够再行出版，让它力所能及地发挥可能的作用，对作者而言，总是期待的。但我没有同意再行修改或增删，只强调书中发现的错别字和明显的语法、修辞、逻辑以及常识错误肯定是会修改的。

之所以这样回复，是自从我步入学界以来，尽管心头想专心致志，从一而终，但笔头并不听心头使唤，自觉不自觉地会把一些“自专”之外的所思所想带到当下的、情境化的写作中。既往的写作，不但同样是情境化的产物，也是思想流浪路上的一点印记，所以，既无精雕细琢、十年一剑，藏之名山、以求不朽的志趣，也就没有对以往作品不断修改、推陈出新的想法。在我的作业中，除了对教材有这种想法和要求外，其他所有作品，只以记载一时一地的思想为宗旨，而不太关注对思想的刻意修葺，以保障自己的思想处于不断地流动、更新和流浪中，避免只及一点，不计其余；只顾自家门前雪，莫管他人瓦上霜，从而以一种开放心态保障对各家学说的关注、敬意或批评，也以流动的态度看待自己思想的变迁或者流浪。

关注我作品的人或许知道，我的学术兴趣，一直在法哲学领域，即使近些年来对法律方法和民间法的关注，也没有背离这一兴趣太远。虽然已经出版的那些文字能不能算作法哲学和法律哲学的作品，尚可讨论，但我的致思趋向和追求，一直不离自己所认为的法哲学框架。无论是微博短语还是学术随笔，也无论是学术论文还是学术著作，都力求有自己观点或思想，不泥人云亦云，不拘既有成说。在这一宗旨下，我所关注、研究或思想的领域，却流动或流浪在以法哲学为前提的法制现代化、民间法、法律方法、宪政理论，甚至理论经济学、人类学和传统文化等极为广阔的学术地带。这样的研究，自然常常会流于浮泛，甚至浅薄，但对全方位认识所面对的问题，又不失深刻，至少在一定意义上可以避免盲人摸象那般的偏颇。

所以，让思想流浪，或许无法收获专心致志、咬定青山、"术业有专攻"的效果，但能增益登高望远、放眼人寰、"一览众山小"的情趣。何况思想对思想者而言是一种情趣，但对社会而言，或许不仅仅是情趣，也可能会阴差阳错地带给社会以思想教化、思维启迪、决策参考乃至人生指导等。因此，思想的流浪，对思想者而言是其人生道路和意义的组成部分，是观照思想者多面人生的流动窗口，也是其人生风景的连环画册。倘若拘泥于不断修改、日臻完善，虽可见精雕细琢的精致，但无法领略原始纯朴的本真。可见，流浪的思想，不仅是对思想的结果期待，而且是观照思想的流动过程。对已版论著过于裁减、雕琢和修订再版的不当之处，就在于容易遮蔽和省略思想者的思想过程，只看到业已成死水的思想结果。

或以为，比较原版和修订版之间的变化和差异，不也能看到思想者的思想变迁过程吗？诚然如是。但这种比较，仅仅对那些刻意研究某些思想者及其思想的人而言有用，对绝大多数读者而言，读了某一作品的原版，再去读其修订版的可能性甚少。而对接续原版探索的作品，阅读的可能性或更大。这种争取读者的考量，似乎过于功利化，但只要追求思想的传播，功利就是思想者不能舍弃的重要追求之一。抱着玩的态度对待思想，尽管完全可能获得意想不到的思想创造和传播，但迄今为止，我们还很难找到哪位思想家是抱着玩的心态而创造出伟大的思想，并且播之广大、传之久远的；反之，我们所见到的思想家及其流传广大、久远的作品，往往是其笃定使命、精心构思的结果。即便像庄周、叔本华、尼采那般汪洋恣肆、激情澎湃的学术创作，也绝不是其抱着玩的心态而成就的；反之，怀着强烈社会使命感而著书立说，是这些思想者的普遍情怀。他们的思想态度,在本质上是任思想随其认识而流浪。显见,对于不刻意追求在某一学术领域从一而终的学者而言,与其耗时费工修订其作品,不如任思想自由流淌、随心流浪,更容易让读者窥见一位思想者的思想轨迹和作业流程。

当然,思想的流浪更在于思想者无可避免地生活在主观世界和客观情势不断的动态碰撞中。这种碰撞或许是思想遇到了新事物、新经验、新领域,或许是思想对既有事物的认知产生了怀疑并因而转向新认识。只要思想不囿于自我禁闭的斗室,就必然流动在意识与事物的不断接触和碰撞中。这样说来,似乎没有永恒一贯的思想:没有原理、没有原则,也没有价值。其实,在这种原理、原则和价值缺席的表面背后,却横亘着一种放之四海而皆准的精神,那便是思想是自由的。流浪的思想就是自由的思想,就是面对时空,又不受时空拘限的思想。

要面对时空,是说任何自由流浪的思想,都是时空的产物,是思想者面对时空思索和创造的结果。即便一位思想者一生只生活在自己设置的小小围城里,像康德那样,足不出城,但自由的思想照例能够仰望星空,推出"星云假说";勘查神人,奉献"三大批判"。所以,自由的思想面对时空,既可能是面对自己所亲历的时空,也可能是面对经由间接经验而想象的时空。思想者必然被时空所羁绊,但不一定是被其行止所至的时空所羁绊,而是被其认知所至的能力所制约。也因如此,以康德之聪颖天资,也要强调在对"现象"的认知之外,尚有宗教、灵魂、自由等人类认知难以抵达的"信仰"之域。

又不受时空拘限,则是说一方面,自由的思想会凭借思想者的想象,穿越现象界,而遨游在现象之外,染指诸如神灵、灵魂、自由等人类认知似乎不能抵达的领域,对其作出形而上的求索。所以,尽管谁也说不上神灵的模样,但也不能否定人们对神灵的各种假说,不能否认惠能、玄奘、奥古斯丁、阿奎那等对神圣世界的潜心探究。所以,"先天"之处即使不是知识认知的领域,也应当是思想瞻望的领域。另一方面,则指一种真正的思想,其功能和作用会穿越时空,进入人们的生活世界,慰藉人们柔软的心灵。譬如人们因为现象的重负而苦恼,却因为老庄清静无为、因任自然的思想教诲而得以解脱;人们因为死而恐惧,但因为佛家灵魂转世、凤凰涅槃的思想教诲而慷慨赴死、视死如归。

无论面对时空,还是不受时空所拘限,自由流浪的思想,对思想者而言是一种遭遇,对思想的接受者、运用者而言,又何尝不是一种遭遇?思想者因为遭遇时空,流淌出如王阳明、笛卡尔般“我思故我在”的自恋;突兀起如孔丘、苏格拉底般“认识你自己”的冷峻。接受者因为遭遇思想,不但改变其认知方式,还有可能改变其人生航向。这就是自由流浪的思想从发生、发展到精神实用的过程。如果对思想附加过多的人为制约,自由流浪的思想可能反倒被关进黑暗的囚牢,思想带给人们的,反而不是火和光明,而是夜和黑暗。

正是基于这样的考虑,我一直愿意以流浪者自许。我一个博客的昵称,就用流浪者。喜欢我的某位读者在解说这个昵称时,说我身上永远保持着一种乡土气息和泥土芬芳。我不否认,这确实是我一直以来的一种情怀和追求,但这只是一种思想和时空遭遇的欲求方式,这种方式即便是“可欲”的,也不一定是“可求”的。所以与其刻意寻求乡野的思想路径,不如把思想置于乡野的河流中,任其自由自在地流淌。这样,所谓流浪者,不但是肉身的流浪,更是思想的流浪;不但是行止的流浪,更是精神的流浪;甚至肉身和行止都不流浪,也要一任思想和精神去流浪。因为只有让思想自由流浪,思想本身才是自由的。这样,我们才能把思想置于生命旁边,而不是让思想远离生命、疏离生活,把它定格在遥涯无际的所在;这样,我们才不仅仅是一棵苇草,而且还是一棵“会思想的苇草”。这样,自由流浪的思想才不仅有理性的严谨和刻板,而且有诗意的潇洒和激情……

尽管思想是自由的,思想应当在自由流浪中永葆青春,永葆思想的创造激情和热情,但众所周知,一直以来,自由流浪的思想又是人类史上的稀缺资源。譬如古希腊,不论被当下的一些学术家贴上多么神圣的标签,也不论在当时特定时空下释放了多少思想的光辉和能量,但把异端思想纳入法律制裁体系的做法,终究减损了其更加耀眼的辉煌;至于暗流涌动的中世纪和思想治罪的宗教裁判所,对自由思想的扼杀就更是无所不用其极。再譬如古代中国,“防民之口,甚于防川”、“民可使由之,不可使知之”(取其被近代多数士人认可的一种句读和解释)以及“腹诽”、“非所宜言”等罪名,都把对思想的钳制作为统治的不二法宝。

自由流浪的思想如此艰难,我们还哪能坐下来去细嚼慢咽,主动为思想去设限?既如之,那就任思想在生活的原野上,在生命的溪流中自由地流淌、任性地流浪吧!

又及,此次再版时,特删除第一版第一、三次印刷中《大、小传统间的沟通理性——当代中国官方与民间的法律沟通》一文。因该文已收入拙著《大、小传统的沟通理性》(中国政法大学出版社2011年版)一书中。

谢晖
2015年5月12日

学习者，思想者（代序）

大脑为思想而存在，
就像手脚为行动而存在一般。
——题记

老早就想趁着旧世纪将逝，新世纪将临之际，对自己以往的学术活动作出一些必要的总结，但及至动笔，又每每被他事所困扰，不得毕其功于一役。感谢张波君从电话那头传来了本书将获准出版的信息，又使我重拾起这一念头。

一

1964 年 2 月 7 日，我出生在陇东一个偏僻的名叫谢家坪的自然村。我想，如果不是我在这里写到它，也许这个藏在深山人难识的小村庄（我 1981 年离开的那会儿只有 20 户人家，百十来位人口）还上不了国家正式的出版物呢！在那里生活了将近 17 年，至今闭起眼睛，它周遭的山形水势，仍自然清晰地袭入我脑。

那是一个穷苦的地方，小时候最痛苦的事情就是出去讨饭，最幸福的事情则莫过于当讨要来一两麻袋干馍馍，并从东山上高喊着家里人来接时的喜悦。然而，毕竟，在它的方方圆圆，曾经出过教人结网渔猎的伏羲（当然，那只是传说中的故事，但和当下浙江、陕西、湖南、山东一带往往将传说中的故事当做真实看待，甚至以之为“招商引资”之诱饵相比，吾乡人实在太土太“谦抑”）、出过“虎视何雄哉”的秦始皇、出过

“龙城飞将”李广、出过蜀汉辅佑姜维、出过大唐帝国的天子们、出过“富贵于我如浮云”的李白……直至清末，还出过不怕头颅落地，力主诛杀李鸿章的“铁项”朝臣安维峻。

所以，即使如今它的模样变得大多是荒山秃岭，我们在那块土地上长大的人们还是深深感受到它的人杰地灵之伟俊（如今，我可以自夸走遍祖国的大江南北、长城内外——以省级区划为界，除西藏、海南和台湾未去，其他都曾涉足。我也发现，不论走到哪里，都以“人杰地灵”来美化本地。相比较而言，在这方面，吾乡人也要“迟钝”得多）。去过当地农家的人，大概会有这样的记忆，在那里，即使家里穷得叮当响，即使自己目不识丁，但如果在家里的“厅堂”能挂一幅文人的字画，则为无上荣光的事。

我不敢说这就是当下先锋文人们所讲的人文精神，但在我眼里，它不失为弥漫于吾乡人们意识世界中的人文气息。正是这种气息的浸染，我们那个小山村在恢复高考制度之前，就有多位大学生。恢复高考制度以来，也至少有近十位学子走入高校大门，接受深造。也正是这种气息的感染，我从小就受到学习光荣、知识伟大的熏陶。

我的父母未曾上学，七位兄姊中也只有二哥接受过初等教育，拿到过一张初中毕业文凭。但就这样一个缺乏文化教育的家庭，并没有放弃对我学习的期望。父亲虽然只字不识，但他对读书人的尊重和喜爱常常溢于言表。据说我未曾谋面的大伯曾是乡学的老师，也曾教过私塾。每每谈到他，父亲脸上就洋溢着幸福感和自豪感。虽然，他缺乏识书断句的能力，但老人家因善良的处世为人、顾全大局的待人接物以及关注经验、能给后生们的农事活动以言传身教的实践智慧，得到了乡邻们的普遍尊重和爱戴。我是家中的“老生胎”（吾乡长辈对其最后一个孩子的昵称），及至我成长的时候，父亲为了操劳一大家子人的生计，每年春节前后，总要远赴青海、甘肃西部一些地方做“生意”或讨饭。有一年，在来回的路上，终因偷偷搭乘的货车难以抵御凛冽的寒风而得伤寒。此后，一旦冬日到来，便成天咳嗽不止（1982 年腊月 12 日，慈父终因此症不治而离开他一生呵护的孩子们）。令他高兴的是：在去世之前，他所有的孩子们，特别是远在外地、多年未归的三姐在家里人不便给她传递消息的情况下，突然回到家，令大家在担心、悲伤的日子里喜出望外。我则在西安接连两天梦见慈父仙逝。那两天，习惯早起的我却把头闷在被窝、卧床不起。连着两天如此，同舍从未见过。当他们好奇地揭开我的被子时，我则泪流满面，哽咽着告知详情。当天下午，就接家中电报："父亲病危，速归。"第二天傍晚七时左右，我一回到家，就直扑父亲身边。老人家抬头看了看我，说："孩子，我等着你回来。"接着，我用从西安买来的茶叶炖了他最爱喝的"罐罐茶"，削了他最爱吃的雪梨，还喂了块他以前未曾见过的蛋糕。茶，他喝了半杯；梨，也吃了半牙儿；那一小块蛋糕，则全吃了下去。随后，他拉着我的手说："我的孩子，你乏（累）了，去东面（房）缓（歇）一会。等到你来了，我也就放心走了。好好学习，好好孝敬你妈。"这就是他留给我，也是留给他所有子女的遗言。当夜，慈父就永远离他的儿女而去。在吾乡，"老生胎"一般都是父母所"昵"爱者，而我则是因病被父亲弃而复得的孩子。小时候父母亲经常告诉我一个惊险而又辛酸的故事：在我不记事的那会儿，身体总是柔弱多病。有一年我疾病缠身，父亲抱着我到15华里之外的一个较大的村庄看病。医生经过望闻问切，告知父亲："赶快抱回家吧，孩子没救了。"于是，他抱着我，疾步绕过一条条山梁，穿过一道道深沟。其中到一个深沟时，我已经浑身乏软，两眼紧闭，连哭闹之力也没了。父亲以为不行了，就把我放在沟里草丛中，他则掉着眼泪艰难地爬上另一座山梁。到了山顶，又不忍心地回过头来望了一眼沟底，隐约看见放我的那片草丛在动。于是，他又奔跑下山，在草丛中把我捡回家。经父母精心照料，我居然活了过来，后来在他（她）们的悉心教育和热切期待中，我居然能成长为对法学有点发言权的学者，真是人生难料，世事难断。但回想我的成长，孔圣的那句名言："学而时习之，不亦乐乎？"似乎能够切中我的经验和感受。

在兄弟姐妹中，对我的学习影响甚大的则是我的大哥。大哥比我大一轮，他进学校的门还不到一年时间，就因家境困难而辍学。到8岁那年，正赶上国家3年困难时期，吾乡更是饿逝者的新坟常现。于是，他不得不独自一人踏着积雪，远赴榆中（靠近兰州的一个县，彼时生活状况较好）讨饭。大概一年左右没音信，父亲因万分疼爱的长子归来无望，郁闷寡言。忽一日，邻居大哥跑来告诉父亲"让海（我大哥的名字）回来了"时，父亲竟在炕上埋头唬嗨（长辈对晚辈的批评、埋怨）了他几句。然而，当他抬头看时，已经9岁的长子真的站在他眼前（那种情景究竟是如何样感人、如何样催人泪下的，可以想见。我不时闪出这样的念头，把那段故事请作家写成小说，但可惜至今没有实现）。此后，一个儿童就担起了本该由成人负责的家庭重担。虽然，大哥没读过几天书，但他凭着坚强的毅力和信念，竟能没有障碍地阅读古典小说。更令我们佩服的是他的口算能力。在大搞农田水利建设的那一阵子，社（公社）、村干部们给每家丈量当天完成的土方量，他们的算盘居然没有大哥的口算快。于是，干部们干脆丈量好了请大哥来口算。在我上小学那会儿，正是大哥所讲的一个个动人心弦的故事吸引了我对书籍的注意，对学习的渴望和热情。当然，此后读的书大多属于文学之类，也想因此做一个在那个时代年轻人都向往的“文学青年”，但终因我的形象思维能力太差而未能如愿。除了大哥，还有对我的读书寄以热望的四姐、四姐夫、五姐、五姐夫。我后来上大学的盘缠，基本由他（她）们和两个哥哥共同负担。

一个人的成长，离不开学校和老师。在我读小学和初中之际，正值城里的知识分子被下放到农村锻炼。那段经历，对于他们而言，也许是极大的不幸，但对我们这些穷乡僻壤中渴望学习的孩子们来说，则是莫大的幸运。就学期间，从县城到我校的彭老师耀增先生，作为全县最好的语文老师之一，手把手、心交心地教我们成长，给我们鼓励。我的写作兴趣，则完全是他在班上把我的习作作为范文念给同学那会儿树立起来的。至今他的一言一笑在我脑中历历在目。虽然，彭先生对我那么多鼓励，但是我记忆最深刻的则是因为我写的 8 页大楷太难看而被他当众撕掉并令我重写的情景（至今我的字写得还是很一般，这只能怪自己在这方面的天分太有限了）。俗话说：“严师出高徒。”我虽非彭师之高徒，但他温和而又不失严厉的做法，在我的成长过程中受用终生。王老师润成先生，也是从城区附近条件较好的地方下放到我们山区来的。他对任何学生都是那样诚恳、坦率。他对我以后学习的影响真是难以估量。记得有一次，他在我就学的那所学校的苜蓿地里津津有味地看书（我小学和初中时的母校名为“何家坪学校”，据说她是全县山区建立的最早的学校，创建于 1917 年，至今已有 84 年的历史。学校建在两条在黄土高原地区常见的沟壑之间，学校及其往下延伸的苜蓿地就像一个深入两条沟里的半岛。学校在“半岛”靠“陆地”的那边；而苜蓿地在“半岛”靠“海洋”的那边），我则爬在地埂上面的学校围墙上偷偷看他阅读的是什么书。后来，他发现了我，招呼我下去，告诉我《文史哲》是他最喜欢看的刊物（当时他就在看《文史哲》。这也是我有生以来第一次听到“刊物”这个词）。他鼓励我将来也要读读《文史哲》。后来，等我上了高中之后，用大姐曾偷偷资助我的 20 元钱，订了一份《文史哲》。这份刊物直到我上了大学之后还一直在订阅（我也弄不明白，是不是这个前因，使我放弃了江南多所学校而选择了孕育《文史哲》的地方——山东大学，如今，我荣幸地成为该刊的赠阅者,也成了她的作者)。如果我没记错的话,1978年初夏,我敬爱的彭师和王师两人同时调离我校。最后走的那一天,是我和我的堂表弟(我一个堂舅的儿子。据说,他后来在新疆大学拿到哲学硕士学位后,在青岛海洋大学出版社工作。我经常去青岛,却至今未曾在那里和他谋面)一起用自行车推着两位恩师的行李爬上近20华里的山顶,送他们离开的。此后,曾见过彭师三两面,而王师却至今未见(作为他的学生,我深感内疚!据说,他多次打听我呢)。屈指算来,时光流逝了23岁,彭师已经离休多年,而当年正值少壮之年的王师也该到退休的年龄了。至于我这个过去总喜欢往前看的学生,也越来越自觉、越来越习惯于回忆往事了!

到了高中学习阶段,一方面,我面临着艰苦的生活磨炼。我上学的那所中学叫"安远中学"(在小时候懵懂无知之时,以为"毛主席去安源"的那个"安源",就是此安远呢),距我们村子大概40华里。在上学的两年时间里,基本上每周回一趟家,挑一小筐土豆作为每周的生活盘缠。在两年的高中学习中,我只带过3次母亲给我手擀的面条。每次所带一般能吃3~4顿。后来,快到高考前夕,大哥又给我送过一次面条。除此之外,还吃过半周面条,那是已经率先搞土地承包的村子里的一位同学(他也是我初中的同学,后来考取甘肃工业大学)因所带的面条泛酸准备要扔掉时,在另一位张姓同学(他同样是我初中同学,过继给其叔父,现顶替其叔父的工作而在一个企业就职)的建议下送给我吃的。除此之外,我高中的生活几乎是靠蒸熟的土豆再搅和少许玉米面而度过的。所以,至今我对土豆仍怀有浓烈的感情,虽然吃多了胃很自然地抵触它。另一方面,不论家庭,还是老师,都对我的学习寄予了很高的期望。在此期间,贾老师让先生使我不仅成为一位好学青年,而且培养了我从事学术研究的兴趣。贾师原先是"文革"前西北师范大学中文系的讲师,后来因命运的捉弄而在家乡做了一名农人,但他并没有因此放弃学业。1980年前后被安远中学请来教高中语文。有幸成为他的弟子,是我后来在事业选择上的关键。记得当时不论是我在课内还是课外所写的作文,他都要认真地批改,并且还与我诗唱往还(我至今还记得很清楚,有一回,我写了一首《发奋》的诗附在作文后面,其中有一句是:"誓嚼千卷成稀泥。"他看后热情地回赠一首云:"学无止境生有限,前程似锦干劲添;山盟海誓交红卷,韦编三绝铁砚穿。")。他对我私下的或者公开的鼓励,是我自信地学习和创作的动力。另外,还有贾师的同乡,教我们数学的张老师耀根先生。和语文等文科课程相比，自从上学以来，我的数学总是不上不下，但是，张师却因我刻苦的学习和钻研精神而把我的学习方法讲给我的同学及我后来的校友。至今回到家乡，碰到同学们谈起我当时的学习情景时，还津津乐道于张师对我的欣赏和鼓励。考取大学后，两位恩师都曾见过一面，后来贾师还给我写过一封信。如今，贾师当是80岁左右的高龄了，张师也快到花甲之年了。听说贾师的苹果园至今仍花果飘香，我真想再与他、与张师一起，漫步在浓荫密布的果树下，向他们汇报、向他们请教！

二

1981年夏，是个多雨的季节，也是个盼望的季节。到了夏末，村里人终于在乡广播站的广播中听到了我被大学录取的声音。据说广播员在播送该消息时，还代表乡政府特意向考取的学生及家长表示祝贺。全村人都非常高兴，我的亲人和老师们更不用说。记得当时只有十一二岁的堂妹看到我从村外归来，像小燕子般跑来告诉我喜讯。她还说，她已经在村子里上上下下跑了好几趟，告诉乡邻我考取大学的消息。是啊，人们应该高兴，那时毕竟在一百个考生中才能考取不到4个。至于边远的农村地区，恐怕远不是这么高的比例。

考取了大学，既让人高兴，又让人发愁。发愁的是上学必要的铺盖穿用，还有全国通用的粮票。前者可以通过大家相帮相助解决，而后者对土生土长的乡里人却是个难题，因为首先要从吃“公家粮”的人那里借到地方粮票，然后再兑换成全国通用粮票。经过努力，地方粮票终于借到了。但能够用地方粮票兑换通用粮票的地方，却远在40华里之外。更严重的是该地在渭河南岸，而我们在渭河北岸的山里。要是在平日里，这根本不是问题，然而，滂沱大雨却在没完没了地下着（这时已经持续了20多天）。要去兑换通用粮票，除去倒爬着“走”下山外，还需要趟过湍急的渭河。而这个任务，落到了我的一个堂哥身上（他已经英年早逝，永远地离开了我们多年，但愿他在天之灵能感到我对他的深切怀念）。我不知道他一路上是怎样跋山涉水，换来那30斤通用粮票的，但我的经验告诉我，他是冒着生命危险去为我兑换粮票的（在我本人去安远中学取“入学通知书”回来的路上，要经过一个被洪水冲垮的小型塘坝。走在坝堤上，忽然脚下一软，半个身子都掉进泥淖里。当时的感受是：吃力地抬抬左腿，右腿在往下陷；抬抬右腿，左腿在往下陷。正在无望之际，我的一位李姓同学——他就是我这位堂哥家嫂子的内侄，后来参了军，并在部队上考取了大学。据说现在仍是一名军人——来挑水，他看见我，急忙喊来村里人。村里人拿着绳子和扁担，硬是把我从泥淖中拖了出来。要是他不及时出现，我此刻又能在哪里呢？！）

雨还在下着，通往西安的陇海线的"盲肠段"——天水—宝鸡段也被大水冲垮。我只能坐汽车绕道六盘山，再到宝鸡转乘火车。然而，坐汽车也是难事！我记得，当时大哥、二哥和村子里的其他人搀扶着我到了70华里之外的县城，然后大哥乘火车送我至天水（这是我第一次坐火车。此前，我居然不知道客车有无棚子，并因此而向大哥询问）。这时天已经摸黑了。在人生地不熟的天水一路打听汽车站，终于打听到了，但根本没有平日里我们所见的那种班车，通往宝鸡的"客车"全部是大卡车上做一个帆布篷。不得已，大哥还是送我上了车。车开动了，大哥在后面紧追着，最后立在一根电线杆下。借着灯光，我隐约能看见他孤单的身影，直到车转弯（后来，他告诉我，他一直盯着车上那对隐约反光的眼镜，直到车消逝在雨帘。回到家他又后悔，为啥没送我到宝鸡）。车一路颠簸着，最险的路段当数国人都熟悉的六盘山。以前从未出过我们县域范围，这一次在来往陕甘宁必须经过的六盘山时才领略了什么是车水马龙。一路上，借着汽车的灯光，不时可以看见翻倒在路边的各类汽车，并且有些是刚刚翻倒！第二天凌晨4时左右，提心吊胆的"公路之旅"终于结束，我到了宝鸡站。当时买了张火车票，就倒在自己的行李上睡着了（那时社会秩序尚好，身上带的一切完好无损）。约摸8点左右，我又上了火车，大概下午两点钟左右，终于到了我日思夜想、梦寐以求的大学——位于西安南郊的西北政法学院。

我考取的是该院的法律系（那时，该院还有政治理论系，含哲学和政治经济学两个专业）。说老实话，当时我对法学丝毫没有兴趣。其原由是这样的：在我准备离开家乡，远赴西安求学之前，曾到一位大娘家告辞。她问我："孩子，将来出来（毕业）之后做啥的（干什么工作）？"对此，我丝毫不知（因我的志愿是我的班主任、教化学的颉老师正生先生替我报的），竟无以应对。末了，那位斜躺在大娘家炕上（在多雨的夏天，山里的气温往往很低，所以，在大娘家炕上的几个人还盖着被子）的大队（现在称行政村）党支部书记轻蔑地替我解了围："还不是用绳绳绑人的。"无论如何，大队党支部书记的话在当地还是非常权威的。所以，当时我的感觉是：学法律并不是件光荣的事，反倒如此耻辱！因为即使在那个刚刚结束动乱不久的年代，用绳绳绑人的人在纯朴的乡民中也是要遭人白眼的。更何况我当时的身体单薄得就像'细麻绳'(后来,一位张姓女同学——她现在西宁工作——给我起的外号,大概是她听说了这个故事后说:"细麻绳正好绑人啊。"于是这个并不好听的外号也就很快传开了)。这样,到了学校后的第一件事就是设法转到我最钟爱的哲学专业去。这个念头大概在开学典礼上听了一位从事哲学的院长的讲话后才有所改观。他讲道:"学法学的同学们,你们将来是祖国亟须的治国之才……"在听到这句话的当儿,我情不自禁地想起了吾乡大队党支部书记的话。一个说学法律是用绳绳绑人的,另一个则说学它的就是治国之才。我究竟何去何从?我个人的秉性,向来是尊重学者的。在潜意识中,对思想导师的崇敬完全胜过政治领袖(尽管我知道,这其中肯定会存在谬误)。但是,作为农家的孩子,我也深知,在广阔的农村,那些大字不识几个的农民中,能人多的是,有深刻见地的人是许多被偏见(当然,不是加达默尔所说的"作为理解的条件的那种'偏见'",而是一种迂腐之偏见)所包裹的城里人所不能想象的。了解了这一层,则读者诸君对我当时的片刻彷徨会完全理解。不过,很快,我经过自己的判断,就认可了王老师陆原院长(他已经逝世多年,在校期间,我从未与他单独交谈过,但有件事记忆颇深:在有一年校教职工书画展上,王老师用浑厚的笔墨写了首诗,其中一句是:"剖开我心众人看。"由此想见,在"文化大革命"刚刚结束不久,作为"重灾户"的政法学院的人际关系对他的困扰)的话。这样,转专业的事首先在我这里就没了下文。

上述关于法律、法学和法学人才之功能的不同说法,不仅使我有了一次想转专业并很快打消了这种想法的经历,而且进一步激发了我性格中本来就有的怀疑精神和独立意识。在一般人的印象中,习法学者应当是善于执两可之辞、逢左右之源者。我想,这种情况大概在众多的习法者中不能排除,但它与法律和法学的精神恰恰背道而驰。不要说现代法律,即使在古代法律中,追求明确、肯定、统一,是法律的共同属性(虽然,这一理想的实践效应往往是不尽如人意的)。法律的此种特点给习法者带来两种倾向:一种是呆板、保守的习法者,他(她)们更适合于从事法律实务;另一种则是怀疑、开放的习法者,他(她)们更适合于从事立法或者法律的学术研究。这两种人,都与模棱两可或左右逢源格格不入。

尽管有了从事学术活动的兴趣,有了向一个思想者靠拢的念头,但至少在入校的前两年内,我的阅读范围还主要是文学、哲学、经济学和史学书籍。那时,正是中国"伤痕文学"余韵仍存、"改革文学"、"反思文学”悄然兴起之时,虽然许多作品的艺术性并不值得称道,但一些作品中的反思精神对一个想从事学术事业的人而言,还是具有莫大的启示和帮助。我如饥似渴地阅读着,当时学校的刊物有限,差不多所有的刊物都让我翻看遍了(特别是文学刊物)。但到后来,文学作品中的辛酸眼泪、甜美生活渐渐地对我失去了吸引力,我的更多兴趣集中到当时一些学术争鸣中,比如哲学中关于“人道主义与异化问题”的争论、经济学中关于“社会主义商品经济和计划经济问题”的争论、史学中关于“重提中国历史分期问题”的争论,以及法学中仍余音袅袅的“人治与法治问题”的争论和正大张旗鼓地展开的“法律平等问题”的争论……可以说:那是一个学术争论的年代,这种争论对于一个求知若渴的青年人来说,对他知识视野的培养、怀疑精神的孕育、判断能力的提高都有百利而无一害。就这样,在哲学方面,我阅读过冯友兰、张岱年、梁漱溟……的书,基本上阅读了我能见到的商务印书馆“世界学术名著译丛”的红皮本(都为哲学书)。在经济学方面,我阅读过卓炯、熊映梧(习法者大概鲜有知两位大名者,我则认为,他们的灼见,是当时那些京城里的大家们难以比拟的)以及一些新锐的经济学家如朱家铭、黄江南等的文章和书,还阅读过古典经济学的一些名著(大多为商务版的蓝皮本),甚至也尝试着阅读《资本论》(直到现在,也只阅读了前两卷)……在史学方面,阅读过郭沫若、吕振羽、范文澜、顾颉刚等的一些作品,也阅读过《史记》以及当时在该院能够找到的世界古代史,特别是文明古国史方面的书籍。在这些书之外,那套充满了启蒙精神的“走向未来丛书”(我大学快毕业那会儿才刚刚开始出版),给我们带来了许多新思想、新见识和新视野(此后,该套丛书的每一本我都买了,尽管其中绝大多数并未详细阅读)。

相比较而言,在上学的前两年,我对法学书籍的阅读,则要少得多,这大概仍然与我潜意识中对法学的鄙薄有关系。这种情形,直到大学三年级时才有所改变。当时,自己也曾学着写过一些法学文章,特别是在读一些史书中的“刑法志”时,曾打算系统地把历代史家眼中的法律整理出来。但结果却只整理了班固等数位史家关于法律的看法,并且所用的材料也相当单薄,除了他们所写的“刑法志”,就很少有相配套的印证材料。除此之外,我还就共产党人李达的法律思想做过一些探索。虽然以学术研究的标准来衡量,这些探索并不是很成功,甚至还相当粗糙,但俗话说:“动口千遍,不如动手一遍”。既然要写一篇文章,就不能局限于“发达的”奇思异想,而要用一定的材料、一定的体验来说话。即使一个作者在文中不用他人一个字的材料,我也能断定,一篇好的文章,特别是学术论文肯定融会了作者对自身经验、对他人观点的深刻体悟。所以,通过这些论文的写作,我深深感受到仅仅靠当时相对浅薄的法学书本上的那些知识,对一个法科学生而言,是远远不够的。而哲学、史学、经济学对于一个尚是初学的学生来说,还很难把它们与法学有机地结合起来。这时,我才感到法学作为一门知识的重要,才感到自己鄙薄法学知识的无知和浅薄。“不怕做不到,就怕想不到”(过去我们经常批判这句话的“唯心色彩”,我想,如果不是把它普适化,而是把它置于某些人的个别体验中的话,这种说法似乎不无道理),当我意识到了这层道理之后,便加倍地阅读法学书籍。彼时法学书籍较少,特别是新中国成立以来国内学者所写的法学书籍,除了一些法史学者的论著外,基本上没有特别引人入胜、令人爱不释手的作品。于是,我的目光,只能盯向翻译过来的西方学者的一些具有政治学与法学双料价值的书籍,如人们都非常熟悉的《论法的精神》、《社会契约论》等。这样,商务印书馆的“绿皮书”(大多为法学、政治学和社会学的书)便又成为我所关注的焦点。在中国古代关于法学的论述方面,法学教材编辑部统编的那本《中国法律思想史资料选辑》是我看得最认真、最投入的书,几乎每看一篇,都要写出相关的读书笔记。

和大多数书生一样,我看书时也有一个习惯:喜欢把看书的感想以及对某字某句的理解直接记在书上。然而,上大学时所看的书,大多是从校图书馆借来的。馆方有明文规定,在所借的书上乱写乱画要罚款,更何况即使馆方不强调,作为一个法科学生,也应当知道在公共图书上乱写乱画总是不道德的。这就产生了一个矛盾:一方面要借书看,另一方面又不能随心所欲地在书上写、画,这该怎么办呢?解决的办法有二:要么把想到的内容写在卡片上,要么自己去买书看。我认为前者并不好,除了卡片记录容易丢失、不容易与所看论著的具体内容相联系起来的缺点外,更重要的是它并不经济。“两利相权取其重”,于是,我选择了后者。早在上中学时,我就有买书、存书的爱好,这一爱好一旦与方便地阅读、记录联系起来,又进一步促成了我买书的习惯。以致我后来到许多地方工作,总要和当地的一些书店老板或者工作人员建立良好的关系。直到现在,我还保留着这一习惯,一旦进入书店不买些书回家,就感觉缺少了点什么(1999 年,因我存书较多,并能书尽其用,荣获“山东省首届十大青年藏书家”称号)。在当时,虽然喜欢买书,但无奈往往囊中羞涩，于是，我只能借所学的法律知识，力所能及地搞些有偿的法律服务（有一次代理案子还挣了700多元钱呢！这在当时，是个足以令那些官宦之家的子弟都羡慕的数字。在那个书价相当便宜的年代，它保障了我在此后买书的费用，并且我也知道了如何挣钱以用来买书）。

在保持向书本学习的同时，我还保持着农家孩子特有的向实践学习的特点。我们经常理解的实践，总是人云亦云地把它想当然为农人在田里干活、工人在工厂做工。于是，体验生活、接触实践也就是如何到农村、到工厂，或者最多到机关实习锻炼。其实，我们每个人每天的生活本身就是一种实践。实践就是人类的生存样态。所以，每个人，尤其是读书人，并没有脱离实践。只是因分工的不同，他（她）们所从事的实践内容与其他行业不同而已（他们所从事的是一种更为重要的实践——精神实践活动）。大学校园本身是一个丰富多彩的实践场所，特别是那里有来自五湖四海的学生，他们各自带着其乡土风情聚会在这里，是我们难得的实践材料。在课堂上、在私交中、在郊游中，甚至在吃饭的举止和睡觉的姿势上，都可以阅读到新鲜的知识。大概正是这种对实践的关注，养成了我虽爱看书，但并不唯书的性格，使得我在汲取书本知识时，总能保持一定的批判精神。

大学的生活主要是看书学习，与中小学相近的是它主要也是在老师帮教之下的学习。说实在话，我当时所在的西北政法学院，除了一些从事哲学研究的学者外，法律系很少有在全国相关领域内举足轻重的人物。但这并不意味着我们在那里学不到什么。我始终对那个很小的校园保持着一种神圣般的向往，即使现在在这所国内知名的百年老校中工作，也不能抹去我时常对她深深的思念。我最基础的知识积累自她而来，我以后成长的原点就在那里（所以，在就学期间，当一位来自京城的宪法学者站在该校大礼堂的讲台上傲慢地数落母校及其学生时，我带头离开大礼堂——后来我到了该学者所在的学校多次体验，感觉也不过尔尔。还有一次，国内一位著名的指挥家也在该大礼堂演讲时，因其屡次对母校的一名正在给他拍照的摄影师无理地冷嘲热讽，我便带头和十数位同学离开会场。今天看来，虽然显得有点小家子气，但我内心至今并因之而不后悔，因为“士可杀，不可侮”。我也没有原谅这两位京城来的名人。这大概也能表明我对母校的特殊情感）。虽然，我们的老师大都没有什么名气，但他们每当看到自己弟子的成长，就像是看到自己孩子成长那样兴奋、那样洋溢着幸福之感。这与那些非要弟子熟读五车书，然后才能下笔成文的个别名校的名教授的迂腐做法相比,要开明得多。借此机会,我要特别感谢的是待我如慈父般的吴老师孝先先生;给我学术研究的兴趣不断以鼓励的吴老师运才先生(后来调到甘肃政法学院)和段老师立文先生;不厌其烦地倾听并解答爱刨根问底(有时甚至不顾老师面子)之学生所提问题的徐老师德敏先生、解老师士彬先生(最近才知,敬爱的解老师已经永远离开我们!)以及段老师秋关先生(后调至汕头大学、再调到西北大学)。正是他们的扶助、鼓励、欣赏,甚至有意识的考验,才潜移默化地使我最后能下定决心,走一条被人们称为"黑道"的路——学术研究之路。

三

大学毕业后,我被分到宁夏大学。这也是我自己选的。选的过程和我国著名法学家吴老师家麟先生(他被西北法学界尊称为"西北二吴",另一位是曾在西北师范大学,后来又到兰州大学授业的吴文翰教授)相关。当时,吴先生到母校作学术报告。末了,我曾向他请教了一个问题。他对该问题很感兴趣,同时也问我想不想去宁夏大学教学。宁夏即使在西北人看来也是偏远之地,但在一个钟爱法学的学子心目中,那里只一个吴先生,就足以吸引他毫不犹豫地前往(虽然,在当时只要心眼稍稍活络一点,法科学生要选一个更好的地方和学校并不是什么难事)。于是,我爽快地答应了(我知道,这一选择在大哥他们看来并不理想,虽然他至今没有就我的此次选择表达过任何看法)。从此,就在职业上正式开始了我的看书、教书和思想生涯(后来,我还曾调到宁波大学法律系工作过3年时间。美丽的江南并没有给我带来什么特别的内容,我只是理解了为什么那个人才辈出的地方——就整个有文字记载的中国历史而言,一流思想家的产出,除了山东,恐怕就要数江浙了。而宁波则是王阳明、朱舜水、黄宗羲……的家乡——现在却最多只是一个人才的"输出港",而很难召来天下英才的缘故了)。

看书学习既是积累知识,也是增长见识。前面说过,我总喜欢在看书的过程中把一些感想写出来。到大学毕业前夕,就曾做了个详细的,但又大而无当的写作计划,即通过对法律与经济和政治之间关系的系统考察和梳理,写作《经济发展与民法》和《政治民主与行政法》这样两本书。前本书的写作始于大学毕业前夕(为写作该书,曾向我尊重的经济学家,为我国培养了魏杰、张曙光、张维迎等一批杰出经济学家的西北大学何炼成先生请教,张先生曾有意鼓励我报考他的经济学研究生,可惜至今我仍然没有研究生学历。如果那次在送他的车上听从了他的建议，我也许真的钻进经济发展与民法的关系中而难以脱身了），关注学生成长的西北政法学院科研处叶老师志标先生和当时还是青年教师的陈涛老师，曾将我已经写成的部分内容列入该院内部印行计划，但终因局势变化和经费无着而搁浅。后来，在1985～1988年间，经过3年年时间的努力，我终于写完了它。当时，联系了一家出版社，他们也答应出版该书（为此，我兴奋了好久），但经过审查，他们认为我关于财产所有权的设计不合时宜，因此也就作罢（这样，该书稿一直置于我的橱底）。至于《政治民主与行政法》，我只展开过关于“行政权”的研究（后来它以《行政权探索》的书名在云南人民出版社出版。那是我正式出版的首部“专著”，但也是我很不满意的一部作品。我真想抽时间重新写一部行政权的书，以为救济，但至今仍无暇着手），其他的内容则因研究兴趣的转移（转向我现在从事的法理学教学与研究，大概时间是1988年。转向的外部原因是我向来评价极高的“权利本位”和“义务重心”问题的学术讨论；而内部原因则是我潜意识中早已存在的对抽象问题的青睐和对思辨方法的关注）而彻底放弃。在这期间或之后（1989年夏天至1991年之间），我还不自量力地写过一本反思中国传统理想的书，取名为《理想的悲哀——全能主义与“周期性动荡”》；写过近四十万字的《经济、社会、法律发展断想》和另一个四十余万字的《困思录》，这些稿子的命运，大致与《经济发展与民法》无异，只是后三者从未联系过出版。如果不是敝帚自珍，这些稿子在1989年以来的6次搬家中也许早已不知去向了。

此外，我还写了一些论文。其中最倾注心血的是在大学期间与同窗好友刘晓阳（他现在担任青海海西州中级人民法院院长，据说也是我们年级第一个荣入“高干”行列的人）合写的两篇文章，即《劳动力商品及其二重性》（该文后来被东北一家因培养青年学人而著名的刊物相中，但不久发生的意识形态转向使我接获了署名“经济室”的一封言辞恳切的来信）和《两类矛盾与犯罪》（该文提出了应否定以政治立场来看待犯罪问题的观点，而应代之以法律立场，因文中观点和我们熟悉的政治观点不相吻合，在多次退稿信中编辑虽然不忘夸两句“很有新意”之类的话，但终究没人冒风险去发表它）。

我发表的第一篇学术论文是经济学方面的，题目是《社会分工是商品经济存在的唯一条件吗？——与卓炯先生商榷》（悉心爱护年轻人成长的卓先生在看到该文后竟给我回了封信，并且寄来了他打印的最新研究成果，可惜我没有来得及向这位铁骨铮铮、令我万分崇敬的经济学泰斗请教，他就与世长辞了！）发表在河南社科院出版的《经济新论》上（编辑与我同姓，一直无缘得见。1999 年，到该院与我院联合举办的一个研究生课程进修班去讲课，得以邂逅谢先生），时间是 1986 年。从那以后，我在全国各地的数十种刊物上共发表学术论文近百篇，其他学术性文章 40 余篇。当然主要是法学文章。

我写文章，一般有个较长远的打算，即所写的文章之间能尽量地保持一种关注对象和行文风格的连贯性，以便为将来整理成书做准备。这种打算和有意识的写作使我后来出版的其中两本书得以事半功倍地完成。1996 年冬，我将整理出来的《法律信仰的理念与基础》一书的提纲寄给曾在两年多前有过一面之缘的李怀德君。来年 5 月，他就通知我山东人民出版社已经决定出版该书。是岁 8 月，该书在该社出版；出版大概不到一年时间，该社决定重印此书。经过此次合作，我将自己计划编撰一套“法理文库”的想法告知怀德君（此前，这一想法我只告诉过徐老师显明先生——读者诸君大概发现我对他的称呼改口了，以前我总是称他“显明君”，尽管他比我大 7 岁，也尽管他是我的上司。也许正因如此，据传网上有好多篇关注、评论我俩关系以及他的领导与我成长之间的关系的文章。之所以要改口，是因为他和另一位老师一起，即将成为我的博士生导师——他对我的想法非常赞同，也经常为该套丛书的出版提供指导性意见），他对此表现出浓厚的兴趣。经过我们俩人的共同努力，“法理文库”终于和读者见面了（如今，它已经出版到第 19 部）。据闻，它还是一套在法学学者的心目中获得了相当声誉的丛书（我耳闻的大多是较好或很好的评价，但最近听他人讲人民大学我所尊敬的学者吕世伦先生认为该丛书中有几本书并不好。我非常感谢这种坦诚的意见，这将促使我尽量把这套丛书编得更好，也力所能及地把我的学术工作做得更好）。因这套丛书的方便，我又在山东人民出版社连续出版了《价值重建与规范选择——中国法制现代化沉思》（这也是以公开发表的论文为基础整理出来的一本书。该书 1998 年出版，2000 年重印，第三次印刷也正在准备着）和《法学范畴的矛盾辨思》（1999 年出版，重印本计划于今年年底或明年年初面世。在该本书的后记中，我声明不再在该丛书中出版我的新书稿）两本书。因为这几本书的关系，我在一些法学学者那里获得了“高产”这个说不上好，也说不上不好的评价。

在法学界，我尊敬的不少年轻学人在自己的论著发表问题上，出手相当谨慎，他们对自己的作品惜墨如金，也精益求精，非到“炉火纯青”，不肯出手。而我本人在这个问题上，比较同意何勤华教授的一个观点：尽量把自己所想到的东西写出来并发表出来，哪怕错了再来修正。因为我们所从事的毕竟是学术研究，而不是起草政策、法律。更重要的是，文章是否达到“炉火纯青”，是否为上等佳品，并不是作者自己的感觉所决定的。古人云：“文章千古事，得失寸心知。”我曾把其中的“寸心”改为“他心”，以说明我在该问题上的观点。这其实也就是梁启超所谓“文章为天下公器”的观点。现代哲学诠释学认为：文章产生了，作者也就死了。虽然该说法在事实上言过其实，但对已成“天下公器”的文章而言，其能否藏之名山、以致永远的判断权应当操在读者之手恐怕是大致不差的。另外，我们所欣赏和崇拜的大家们（特别是那些国外名家）也往往有众多的作品问世，人们却并不对之“说三道四”（也许有人会反问：你能和国外那些大家名流相比吗？而我要在此重复那位揭竿举事者——陈胜的观点：大家名流，“宁有种乎？”）。所以，我个人的观点是，在发表文章上，究竟是精耕细作还是广种“博”收，完全是作者们“萝卜白菜，各有所爱”的问题。读者尽管可以臧否之，但无须阻止之。

尽管我在写文章时，比较注意不同文章之间在行文和思想上的连贯性，以便以更系统的方式编纂成书，但还是有一些文章再努力也难以在一本书中系统地存在（不论是在内容上还是行文上），这样的文章积累多了，也就有了将其整理成论文集出版的想法。本书就是我发表的无法以更系统的方式整理成书的部分论文的结集。虽然文章的篇目之间在表面上没有多大联系，但其毕竟出自一人之手，在行文风格和致思趋向上也具有明显的逻辑连贯性。这些文章除部分篇目外，大多写于 20 世纪 90 年代。也就是说，它与我前面提到的几本书一样，都是 20 世纪的产品。它意味着我对自己 20 世纪学习和思想活动的一个基本总结。一位农民在地里劳作一年，也要总结一下自己究竟赚了多少粮食，多少蔬菜，何况我们都是些讽刺过“狗熊掰苞谷”的有“知识”的人……

本书的内容，与其他已出版的几本书一样，只代表着我学术研究的过去。记得我的一位同行在我出版了几本书之后问我：“谢老师，你对自己的书最满意的是哪一部？”我答道：“凡是出版了的我都不太满意。”这句话既是我的自勉，也是我对自己学术事业的追求。不过，这并不表明我和过去就一刀两断了。我们经常讲：“过去的就过去了，一切得从头开始。”这句话对一个人的学术研究而言，恐怕只说对了一半。因为一个学人在学术研究中,是不可能彻底抛开自己的过去的(诚如西哲卢梭所言:“人是生而自由的,但却无往不在枷锁之中。”这真是一种关于人类活动的本体性的结论)。在新世纪里,我想以全新的学术研究成果奉献给读者,但要摆脱以往的思维惯性谈何容易。好在最近我将会给读者奉献一本我认为还是下了工夫的书:《法律的意义追问——诠释学视野中的法哲学》(将由商务印书馆出版),以作为我对新世纪迟到的见面礼(因为正式出版大概需要到2002年才能实现)。此外,由我和另一位学者合著的《诠释性概念》(将由上海译文出版社出版)一书,也将在年内与读者见面。

“吾生也有涯,而知也无涯”;“少壮不努力,老大徒伤悲。”古人的训导,不仅要被我们当做书写并粘贴在墙壁上或者端压在玻璃板下的格言,而且要被我们当做实践和行动的指南。如果要把自己的事业和生活搭架在整个人生的意义上来衡量,那么,我宁愿选择求知的生活,选择思想者的事业。虽然我知道,这是一个需要圣哲之智慧、勇士之力量来从事的工作,而我距之何止十万八千里。但智慧、力量之不逮,并不能阻止我心向往之、身践行之……

14年前的6月11日,我曾在《再答友人》的一首律诗中写道:

一盏纱灯照万卷,
青春岂忍对金樽。

它曾经是、将来也永远是我的自勉之诗。

2001年7月7~9日
于“望山居”

目录

法思辨：法哲学的本质精神

法哲学这一名词，虽为我国法学界普遍接受，但大多是在法理学意义上使用它的，[①]至于法哲学与法理学是否有不同之处，学者们尚未予以深切关注，[②]因此，法哲学的基本精神是什么，也就无从谈起了。笔者认为，法哲学与法理学是两码事：法理学以对法律现象的学理描述为其基本精神，而法哲学则以对法律现象、法律观念的哲理思辨为其基本精神，本文只论述后者。

一、何为法思辨？

什么是法思辨？这首先得从思辨一词谈起，在我国目前重要的辞书，如《中国大百科全书·哲学》(1987 年版)和《辞海》(1980 年版)中，都未收入思辨这一词条，而只是在论及思辨哲学时附带地谈到它。在《社会科学大辞典》中，给思辨作出了如下定性："同'经验的思考'相对，指不依赖于任何经验只进行纯概

---

① 沈宗灵先生认为："法律哲学相当于法理学。"参见沈宗灵：《现代西方法理学》，北京大学出版社 1992 年版，第 6 页。张文显、张乃根等先生均持类似观点，分别参见张文显著：《二十世纪西方法哲学思潮研究》，法律出版社 1996 年版，第 1 页以下；张乃根著：《西方法哲学史纲》，中国政法大学出版社 1993 年版，第 1 页以下。

② 也有人开始关注法哲学与法理学之区别：徐显明教授认为："法理学与法哲学应有所不同。"其详细论述见徐显明主编：《法理学教程》，中国政法大学出版社 1994 年版，第 4 页以下。武步云教授认为，"法哲学是哲学与法学之间的一个中间层次的科学。"参见武步云：《法与主体性原则的理论·序》，法律出版社 1995 年版。孙国华先生也持相近观点，但欠具体论述。参见孙国华主编：《法理学》，法律出版社 1995 年版，第 15 页。

念和纯理论的思考。"[①]思辨与18世纪以莱布尼茨和黑格尔为代表的思辨哲学家是分不开的，所以费尔巴哈在批判思辨哲学家时，也以否定的语气否定了思辨本身："所谓思辨的哲学家不过是这样一些哲学家，他们不是拿自己的概念去符合事物，而是相反地拿事物去附会自己的概念。"[②]对于思辨一词的上述理解，很容易使人们对该词产生想当然的误解，即把思辨等同于纯粹主观的苦思冥想。其实，思辨既是对对象的本质性思考过程，也是研析对象之本质的基本方法。思辨不是17～18世纪之思辨哲学家的专利，古代中国的《易经》、《道德经》以及印度的一些宗教经典，都闪烁着思辨的光辉。作为主体对对象的本质性思考及研析对象之本质的基本方法，思辨与经验密不可分，它是在经验基础上的超经验，是以经验为前导的先验思考。因此，佛陀也罢、老子也罢、黑格尔也罢，绝不是拒绝经验的冥思者，而是对经验、对对象的超验思考者。只要经验尚有不足、尚有局限，那么，对经验的超验思辨便不可避免。

思辨含义的厘定，为进一步探讨法思辨奠定了前提。所谓法思辨一方面是指主体在对于法与法律现象[③]观察的基础上，即在法与法律经验的基础上，对法与法律现象的本质性和终极性思考；另一方面是指主体探析法与法律之本质问题与终极问题的方法。这一关于法思辨的含义至少可以分析为如下3个方面：

第一，法思辨是以法经验为基础的，即法思辨不排除法经验，法思辨不是法经验的对立物。因此，法哲学"是以一种抽象推理的或一种凭借经验获得的公正观念为基础的"。[④] 人类历史上不存在任何先验的思想家，而只存在经验的思想家。对于法学家而言，更是如此。法学家对法与法律的哲学思辨，总是建立在其自身关于法或法律的直接经验或间接经验基础上的。即便前面引文中所谓"抽象推理"这一法哲学的基础，也

---

① 彭克宏主编：《社会科学大辞典》，中国国际广播出版社1989年版，第85页。

② 《费尔巴哈哲学著作选集》（下卷），人民出版社1962年版，第526页。

③ 关于法与法律的关系，中外法学家有大量不同论述。倘站在价值法学立场，则两者是不同的概念，倘以分析法学立论，则两者并无不同。国内学者关于两者相异的看法的代表性论著有：公丕祥："论法与法律的区别"，载《法学研究》1987年第4期；"再论法与法律的区别"，载《江苏社会科学》1989年第1期；李肃、潘新跃："法与法律概念应该严格区分"，载《法学研究》1988年第1期；梁治平："变迁中的传统：法不等于法律"，载《读书》1993年第8期；郭道晖："法与法律的区别"，载《法学研究》1994年第6期。笔者的观点参见谢晖：《法律信仰的理念与基础》，山东人民出版社1997年版，第462页以下。

④ 《布洛克豪斯百科全书》（第15卷），第512～513页。转引自上海社会科学院法学研究所编译：《法学总论》，知识出版社1982年版，第45页。

不是完全抛开经验的任性或任意。那种认为法哲学脱离现实,没有经验根底的看法,不过是论者对法哲学的强加,而不是法哲学的事实,这正如把公款私花、公车私用一类的经验当成现实并要求理论指导它,否则,便是理论不联系"实际"一样无理。当然,这并不是说法哲学的思辨就一无是处,由于它是对法与法律经验的一种超验,因此,法哲学不可避免地会有一些空想成分甚至过多的主观性,但这只能相对地影响法哲学的价值。事实上,任何一门学问的正确性只是相对的。在这方面,法社会学、法史学、应用法学等并没有因其崇尚经验性而比法哲学强出多少。正因如此,各种法学又分为不同流派,而各不同流派的法学又表达着某一个角度的"真理"。以经验为基础同时说明,法思辨并非主观任性,而是见诸经验的超经验建构。

第二,法思辨是对法与法律的本质性和终极性思考过程。从这一角度观视,则法思辨具有明显的实体性,即人类对法与法律本质性和其终极性问题的思考过程,是一个客观的可验证的过程。这又表现为两个方面:其一是法思辨活动本身,如法究竟是什么?实在法就是合法的吗?如何强化实在法的价值性等等。可以说,这是一个提出法的终极问题与试图回答这些终极问题的过程,是一个以"天对"应"天问"的思维过程。其二是法思辨活动的成果。这往往通过两种形式表现出来,即语言的表达和文字的表达。一般说来,法思辨作为人类一种高级的思维活动,主要通过文字来表达,它比语言能更精致地表达主体的法思辨过程。法思辨的这一层含义,既表明了法思辨的目的因素,也表明了其对象。就前者而言,法思辨是一个永无止境的发展过程;就后者而言,法思辨又是一个十分现实的过程。

第三,法思辨是主体探析法与法律本质问题与终极问题的方法。对法和法律本质及终极问题的探析,既可以采取现象实证和归纳的方法,也可以采取本质思辨和推理的方法。作为方法,前者与后者均能在一定角度得出关于法和法律的真理,如注重前者的霍布斯认为:**"约法对于每一个臣民说来就是国家以语言、文字或其他充分的意志表示命令他用来区别是非的法规;也就是用来区别哪些事情与法规相合、哪些事情与法规相违的法规。"**[①]而注重后者的黑格尔则认为:"法的基地一般说来是精神的东西,它的确定和出发点是意志。意志是自由的,所以自由就构

---

① [英]霍布斯:《利维坦》,商务印书馆1985年版,第206页。

成法律的实体和规定性。至于法的体系是实现了的自由的王国……”①“任何定在只要是自由意志的定在,就叫做法。所以一般说来,法就是作为理念的自由。”②这两种明显不同的关于法的结论,并没有独享对法与法律的真理权,而只是从各自的视角揭示了法与法律的本质性问题。

如上3个方面,是法思辨这一概念的内在的逻辑的统一体,即法思辨是以法经验为基础、以法现象为对象,并以揭示其本质为目的、以超经验的推理为方法的一种法学世界观和法学方法论。从其功能讲,法思辨是法哲学的本质精神。

二、何以法思辨是法哲学的本质精神?

某一事物的本质精神,是指贯彻在这一事物之中并决定其本质、区别于其他事物本质的内在规定性。法哲学虽然是一种精神产品,但它作为一种客观实存,也有其本质精神内旨,这便是法思辨。在人类历史上最早建立法哲学体系的黑格尔认为:“**法哲学这一门科学以法的理念**,即法的概念及其现实化为对象。”③“法的概念就其生成来说是属于法学范围之外的,它的演绎在这里被预先假定着,而且它应该作为**已知的**东西而予以接受。”④把法哲学对象定位为法的理念,则必然预示着人们对这一理念的思辨,放弃思辨及其说明,则“预先假定的”、“已知的东西”便成为虚幻的无法体验或实证的东西。

法思辨之所以是法哲学的本质精神,应当在法哲学与法社会学、法理学、法史学及实用法学之本质精神的比较中得以揭示。下面笔者逐一揭示其本质精神的不同,以更加深化对法思辨是法哲学本质精神的探讨。

(一)观察与思辨——法社会学与法哲学的本质区别

朱景文先生认为:“从一般意义上讲,法社会学是研究法和社会的关系的学科,是法学与社会学相结合的产物。”⑤在总结现代西方法社会学的方法论时,朱先生又指出:“法社会学的方法论包括理论法社会学和经验法社会学两个层次。现代西方理论法社会学的方法论主要由其社会哲学基础决定,包括人类学(习惯)理论、结构功能主义理论、冲突理论、

---

① [德]黑格尔:《法哲学原理》,商务印书馆1982年版,第10页。
② [德]黑格尔:《法哲学原理》,商务印书馆1982年版,第36页。
③ [德]黑格尔:《法哲学原理》,商务印书馆1982年版,第1页。
④ [德]黑格尔:《法哲学原理》,商务印书馆1982年版,第2页。
⑤ 朱景文:《现代西方法社会学》,法律出版社1994年版,第1页。

行为主义理论、互动理论、亚文化理论等。在经验法社会学的层次上，主要指一系列社会学研究方法，如试验、调查、观察和运用统计资料等。”①上述方法，都是以观察为其基础的，观察既是法社会学的基础方法论，也是法社会学揭示和研讨对象本质的一般特征。即便理论法社会学的方法，并非对观察——有意识经验的超验，而是对这些经验的系统总结，它的概念、理论不是预先假定，因此，它是一种明显**客观的**学科。而法哲学的思辨本质决定了其必然是一门“**主观的**”学科，没有充分的主观思辨，那么，法哲学就失去其本质特色。正是在此意义上，法社会学可谓之关于法和法律的**经验之学**，而法哲学是关于法和法律的**“超验”之学**。

（二）描述与思辨——法理学与法哲学的本质区别

什么是法理学？学术界对此颇多歧义，从目前我国众多的法理学教材来看，其内容相当混乱，几乎是法哲学（价值）、立法学（规则）、法社会学（运行）等内容的简单拼凑，因此，在高深处令法科学生难以明白，在浅显处一个高中生自学足以读懂。我认为，法理学的内容乃是主体对因法现象而生的法观念的直观描述。法理学的基本体系应由法意识、法规范、法关系、法主体、法运行、法反馈六大部分构成，它们都既是对法现象的观念化反映，也是对这种观念化反映的直观描述。法理学科的基本使命，就是通过描述，揭示众多的法及法律现象，反映主体的法及法律观念。因此，法理学是一门**知识的**学问。但法哲学却不同，在一定意义上讲，法哲学是一种“观念的观念”，前一观念是指法律现象的观念化；后一观念是指对法律现象与法律观念之间关系的进一步主观加工、推敲。因此，与法理学的“知识性”相比，法哲学则是**智慧的**学问。从这个意义上讲，只有价值法学、神学法学及理性主义法学才配称法哲学，相应地，规范分析法学只能是法理学，而不能称之为法哲学。在此应指出的是：法哲学与法理学的这种分野，必然意味着法律的道德性问题是法哲学的必要问题，但法理学可以不涉足。因此，法哲学倾向研究应然法及法律的应然性问题，而法理学倾向研究实然法及法律的实然性问题。但这并不是说法哲学高于法理学，虽然，从法与法律思维的层次上看，两者的确有高低之别，但从两者的功能看，则只能是一种互补关系，而不是指导与被指导关系。

（三）记载与思辨——法史学与法哲学的区别

法史学的发达，是一切法学发达的基础和前提，没有发达的法史学，

---

① 朱景文：《现代西方法社会学》，法律出版社1994年版，第24页。

就很难说有发达的法哲学。法史学是对人类已逝的法律经验的总结和记述。法律经验的逝去并不意味着它的遗传基因完全变异,相反,它还在人们的社会生活中具有极其顽强的遗传力,这就是由已逝的法律现象所引发的代代传承的法律观念。法史学的任务,就是对历史上的法律及法律思想进行归纳、整理、记载。尽管因记载者观念的差异,往往使不同学者的法史学渗透了记载者的解释,从而使法史学和法理学乃至法哲学相去不远。不过,纯正的法史学仍应主要以记载历史上存在过的法律和法律思想为己任,对它们的评述和解释,乃是法史学的次要任务。当然,这并不意味着评述和解释在法史学中不重要,应明确的是重要与否和主要与否应是两个不同的概念。法史学不但是一门以记载为主要方法的学科,而且其记载的内容是已然的法律及其思想,因此,从本质上讲,法史学是一门**事实的**学科。离开事实,法史学便丧失其生命之根。而法哲学却是以思辨为主旨的,与法史学的"事实性"相比,法哲学则是**观念的**学科,即法思辨的核心理念是关于法的观念。

(四)解释与思辨——实用法学与法哲学之本质区别

实用法学种类繁多,其基本宗旨是指导人们的行动从而使其实用化,它的基本方法是解释。论述至此,需要对"解释"一词做一些学理的交代。它可分为解释学意义上的解释和实行意义上的解释两个方面,两者间是包含与被包含的关系。从前一意义上讲,任何学问无非是一种解释,法哲学便是基于思辨的方法对法律的所做解释,思辨本身就是一种解释方法。因此,倘在这一意义上讲实用法学的基本方法是解释显然不妥。笔者所谓实用法学的本质精神是解释显然只是在实行意义上讲的。那么,实用法学究竟解释什么呢?笔者认为,它所解释的主要是法律规范,并在此基础之上,解释法律规范和法律事实间的关系,只要是基于实用目的而对现实法律规范的解释,不论是比较法意义上的解释,还是就某一具体法律的解释,都可归纳为实用法学的范畴。实用法学的基本目的是通过对法律的解释使法律得到实施,即通过法律来控制或放任人们的行为,从此意义上讲,实用法学是**实践的**学科。而法哲学的主旨不是引导人们的行为,它的宗旨毋宁说是一种心理的享验,即通过法哲学的思辨,使人们在更深程度和更高层次上享验法,并同时批判现行的法律,因此,和实用法学的"实践性"相比,法哲学是**享验的**学科。应指出的是:享验不同于享受。法哲学的思辨可给人们带来多样的享验结果:或欢乐的,或痛苦的;或客观的,或主观的;或行为的,或心理的等等。

上述内容的探讨,为证成法思辨是法哲学的本质精神这一命题提供了基本的观照条件,通过比较我们不难得出,如果没有法思辨,便不可能完满地揭示法本质及其法的终极性问题,尤其无法揭示诸如规范与价值、法律与正义、守法与反抗、自由与秩序、效率与公平、合法性的界限、法律的合法性问题等一系列介乎法律实存和主观需求间的关系,即无法弄清法律存在和法律思维间的关系;同时,法思辨的缺失,也意味着法哲学丧失了其最基本的思维工具和分析方法。因此,法哲学要揭示法本质,阐述法的终极性问题,就必须贯彻法思辨这一本质精神,否则,便不会有真正的法哲学。在下面的论述中,笔者将例举法哲学应思辨的内容,以进一步说明法思辨之为法哲学的本质精神。

三、法哲学应思辨什么?

这是一个涉及法哲学之思辨对象的问题。对它的回答,因人而异。哲理派法哲学的奠基人黑格尔将法哲学的思辨对象确定为抽象法、道德和伦理三大内容,贯穿于这三大内容的核心,则是揭示国家和法的理念。黑格尔之前的哲学巨匠康德则通过《法律哲学》和《道德的形而上学》来阐述其法哲学,其内容涉及理性、法和法律、道德等。美国法学家戈尔丁的法哲学体系则更显芜乱,其内容有:法律的本质、法律的界限、刑罚、解决纠纷与正义等内容。① 德国《布洛克豪斯百科全书》给法哲学所罗列的主要问题有:法律的效力问题、法律的存在问题、法律的意义问题、法律自由问题和法律平等问题。② 正因为人们对法哲学的思辨对象有不同的看法,才产生了众多的法哲学流派。事实上,法哲学发展到当代,所要思辨的对象越来越多,因此,法学家应从各自的视角和立场出发,建构不同的法哲学体系。笔者认为,法哲学所集中思辨的问题主要有:

(一)关于法本体问题的思辨

第一,法本源的思辨,即人类社会最先是如何设定法和法律的。其中具体问题有:法和法律是怎样产生的?其存在形式或形态是什么?是否存在超验的自然法?法与法律的关系是什么?人类之外的动物群体有无法?自然是人类法律的限度吗?社会是法的滥觞吗?存在国家法以外的法吗?宗教法、习惯法是否是法律?等等。这些问题是自古至今的法学家们苦思冥索,但并未给出权威答案的问题。法本源的思辨不但

---

① 参见[美]戈尔丁著:《法律哲学》,三联书店 1987 年版,第 1 页以下。

② 参见上海社会科学院法学研究所编译:《法学总论》,知识出版社 1982 年版,第 45 页以下。

应当在法哲学上解答法和法律的来龙去脉,而且要为进一步思辨法本质及其他问题提供一定的参照。法本源问题的思辨,是无法离开实证的,但实证并不能替代对法本源问题的思辨,它只是法思辨的基础。法本源的思辨可以在更高层次和更深程度上解释对法本源的实证。

第二,法本质的思辨,即法和法律的本质究竟是什么。其具体内容有:什么是法?什么是法律?法和法律有无共同性?法律的继承性和法律的时代性是何种关系?法律的民族性和法律的世界性是何种关系?法和法律本质的决定机理是什么?如何确定法和法律的本质?法的本质是意志还是规律?抑或两者兼而有之?法和法律的本质是变迁的吗?如是,则如何变迁等。众所周知,法和法律的本质问题是困扰法学家的最关键的问题。在当代中国,甚至有人在学术会议上提出超越法本质问题的探讨,也有人著文提出"超越概念法学"。[①] 其用意是可以理解的;但其结果既无法绕开本质,也无法超越概念。在一个全球性交流和对话的时代,人类的法需求如此迅速地增长,国家法、宗教法、习俗法、国际法把一国甚至全球的人类紧密地组织在一起,使人类的连带关系不是一种自发的存在,而是一种意志自觉的产物,是法律调节的结果,这更使人们无法回避对法本质的思辨。对法本质的思辨,往往因人们对法和法律范围的界定不同而异,而这种相异的持论及其观点,更有益于法学家对法本质的思辨。

(二)关于法认识问题的思辨

第一,法认识的思辨。这里需要解决的主要问题是法和法律的可知性问题。具体涉及的内容有:法和法律是可知的还是不可知的?法和法律可知的原因是什么?不可知的原因是什么?人们在多大程度上可认知法和法律?是可完全认知还是相对的认知?法与法律的认知过程是无限的还是有限的?决定法认知过程无限的因素是什么?决定法认知过程有限的因素又是什么?等等。从我们所列的这些法认识的思辨内容中不难发现,法是否可知的问题与法哲学家所持的法本体论观念紧密相关。如果法与法律是神启的,则人类对其只能承受,而无法认知;如果法与法律是先验的,那么人类对其只能有相对的认识,而不会有绝对的认识;如果法和法律只是指实在法,那么其是完全可认知的。可见法认知的思辨对于法本体问题思辨的依赖性。法认知思辨如果获得法是可

---

① 参见王卫国:"超越概念法学",载《法制与社会发展》1995年第3期。

知的结论,则又必然面临着在这一基础上的法价值的思辨。因此,笔者将法价值的思辨置于法认知的思辨中探讨。

第二,法价值的思辨。其核心问题是解决实在法的合法性问题,亦即法律的道德性问题。其具体内容有:什么是法价值?什么是法律价值?法价值与法律价值间是何关系?法价值与法律价值是主观的、客观的?抑或是两者的统一?如何确定或评价实在法价值的大小?实在法合法性的标准是什么?法律关涉道德性问题吗?如关涉,法律的道德性是指什么?如何处理恶法?善法恒善吗?等等。法价值的思辨是法哲学思辨的核心内容。笔者认为,在法哲学思辨的众多对象中,法价值的重要性应被置于首位。实在法价值的失误所导致的必然实践后果是法律效力的弱化;法哲学上法与法律价值设定的失误,既影响法哲学自身对实践的应有作用,也使其一旦指导法律创制,便同时使实在法的价值设定出现失误,从而最终影响实在法的效力。法价值思辨的症结是主体主观需求与法及法律对主体需求满足间的关系,这一问题的解决,便为实在法合法性的标准确定了理性基础。

(三)关于法方法问题的思辨

第一,法运行的思辨。其关键是解决法和法律对人类发挥作用的动力机制或方法机制问题。具体内容有:法律如何给主体分配权利和义务?如何协调自由和秩序的关系?法律在调节时对协调、制约、倡导、放任等方法究竟应如何搭配?应以哪种方法为主?法律的动力机制是强制、是主体自愿,抑或两者都是?其原因是什么?法运行的方法间有无优劣?如有,这是法价值问题还是法方法问题?等等。法运行是法哲学思辨的重要对象,但法哲学不是借对法运行的观察来探讨法运行,而主要是借对法运行之方法的思考建构一种法哲学对法运行的方法解释体系。应予继续分析的是:法运行的方法或大而言之法方法与法哲学方法及法认识方法是两码事。法方法是法哲学思辨的对象,而法哲学方法或法认识方法是建构法哲学或其他法学的一般工具,就法哲学而言,思辨本身就是其根本方法,也是本文的宗旨之一。因此,对法方法的思辨和对法哲学方法的思辨也就是两回事。

第二,法实效的思辨。其关键是思辨测定法实效的方法以及法实效的测定又如何影响法运行。其涉及的具体问题有:如何测定法实效?法实效的判断标准是什么?是主体主观感受、是法律规定本身还是法律调整下的秩序状态?法实效与法运行的关系是什么?法实效的测定对法运行有无影响？如有，影响的机制是什么？如何建立有效率的法实效反馈机制？等等。法实效是实在法运行的结果，也是法哲学所思辨的最后环节。法哲学对法实效的思辨，虽涉及法实效本身的本体问题，但主要的还是思辨有关法实效测定的方法问题，尤其以主观满足为标准确定或以客观秩序为标准确定是法实效思辨的一个十分重要的问题。

除此之外，法的外部关系问题，如法与道德、法与科技、法与政治、法与自然等问题，也是法哲学思辨的重要对象。它可概括为"法外部关系"问题的思辨，限于篇幅，本文不予详述。

综上所论，法思辨的对象就法与法律本身而言从法本源始，到法实效终，从而形成一个完整的符合逻辑的、近似闭合，但又开放的法思辨体系。这些思辨的学理成果，就是法哲学的骨干内容，即法本体论、法认识论和法方法论。由此不难更进一步加深我们对法思辨是法哲学本质精神的印象。

〔本文原载《法哲学与法社会学论丛(一)》(1999年)，收入本书时略作修改〕

法思辨的实践经验基础

——观视法哲学与部门法学之关系的一个视角

一

笔者在《法思辨:法哲学的本质精神》①一文中提出,思辨是法哲学区别于其他法学学科的基本标志,也是法哲学的本质精神。法哲学既是主观的学问,也是有关经验、先验以及超验间关系的学问。那么,这是否意味着法哲学不需要实践经验做基础?其实,任何人都生活于实践经验之中,即使最优秀的思辨哲学大师,也并非生活于纯粹的主观想象之中。黑格尔是公认的思辨哲学大师,但是,他对人类哲学生活与哲学思辨实践的关注,毫不逊色于任何一位号称优秀的经验哲学家,他的 4 大卷《哲学史讲演录》,对人类历史上的哲学思辨活动做了他所处的那个时代最全面和最深刻的总结与透析。因此,法学家对法所进行的思辨活动,并离不开人们的法律实践经验。这就引出了一些值得关注的话题,即如何理解从形上到形下的精神实践与物质实践的关系,尤其如何理解精神性法律实践与物质性法律实践的关系?以法思辨为本质精神的法哲学和以法解释为本质精神的部门法学究竟是何种关系?这是本文拟探讨的主题。通过这些内容的探讨,笔者将进一步得出有关法思辨的实践经验基础问题。

---

① 谢晖:"法思辩:法哲学的本质精神",载《法哲学与法社会学论丛》(一),中国政法大学出版社 1998 年版。

包括法哲学在内的所有学问，从本质上讲，都是人类实践经验的思维结晶，其表达方式，则有文字和语言两种。但这里的实践经验，未必是法律的。应当讲，人类的实践活动，恰如人类的思维活动一样，既有形上的，亦有形下的。形下的实践活动，往往与人们的物质生活相关，而形上的实践活动，则主要与人类的精神生活相关。在学理上，人们对思维的形上与形下之分格外关注，但对于日常生活中的形上与形下之分却漠不关心。这就使思维与人们的日常生活脱了节。事实上，形上的思维总是来自人们形上的生活，即使两者间并不是一一对应；同样，形下的思维总是来自人们形下的生活，尽管两者并不总是必然相关。部门法学和法哲学的基本联系在于两者都是人类对法律实践活动的思维结晶，然而，两者的对象却截然不同。前者以人类形下的法律生活和法律实践活动为思维对象，后者则以人类形上的法律生活和法律实践活动为思维对象。那么，人类形上和形下的法律生活和法律实践活动各指什么？这必须从形上和形下谈起。

众所周知，形上和形下这对概念是古代中国哲学的重要术语。《周易·系辞上》谓："形而上者谓之道，形而下者谓之气。"戴震进一步讲："形谓已成形质，形而上犹曰形以前，形而下犹曰形以后。"[①]事实上，中国古人的形而下与形而上之分，与西方哲学所谓经验与超验大体吻合。在西方哲学中，形而上学基本上是研究超感觉的、以超验为对象的学问。所以，严复在翻译亚里士多德的"物理学之后"时，独具慧眼地以"形而上学"一词来意译。[②] 可见，东西方哲学都关注人类日常生活与实践的形上与形下之分。倘以此来衡量，则不难发现形上和形下的法律生活和法律实践各是什么。所谓形上的法律生活和实践，简单地说，就是指人类对法律理想和价值的探寻和追求，它本身与人们的法律观念大体等同。只要是人类还生活在并不理想的、有缺陷的、不尽如人意的社会中，那么，必然会有人憧憬并设想未来理想社会的生活样式：一方面，用来抚慰人类的孤寂心灵；另一方面，也为人类设计奋斗的前景。可以说，从古至今，真正能够流芳百世的思想家，不论他是社会主义者还是自由主义者，是现世主义者还是来世主义者，是世俗主义者还是宗教主义者，无不以在精神上抚慰人们和在道德上设定理想为宗旨。然而，如意的人类生活只是相对的，对精神理想的追求也是永无止尽的。尤其与公平正义相关

① 戴震：《孟子字义疏正·天道》。

② 参见《中国大百科全书》（哲学卷），中国大百科全书出版社1987年版，第1028页。

的法律,本来是人类理性观念的产物。这里涉及一个非常重要的理论问题,即人类理性观念与社会实践的关系问题。长期以来,人们的实践经验决定着人们的观念被人为地做了无界域的解释,从而使观念对人们实践经验在特定条件下的决定作用被我们明显忽视了。笔者认为,人类的法律生活及其观念与人类的经济生活及其观念在发生机制上有所不同。后者在很大程度上可以适用前述论断,即经济生活实践决定着人们的理性经济观念,它取决于人们吃穿住行的情感需求,而人们的这种情感需求是与生俱来的,故而在本质上该需求是物质的,经济的生活就是人们物质性的生活情感的需要。因此,它在发生上不考虑理性问题,只在其发生后才需要进行理性总结,于是,理性经济观念自始便受制于情感的、经验的经济生活。但人类的法律生活却不同,作为一种规范的生活,它自始便是理性观念的产物,任何法律规范,不论其是习惯法、宗教法,抑或是国家或国际间的制定法,也不论其是判例法、成文法还是混合法,在发生之初即是理性观念的产物,这就决定了从发生意义上讲法律需求先于法律实践。可见,只要与法律相关的人类生活,从本质上讲,必然是观念支配下的生活;同样,与法律相关的人类观念,在本质上更是观念的观念。这表明,从原生意义上讲,在纯粹的法律世界里,并不是人们的法律实践决定着人们的法律观念,恰恰相反,是一种作为观念产物的法律(观念的结晶)决定着人们的法律实践。因此,法律世界从一开始就走着一条自形上到形下的路径,而不是相反,从形下到形上的道路。这就决定了法思辨实践基础的根本特色——被形上观念渗透的形下实践。这也正是无论经验论的法哲学还是建构论的法哲学,都把法律与理性相提并论的原因所在。

不难看出,说法律是人类需求的产物,等于说法律是人类理性需求的产物。它与情感需求相伴随的经济生活在发生上明显不同。与法律生活相关的需求也罢,理性也罢,从本质上讲,都是主观的,都既是指人对客观事物的有限认识,也是指对理想生活的无限遐想。然而,更为重要的是,在法律生活与法律观念的关系上,是后者决定前者,而非相反。可见,应当对实践经验决定人们观念的看法作出有界域的分析,否则,它只能从一般经验变成特殊谬误。

与法律相关的观念和人们对法律的需求先于法律实践的理论解说,为进一步分析法哲学和部门法学的关系奠定了学理基础。如果说,部门法学无可避免的是人们法律实践经验的思维结晶的话,那么,法哲学则是人们关于先验世界的思维结晶。法哲学的作用,更多的是在立法领域。所以,威廉·葛德文指出:“不变的理性才是真正的立法者,理性的指示才是我们应该研究的。”[①]美国著名法哲学家德沃金更进一步指出:“法院是法律帝国的首都,法官是帝国的王侯,但却不是它的先知或预言家。如果哲学家们愿意的话,制定法律自身的目标,即在我们的法律之内或法律之外制定更完美的法律形式,这个任务就落在哲学家们身上。”[②]我国著名立法学家周旺生先生也认为:“立法者应当是精英人物。”[③]换个角度讲,法哲学指导立法本身就表明法律观念先于立法实践的事实。当然,一种能够指导立法实践的理论,既有其价值设想方面的内容,亦有其技术操作方面的内容。对于法哲学而言,这两个方面都是非常重要的,法哲学不仅研究价值,而且还要研究价值实现的方式。正是这一原因,使得法哲学在关注立法的同时,也对所立之法能否在实践中得以落实进行预测性的反思,这又使法哲学深入法律运行的实践之中。[④] 部门法学则不同,它主要作用于立法之后的法律运行领域。因此,部门法学更讲究法律运行的技术,它紧跟着法律运行的实践,它是人们法律实践基础上的观念,甚至可以说它就是人们对法律实践的观念解释。如果部门法学不能直接有助于人们的法律实践,那么,它存在的必要性就大可怀疑了。就研究的对象而言,部门法学所研究的是人们的法律实践经验,因此,是经验的科学,这明显不同于法哲学的先验性。行文于此,有必要区分部门法学与部门法哲学的关系。部门法哲学是法哲学的外延拓展,故部门法哲学与部门法学之间的关系,与法哲学和部门法学间的关系并无实质区别。只是法哲学的内涵更大,而部门法哲学的内

---

① 威廉·葛德文:《政治正义论》,商务印书馆 1980 年版,第 150 页。

② 德沃金:《法律帝国》,中国大百科全书出版社 1996 年版,第 361 页以下。

③ 周旺生:《立法论》,北京大学出版社 1993 年版,第 315 页。类似的看法在西方法学史上不绝如缕,如卢梭认为:“立法者在一切方面都是国家中的一个非凡人物。”(卢梭:《社会契约论》,商务印书馆 1964 年版,第 55 页);孟德斯鸠认为:“那些有足够的天才,可以为自己的国家或他人的国家制定法律的人,应该对制定法律的方式予以一定的注意。”(孟德斯鸠:《论法的精神》,商务印书馆 1964 年版,第 296 页);马布利认为:“立法者应当深入到人们的内心,查明内心所有角落,揭开内心的所有秘密。”(马布利:《马布利选集》,商务印书馆 1982 年版,第 52 页);等等。

④ 法律运行究竟应否包括立法?对此尚有不同的看法,从而形成所谓的“狭义的法律运行”和“广义的法律运行”。参见赵震江主编:《法律社会学》,北京大学出版社 1998 年版,第 333 页以下。笔者倾向于前者,参见谢晖:《法学范畴的矛盾辨思》,山东人民出版社 1999 年版,第 87 页以下。

涵要小而已。在我国法学界,部门法哲学的这种先验性自20世纪90年代以来已有了一定的学术回响,比如由陈兴良教授所著的《刑法哲学》、《刑法的人性基础》、《刑法的价值构造》;由徐国栋教授所著的《民法基本原则解释》;由季卫东教授所著的《程序比较论》等均是部门法哲学的杰作,它们极大地拓展了法哲学的新视野。① 在这些著作中,我们不难看出其与部门法学的不同。在国外,诸如贝卡里亚的《论犯罪与刑罚》、哈特的《惩罚与责任》,以及菲利的《实证犯罪学》等皆是部门法哲学的杰作。部门法学与部门法哲学的进一步厘定,为我们认识法哲学与部门法学的关系提供了新的参照。

二

法哲学与部门法学的区别,不仅在于两者研究对象和两者各自与法律实践的关系上,而且也在于两者相互的关系上。甚至可以说,两者相互关系的确定,更能表明两者的联系与区别所在。因为研究对象的确定,只为两者关系的辩证确定了前提,而不是两者的关系本身;两者各自与法律实践关系的确定,对两者的实际关系而言,也只是一种外在的参照,而非内在的关系本身。所以,当我们大致确定了两者的研究对象和两者各自与法律实践间的关系后,就应当在此基础上不失时机地深化对两者关系的研究。

诚如有的学者所言:"当西方法流传到中国时,却被我们传统的经验——实用型思维方式做了形而下的处理,'法'被扭曲为'法律',或者说,经过处理之后,作为精神和信念的'法'荡然无存,留下的只是作为具体制度的'法律'。"②如果从法哲学与部门法学的关系视角看,则以规范外观及其内容为特征的应用法学长盛不衰,而法哲学则被长期忽视。最接近于法哲学的法理学,则是一种典型的"教义学",长期以来,它主要执行着意识形态的教化功能,而不是法学学问的增长功能,这使其既没有、也不可能深入法及法律的价值领域。法理学所依赖的,主要是意识形态和现实政治的要求,而不是有关法律思辨的实践本身。虽然这种情况近年来有所改观,但部门法学与法理学间的张力非但未减,而且还在不断

---

① 应指出的是:季先生的《程序比较论》不仅涉及部门法哲学,而且是从法哲学视角对程序的深刻省思。

② 胡旭晟:"理性批判·理想主义",载《比较法研究》1994年第3—4期。

扩大。[①] 我国法学的这种现实,不但无法支持人们通过思辨来探讨法律,而且把思辨当成了空谈的同义词。那么,这种探讨对于我们说明法哲学与部门法学的关系有何裨益呢?

法理学与部门法学的实践对立和其从业者间的相互轻视,至少表明了法理学没有以部门法学为实践基础,这对于法哲学或法思辨的启示是:如果不以部门法学为实践基础,那么法哲学的深化便难以为继,法思辨也便失去了起码的精神性的思维实践基础。这里已明显地蕴涵了法哲学与部门法学的内在关系:部门法学是法哲学的思维(精神)实践基础,而法哲学是部门法学的进一步深化和加工。也许有人会问:部门法学本身是人类在法律实践经验基础上的思维结晶,它又如何能够作为法哲学的实践经验基础呢?这就有必要区分两种实践经验基础:其一是物质实践经验;其二是思维(精神)实践经验。前者无须说明,后者则须略做交代。

长期以来,人们一谈到实践,总是自觉不自觉地联想到人类的物质生活,而把人类的精神思维生活排除于实践之外,这是对人类实践的一种相当肤浅的理解和重大的误解。其实,人类的实践,既是一个物质的享验或谋取过程,也是精神的思想或抗争过程。这不论对于精英而言,还是对于普通人而言,也不论对于宏观的人类实践而言,还是对于微观的人类实践而言,都是如此。例如,当一个农民在犁地时,他同时也在思考究竟犁多深才能既不翻出死土,又能致使土壤疏松,还能保持土壤墒情。至于一位哲学家著书立说的活动,一位军事家运筹帷幄、决胜千里的实践活动,更是渗透了精英们的精神智思。可见,离开了人们的精神思维活动,那么,所谓人类的实践,便与动物的活动没有什么两样,人类也就很难成为天地之主、万物之灵。当然,由于职业分工的不同,人们参与实践活动的内容也并不相同。对于法学家而言,不论其是法哲学家,还是部门法学家,他们实践的共同特点是精神性内容多于物质性内容,因此,他们所从事的主要是精神性的实践活动。当然,法哲学家和部门法学家在精神活动的内容方面、程度方面均有所不同。法哲学家更倾向于精神性的实践活动,而部门法学家相对地更注重与物质实践相关的法律思考,这就使得部门法学家的精神实践活动成为法哲学家进一步发挥精神创造的物质实践经验基础,即部门法学作为相对低层次的人类法律

① 1998年初夏,笔者在北京和我国一位著名的民法学专家交谈时,他轻蔑地质问法理学界做了些什么东西。虽然在一定意义上讲,这是一种有欠客观、公允甚至不乏门户之见的论调,但法理学不被部门法学重视,与其自身过分注重对政治的依赖不无关系。

思维实践的结晶，是法哲学进一步深化研究的对象。这是法哲学与部门法学的第一重关系，即部门法学对法哲学的功能和作用。简言之，部门法学是法哲学的特殊的实践经验基础。如果说部门法学是人们对法律实践的思维粗加工的话，那么，法哲学则是人们在部门法学基础上对法律思维实践活动的进一步深加工。这种结论是否与前述法律需求先于法律实践的法哲学结论相吻合？这里则进一步涉及两者的另一重关系，即思辨的法哲学对解释的部门法学的功能和作用问题。

如前所述，在原生意义上讲，法哲学是以先验的、精神的、先于人们法律实践的主体法律需求为直接研究对象的，法律实践则只是法哲学思辨的间接对象，或后(次)生对象。法哲学只有在深入地研究了先验的主体法律需求之后，才能顾及对主体法律实践的思辨。法哲学原生意义之研究对象的此一特征对于我们观照法哲学之于部门法学的功能和作用提供了条件：法哲学是立于部门法学之上的学问，只有当人们的法律精神需求上升为具体的法律之时，才有在法律具体指导下的法律实践，才能具体地形成部门法学的研究对象。既然主体的法律精神需求通过法律间接地作用于部门法学，那么，以法律精神需求为原生对象的法哲学对于部门法学的作用也是间接的，连接两者的实践机制是法律，即通过法哲学对主体法律精神需求的思辨与梳理，制定作用于主体之间并形成主体间公共关系的法律。当法律作为部门法学的研究对象而直接作用于它时，则意味着法哲学在间接地作用于部门法学。可见，这里存在着一种独特的逻辑关系：即主体法律精神需求(原生的精神性法律实践)为法哲学提供了原生研究对象，而法哲学的思辨和梳理又为立法提供了思想基础；立法及法律的产生，则进一步为部门法学奠定了必要的实践经验基础；部门法学在此一研究对象基础上的形成，又为法哲学的内容提升和领域拓展创造了条件。显然，这既是一种逻辑的循环，又是作为思辨的法哲学和解释的部门法学间的关系循环。

从上述论证中还不难看出：法哲学对于部门法学的作用和功能，不止体现于其在高位与部门法学的间接关联，而且也体现于其在高位对部门法学的进一步提炼和升华，此时，部门法学作为对人们法律实践经验的精神总结，作为人类的一种精神实践活动，则成为法哲学的又一研究对象(后生的、间接的对象)和法思辨的实践经验基础。对此，笔者在前文中已经做了交代，此不赘述。

以上从研究对象视角探讨了法哲学与部门法学之间的一般联系，在此种一般联系中,我们也不难发现两者的一般区别:如果以人们的法律实践(包括立法实践、行政执法实践、司法实践、守法用法实践等)作为参照的话,那么,法哲学所研究的既是先于法律实践的主体对法律的精神需求(就法哲学的原生对象而言),又是高于物质性法律实践的精神法律实践——人们对物质性法律实践的思维结晶,即部门法学(就法哲学的后生对象而言)。这就使得部门法学也成为法哲学的研究对象和法思辨的实践基础。而部门法学所研究的则主要是人们的物质性法律实践本身,因此,它一般不涉及先验的主体法律需求,也不以部门法学本身为研究对象,即使部门法学内部不同观点间的相互驳议,所直接探讨的仍然是所驳议的对方观点已经涉及的物质性法律实践,即其直接目的是通过对对方观点的批驳,说明自己对相应物质性法律实践的不同看法,显然,批驳对方观点在这里只是手段。除非是对部门法学进行史料的归纳,然而,此时已非部门法学,而是法律史学。法律史学既可以是史料的归纳,也可以是哲理的思考。这即所谓史料和史观。[①] 由此可见,部门法学是物质性法律实践的观念,而法哲学是精神性法律实践的观念,是一种观念的观念,精神的精神。既然法哲学是一种观念的观念、精神的精神,则作为法哲学基本精神的法思辨也就在这里寻找到了其实践基础。那么,这一实践基础究竟是什么呢?

三

通过前面的论述可知:法思辨的实践经验基础,与法哲学的研究对象并无二致。法哲学的研究对象,一是具有原生性的精神性法律实践,即人们先于物质性法律实践的法律需求;二是具有后生性的精神性法律实践,即它是在物质性的法律实践基础上形成的。而所谓物质性法律实践,是指精神性法律需求借助立法活动形成法律后,人们把法律的精神性规定,转化为实践的物质性(实然化的权利与义务)享验的过程。物质性法律实践一般并不直接作为法哲学的对象,它往往要借助部门法学的主观加工,即只有在一定的精神性加工基础之上才能得到法哲学的升华。从此意义上讲,法哲学的研究对象,更多地体现为精神性的法律实

① 应注意的是:史料和史观不同于史料学派和史观学派,广义地说,后者均属于史观的范畴。仅就法律史学而言,既有可升华为法哲学层次的史观,也有只停留在法律史学层次的史观。前者更多地体现为法律史学和部门法学乃至物质性法律实践的关联,而后者更多地体现为部门法学和法哲学的关联。当然,这并不否定以法哲学为研究对象的法律思想史学往往只停留在法律史学的层次,但笔者认为真正的法律思想史学,必须是法哲学层次的;否则,只能称为法律思想史,而非法律思想史学。

践。法思辨作为法哲学的基本精神,其所思辨的内容固然是多样的,但主体的精神性法律实践经验却是最直接和最主要的思辨对象,因此,我们照例可以将法思辨之实践基础划分为两个方面,即主体原生的精神性法律实践和主体后生的精神性法律实践,这两者作为法哲学的实践基础,在法思辨中各自具有不同的特征,分述如下:

(1)原生的精神性法律实践的特征及其对法思辨之影响。通过前面的论述不难发现,原生的精神性法律实践具有如下诸特征:

第一,对人类普通实践经验的附随性。这里所谓普通实践经验,是指除了法律实践经验之外的其他实践经验。正如我们熟悉的哲学观所揭示的那样:精神与物质的关系是历来的哲学所要研究和思辨的基本问题,尤其两者孰先孰后的问题,更令各派哲学家们绞尽脑汁。本文不是在讨论一般的哲学问题,而是法哲学问题。因此,普通哲学中物质与精神、实践与思维的关系可被人类普通实践经验和人类精神性实践经验所取代,或者从纯粹法律角度讲,则可被物质性法律实践和精神性法律实践所取代。笔者信奉物质决定精神的哲学观,因此,也赞同物质性实践经验决定精神性实践经验的观点。虽然,在前文中已指出原生的精神性法律实践经验不取决于物质性法律实践经验,但这并不意味着原生的精神性法律实践经验凌驾于物质性法律实践经验之上,只是在原生意义上讲,原生的精神性法律实践经验的基础,并非物质性法律实践,而是人类普通的物质实践经验,即人类在长期的物质实践经验中,深感到通过统一的、普遍的、具有包容性的或强制性的规范来调节人类秩序的必要性。这种必要性的感受起先是精神性的,但此精神性的先导却是人们物质性的实践。原生的精神性法律实践经验的这一特征,使法哲学在以它为思辨对象时,便不可避免地要深入另一领域:由于人类之所以会形成法律需求之终极原因,在于人类的普通实践经验,所以,人类普通实践经验亦成为法哲学垂注和思辨的对象,虽然它是间接的。

第二,先于物质性法律实践经验。如前所述,原生的精神性法律实践经验的这一特征,是就它与物质性法律实践或后生的精神性法律实践经验相比较而言的。如果放弃"原生意义"这一视角,我们会明显地发现两样的精神性法律实践经验,即一种是受制于人类普通实践经验,但又先于物质性法律实践经验的精神性法律实践经验。另一种则是在物质性法律实践经验基础上直接长成的精神性法律实践经验。这里我所探讨的是前者。在原生意义上讲,包括立法、司法、行政、用法守法及法律监督在内的一切物质性法律实践经验,均是主体法律需求决定下的产物,而不是相反。精神性法律实践经验的这一特征便决定了法哲学思辨不同于普通哲学思辨的根本特征:主体精神性的法律需求具有第一性,而主体物质性的法律实践具有第二性,即在纯粹法律实践领域内,法哲学首先要思辨的是在原生意义上主体法律需求(精神性法律实践)的第一性和主体物质性法律实践的第二性问题。因此,"头脚倒置"在这里是一种必然。只有梳理清了这层关系,才能更进至对后生的由物质性法律实践所决定的主体精神性法律需求的思辨,可见,从法哲学思辨的直接实践基础看,法哲学似乎有悖"唯物论",但只要结合前述第一点,并把法哲学置于整个哲学中,从而使法哲学只成为普通哲学的一个环节时,我们只会发现法哲学与普通哲学中的其他环节相比,由于在思辨内容上有分工的差异,便必然地决定了其"头脚倒置"的特征,但这同时亦意味着一旦打破法哲学的环节界限时,它向"头脚顺置"(唯物论)的复位。

第三,原生的精神性法律实践对物质性法律实践的引导性。把法律视为理性的产物,是古今中外所有法学家并不全盘反对的一个结论。的确,只要我们认真考察人类史上的法律,不论其是正式的,还是非正式的,一个共同的特点是对日常实践经验的超越。即使被人们称为"伦理性法律"或"情理法"的中国古代法律,[①]也不是对人们任意性情感的肯定,而是对该文化区域内人们所普遍保有的情感的肯定 ,从此意义上讲,它仍然是理性的,而不是非理性的。这里须进一步申论的是,法律之为理性的,其原因何在?笔者觉得,一言以蔽之,在于它是受人们的精神性法律实践之引导而产生的;而精神性法律实践却是人们在经历了无数的物质性社会实践之苦难、挫折和失意的基础上形成的,因此,它自身包含着对普通的、物质性社会实践的深刻反思,以这种反思指导法律,则其具有理性特征理所当然,尽管我们不能说任何法律都是理性的。精神性法律实践对物质性法律实践的引导性更进一步证成了法哲学必须以主体的精神性法律实践为首要的思辨对象,即精神性法律实践是法思辨的首要实践基础。

(2)后生的精神性法律实践的特征及其对法思辨的影响。后生的精神性法律实践是相对于原生的精神性法律实践而言的,这就决定了其与

---

① 相关论述参见瞿同祖:《中国法律与中国社会》,中华书局 1981 年版;梁治平:《寻求自然秩序中的和谐》,上海人民出版社 1991 年版;范忠信等:《情理法与中国人》,中国人民大学出版社 1992 年版等。

原生的精神性法律实践在特征上具有相对性：

首先，它具有对人类物质性法律实践的直接依赖性。物质性法律实践是人类社会实践的一个极其重要的方面，或者说它是普遍规范化的人类社会实践。然而，独立的物质性法律实践并非从来就有的，当法律尚未产生之时，所谓物质性法律实践，只是混沌地存在于普通社会实践之中。只有当法律作为一个独立的社会范畴出现之后，独立的物质性法律实践才应运而生。由此不难见物质性法律实践与原生的精神性法律实践的区别。既然有了物质性法律实践，也就有人们对该实践的能动思考，这种思考的一般结果是形成人们对物质性法律实践的观念，包括对它的认知、态度、评价等。其中既有感性化的内容，亦有理性化、条理化和学理化的内容。部门法学就是学理化的后生的精神性法律实践。后生的精神性法律实践的特征，使得法哲学虽然无须直接深入物质性法律实践去思辨，但必须透过后生的精神性法律实践去关注物质性法律实践，并尽量调适物质性法律实践与后生的精神性法律实践间的相互关系，从而既使法哲学有补于现行的物质性法律实践，又有益于现行的物质性法律实践向未来拓新。

其次，在时间上后于物质性法律实践。后生的精神性法律实践既然源于物质性法律实践，则必然在时间上后于物质性法律实践，即只有在一定的物质性法律实践经验基础上，才可能产生多种多样的与该实践相关的后生的精神性法律实践。所谓“多种多样”，一般地说来又可归类为两样，即与物质性法律实践合辙的后生的精神性法律实践和与物质性法律实践不合辙的后生的精神性法律实践。这种分野，既因于人们对物质性法律实践的不同态度，也因于人们对该实践的不同理解和解释。前者如在一个德治论者看来，物质性法律实践并无益处，而在一个法治论者看来正好相反；后者如针对同样的法律规定，解释者在理解或解释上可能完全不同。法的哲学思辨，既需要面对人们对物质性法律实践的不同态度，亦需要面对人们对物质性法律实践的不同理解和解释，也正因人们对物质性法律实践的态度不同、理解不同、解释不同，才为法哲学思辨提供了丰富的后生的精神性法律需求，才可能使法思辨更为深刻，使法哲学更为丰满。可见，后生的精神性法律实践，可使法哲学摆脱只以原生的精神性法律实践为对象时的单纯和单薄，使法哲学更强烈地反作用于物质性法律实践。

最后，后生的精神性法律实践高于物质性法律实践。虽然，后生的精神性法律实践直接源出于物质性法律实践，但前者并非后者的简单临摹，更非后者的直接复写，而是在后者基础上的主观加工和思维升华，因此，前者理应高于后者，从而对后者以或理性的。或非理性的指导或影响。正是由于前者高于后者，才使得前者成为法哲学直接思辨、总结的材料，成为法的哲学思辨的又一实践基础，成为法哲学透过前者而深入观视后者的中介。可见，后生的精神性法律实践是对法哲学思辨加工和升华的对象。也就是说，它们是法哲学的又一对象，是法思辨的另一实践基础。

综上所述，笔者认为，法学的直接研究对象是主体的原生的和后生的精神性法律实践，人们的物质性社会实践和物质性法律实践只是其间接研究对象。相应地，法思辨的直接实践基础则是主体原生的和后生的精神性法律实践，对法思辨而言，物质性社会实践和物质性法律实践只是其间接的实践基础。由此出发，则法哲学与部门法学的关系不难明辨。

〔本文原载：《法哲学与法社会学论丛(二)》(2000 年)〕

部门法法哲学的长成逻辑
——兼论部门法学的学理化问题

提出部门法中的法哲学这一问题，笔者觉得既相当地有意义，但也有可能使法哲学对法律之知识统一性的追求受到影响。在学术研究中，必要的分化和细化是学术研究深化的一个重要标志，但是，它并不是唯一的标志，甚至也不是最重要的标志。因为我们研究的对象世界是统一的，人为地分割虽然可以在解剖意义上深化对对象的研究，但也容易导致顾此失彼，乃至“拣芝麻、丢西瓜”的现象发生。正因如此，注重在分化研究基础上的整合，应为学术研究深化的另一标志。就法哲学而言，可以说，分化的研究是其寻求法律知识统一性的事实根据；而必要的整合在功能上讲则形成其双向的逻辑指向：一方面，法哲学提升自我的逻辑指向；另一方面，使法哲学在自我提升之前提下继续分化的逻辑指向。法哲学既需要部门法提供事实基础，也需要提升自我的逻辑理路。限于论题，本文只围绕着部门法法哲学的长成逻辑进行分析，其他问题留待另文解决。

一

就我们目所能见的法律而言，至少现代意义的法律可以用得上如下结论：一切法律都是（归类于）部门法。①

---

① 我们知道，前资本主义时代的法律，大体上是关于法律的经典，即在法典中，包含了一个国家方方面面的法律条文。那时的法律，真正可谓之“法典”。我国学者更多地注意到了我国古代法律具有“诸法合体，刑民不分”的特点，但在古代的其他国家，这种情形也经常可见。因此，该特征在很大程度上表明的是法律的时代性，而不是法律的文化性和地域性。

这就意味着,以法律为研究对象的法学,不论其是基础理论学科,还是实践应用学科,其观察和研究的切入点都是部门法。[①] 只是所谓部门法学的切入点更为单纯,仅涉及与该法学相关的部门法律,而法的基础理论学科(特别是法哲学)的切入点更为复杂,它指向所有的部门法律(当然,法哲学不仅仅研究经验的法,它同时还研究先验的法和超验的法)。因此,法学的直接研究对象是法律,这应是无须争议的。然而,既然有直接研究对象,间接研究对象的存在也就不难理解。这不论对于法哲学还是部门法学,都是如此。因为就理论与实践的关系而言,法律是人类实践的产物,是人类需要的结晶。法律自身首先更为接近于理论,而不是接近于经验常识。随着法律的不断常识化,才使法律变成一种经验,从而使它成为法学(理论)研究的对象。

人类所从事的事业,总是分为一定层次的。记得在一次学术研讨会上,一位法哲学工作者这样描述法学的层次及其效用:法哲学的书是写给从事法理学的人看的,法理学的书是写给从事部门法学的人看的,部门法学的书是写给律师、法官及其他行政执法官看的,而律师、法官们的著作,一般来说,是写给普通百姓看的。[②] 虽然,上述逻辑关系在人们的实践中很容易被证伪,但就一般情形而言,她讲的并不是毫无道理。不然,人们就很难理解为什么法哲学的书比法理学的书难卖,法理学的书比部门法学的书难卖,部门法学的书比律师、法官等所写的办案经验类的书难卖(当然,上述结论,都以书写的好为前提)。其中原因,就在于读者因工作性质和各人爱好而分为不同层次,其中学问(其最重要的载体为书籍)越高深,或者距离人们的常识越远的书,读者群越少;相反,学问越浅显或者距离人们的常识越近的书,读者群越多。这就注定了越是从事高深学问的人,越要忍受孤独折磨。同时,读者的不同层次证明了学问的层次。之所以要论述学问的层次,是要说明,不同层次的学问与人们的常识之间的关系。一般地说,读者群越大、层次越浅的书籍(学问),其距离常识也越近;相反,读者群越小、层次越深的书籍(学问),其距离

---

① 当然,在法学,特别是在法理学与法哲学的研究中,人们不时会发现不少学者对法律做了放大的理解和解释,有时法律与规范似乎具有了可以通解的特征。笔者也主张法律的含义应从国家法的藩篱中解放出来,应包含民间法、宗教法等规范内容,但这绝不是说用法律可以通解规范。即使在广义的法律之外,还存在着非法律的诸多规范。法律只是有关公共活动和公共事务的规范。

② 这是林喆研究员在1999年10月于清华大学法学院召开的“中国传统法文化与当代法理学”学术研讨会上的发言中提出的。

常识也越远。以学问与常识间的这种关系来反观法哲学与部门法学间的关系，我们将不难发现不论是综合性的法哲学，还是部门法学中的法哲学问题，其基本特征在于它与常识的距离是较远的，而部门法学中的一般知识，则与常识的距离是较近的。尽管与常识较远的法哲学经过实践的推广和由此向大众的普及，完全有可能成为人们的实践常识，从而使曾经为法哲学的高深学问变得更为浅近接近实践，靠近常识。但是，这并不能否定法哲学与常识间的远距离关系。正是在这个意义上，我们可以用得着那句老话：法哲学源于人们关于法律的生活常识，但它永远高于人们关于法律的生活常识。

笔者日常在和从事部门法学，并且已经上升到了法哲学层次的一些学者交谈时，总能听到这样的自嘲：唉，在我们的学科领域里，我是“不务正业”的人。显然，就言说者自身来说，这毫无疑问是一种自谦之辞，但这种自谦也往往来自同行的刺激。比如，看惯了对法条进行简单释义的“部门法学”学者，对于该领域内具有创新精神的法哲学论著往往“看不懂”，因而也就不想去看。这就容易造成简单解释者和学理探索者之间的隔膜，甚至对立。其实，在笔者看来，真正上升到学理层次的法学著作，不论其是对法律的宏观性研究，还是对具体法律的微观性研究，都应当成为法理学或法哲学。而对法条的简单解释，无论如何不能成为法学，它可以提升为法学甚至法哲学，但它自身并不是法学，更不是法理学或法哲学。如果按照这种对部门法学的解释，那么，所谓部门法学中的法哲学问题，似乎就是一个假问题、伪问题，而不是真问题。然而，问题在于我们目前所理解的部门法学，恰恰是指或主要是指以简单解释现行法条为特征的学问体系。因此，在部门法学中，经验常识性的内容不胜其烦，而哲理思考性的内容难得一见。从这个意义上讲，提出部门法学中的法哲学问题自然在情理中。

那么，部门法学中有哪些法哲学问题？这在一篇万余字的法学论文中实在是难以尽述的。不过，既然是一篇法哲学论文，则笔者虽可以尽量摆脱列举问题式的烦冗和困惑，但不能不提出一个分析部门法学中哲学问题的大体方案。如果我们承认人们已经接受的部门法学主要是描述性的和在法律实践中是常识性的，那么，人类认识的本性便必然不会满足于对它的现象的、常识性的理解，而需要从这种现象的常识中寻求其所以然。比如，人们在法律实践经验中都清楚杀人要受刑、欠债要偿还、自由有界限等常识，但是，人之为人，又不会满足于这种分割性的常识。他们还会探寻杀人受刑背后的机理以及合法杀人不受刑的界度，要深究欠债偿还里面所蕴涵的道义根据和经济原理，要追问自由有界的自然法基础和对人类生活的现实意义……显然，对这些问题，我们所熟知的常识性的部门法学是勉为其难的。对它们的解答，只有进至法哲学的层面才有可能实现。行文至此，笔者不禁想起了当代美国著名科学哲学家瓦托夫斯基的一段话：由于人类"存在一种系统感和对我们思维的明晰性和统一性的要求……"因此，"不管是古典形式和现代形式的形而上学的思想的推动力都是企图把各种事物综合成一个整体，提供出一种统一的图景或框架，在其中我们经验中的各式各样的事物能够在某些普遍原理的基础上得到解释，或可以被解释为某种普遍本质或过程的各种表现。"[①]我们所熟知的部门法学的经验常识性以及由此导致的不可避免的零散性，并不符合人类的系统感以及在此系统感决定下的对事物的明晰性和统一性追求，于是，有关部门法学的法哲学基础就为必须，寻求部门法学的法哲学基础就不是多余。

由以上论述可否得出如下关于部门法学中的法哲学之结论呢？所谓部门法学中的法哲学问题，就是指能使部门法学具有逻辑连贯性、解释"合法性"、对象整合性和意义关切性的一些问题。下面笔者分别进行解释。

逻辑连贯性之所以是部门法学中的法哲学问题，在于它能够真正使部门法学由简单的法条解释转向系统的学理建构。我们知道，一门学科的成立，往往在于该学科能有贯通其全部内容、统摄其方方面面的基础性概念和初始性范畴。如果有这样的概念和范畴，人们就会觉得该学科具有系统性；反之，如果缺乏类似的概念和范畴，该学科给人们留下的只能是凌乱的印象。这在目前我国的"部门法学"中不难察见。例如，刑法学因为有了犯罪构成和犯罪、刑罚等初始性范畴和基础性概念，给人们留下了明显的学科系统性和逻辑连贯性的印象（尽管在刑法学界，对我国现有刑法学——主要是刑法学教材的体系还有许多不同意见和见解，甚至提出重建我国刑法学的主张）。[②] 而"经济法学"虽经近 20 年的发

---

① ［美］瓦托夫斯基：《科学思想的概念基础——科学哲学导论》，求实出版社 1982 年版，第 13～14 页。

② 据笔者对国内刑法学论著的有限阅读，在这方面已经做了相当努力并卓有成效的是陈兴良、张明楷、邱兴隆和周光权诸位学者。参见陈兴良：《走向哲学的刑法学》，法律出版社 1998 年版；张明楷：《刑法的基础观念》，武汉大学出版社 1991 年版；邱兴隆：《刑法理性评论》，中国政法大学出版社 1997 年版；以及周光权的一些论文。

展取得了一定的成就,但至今人们对它的基本印象是缺乏基础性概念和初始性范畴,因此,也缺乏学科的系统性和逻辑的连贯性,其体系分散便自难免除。

如果套用哲学的体例,那么,能够在部门法学中决定逻辑连贯性的问题,是指部门法学中的"认识论"问题,①即基础性概念和初始性范畴直接关联着人们对相关部门法和部门法学的认知。基础性概念和初始性范畴的不同,会决定人们对部门法和部门法学在认知上的差异。可以说,部门法学中真正具有学理性的争议,往往与争议双方所秉持的基础性概念和初始性范畴的不同相关,这其中包括对相同概念和同一范畴的不同解释。可见,对部门法学中"认识论"问题的忽视,必然会使其丧失逻辑的连贯性。

解释"合法性"之所以是部门法学中的法哲学问题,在于所谓法学,不论是"部门的"还是"统一的",在实质上都是一种人们解释的体系。但对于任何一种学问体系的解释,都应当坚持解释的"合法性"。② 也就是说,即使人们所持的基础性概念和初始性范畴在内容或解释上有再大的差别,根据一般人的阅读常识,仍然认为其讲的还属于该部门法学的内容,而不至于在常识范围的理解上产生误差,认为他讲的不是该部门法学,而是其他学问。当然,这只是对解释"合法性"的最低要求。解释"合法性"不但要求解释能够一般性地说明相关的学科对象,而且要求能够准确地、客观地、良好地说明相关的学科对象。从而成为人们方便地,并且全面地了解该学科对象的"通道"。

部门法学的解释"合法性"问题,事实上是部门法学的"方法论"问

---

① 由于认识论、方法论以及本体论等都是纯哲学的问题和概念,并且笔者觉得如果法哲学和"部门法哲学"套用哲学的相关概念,毕竟不是值得称道的上乘做法,所以,不主张使用诸如法学认识论、法学方法论、法学本体论、法学价值论之类的说法,而宁可使用法学认识、法学方法、法律(学)本体、法律(学)价值这样的概念。所以,这里的"认识论"以及下文的"方法论"、"本体论"、"价值论"等只是对哲学概念的一般性借用或套用。

② 当然,这里所谓解释的"合法性"是指解释的合乎逻辑性和规律性,而不是指解释的合乎法律性。指出这一点,对于法学界而言不是多余的。笔者于今年在北京召开的一次有关诠释学的学术研讨会上,当一些学者谈到中国对"合法性"讨论的意识形态和政治体制障碍时,讲了法学界在讨论该问题时似乎没有遇到那么多障碍。紧接着,一些法学"圈"外的学者想当然地说,你们法学界讨论的"合法性"问题和哲学界、政治学界、经济学界及社会学界所讨论的合法性问题完全不同。然而,笔者当时所要表达的"合法性"恰恰是哲学意义上的,特别是政治哲学意义上的"合法性"。尽管法学界对其探讨不是很热烈,但在近些年来已有的探讨中笔者还没感觉到特别大的意识形态和政治体制的障碍。

题。固然，在社会学科和人文学科领域，任何一门学科都不能“完全”独立地存在，都具有千丝万缕的联系。特别是在法学领域内，各部门法学独立的相对意义更为明显。然而，不能“完全”独立并不等于不独立。部门法学独立的一个标志，就是其方法的独特性。部门法学中的解释“合法性”问题或“方法论”问题，就是要解读和探求部门法学独立于其他法学的“方法论”根据。如果没有或缺乏对“方法论”的关注，就表明部门法学对其中的法哲学问题关注不够，表明部门法学自身还没有自觉地升华到法哲学的境地。

对象整合性之所以是部门法学中的法哲学问题，在于所有的部门法学，都是以探讨其对象（法律及其运行逻辑）为使命的。因此，部门法学要能够整合性地解释或说明其对象；否则，部门法学就只有对其研究对象的局部的解释力，而不具有全面的、整体的解释力。如果说哲学的任务是为了在整合意义上说明世界、解释世界并反思人们对世界的解释和说明的话，那么，法哲学的任务则是在整合意义上说明法律、解释法律并反思人们对法律的解释和说明。部门法的法哲学问题，同样要以能在整合意义上解释和说明部门法及其实践为原则。整合是相对局部而言的。能够整合性地解释和说明部门法学之对象的问题，才是部门法的法哲学问题，否则，难以成为其法哲学问题。比如，在诉讼法中，诉权、审判权、程序等问题就可能成为法哲学问题，但起诉的要件、受理的条件等就难以成为法哲学问题，虽然我们也可以给它们以法哲学的说明和解释。

对象整合性问题，可以看做是部门法学的“本体论”问题。部门法学对其研究对象的整合性说明，是部门法学能够达到法哲学要求的关键。人们之所以讲目下我国的部门法学缺乏法哲学味道，就在于它只是罗列了部门法学研究对象的表象，而对这些表象性的内容缺乏反思性的、更为深刻的说明。众所周知，能说出对象是什么并不是哲学，只有进一步地说出对象何以是什么、何以不是什么，才是哲学。如果以此来观照，则我们不难发现，目前我国的部门法学大体上停留在其研究对象是什么的说明上，而并未进一步追问其何以是什么，何以不是什么。总之，部门法学中的法哲学问题，须以能对部门法作出整合性说明为特征；否则，就不是部门法哲学问题。

意义关切性问题之所以为部门法法哲学问题，在于它为部门法学的研究对象究竟对人类意味着什么，提供了一种反思性的、辩证性的说明。部门法学中的意义关切，并不是指学者们指出和说明部门法学研究对象

(某类部门法)自身的意义,而是指透过部门法学,人们所能发现的对主体的意义关切、对主体与客体关系的意义关切、对与法律相关的世界前景的意义关切……所以,哪怕有人深入地指出某种部门法的作用、功能,仍然难以将其界定为部门法学中的法哲学。特别是当人们被意识形态化的法治要求所鼓动,并进而使人们对法律的意义关切被意识形态的狂热所遮蔽时,对法律的意义解释大半不是法哲学层面的。也就是说,要使对部门法的意义关切上升为法哲学,不仅要说明法律为人类带来了什么,而且要说明法律有可能使人类失去什么。

部门法学中的意义关切性问题,其实就是部门法学中的"价值论"问题。人类的能动性,不仅在于能够通过艰苦的实践和思维说明对象是什么,而且能够预知对象对人类、对世界意味着什么(当然,说明对象是什么也罢、预知对象意味着什么也罢,都不是无限的,而是相对的。只有认识这一点,才能进一步地反思,才不至于使我们对法律、对世界的认知止步不前),这种预知的重要性就在于使人类在整体上最大限度地趋利避害。因此,缺少了意义关切性的部门法学,同样就缺少了法哲学的意蕴。

二

在前文中,笔者指出了部门法学中可能存在的法哲学问题,并把逻辑连贯性、解释"合法性"、对象整合性以及意义关切性作为部门法学中法哲学问题的主要参照标准。无须多说的是,上述 4 个方面,肯定具有内在的关联性。但是,提出部门法学中的法哲学问题,并不是说一定就有了部门法哲学。它只是为部门法学中的法哲学问题作出了一个衡量的一般条件和标准。要从部门法学中继续提炼出法哲学的内容,还须经过艰苦复杂的思维过程。哲学是人类对对象进行思维和反思的产物,对象本身并非哲学,哪怕我们说"造物主"的造化具有"鬼斧神工"的奇妙之处,也无法证明"造物主"就创造了哲学,而只能说明主体的审美观念和思维过程作用于"造物主"所创生的对象,从而形成了与对象(客观世界)相对的思维(主观世界)。然而,随着"人化的自然"和"人化的对象"在人类生活中的作用越来越大,人类思维的对象不仅限于纯粹的"物化的自然",而且更注重于"人化的自然"和"人化的对象"。就法哲学而言,其研究对象也有这种差异,从而形成以"自然法"为对象的法哲学和以"实在法"("人定法")为对象的法哲学。

"自然法"与"实在法"这类名称的产生,仍然是人类思维的结晶,是人类长期观察对象和反思对象的结果。但是,既然人类已经用这两个名词表达呈现在人类面前的两种不同的法——规范，也就意味着人类的法哲学思维对两类法有不同的对待。

有关"自然法"的法哲学思维往往意味着主体对宇宙秩序、自然秩序及其掣肘下的人类社会秩序的发现和对这种发现的反思。也就是说，不存在人们创造自然法的问题，而只存在人们对自然法的发现与遵循（或不遵循）问题。在我国法学界，人们经常运用马克思的名言："立法者应该把自己看做一个自然科学家。他不是在制造法律，不是在发明法律，而仅仅是在表述法律，他把精神关系的内在规律表现在有意识的现行法律之中。如果一个立法者用自己的臆想来代替事情的本质，那末我们就应该责备他极端任性。同样，当私人违反事物的本质任意妄为时，立法者也有权利把这种情况看做是极端任性。"[①]但是，马克思所讲的"精神关系的内在规律"、"事情的本质"、"事物的本质"等与"自然法"精神并无实质的区别。也正是在这个意义上，我们也许能更好地理解柏拉图的"人治论"——洞观宇宙规则、明察古今之变、通晓社情民意的哲学家的统治。同样，也许能更好地理解德沃金对立法者的要求：立法者应当是哲学家们。[②] 法学家对自然法的深入探知，并不是为知而知，而是为了使人类更好地因应自然法或反思自然法。可惜，在我国法学界，有不少学者在讲到自然法时，自觉不自觉地把它和空想、唯心相联系，从而使法哲学堵住了探讨法的终极问题——永恒的自然法的通道。

有关"实在法"的法哲学思维则是法学家们对"人造的对象"——实在法的法哲学反思。在这种反思中，人们免不了以"自然法"为参照而评价"实在法"的优劣、好坏。但是，法哲学对"实在法"反思的目的并不仅仅在于评价它，更在于发现人类在运用"自然法"、制定"实在法"中合乎逻辑的进程。在于促进"实在法"向"自然法"的靠近，在于使"实在法"建立在坚实的"自然法"基础之上。如果说法哲学对"自然法"的关注事实上是对"自然对象"的关注的话，那么，法哲学对"实在法"的青睐，则是对"人为对象"的青睐。同"普通哲学"一样，随着在法的领域内"人为对象"——"实在法"具有越来越重要的地位，因此，人们对法的反思更多地倾注于"实在法"上。但正如"普通哲学"如果不借助于超验的自然对象，就很难更深入地理解经验的人为对象一样，法哲学如果不借助于超验的"自然法"，那么，也就很难更深入地理解经验的"实在法"。所以，

---

① 《马克思恩格斯全集》（第1卷），第183页。

② 参见［美］德沃金：《法律帝国》，李常青译，中国大百科全书出版社1996年版，第362页。

上升为法哲学层面的法学研究，对某种“超验正义”的追求是相当自然的，否则，就难以说是法哲学。

通过前述对“自然法”和“实在法”的不同法哲学反思的比较，我们不难发现两者在主体的社会实践中的作用面之差异：对“自然法”的法哲学反思，常常作用于立法者有关“实在法”的立法实践及人们对立法者的期待和对立法的态度；而对“实在法”的法哲学反思，虽不免除它在“实在法”立法实践中的作用，但与此同时，它还可能影响人们在执法、用法、守法实践中对“实在法”的态度。

对法哲学反思对象及其学问特征的说明，意在进一步探讨部门法中法哲学问题的特征。我们知道，当我们谈论“部门法”这个概念时，不论人们在对它的理解上有再大的歧义，也不会将其剔除于“实在法”之外。也就是说，部门法学的研究对象无可避免地指向“实在法”。那么，是否能据此否定部门法学的法哲学反思和使命？对此，笔者在前文中事实上已经作出了回答。现在的问题是需要继续说明，对作为“实在法”的部门法的反思，在何种意义上讲才能达至法哲学境地？仅仅符合笔者在前文中提出的衡量部门法学之法哲学问题的 4 个方面能否说就一定达到了对部门法学中法哲学问题的思考？部门法之法哲学形成的逻辑线路究竟是什么？这些问题，将是下文要继续探讨的。

在笔者看来，所谓部门法学，可以分为两个方面：其一是对相关的实在法之具体含义的解释；其二是对实在法之“合法性”及其意义的解释。显然，这两种解释的“境界”是完全不同的。在前种解释中，我们不可能发现法哲学问题，因为对“实在法”含义的说明，事实上只是我们平时所谓对法律的解释①和通俗化过程。目前，我国通行的一些部门法学的教科书，虽然可以把其置于学问之中，但很难说它们构成了系统的学理，因为它们大都说明了法律规定之“然”，而未分析法律规定之“所以然”，更未反思法律规定的合法性基础问题。从而在这些教科书中，对“实在法”的“歌德”常闻而对其批评难见。而在后种解释中，我们可能发现法哲学问题。之所以说可能发现，是因为对实在法合法性的解释，既有可能出

① 笔者认为，解释法律和法律解释是两个并不相同的概念。从两者与法哲学和法理学的联系看，前者更多地关涉人们对法哲学的探究，而后者则更多地关涉人们对法理学（法学）的探究。当然，这并不是说解释法律的行为必然产生法哲学，也不是说法律解释的行为必然产生法理学（法学），因为从解释法律、法律解释到法哲学和法理学的形成，还需要复杂的思维加工。只有系统化的解释法律才与法哲学相关；同样，只有上升为法学方法层面的法律解释，才与法理学相关。参见谢晖：“解释法律与法律解释”，载《法学研究》2000 年第 5 期。

自某种情感的宣泄,也有可能出自某种理性的思考。前种情况不可能提升到法哲学层面,虽然有了情感的积蓄就要宣泄情感这是一条公理,但具体的情感宣泄往往并不是公理。例如,在诉讼过程中取得胜诉的一方对“实在法”合法性的赞扬,只是因为他(她)在该判决中得到了预期的利益而已;而败诉的一方对“实在法”合法性的诅咒,也仅仅是因为他(她)在该判决中未得到预期的利益而已。可见,以情感宣泄方式对“实在法”合法性的评价,不可能导致法哲学的产生。当然,这并不否认它们可能成为法哲学进行理性分析时的材料。只有当对“实在法”的合法性分析和评价进至理性[①]层面时,才可能为部门法学进至法哲学的境地创造条件。但即使如此,也只是创造条件而已。因为法哲学毕竟需要系统化的理性分析才能达到。这样,我们对部门法学中的法哲学之根源就有了一个大致的了解:只有当人们对部门法的合法性根据进行探讨时,或者只有当人们深入部门法的合法性问题时,才可能产出与部门法相关的法哲学。

无疑,对部门法之合法性基础的思考,其根源于部门法,并且其目的也是使部门法制定得更为完善合理,但是,它并不属于部门法,而是超越于部门法之上或之外的思考与反思。在这里也就产生了另一个问题,要使人们对部门法的理论思考上升为法哲学的层面,仅仅就法论法,不可能收到其效。部门法自身是人类立法的经验活动,在这种经验活动中,我们尽管可以总结出许多的学理,但如果仅仅停留在经验的学理层次上仍然不能形成部门法的法哲学。对此,人们也许会提出相反的意见:在英美法系中,不存在我们以调整对象为主要根据的法律分类,法律主要以法官的判决为基础。除部分议会制定法外,所谓普通法和衡平法基本上是法官的判例,是法官的经验。以这种经验为基础,也照样产生了发达的英美法学,并且谁也不能否定其中有大量的法哲学内容。事实上,如果我们对判例法这种看似特别强调经验的法律形式进行深入分析的话,便不难发现,从表面上看,判例法只是一种经验,是一系列判例经验

① 我们知道,“理性”一词同其他许多在人类历史上起过重大作用的词汇一样,要么因其霸权而遭人们进一步的反思和质疑,要么因对它的解释混乱而使人们无所适从。因此,科学主义者反对“理性的狂妄”,人文主义者批评“冷酷的理性”。又因此,才有《谁之正义?何种合理性?》(该书由[美]阿拉斯戴尔·麦金泰尔著,中译本由万俊人译,当代中国出版社1996年出版)一类的书名。可以说,20世纪中叶以来,所谓非理性主义思潮的勃兴,正是对自亚里士多德以来一以贯之的理性及理性主义之霸权与混乱现象的回应。本文对“理性”一词的使用,严格限定在与情感相对应的立场上。但即使如此,也难免对人云亦云的理性之认同。

的汇集。但在实质上,一方面,每一位法官在某一事实基础上作出判决、形成判例、上升为判例法时,他们已经对事实作出了超越于事实本身的反思。可以说针对某一事实的这种思考以及在判决中反映出来的足以作为先例的规范,本身就是一种法哲学的思考,也是在这里,使得判例法与经验主义哲学搭架在一起。[①] 正因如此,可以把创造判例法的法官们既看做法律家和法学家,也看做哲学家。也就是说,从司法层面看,判例法对法官的要求远远要高于制定法对法官的要求;在立法层面看,判例法对法官(立法者角色)的要求也远远要高于制定法体系中的立法者(议员)的要求。可见,在判例法体系中形成的"部门法学",由于判例法自身的深厚哲学基础,导致当学者们站在判例法视角进行思考时便可以领略某种法哲学。当然,这并不是说判例法就是法哲学,更不是说判例法可以取代法哲学。判例只是反映着法官立基于某种事实但又超越这一事实的思考,它一旦作为先例成为法律,本身便是一种法官判决的经验存在,是一种经验事实。因此,另一方面,对判例法的分析要达到法哲学高度,必须在经验归纳基础上形成一定意义上具有普适性的结论。这种普适性的结论对于每个判例来说都有可用性,但它又超越于每个具体的判例之上,即对具体的判例而言,它是超验的。这种建立在判例法基础上的法哲学,正如近代经验主义哲学的奠基人培根所言:"我们应当遵循一个正当的上升阶梯,不打岔,不躐等,一步一步,由特殊的东西进至较低的原理,然后再进至中级原理,一个比一个高,最后上升到最普遍的原理;这样,亦只有这样,我们才能对科学有好的希望。"[②]总之,不论是大陆法系之制定法体系中的部门法,还是英美法系中判例法体系中的"部门法",它们自身蕴含了法哲学的要求,但它们本身并非法哲学。只有以这些法律为基础,但又超越了这些法律的思考,才有可能形成这些"部门法"的法哲学。这就是对部门法的超越性思考。事实上,这种超越性思考,也就是笔者在前文中所讲的对部门法的合法性基础的考量和反思。这样,笔者也就大体回答了对部门法的思考上升为法哲学的一般途径,也回答了部门法的法哲学基础和对象不仅仅是部门法,而且还有它背后的超越性对象。不探究后者,或许会有部门法学,但绝不会有部门法的

---

① 关于判例法与经验主义哲学的一般逻辑关系的思考,参见谢晖:"判例法与经验主义哲学",载《中国法学》2000年第3期;"经验主义哲学的衰落与中国判例法的命运",载《法律科学》2000年第4期等文。

② [英]培根著:《新工具》,许宝骙译,商务印书馆1984年版,第81页。

法哲学。

在本文第一部分,笔者提出了部门法(学)法哲学基础的4个参照标准,但它们的提出,并不意味着就已经形成了或必然会形成部门法的法哲学,它最多只是提出了部门法法哲学的前提性问题。我们知道,提出问题只是解决问题的前提,虽然有所谓"提出问题等于解决问题的一半"这样的说法,但在笔者看来,这只是一种不无夸张的比喻。提出问题距解决问题往往还很远很远。就部门法中的法哲学而言,也是如此。因为部门法中的法哲学问题应是客观的,而部门法的法哲学是主观的或至少是具有主观性的。提出部门法的法哲学问题,仅仅是对一种客观性事物(问题存在)的描述,要使这种客观性事物变成部门法的法哲学,还需要对这些问题经过系统的主观加工和逻辑整理,即还需要经过一个主体的主观的解释过程。正因为这样,部门法的法哲学必然地具有主观性,从而也由此形成各种各样、流派纷呈的有关部门法的法哲学。当然,这并不是说提出部门法的法哲学问题不重要,也不是说提出它的过程就纯粹是客观的。相反,部门法的法哲学必须建立在这些客观的问题基础之上;必须强调主观世界对部门法的法哲学问题认定的准确性、客观性,从而使人们对部门法的法哲学问题的思考和反思建立在共同的客观问题基础之上,防止因问题基础的差异,甚至相反而产生的对问题解释的不可比性。也就是说,人们对部门法的法哲学问题的主观解释,应建立在相同或相近的问题基础之上。对一株植物之性能及辩证关系的解释无论如何也不能产出部门法的法哲学。只有对部门法的法哲学问题的反思和解释,才能产出部门法的法哲学。从此,我们可进一步了解部门法的法哲学问题之客观性和对它的反思与解释(部门法的法哲学)的主观性。可见,所谓部门法的法哲学,就是解释者对相关的法哲学问题进行主观解释和加工的系统化的学理成果。

虽然,部门法的法哲学具有明显的主观性,但是,这并不是说部门法的法哲学是可以无目的地被人们所任意解释的。不论有多少部门法的法哲学,它们都应当建立在相同的问题基础之上。相同的问题,是法哲学主观性的客观基础。这表明部门法的法哲学问题是客观的,但这些问题的发现过程,难以避免地会以主体的主观观察为条件。部门法的法哲学,一旦离开了特定的、客观的法哲学问题,就有可能使法哲学变成解释者的自话自语,并最终成为法哲学的羁绊。因为对问题的忽视,实际上也是对解释的忽视,是解释脱离开问题标准的任意和任性化过程。我们知道,任何主观的任意和任性都构不成学问。学问是对问题的精细分析，尽管对同一问题，人们完全有不同的解释和回答，但只要这些解释和回答能够被标举为一门学问，或者成为一门学问中必须被提及的观点，它就应是合乎逻辑规范的，应是对问题的精细的和系统化的回答，应当对问题具有解释力和说明力。了解到这一层，部门法之法哲学的创生问题，大体上可以明了。

现在，我们可以对部门法之法哲学形成的逻辑线路有一个概括性的交代了：部门法的法哲学是从反思部门法的合法性问题开始的，部门法的合法性问题也就是部门法的法哲学问题。这是因为相对于部门法的实在性而言，它的合法性问题就是一个先验的甚至超验性（由法哲学反思和解释）的问题。部门法的合法性问题所涉内容甚多，既有是否合乎民意的问题，又有能否代表发展方向的问题。合乎民意的问题一般是反映部门法与民众要求的关系问题，而代表发展方向的问题一般的是反映部门法与精英认知的关系问题。由此进一步引申出来的问题则更是多种多样。可以说，每个部门法有多少具体规定，和这些规定相关的合法性问题（部门法的法哲学问题）就有多少。有了这些问题，也就有了对它们的主观解释。对部门法合法性问题的学理化的、系统化的解释（主观加工），就构成了部门法的法哲学。

三

以上对部门法法哲学长成逻辑的分析，可以反观当前我国“部门法学”的现状。可以这样说，在我们的法科课堂上长期所使用的“部门法学”，除了我们引自苏联的“刑法学”外，大多缺乏应有的理论基础。因此，在很大程度上，部门法的教材不是用法学原理（特别是部门法的法哲学）来说明相关的法律；相反，却用相关的法律来构织部门法的学问体系。用我们所熟悉的哲学观来分析，则现有的“部门法学”仍处于对法律的“感性认识”阶段，是对法律的“感觉、知觉和表象”的认识。而要使“部门法学”真正迈入法学的应有层次，必须上升到对法律的“理性认识”，即形成对法律的“概念、判断和推理”的认识。在一定意义上讲，“部门法学”的水平甚至低于法律自身。[①] 这种情形，不仅使法学的“内

① 这是由于就我们所熟悉的“部门法学”的研究对象而言，它主要研究的是国家制定法，而很少甚至不涉及民间法。众所周知，国家制定法，不论它是以判例法的面目出现，还是以议会制定法的面目出现，都以人们已有的“理性认识”为基准，它特别强调概念、判断和推理，强调法条间的逻辑关系。如果“部门法学”不能在法律的“理性认识”基础之上更进一步，而是对法律的规定亦步亦趋，我们只能说“部门法学”对法律的认识是一种“感性认识”，是对一种“理性认识”的“感性认识”，是认识的倒退，而非进步。当然，相对于民间对法律的认识，它仍可能是“理性认识”。

行人”不好鼓吹法学有多高深的学理，就连在法学的“行外人”看来学习法学也太简单了（例如，“行外人”考律师往往比“行内人”考得好；同样的情形也经常出现在法学研究生的考试中）。特别是当法学界和其他学界进行交流时，产生的不仅仅是科际间难以沟通的尴尬，而且也说明了法学学问（特别是部门法学学问）较低的层次。对此，梁治平曾分析了两个方面的原因：就法学“圈”外而言，由于多种原因，法学是“中国知识分子知识结构中的一个盲点。我们的哲学家敢于讨论史学、文学甚至经济学和人类学上的问题，经济学家和社会学家也不怕进入哲学和历史的领域，但是他（她）们一涉及法律就踌躇不前，理由是‘我不大了解法学’。”就法学“圈”内而言，“中国的法律人本身就不是知识分子，这个群体虽然垄断了所谓法学研究，而且在最近十数年间保持着数量惊人的产出，但是它从未向知识界提供真正优秀的产品。实际情况是，经此群体建构的‘法学’不但缺乏思想性，而且在很大程度上被非学术化了，这样一种‘法学’自然会被排除于知识分子理论思考的视界之外。这也许是中国现代智识史上最严重的事件之一，其影响甚为深远。”①如果进一步探讨的话，还可以加上两条，其一是中国法学在定位上存在的问题：法学和经济学一样，被定位为经世致用之学。从世界法学史特别是英美法学史的发展看，这种界定并无什么不当。但只要更深入地分析，就会发现中国的“经世致用”与西方的“实用”好像并不是一码事。在前者，理论法学的使命主要是为现实的统治需要出点子、写方案，因此，理论法学免不了以“遵命法学”的面目出现。而作为应用法学的部门法学则是把法条的具体内容通俗地讲解给受众，因此，它提供给人们的并不是一套法学的系统方法，而是对法律规定的亦步亦趋。这样，就不但使法学丧失了一切学问所必须具有的现实批判精神，而且使它走向了这种精神的反面。笔者觉得，法学的经世致用，不论是理论法学还是实用法学，都应当以提供给人们一种足以指导实用型思维的方法为使命，并且只有能够达致方法指导和启示意义的法学，才算达到学问层次。有了法学作为学问的前提，才能进一步提升、发展法哲学（包括部门法的法哲学）；否则，法学既然不能

① 梁治平：“法治进程中的知识转变”，载《读书》1998年第1期。据闻，该文一发表，就惊动了京城的不少法学家，甚至有些法学家还要与该文作者“摆擂台”论理。笔者觉得，虽然，梁文对现代中国法学家及其所建构的法学作用的评价有绝对之嫌，但其所提出的问题，大概是每位与其他人文学者交流较深的人都经历过的。更何况该文的分析指向整个现代的中国法学，而不是指某一个人。

给人们提供方法的启迪，则就距学问的门径越远，距意识形态和政治（经济、社会）对策的门径越近。其二是众所周知的中国法学及法学家所遭受政治磨难。特别是当我们越强调法学的实用功能时，法学及法学家所受到的政治磨难越重。这是由于现代法学与法律，从其产生的时候起就是作为政治专制主义的对立面而出现的。并且这种对立面一旦出现，对政治专制主义而言，不仅是一种理论口号的威胁，而且是一种实在行动的威胁。因此，政治专制主义者宁可要激进的口号化的政治学，也不要保守的行动化的法学。从此意义上讲，法学的上述不尽如人意之处，似乎主要不在于法学家的不自觉（当然，那种"遵命法学家"如同"遵命文学家"、"遵命史学家"、"遵命哲学家"甚至"遵命科学家"一样存在），而在于政治环境的不能。当然，这绝不是为法学家开脱什么，因为直到今天，中国法学的不尽如人意，依然是一个事实，因此，对法学家的任何开脱，在这种事实面前都显得苍白无力。

对中国法学（特别是部门法学）不尽如人意的抱怨，当然不是为了抱怨而抱怨，而是为了反思法学存在的问题，更好地构织法学的理论基础，更高地提升法学的理论档次。对此，笔者曾在一篇小文中写道："检讨中国法学这也不行、那也不行的做法虽是必要的，但不应是最主要的。最主要的恐怕是：与其坐而论道，不如起而行之。对学者而言，所谓起而行之就是做学理的探究，不论其是书斋里的建构，还是田埂上的描述。"[①]但是，言之为易，行之为难。究竟如何才算"更好地构织了法学的理论基础"、"更高地提升了法学的理论档次"？这不可能有千篇一律的回答。但这并不意味着不能设定一种基本的判断标准。就本文所涉及的部门法学的学理化问题而言，笔者认为至少应具备如下内容才能达到学理化的程度：

首先，部门法学的学理化及其向法哲学方向的发展，要求部门法学对任何具体的相关部门法而言都具有超越性。作为特定部门法学研究对象的部门法，可以有多种多样，不过相关的部门法学，虽可以有不同的解释方法、解释体例甚至解释方向，但对各种各样的相关部门法，不同流派的部门法学都应具有在各自视角上的解释力。以合同法为例，英美法系的合同法和大陆法系的合同法大相径庭，即使两大法系内部不同国家的合同法，也各有其不同的特点。那么，合同法学，究竟以哪国的合同法

---

① 谢晖："信仰脱魅，理性入魅？"，载《法制日报》2000年7月9日版。

为对象？笔者想，学人们在此时所选择的并不是具体的哪国合同法，真正学理化的合同法学，应是超越于任何一国合同法的，应对任何一个国家的合同法都具有解释力、说明力和批判力。即使不同流派的合同法学，在其各自的视角上对不同的合同法应具备解释力、说明力和批判力，否则，就很难说是真正的合同法学。① 从此意义上讲，笔者不主张不加限制地讲“某某国家的法学”，比如“美国法学”、“德国法学”、“中国法学”等。事实上，只要称为法学，就应具有超越任何国别的属性，所以，笔者更倾向于以法学家个人或某一流派来命名法学，如“庞德的法学”、“哈特的法学”、“批判主义法学”、“经济分析法学”等。如果“部门法学”对任何不同的相关部门法都具有解释力、说明力和批判力，那么，它才是真正的部门法学；如果“部门法学”只对某一国的相关部门法具有解释力，则已经与真正的部门法学有了距离；如果“部门法学”不能解释任何相关部门法，相反却要由相关的具体部门法来说明“部门法学”，则该“部门法学”已经丧失了作为法学的资格。部门法学对任何相关部门法的超越性，是部门法学之外在的、在法律的功能层面达致学理化并具有部门法的法哲学属性的重要衡量标准。

其次，“部门法学”的学理化及其向法哲学方向的发展，要求部门法学具有贯穿性和通览性的基础概念与核心范畴。所谓学理化，就是要找到一门学问能说明其研究对象的概念和范畴。哲学的学理化，在于找到了存在、思维、必然、偶然等基本概念和范畴；经济学的学理化，在于找到了商品、货币、供给、需求等基本概念和范畴；而法学的学理化，则在于找到了权利、义务、权力、责任等基本概念和范畴。那么，部门法学呢？自然，不同的部门法学有各自不同的基础概念与核心范畴。例如，刑法学的学理化离不开对犯罪与刑罚等基础性概念和范畴的深入解析；民法学的学理化离不开对民事权利、民事义务等基础性概念和范畴的逻辑展开；宪法学的学理化离不开对民主与宪政等基础性概念和范畴的理论说明；而行政法学的学理化则离不开对控权与管理等基础性概念和范畴的思维加工……一门学问，就是对相关概念和范畴的逻辑构织，从而使其

---

① 当然，由于每位法学家总是生活或主要生活在自己的国家，因此，尽管我们可以套用一句名言，得出“法学家有祖国，法学没有祖国”的结论，但在事实上，任何法学家的学理总是或多或少地会受到自己所熟悉的特定国家法律的影响。因此，任何法学的超越性解释力都是有限的。但这种有限性不能靠削足适履（“削‘理’适‘法’”）来解决，而只能靠多元化、多流派的法学来解决。

条理化、系统化、理论化。然而,任何一门学问所涉及的概念和范畴却是多样的,既有核心的概念和范畴,又有围绕着核心概念和范畴逐渐展开并逐级地边缘化的概念和范畴。就它们对说明相关研究对象的功能而言,在一门学科中越是核心的概念和范畴,越能说明该学科及其研究对象的内涵;反之,越是边缘的概念和范畴越能说明该学科及其研究对象的外延。也就是说,概念和范畴向核心化的靠近,意味着其对该学科及其研究对象内涵的解释力递增,对其外延的解释力则递减;概念和范畴向边缘化的发展,意味着其对该学科及其研究对象外延的解释力递增,对其内涵的解释力则递减。[①] 对一门学科之核心(或边缘)概念和范畴及其功能的说明,可以帮助我们进一步认识在部门法学学理化过程中选准核心概念和范畴的重要性。如果说是否具有对部门法的超越性是衡量部门法学学理化程度并具有部门法法哲学属性的外在标准的话,那么,能否确定具有贯穿性和通览性的概念和范畴,则是衡量部门法学学理化程度并具有部门法法哲学属性的内在标准。

最后,部门法学的学理化及其向法哲学方向的发展,要求部门法学能构建起系统的理论逻辑体系和框架。这一逻辑体系和框架对所有相关的部门法学的概念和范畴都有整合功能。虽然,找到了部门法学的核心概念和范畴,对于整合其他逐渐边缘化的概念和范畴具有前提作用,但这并不表明一找到它就整合了其他概念和范畴。要使包括核心概念和范畴在内的相关概念和范畴整合在一起,形成系统化、学理化,具有解释力、说明力的相关部门法学,还需要艰苦的思维加工。这种思维加工的结果,就是形成部门法学的理论逻辑体系和框架。这种理论逻辑体系和框架的基本特征是以基础概念与核心范畴来控制、经纬逐级地边缘化的概念和范畴。例如,我们引进的苏联刑法学中的犯罪构成理论,虽不能经纬刑法学的全部问题,特别是难以反思刑法的"合法性"问题,但对于任何刑法中犯罪的分析和解释,还是比较精到和有用的。至少以它为标准,可以形成一种系统化的不涉及"合法性"及价值问题的、只涉及实证问题的犯罪学理论。虽然,我们的个别有作为的刑法学家们对该理论

---

① 须说明的是,这并不是说核心概念和范畴对相关学科及其研究对象的外延毫无解释力和说明力;同样,也不是说边缘概念和范畴对相关学科及其研究对象的内涵毫无解释力和说明力。两者的区别,只在于前者能更多地说明相关学科研究对象的内涵,后者能更多地说明相关学科研究对象的外延。可以认为,一旦某一概念或范畴丝毫不能同时说明某一学科的内涵或外延,则它便不是也不可能是该学科的概念或范畴,而只能是其他学科(或无法构织进任何学科)的概念或范畴。

提出了诸多批评,但反思其他“部门法学”,连这样一种能在一定程度上统摄全局的理论逻辑体系还没有呢！如果说超越性为衡量部门法学的学理化找到了外在衡量标准,核心概念和范畴的设定为衡量部门法学的学理化提供了内在标准的话,那么,在此基础上建立的理论逻辑体系,则一般地说来完成了部门法学的学理化的任务。因此,有关理论逻辑体系的思维加工和学理创造,是部门法学学理化并向法哲学方向发展的关键所在。

〔本文原载:《文史哲》2002 年第 1 期〕

法理学的能与不能

在法治发展进程中，法理学能做什么？不能做什么？这似乎是无须探讨的问题。然而，在实践中，我们还是不时地能够发现法理学在“忍受着”无法承担之重。今天，人们对法理学过高的甚至使其立于某种霸权地位的期待，已经不是法学圈内的要求，同时也是法治实践（特别是司法实践）的要求。与这种热烈的期待和要求相比，法理学能满足他们的情形却是相当有限的，于是，它只能招致方方面面不客气的指责或误解，这就迫使我们思考法理学的能与不能。

一、对法理学实用化的期待及其误导

法学是实用学科，这已成为学界之共识。这种共识使得习法和执法之人对所有法学科目每每以能否指导法律实践中的具体事务为标准来衡量其有用与否。如果能事无巨细地指导其司法和执法实践中大大小小的问题，则被视为有用的；反之，则是无用的。这种对法理学的要求，虽极少见诸具体的文字，但在与有关行政者、司法者，甚至专门从事部门法研究的学者进行交谈时随时可闻。笔者把这种情况，称之为对法理学的实用化期待。就这种期待之初衷而言，无可厚非，特别是我国尚处于法制现代化建设之初，因此，人们对法律的认识也是相当肤浅的，对超越法律规范的法理研究[①]人们在接受上还有一定的难度。但即使存在这种对法理学实用化期待的“合理性”，它的实际效果仍可能会使法理学变成意识形态说教之外的另一种说教，即法理学对法律要有立竿见影的效用性。确实，法理学对法律以及法律实践应有效用性；否则，法理学便成无的之矢。但是，要求这种效用性的实现是立竿见影的则值得怀疑。在本质上讲，对法理学的实用化期待，是要求对它做形而下的处理。然而，就法理学的特征而言，它所要求的恰恰是人们对其进行形而上的思考。缺乏形而上的研究精神，就很难产生出类拔萃的法理学。[②]

我们知道，法理学是法学的基础学科，也是对法律的哲理性说明。[③]人们常说，没有哲学的民族是悲哀的，同样，我们也可以说，对一个国家而言，不能对法律进行哲理性说明的法学家集团是悲哀的。对法理学实用性的期待，已经误导了法理学的一些研究思路，有不少学者把实现这种期待当成了自许，从而产生了法理学研究中过分的功利现象。但在事实上，这种自许是殊难实现的。每当自许落空之时，法理学研究者只能寻求另一种生活道路，要么放弃法理学而转入对部门法的研究，要么干脆转行，脱离法学界，转入政治界或法律界。当然，作为一种自主选择，任何人无权对这种现象指手画脚、品头论足。不过，当我们明显发觉这种现象产生之初因在于人们对法理学不现实的实用化期待，并且同时也发现它已经对法理学发展造成负面影响，使一批非常具有学理研究能力的人脱离法学界时，上述议论或许就有了其特殊意义。当对法理学实用性的期待在实际地影响法理学者的研究思路之时，我们也能感受到法理

---

① 超越规范的法理研究是受陈兴良教授的一种说法的启发而提出的。陈兴良教授曾把没有法律(刑法)条文限制的学术研究称为法(刑法)哲学。而把针对法律(刑法)之具体条文的研究称为法律(刑法)解释学(参见陈兴良:《走向哲学的刑法学·学术自传》,法律出版社 1999 年版,第 11 页以下)。笔者基本赞同这种关于法学学问的一般分类。但在规范研究中能否产生法哲学的问题上略有不同意见。事实上,深入的规范研究,特别是对规范结构模式的研究,也应是法哲学的任务。

② 田成有先生认为形而上的缺失是中国法学家人格丧失,从而导致“自我意识失落的法学”的根本原因所在(参见田成有:“转型期中国法学形而上的缺失及其代价”,载《法律科学》1997 年第 5 期)。笔者觉得,这种说法是有道理的。当代中国法学家倘要在世界法坛上充分展示自己,并能留下一席之地,形而上的研究方法是不能绕过的。

③ 不过,这不是说法理学就是法哲学。笔者向来认为,法理学应与法哲学分开。这倒不是为了分开而分开,而是因为在笔者看来,法理学与法哲学无论在研究对象、研究方法、学科分类以及社会功能上均是明显不同的。笔者对之的初步研究参见谢晖:“法思辨:法哲学的基本精神”,载郑永流主编:《法哲学与法社会学论丛》(一),中国政法大学出版社 1998 年版;“法思辨的实践经验基础”,载郑永流主编:《法哲学与法社会学论丛》(二),中国政法大学出版社 2000 年版。

学研究内容的个中变化。这种变化的突出特点是它对时事性的政治思维的盲从性论证。这种情形,我们可以在中国法理学会历次的年会论题中发现:“1985年关于法律本质、法律与改革问题的庐山研讨会,1986年关于社会主义民主制度化、法律化问题的重庆研讨会,1988年关于社会主义初级阶段与法制建设的珠海研讨会,1990年关于社会主义民主与法制问题的安徽研讨会,1992年关于人权与法制问题的武汉研讨会,1993年关于市场经济与法制建设的杭州研讨会,1994年关于建设有中国特色社会主义理论与法理学的发展的济南研讨会,1995年关于走向21世纪的法理学的昆明研讨会”,[①]1996年关于社会主义法制与法理学问题的深圳研讨会,[②]1998年关于依法治国的理论与实践问题的北京研讨会,1999年关于20世纪法理学的回顾与前瞻的上海研讨会。1996年以来,代表当代中国法学研究(当然包括法理学研究)最高水平的中国社会科学院法学研究所围绕在政治上非常热门的依法治国问题,组织了4次研讨会,主题分别为:依法治国、建设社会主义法治国家,依法治国与精神文明建设,依法治国与廉政建设,依法治国与司法改革。在以上被法理学界最为看重的研讨会中,除了昆明和上海两次研讨会专旨于法理学自身的问题外,稍微了解当时政治意旨的人,不难看出这些研讨会与特定时期政治风向之间的紧密联系。这种情形,好像给了人们一种理论联系实际,从而法理学具有某种实用性的印象,但其实际效果却事与愿违,法理学不但难以实现实用性之效果,而且内则法理学之学理、学格尽失,外则法理学之声誉渐丧。作为一名法理学者,对法理学的这种不尽如人意,既需从法理学内部反思,[③]也需从外部对法理学的无理要求进行反思。事实上,法理学并不是商业活动,因此,它无须遵循需求者(读者)就是上帝的原则。法理学者的学理研究,也无须过分在乎某种功利的因素。法理学者有可能因为对某种外在需求无法满足而面临失业之危险,

---

① 刘升平:“开拓前进中的中国法理学”,载《走向二十一世纪的中国法理学》,云南大学出版社1996年版,第1页。

② 该次研讨会起初的主题为:“香港回归、一国两制与法理学。”后来由于形势变化和学者们对该问题的法理思考和研究有限而改换主题。尽管如此,该次会议上还是有学者提交了与原来所定主题相关的论文,如郭道晖教授为该次会议提交的论文题目就为:《回归之后:维护法律制度之异,互促法治精神之同》。该文后来收入郭道晖所著《法的时代呼唤》(中国法制出版社1998年版)一书中。

③ 从法理学内部所进行的反思,笔者在其他论著中已有论及。参见谢晖著:《价值重建与规范选择——中国法制现代化沉思》,山东人民出版社1998年版,第306页以下。

然而,左顾右盼地去揣测、不加分辨地去满足来自社会的需求,照例会使法理学者失业。并且这种失业所失乃法理学者之本业,而不仅仅是失去以法理为业的饭碗。

对法理学实用化的期待,不仅影响了法理学者们形而上地处理法理问题的能力,影响了法理学的自然深化,而且也影响了读者对法理学的兴趣。本来,对法理学的意见以及相关要求就来自法理学的读者。但是,当法理学者对这些意见及要求选择不当或者成为这些意见和要求的客体,而不是驾驭这些意见和要求的主体时,法理学者的"研究",自然失去了主体性,即失去了研究者的个体体验和个人风格。这就使法理学陷入一种怪圈:法理学者越是想联系实际、接近读者,其结果越不得要领、令人沮丧。这种情形颇为类似于当前被一些记者和球迷们弄得不知所措的中国足球运动员:越想照顾球迷和记者的要求,越变得不会踢球,结果越失去球迷(于是,只有怕失去饭碗的末流体育记者们"坚守看台",并起劲地吵吵,以图再唤来球迷)。这里存在的问题值得我们深长思之:法理学者们按照读者的要求去研究法理问题,根据常理,应当是赢得读者,现在,为什么反而会失去读者?我觉得,这其中的根本原因就在于当法理学者们一味去迎合读者趣味时,所失去的往往是他自己的独创性和对法理问题的个性化思考。学术研究应是一项丰富多彩的事业,一味地迎合读者趣味、"满足"读者要求,只能意味着学术研究的色调单一化、内容浅显化,这就像通俗文学给我们的启示一样,它确实能赢得大量读者,但没有人能肯定它就是深刻的,甚至它给我们的文学所带来的并不是百花园,而是一个相当流俗化的单调世界。可以说,法理学的研究,并不能仅仅满足于揭示人们的法律生活,而且要批判日常的社会法律生活,[①]干预社会对法律的不当需求,改造社会的法律需求。也许有人会说,这不过是法学家们的一种自我膨胀和自大意识,社会不可能是由法学家所构造

① 对日常社会法律生活的批判,是笔者受日常生活批判学说的影响提出来的。近年来,以吉林大学高清海先生的一批弟子为主力的哲学研究者,展开了对日常生活批判的理论建构(其中代表作是衣俊卿:《现代化与日常生活批判》,黑龙江教育出版社 1994 年版;另外,黑龙江大学的《求是学刊》、《吉林大学社会科学学报》等刊物也不断地发表一些相关的学术性论文,可参考)。这对学术研究者的基本启示是:学术研究者的任务不仅仅是观察生活、描述生活、揭示生活,而且也要反思生活、批判生活、干预生活。法理学研究者作为法学领域里最富抽象能力和综合能力的学者,反思地批判现实的社会法律生活应是其最重要的使命。遗憾的是,我国的法理学者们还远未展开对社会法律生活的批判,还显得过分注重了对法制建设之实际的"研究",从而有点远离法理学。

的;相反,法学家是由社会所构造的。确实,这一类的说法在信仰人类社会同自然界一样是渐变的学者那里,我们随时可以听到。但问题在于,包括法律在内的人类社会的演进,不仅仅是渐变的、自然式演进的,而且往往是突变的、人为式演进的。这在所谓“轴心时代”的巨人们和“文艺复兴时代”的大师们对人类社会突变式发展的决定性影响中不难发现。不然,中国就不会有“天不生仲尼,万古如长夜”之说,西方也就不会有所谓“人的创世纪”之说。明白了这一点,则法理学者批判日常法律生活的使命便昭然;法理学者既然负有日常法律生活批判之使命,则他们就不能一味地去迎合读者对法理学的趣味。更何况读者对法理学的趣味并非千篇一律;相反,它同样是丰富多彩的。法理学者如果以法理学的实用化期待为宗旨,其结果势必是拣芝麻、丢西瓜,顾此失彼,最终只能失去读者兴趣。

当然,对法理学实用性期待的最大负面影响还在于:它可能反而使法理学丧失应有的实用性。何以会有这一结论呢?作为对法律问题进行宏观、抽象思考的法理学,它不应当是头痛医头、脚痛医脚式的学问。不论法理学研究者采取宏观的还是微观的研究方法,法理学研究的实用性都体现为它对整个法律问题的宏观切脉,而不是对法律问题的微观解剖。也就是说,法理学的实用性及其对法律世界的解释能力,不在于事无巨细地去满足每个人截然不同的法律需求,而在于为法制建设提供宏观的精神指导。法理学的不断发达及其在实践中的运用,也许会在全社会形成一种有关法制的精神结构。当此之时,我们也许并感不到法理学的具体作用,感受不到所谓法理学的实用性,但是,它的作用已经深入人们关于法律的精神世界,它事实上也在具体地影响着人们的法律生活。至于能否感受到它的作用,已是无关紧要的问题。当然,这种情形的实现,要以法理学的发达为前提。如前所述,对法理学的实用化期待以及法理学者对大众的这种期待的迎合,只能导致法理学学理性的削弱和法理学者研究能力的下降,即只能使法理学走向发达的反面。在这种情形下,事实上并不是法理学的研究成果影响了社会公众;相反,社会公众的流俗时刻左右着法理学的研究。因此,法理学很难深刻地作用于法律实践,而是社会公众的流俗在不断地作用于法律实践。社会关于法律的精神结构,也不是因法理学而形成,而是因社会流俗而产生。这样,法理学对法律实践的作用也相应地降低。由此不难发现对法理学实用化的期待所必然带来的对法律实践的负面影响——法理学在法律实践面前失去了其应有的解释能力和指导作用,反而变得像小媳妇那样任人摆布。

上述论证表明,法理学固然有其独特的实用性,但并不是说它可以是包医百病的法学学理,不是说它要对形形色色的法律需求、法律案件都有解释能力、说明能力和解决能力;相反,法理学独特的实用性就说明了其能干什么和不能干什么。

二、法理学在法制建设中的能与不能

现在,我们再回过头来分析法理学在法制建设中究竟能起什么作用,不能起什么作用。也许,这是一个人言言殊、难以共识的问题,但是,这并不妨碍笔者对该问题站在自己的立场上作出符合自己观察视角的分析。

葛洪义教授认为法理学研究的目的有三,即启蒙、科学和应用。"法理学研究最深层的目的,最深远的影响,就是思想启蒙。突破传统的困扰,挣脱偏见的束缚,是法理学创造性思维方式最集中的体现";"科学是法理学内在的最高精神境界,也是法理学社会功能的力量源泉。启蒙是面向社会大众的实践,而科学则是法理学家修炼自身的艰苦研究";"法理学研究如其他科学探索一样,应用上的目的总是从属于科学上的目的。应用既是对一种理论科学与否的检验,又是这种理论的延伸。就一个完整的研究过程而言,应用是这个过程的制度性结果,是思想启蒙运动的制度保障。法学具有强烈的实践性,法理学也不例外。"①法理学研究的目的,在一定意义上也印证着其所能。根据这一线索,笔者将法理学在法制建设中能做什么概括为如下 3 个方面:

第一,精神教义。法理学对法制建设的首要作用是其对法制社会的主体能产生以法律为宗旨的精神教义。这种精神教义功能的实现,是以法理学对法律之精神价值的揭示为根据的。倘若法理学没有揭示法律的精神价值何在,那么,其精神教义功能的社会效果是值得怀疑的。由于长期以来我们总是把教义一词和一定的宗教意识形态联系在一起,从而使该词处于所谓贬义的尴尬状态,它一般地被安排进"唯心主义"阵营。然而,教义对于任何一种学说来讲都是必要的。宗教需要教义,哲学需要教义,科学需要教义,法学照例需要教义。特别是当一种学问或

---

① 葛洪义著:《法理学导论》,山东人民出版社 2000 年版,第 30 页以下。在 1999 年 10 月于武汉举行的"法理学向何处去"研讨会上,他又强调了法理学的主要作用是精神思想启蒙,而非事无巨细的应用。参见葛洪义:"'法理学向何处去'专题研讨会纪要",载《法学研究》2000 年第 1 期。

学说被运用到社会实践中,被作为主体思考和行动的指南时,更需要强调这种学说或学问的教义功能。事实上,所谓启蒙,也无非是使人们接受一定的教义,没有教义,凭什么来启蒙?法制作为对人类行为所进行的规范化治理,[①]作为一种人的理性,它要以人们的接受来实现其社会功能。当然,人们接受法制的契机可以说是多样的。例如,通过自上而下的压制,久而久之,会形成人们对法律教义的接受;通过温文尔雅的说服,长此以往,也会形成人们对法律教义的接受。不过,这两种传统的方式,明显地具有单方面性,由它所形成的法律精神结构,也许只能是压制性的或自治性的,对它的进一步发展,是需要在主体素质普遍提高基础上形成的所谓回应性法律及其教义,[②]即在主体自主地参与条件下所形成的法律教义。具体的法律教义以及把这种教义实践化的机制即使有再大的不同,也不足以影响法律的精神教义之于法制的意义。可以肯定,缺乏精神教义的法制,在实践中只能是"死法制",不可能具有主体精神自觉的活动性。人们经常把精神信仰领域归诸神灵,这毫无疑问也是受了某种教义的影响。其实,作为人的理性,法制更有赖于人们的精神信仰而得以维持,对法律的精神信仰,无疑是法制最为重要的因素。它是法治社会的必备精神要件和精神基础。[③] 缺乏主体信仰支持的法制,也许只能是赤裸裸的专制。那么。对法律的信仰又从何而来?这固然是一个相当复杂的问题,但不能否认的是,法理学具有创生主体法律信仰的功能。或者说,法理学在法制建设中的精神教义功能,就是形成或创生主体对法律的信仰。如果法理学产生不了这种功能,则对法理学者是一种严重警告。

当然,法理学实现其在法制建设中精神教义功能的过程,并不是简单地宣传法制的过程。法理学者不是任何一种特定法制的宣传员,同样,法理学也不是任何一种特定法制的宣传品。在此意义上,可以用得着我们所时常能听到的那句话,理论(法理学)源于实践(现实法制实践),但又高于实践(现实法制)。因此,相对于现实的任何一种法制而

---

① 我们知道,法哲学家富勒把法界定为:"是使人类的行为服从规则治理的事业。"L. L. Fuler, The Morality of Law(revised editoin), Yale University Press, 1969, p. 106.

② 这里的说法,是受诺内特、塞尔兹尼克对法之划分的启示而提出的。他们将法划分为"压制型法"、"自治型法"和"回应型法"三种类型。参见[美]诺内特、塞尔兹尼克:《转变中的法律与社会》,张志铭译,中国政法大学出版社 1994 年版。

③ 相关论述,参见谢晖著:《法律信仰的理念与基础》,山东人民出版社 1997 年版。姚建宗:"信仰:法治的精神意蕴",载《吉林大学社会科学学报》1997 年第 2 期。

言，法理学与它们都是若即若离的关系。若即，是指法理学的现实性，即法理学要深入地研究任何一种现实法制，要了解法制建设的状况；若离，是指法理学的超越性，即法理学不仅要深入了解法制之现实，而且要反思地批判现实法制。现实法制可以特定地规定人们的行为，但不能规定法理学者超越法制的研究，也不能限制法理学者的批评。否则，法制便是对一种合法性的剥夺，法理也只能实现压制性的精神教义；法理的要义不再是启蒙，而是实现和某种现实法制相契的精神灌输，从而法理学不具有明道性，只具有御用性。这样的法理学，即使能给人们一种强制的精神教义，但它终究难以实现对人们的精神启蒙，也难以从这种理论中孕育出人们对法律的精神信仰。可见，要更好地发挥法理学的精神教义功能，就不可避免地要求法理学的自由创造。

第二，方法启示。可以说，法理学对法律的研究，对法律现象的本质性揭示，或者法理学的"科学化"，最终给法制建设的功能就是一种方法启示。如果说法理学实现在法制建设中精神教义功能的基本根据是它对法律价值的揭示的话，那么，法理学实现在法制建设中方法启示功能的基本根据就是法理学的科学化程度。现在有一种倾向，即人们基于科学的严格意义而否定以"科学"来命名人文学科和社会学科。在法学界，也有人疑问法学是否属于社会科学。① 笔者觉得，否定也罢、质疑也罢，从其各自的视角出发都是相当有道理的。但问题在于，随着科学对人类日常生活影响的不断加剧，"科学"的含义早已溢出了当初范围，当年那个与其他学科相并列的科学概念被大多数人们所遗忘，人们普遍地记得的，是引申意义上的科学一词。在这一背景下，如果再以原始意义的科学概念来否定其他学科之为"科学"，似乎并不合时宜。因此，笔者个人还是在引申意义上主张法学是社会科学，法学应具有科学性。法理学作为法学的一门学科，当然也是如此。法理学之为社会科学，它当然要有科学性。这种科学性的功能特点，就在于其能对人们有一种普遍的方法启示。科学是对研究对象之本质性特征的揭示，但并不是说凡是揭示了研究对象之本质性特征的学说都可谓之科学。只有对研究对象之本质性特征有所揭示，并在此基础上形成具有方法启示意义的研究规范和认

---

① 参见郑戈："法学是一门社会科学吗？——试论'法律科学'的属性及其研究方法"，载《北大法律评论》（第1卷第1辑），法律出版社1998年版，第1页以下。综观该文，作者只是通过对法学成长历程的回顾，在具体地否定以往的法学、特别是当下中国法学的社会科学属性。其实，在该文的字里行间，我们发现该作者还是很希望使法学"真正"地成为社会科学的。

识理路时，才能真正称之为科学。所以，法理学对法制建设的方法启示功能就在于通过对法律现象及其本质性特征的研究，建立一套方便人们认识法律现象及其本质的逻辑方法体系。可以说，和对认识对象的本质性特征的认识相比较，在此基础上建立一套有关认识对象的方法体系，似乎要更为困难。因为前者主要靠描述，而后者则需要反思；前者在于发现，而后者却在于创造；前者所借助的主要是现象本身，而后者却不止要借助现象，而且要依赖对本质的认识。正因为其更困难，所以，有关对法律的认识性描述，很难形成法律的革命，但有关法律的认识方法之构造，总会导致法律的革命性变革。

当然，就内容而言，法理学对法制建设的方法启示，不应当是单一的。法律是复杂的，相应地，人们对法律的认识方法也是多样的。因此，在认识方法上不应当也不可能以某种方法为唯一。这里也许就产生了新的问题：既然法理学对法制建设的方法启示是以法学认识方法的科学为基础的，那么，多元存在的法学认识方法究竟谁科学、谁不科学呢？这就涉及对什么才合乎科学的评判标准问题。这是科学要解决的问题，笔者在这里只能就本文所涉及的科学标准作出说明。本文所谓科学，指的就是对法律的观察和认识方法。这样界定科学，也许比在本体意义上界定科学更“科学”，更有意义。由这种界定，我们可进一步知悉，作为对法律的观察和认识方法，法律认识方法既不是真理的代名词，也不是错误的反义词。在诸多的法律观察和认识方法中，既可能有真理成分，也可能有错误存在，但它们各自在不同的角度上为法制建设提供着特殊的认识。只有这种多元的认识方法，才有可能使我们更加接受有关法律的真理，才有可能在法制建设中形成一种较为完整的方法参照和启示。

现在再回过头来思考法理学对法制建设的方法启示，我们会发现，如果说法理学对法制建设的精神教义功能有助于造成法制（法治）的精神要素的话，那么，法理学对法制建设的方法启示功能有助于造成法制（法治）的操作要素。任何意义的法制，都既有精神价值要素，又有技术操作要素。特别是当法制建立起来以后，其技术可操作性的方法启示功能往往显得比价值信仰性的精神教义功能更为切要。那么，什么样的法理学更有利于对法制建设以方法启示？笔者觉得，就我们所熟知的世界三大主流法学派而言，社会法学派及其分析方法也许更有利于这一功能的实现。这是因为社会法学派不但具有一套完整的分析方法体系，而且它的分析方法不论在宏观意义上讲，还是在微观意义上讲，都具有明显的可操作性。与价值法学及其价值分析方法相比，它显得要具体、现实得多，与规范法学及其规范分析相比较，它又显得要宏观、深刻得多。正是社会法学的创生及其深入发展，才形成了法学向社会科学迈进的契机。当然，说社会法学更有利于实现法理学对法制建设的方法启示功能，并不是否定价值法学和规范法学亦具有同样的功能，这里的区别，只在于它们各自对法制建设之方法启示功能的量，而不在于其质。

第三，实践应用。对于法制建设而言，法理学所能做的，当然还有其实践应用功能。所谓法理学的实践应用功能，顾名思义，就是把法理学的学理直接地应用于法制建设的实践中去。然而，当我们仅仅满足于这种界定时，还明显地具有过分抽象之嫌。因为所谓法制建设的实践，实在是一个被人们可大可小地解释的问题。例如，法理学在某一个具体案件上的应用是其实践应用，在国家立法活动中的应用也是其实践应用。这就产生了关于法理学在法制建设中实践应用功能的具体标准问题。它是指在国家立法活动中的实践应用呢，还是指在国家行政活动中或司法活动中的实践应用？抑或是指在主体用法守法活动中的实践应用？它是指在人们关于法制的一般意识结构形成上的实践应用呢，还是指在人们对某一特殊的具体案件加以分析时的实践应用？抑或是指在其他方面的实践应用？对这些问题的不同选择，会形成关于法律之实践应用的截然不同的标准。例如，如果把法理学的实践应用界定为它是具体案件判决的指导、根据或参照，那么，其与本文一开始就提出的问题无所区别，都是对法理学的一种实用化期待。通过前文已知，笔者对这种实用化的期待持反对态度。[①] 笔者认为，法理学在法制建设中的实践应用功能，主要作用于法制建设的宏观领域。它可分为广狭两义：就广义而言，前述法理学对法制建设的精神教义功能和方法启示功能都是其实践应用。就狭义而言，法理学对法制建设的实践应用所指的就是它在法制建设的宏观领域中的具体作用。那么，法制建设的宏观领域又是指什么？

---

① 当然，这绝不是说笔者否定法理学具有实用性，哪怕它在解决具体案件上的实用性。事实上，我们不论在浩瀚的法制史料中，还是在复杂的法制现实中，都能不时发现某种或某个法理学说或见解对具体案件判决时的参考意义甚至决定作用（众所周知，在古罗马，皇帝授权的法学家的学说还具有法律的效力；在有些国家，权威法学家对法律的解释是有权解释），从而使其具有了相当微观的实践应用功能。可见，法理学能发挥某种实用性是一种事实，对此，笔者毫不否定（并且即使否定，也无异于无的放矢）。笔者所要否定的，只是一些法学家（包括一些法理学者）、其他学者和其他社会主体对法理学除了过分的甚至唯一的实用性期待之外，再无其他寄予的主张。

这是需要继续解释的问题。

法制建设的宏观领域,可以分为3个方面,即关于法制的精神领域、关于法制的事实领域和关于法制的规范领域。关于法制的精神领域,法理学的作用就是不断地进行精神教化,即发挥精神教义功能;关于法制的事实领域,法理学的作用就是认真地去揭示,即发挥方法启示功能。这两者,笔者在前文中已有详解,不再赘述。那么,所剩的法制之宏观领域,就只有法制的规范领域了。也就是说,按照不太复杂的逻辑,法理学的实践应用功能,应作用于法制的规范领域。不过,法制的规范领域仍然是一个包含了多方面的内容,因此,需要继续分解的问题。可以把法律的规范领域也分解为三:其一是法律规范的制定或产生;其二是法律规范的执行和适用;其三是法律规范的遵守和运用。那么,法理学在法制建设中的实践应用功能应作用于法律规范的那个领域呢?笔者觉得,在法律规范的执行和适用、遵守和运用中,法理学的功能主要是精神教义,当然,这并不排除在特定的或个别的情形下法理学对它们的实践应用功能,但这时已经指向法制建设的微观领域,已经不属于我们在此讨论的问题。这样一来,法理学的实践应用功能就势必落到法律规范的制定或产生上了。是的,笔者一直认为,法理学对法制建设的实践应用功能,主要体现在立法领域。在人类学术史上,人们对立法者寄予了很多美好的期望,[①]有时,这些期望也许是对立法者的一种理想化,但笔者觉得,作为立法者(众所周知,在现代社会,立法者是一个团体,有时甚至是一个国家的全体选民——在全民公决的立法形式下,而不是具体的个人)至少要了解法理学,甚至以某种法理学为立法的指导。如果立法者对法理学浑然不知,如果在立法过程中没有某种法理学的指导,那么,立法的质量也就可想而知,法律规范的实际作用也就不难想见。

当然,法理学对法制建设的实践应用功能也可以深入法律规范执行和适用、遵守和运用中。但这种情形的发生,要以深入的规范研究为前提。大体说来,法理学对法制建设的实践应用功能,主要以规范法学为主导。这是由于就立法而言,它是直接给人们创制社会行动的准则,因

---

① 例如,霍布斯认为立法者是主权者(参见[英]霍布斯:《利维坦》,黎思复、黎廷弼译,商务印书馆1985年版,第206页以下),葛德文认为立法者是理性者(参见[英]威廉·葛德文:《政治正义论》(第1卷),何慕李译,商务印书馆1980年版,第149页以下);卢梭认为立法者应是贤明者(参见[法]卢梭:《社会契约论》,何兆武译,商务印书馆1980年版,第55页);德沃金认为立法者应是哲学家(参见[美]德沃金:《法律帝国》,李常青译,中国大百科全书出版社1996年版,第362页以下)等。

此，立法者、法律执行和适用者、法律遵守和运用者必须了解法律规范的结构、特征、内容、分类形式等（不过，就法律规范领域而言，其他法学，如价值法学、社会法学同样会对其产生实践应用的重大功能，这是立法所产出的法律规范对社会会产生全方位的实际作用的必然要求）。

通过上述关于法理学在法制建设中能做什么的论述，我们大致也可以了解法理学在法制建设中不能做什么。能与不能是一对相反的范畴，当法理学能做什么被限制了“领地”后，法理学不能做什么的广阔空间也就豁然可见了。因此，对法理学能做什么的限制，就是对法理学不能做什么的解放，也是对法理学作用能力的客观估价；相反，对法理学不能做什么的限制，就是对法理学能做什么的放任，也就是对法理学的过高期待。总之，对法理学能做什么的限定和了解，也就意味着对其不能做什么的一般性把握。

三、主观的法理学与客观的法理学

通过对法理学的能与不能的一般性论述，我们可发现，事实上存在着两样的法理学，那么，这种两样的法理学是什么呢？还是让我们从葛洪义教授的一个发言引申开去。葛教授曾把法学分为两类：一类是“关于法律的理论”；另一类是“根据法律的理论”。他同时认为，法理学就是“关于法律的理论”，而部门法学就是“根据法律的理论”。[①] 笔者对这种划分方法表示赞同，但对划分结果的归类，并不苟同。这是因为法理学也有“关于法律的理论”和“根据法律的理论”之分。笔者把前者称为主观的法理学，而把后者命名为客观的法理学。两者在内容上不同，功能上各异。

所谓主观的法理学，是指能充分表达法理学者对法律的态度、见解、主张和观点的理论法学。尽管法律是一种客观地存在的社会现象，但可以说，有一百个法理学者，就可能有对法律的一百种解释。这是否过分扩大了对法律的主观见解在法理学中的作用呢？事实上，这不是一个人为扩大与否的问题，而是一个存在与否的问题（所谓真问题还是假问题）。可以说，我们所了解的历史及事实，就是一个人为解释的历史与事实。因此，所谓真实的历史与事实，只在“存在”领域存在，而不在理解和解释领域存在。正是基于这种情形，20 世纪以来，人类哲学转向了主体哲学、文化哲学、语言哲学和解释学的研究，而相对地放松了对绝对真知

---

① 参见“‘法理学向何处去’专题研讨会纪要”中葛洪义教授的发言，载《法学研究》2000 年第 1 期。

的探求，放松了对客观无限性的关注，从而相对主义大行其道。所以，当人们研究某一事物时，存在着两种情形：也许他的研究是一种“元研究”，即对该问题的前无古人的研究或者采取了一种前无古人的解释；也许他的研究是一种对研究者的研究，即研究者不过是在研究前人已经研究过的结论，前人的研究成为研究者的直接研究对象，所谓研究对象本身则隐身为间接的研究对象。这时，要了解研究者对对象的解释，就无可例外地要研究和了解研究者。特别是随着人类知识的不断积累和膨胀，人们对研究对象的了解，往往得益于间接经验，即人们更惯常地接触、了解和研究的，是对象的“帷幕”，而不是对象本身。法理学虽然被号称为应用学科，但它的研究也很难摆脱这种情形。我们很难想象哪怕最伟大的法理学者在研究法律时、在对法律下结论时，他观遍了古今中外的所有法律；我们甚至不能设想他能够观遍古今中外的所有法律，即使那些强调“绝知此事要躬行”的社会法学家们，所“躬行”的大都为对研究对象的知识考古，而不是研究对象——法律本身。正是在此种意义上，产生或形成了所谓主观的法理学。可见，主观的法理学，就像它的对象——法律一样是存在的。

所谓客观的法理学，是指能较好地展示法理学者对法律的揭示、描述、说明和论证的理论法学。虽然每个法理学者可以对法律作出完全不同的解释，但这种解释并不纯粹是自由的，它本身受着解释者的知识背景、认知能力、解释语言以及法律自身的客观性的制约，由此就产生了法理学的如下三种客观性：其一是法理学者对法律的解释本身多少会反映法律的客观性；其二是法理学者的言说（表达）具有客观性（客观的语言、客观的文字）；其三是法理学者的言说会形成客观的后果。简言之，三者可分别称为解释的客观性、言说的客观性和后果的客观性。当法理学者是“根据法律”而对法律进行解释时，追求准确地表达法律的属性，便是这种解释的客观使命。由此所形成的法理学，就是所谓客观的法理学。虽然人类在认识对象时，免不了受重重“认识之幕”的遮蔽，然而，这并不否定人们透过重重“认识之幕”，特别是经过一些“集大成”式的认识活动，可以深入事物的内部结构中。正是这样，所以，人类知识的增长，绝不只是不同言说及言说方式的增长，而且也是对对象认识程度的增长。因此，即使主体哲学、文化哲学、语言哲学及解释学再发达，也难以取代以探求真知——“究天人之际、察古今之变”为使命的传统哲学。由于主体对对象认识的深化，在本质上是一个主体认识接近客观本相的过程，由此所形成的学问，当然更具有客观性。具体到客观的法理学，则以法律解释为宗旨而形成的法理学是客观的法理学（与此相反，以解释法律[①]为宗旨所形成的法理学为主观的法理学，尽管在解释法律时，人们也在不断地企图接近法律之本相）。

然而，当人们要求笔者列举出哪些法理学是主观的法理学，哪些法理学是客观的法理学时，笔者会说真正的难题来了。因为就每一种具体的法理学说而言，它们既不可能是纯粹主观的，也不可能是完全客观的。换言之，它们既有主观性，又有客观性。因此，主观的法理学和客观的法理学在此意义上又可以表述为法理学的主观性和法理学的客观性，尽管它们之间的置换也有可能招致完全不同的意见。如果硬是要说出哪些法理学是主观的法理学，哪些法理学是客观的法理学，笔者只能勉强地说，价值法学更像主观的法理学，规范法学更像客观的法理学，社会法学则介于两者之间。

简要地叙说了主观的法理学和客观的法理学，再结合本文的主题略微谈谈它们各自对法制建设的功能。可以说，作为法理学的两种不同知识体系，主观的法理学更多地为主体提供着对法制的精神选择的自由，而客观的法理学更多地为主体产出有关法制下的行为选择限度。因此，主观的法理学在法制建设中的功能主要是精神教义，而客观的法理学在法制建设中的主要功能是实践应用。相对而言，法理学的方法启示功能在主观的法理学和客观的法理学中都存在着。弄清了主观的法理学与客观的法理学各自与法制建设的这种关联，可以更进一步帮助我们认识法理学的能与不能。

〔本文原载《法学论坛》2000年第5期；
转载于《法理学·法史学》2001年第1期〕

---

① 笔者认为，解释法律与法律解释是完全不同的两个概念。关于两者的具体联系与区别，参见谢晖：《解释法律与法律解释》（载《法学研究》2000年第5期）。

法理学：知识与见识

——兼及创建我国的法学流派问题

法理学的发展如何能指导法制实践乃至整个社会实践的发展？这是当今我国法学界普遍关注的问题，但是，以一种被一贯奉行的已成"定论"的知识来经纬某学科的传统，给法理学的发展设置了一道难以跨越的栏栅。法学界激烈论战的信息因非"定论"很难成为高校课堂占较大比重的内容，而明显违反现代法律[①]发展趋向的某种"定论"却成为毋庸置疑的、必须得占用大量时间和精力去讲解的内容。对此，法学界，尤其法理学界提出了许多不同意见，但传统的惯性却使法理学万变不离其宗，陈旧可又远离现代法律要求的某种"知识"总是堂而皇之的占据着高校课堂，从而使法理学纵然在学术上有所进步，但在学科上并无大发展。这种困境，笔者认为事实上是法理学如何对知识与见识进行协调的困境，是一种见识能否主宰高校课堂的困境。

从本质上讲，所谓法理学的发展，既不是给既有的法理知识填充一大堆材料，以加厚法理学教科书的页码；也不是给法理学的既有知识寻求包装手段，在一大堆新名词的包装下继续兜售其原有内容，而是以全新的、多元的思想给法理学创造多维视野、多角度参照，从而打破那种"定于一尊"的虚假权威格局，表

---

① 笔者将自然经济时代的法通称为古代法；将商品经济时代的法通称为现代法。

现法学家对法的各个层面的智思。因此,法理学的发展既是主体关于法的思想的发展,也是人类认识法律之方法和途径的发展。在一个只注重成"定论"的知识,然后再以此"定论"排斥一切新颖、深刻、富于创见的思想的环境下,法理学不可能得到发展;在一个学术创造只能在学术会议上发表或学术刊物上展示,而不允许搬进教科书,不应搬进大学课堂的环境下,法理学只能沉溺于往日的成见,而无法实现创新之举。

可见,法理学的发展,只能是在吸收与综合法学家们扎实、认真地创见性研究的基础上才有可能的事。只有把学术创见纳入法理学的知识之中,法理学的发展才能摆脱局部的修修补补,走上全面发展之途,这里必然涉及知识与见识的关系问题。

一般地说,知识可分为一般的常识和高精尖的见识两类。从历史之纵断面考察,这两类知识不是恒居不变的,而是随时代的变迁不断变化的。现在看来系常识的某种知识,在历史上曾是见识;而现在被视为见识的知识,在未来的时日中会转化为知识,这是人类知识发展的必然规律。法学知识亦是如此,在高等教育领域除了灌输成定论的知识以外,究竟能否讲解更新的创见?对成定论的知识能否提出驳论,形成新的见识——知识体系?今天看来,这实在是无须多加讨论的问题,但在实践中,理论每向前推进一步,尤其在教育实践中每普及一步,都不断有荆棘挡道,从而昔日的知识成为僵化的陈词,现今的见识因未成定论而被打入"冷宫"。这样,学问的发展便窒息了,富于创见的书页的最好待遇便是典藏于书橱,等待后来人清理。显然,它使主体观念愈益僵化,知识价值走向其反面。

尤其社会科学,在性质上异于自然科学,后者可以通过精确的量度使学科的科学性得以定值,而前者则要模糊得多,这其中原因在于社会科学的对象——主体及其社会关系比自然科学的对象更加复杂之所致。法理学所研究的,不仅是法律规范及其与规范相关的配套设施,而且要研究规范之中及规范后面所蕴涵的主体需求,规范对这种需要的分配、满足和制约方式等。这使得对每种法理之科学值的测量只是一个近似的问题,而不是也不可能是一个绝对逼真的问题。每家学说都分别在某个侧面、某个角度、某一层次上对法律作出了较为客观的探索。几乎可以说,任何一家之言,都不可能包办法律的全部问题,也不可能穷尽对法理的探索。昔日法理学界以一家之言排挤众家学说的倾向不论在法学理论的探索中还是法律实践的指导上都开了一个恶劣的先例,使所谓

“定论”和“知识”实为禁锢和愚民的代名词。近些年的比较法学研究,使这种禁锢破了道缝隙,法理学界也吹入了不少清新之风。但它并没有对高校法理学教学中全国“定于一律”的学科体系形成实质性冲击;相反,一种以新词汇包裹旧内容的法理却越来越甚地兜售“陈酒”。

因此,法理学的发展,必须是一个法理学的重建过程。国内有学者在与笔者的通信中这样写道:“新中国成立数十年来,中国实际上没有法理学,法理学充当了政治的传声筒。”这确是中的之论。从此意义上讲,似乎中国法理学者的使命,不是重建法理学与否,而是创建法理学。然而,往日政治化和意识形态化的法理学毕竟影响了一代人,尤其改革开放以来,随着法制建设和法学教育的发展,人们学习法学的热情空前高涨,而学者们提供给人们的知识却要么是法律文本的解释,要么是领袖文句的校注,大都缺乏法理学应有的学科属性,从而使法理学只是政治乃至政策与形势的婢女,其学科的独立性与科学性大为逊色。以这种法理学教育和影响下的百姓,必然会轻视法学乃至法律的价值,这样,中国法理学必然面临一个重建的问题。

在一定意义上讲,法理学的地位取决于法律在一个国家的地位。当法律成为一个国家至上的价值准则和行为规范时,法理学的地位便必然会摆脱往日婢女般的局面;反之,当法律在一个国家显得无关紧要时,法理学也只能是学者们把玩的对象,而不可能化为大众接受的对象。

当代中国步入了前所未有的法制建设时期,虽然法治及其价值至今仍未化为全社会成员的心理追求,但法治化走向却是任何人、任何力量都无法排拒的社会潮流。在未来各项事业的建设中,法律必将成为至上的价值准则和基本的行为规范,也将成为实现主体利益最大化的基本保障,依法而行必然是主体利益获取的基本方式,背法而行则必然是主体利益的丧失根据。这对中国而言,具有明显的反传统倾向,法理学在这一巨大的历史变革面前,必须把创见作为其基本取向。如果法理学依然沉浸在昔日的框架中而无法自拔,如果法理学只以维护过去知识的尊严甚至个别人的面子意识而无所进展,则理论对这场变革的支持力会大大下降,这场变革的理性程度必然因此而大打折扣。

这里涉及关于法学及法理学的流派问题,即法理学在我国应不应当形成流派?法理学界应如何对待国外纷繁复杂的流派?能否在我国高校法理学教育中采行不同流派的多元并行?

先探讨第一个问题:法理学在我国应不应当形成流派?要使法理学

有所创新,从一般知识深化为一种见识,必然涉及法理学流派问题。在我国学术界,人们对学术流派的倡导至今讳莫如深,其中对社会科学流派化之讳谈尤甚。个中原因是人们把社会科学等同于意识形态,并进一步将意识形态政治化。法理学向来是意识形态化的政治学,因此,要倡导法理学的多流派并存似乎意味着对意识形态政治的冲击。笔者认为,这是一种政治软弱化的表现,它既不利于政治民主化,亦不利于学术之繁荣和社会之进步。法理学必须形成多流派并存的局面,才能既促进其自身的繁荣,又为法制实践的科学化创造多角度的参照标准。

首先,要使法理学摆脱一般常识介绍的平庸之境,必须形成不同的学术流派。诚如前述,人类的认识活动相对于客观规律,只具有近似的真理性,任何一个流派,一种学说不能也不可能穷尽对规律的认识。在马克思主义原理中,这已经是一种常识。任何把一种流派固定化为知识传授的唯一标准的做法,只能使这一流派变为禁锢人们手脚的工具。人类历史上不乏此类例证。当基督教义成为人们可接受的唯一的知识时,西方历史陷于一片黑暗之境;当儒家学说化成对主体唯一的知识强制时,中国的文化专制推衍出了一系列的禁锢;当教条化的“马克思主义学说”被人们视为唯一可接受的知识时,所导致的不仅是社会主义事业的失误,而且是人们对社会主义价值的怀疑乃至否定……这些沉痛的历史教训已给我们足够的警示:法理学的发展必须倡导法理学流派的出现,只有这样,才能在相互不同、互有短长的多视角中把握法理学,使法理学之整体格局更趋于完善并使其摆脱浅显的知识简介,进而深化为博大的学理体系。

其次,要使法制实践摆脱顾此失彼的决策失误,必须倡导不同的法理学流派的出现。法制实践之决策,总是有一定理论指导的,但如果支持某一法律实践的理论是定于一尊的,必不可免地会使法律实践顾此失彼,这不在于其他,而在于任何一种法理流派只具有近似之真理性。在一定意义上讲,我国现阶段法律实践之失误,与指导这种实践的法理之失误密不可分,也与法理学没有形成可参互映证的流派很有关系。验之以史,任何成功的法律实践,都是多元理论指导的结果,而不是一元理论灌输之结果。没有儒法互补的理论指导,就不可能产生伟大的中华法系;没有多元竞争的美国学术思潮,亦不可能有对人类历史具有深远影响的美国民主制度和美国式市场经济。诸如此类,不胜枚举。中国法制建设要摆脱头痛医头、脚痛医脚的感性局面,不仅需要法学理论指导,而且必须使法学呈显出多元竞争的格局,然后在此基础上比较优劣,取长补短,制定出具有长远意义的法制战略。唯此,才能使法制实践更富理性色彩。

再次,要使人才培养摆脱目前被动接受型的格局,必须倡导法理学流派的形成。在以往我国的教育体制中,知识的灌输是其主要内容,而能力的培养则无足轻重,法学教育亦是如此。以致我国高校毕业生到国外就业,因不被人承认其高等学历而困惑,这在一定程度上取决于我国与国际通行的教育方式、教学内容之间的冲突。法理学既是一门价值性较强的学科,又必须具有实用性。可以这样说,法理学的价值性应当奠定于其实用性之上。法理学对人才的培养,不同于部门法侧重于技巧性的训练,它主要是通过独立见解能力的培养来造就人才的。这种能力的培养,比单独的技巧训练更有价值。技巧一旦离开主体的思想支配,只是简单的行为反复。只有思维方式的训练,才能更加深化技巧、改进技巧。法学流派的创建,是培养人才具有独立思维能力的重要保障。见解各异的法学流派,本是对法律予以多视角参照的产物,通过在课堂上对各流派学术思想的讲解,不但会增加学生的知识和见识,而且能更好地促进其独立思考,使其成为见解卓然、行为超伦的人才。

最后,近年来中国法理学的长足进步已为中国法理学走向世界创造了一定的学术基础。在一次法理学讨论会上,几位年轻的法理学者探讨中国法理学的走向时提出:中国法理学明显出现了多元竞争、多元并存的局面。笔者认为,这是改革开放以来我国法理学长足发展的必然结果。从已公开的论著看,在我国法学界注重价值分析的倾向、注重规范分析的倾向和注重社会学分析的倾向已呈三足鼎立之势。虽然,还不能据此断言我国已有了法学流派,但这种迹象已为法学流派的产生奠定了较好的基础。可以预料,随着法制实践与主体的政治生活、经济生活、文化生活及社会生活关系的愈益密切,法学流派在我国的出现将是必然趋向。只有如此,才能使法理学支持一场不仅对中国,而且对当今世界均有举足轻重意义的法制改革。[①]

① 笔者认为,当今中国各层面的改革,均为法制之改革,法治是中国改革的最终目标取向,因为民主政治是法治政治,市场经济是法治经济,而精神文明即使不能用法治文明来概括之,但至少它对法治的依赖是明显可见的。特别是文教卫生作为精神文明的重要表征,它在当今任何一个现代化的国家都已经充分地被法治化。至于道德建设与法治的关系,论者甚多,这里笔者不予展开。

以上论述表明,法理学流派在中国的产生,不仅具有实践需求基础,而且已有了一定的条件。正如我国的经济学在发展中已经有明显的流派化迹象那样,在未来的时日里,法学,尤其法理学的流派化会越来越明显。

再来看第二个问题:我国法理学界应如何对待国外众多的法学流派?虽然近十余年来我国法理学有了长足的发展,但这种进步在很大程度上是吸收、引进、消化外来法律思想的结果。毫无疑问,中国的开放政策所引进的绝不是器物层的物质和技术,更要者,亦引进了不少能为笔者所用的观念层的思想、学术成果和价值观念。其中中国立法的明显世界化倾向使法学家们对国外法学的吸收、借鉴成了当然趋势。各项改革事业的急迫性使往日急于求成的法学家们无暇对中国法制建设进行更加深入的论证和思考。政治实用主义倾向亦不时打乱了法学家独立思维的阵脚。于是,把国外不同法学流派引进、介绍给我国广大读者,当然是一种极有价值的行为。与此同时,我们也应当看到:

一方面,对国外法学流派的引入还欠深度和广度。国外法学流派的引进主要停留在一些对法理学感兴趣的学者的笔下。从而既没有对法制战略的决策活动形成理性的影响,也没有深入于未来中国法学人才的教育活动中去;相反,不少法律院系将西方法律思想史的教学课时一减再减,该课程的重要性在此种教学安排上看,则愈益降低、无足轻重。这更进一步强化了学生对某种“法理”的简单接受,而无法培养学生的理论独创力和实践独创性。这要求我国法学界应更加深入地挖掘、整理、介绍国外法学流派到中国,并通过比较、鉴别把这些流派的优秀内容转化成高校课堂上法理学的授课内容,从而真正实现列宁倡导的用全人类所创造的精神财富来武装我们的头脑的要求,使我国法制建设事业的发展有理性力量的引导和支持。

另一方面,国外众多的法学流派都具有良莠兼具的特征。每个流派都是站在某一角度来观察、研究法律问题的。因此,不可避免地具有“视角偏向性”,同时,每个流派又在各自的视角深化了对法律问题的论述,与泛泛而论的综合法理学相比,必然具有“视角深入性”(所谓“片面的深刻”)。因而准确地把握国外法理学流派的良莠两面性是一项任重道远的事业,它不但涉及我们如何理解这些国外法学流派,而且涉及我们如何创建自己的法学流派。笔者认为,对国外法学流派的借鉴,不仅仅是其方法问题,与方法同等重要的还有其内容,以往学术界只谈论借用国外法学的研究方法,而忽视其研究内容,一谈及后者,便立即带上意识形态的“眼镜”。这对我们是很不利的,也无法使我们对外国法学流派的了解更加深化。仅仅方法的借鉴,最后只能导致这样的结局:“这样的分析方法我们原来的法理学中都有!”对此,人们也许不会忘记系统分析方法、文化分析方法、价值分析方法及社会分析方法引入法学分析时的遭遇。可见,弃其内容而仅借鉴方法,将大大地削弱对国外不同法理学流派之见识的发掘。

再一方面,对国外法学流派的吸收和借鉴,必须与创建我国的法理学流派联系起来。人类认识的深度和广度均是无穷尽的。国外(尤指西方)法学流派在积数百年之功的基础上虽然揭示了不少法学公理,但他们绝对没有也不可能穷尽法学公理。不时听到人们谈论法学理论国外已经研究透了,我们只需要翻译过来就行了的主张,对此笔者绝不赞同。诚然,国外法学研究远远走在我们的前列,但这并不表明我们只需“拿来”就行。国外学者不可能保留在自己已有的水平上;相反,近几十年来西方法理学流派格外活跃,学术流派不断诞生,站在同一时代的中国法理学界虽然起步太晚,但也要尽力自觉地融入法理学流派的创建中去。只有如此,才能既消化国外法理学流派,又深化中国法理学。

最后看第三个问题:在我国高等法学教育中能否有不同流派的多元并存?对此,有截然相反的两种见解:否定论者强调全国教材的统一性,强调学术行为和教学行为的区别性;肯定论者则强调见识的价值,强调不同流派在教学活动中的多元并存对培养创造性人才的意义。笔者对之持肯定论。

第一,学术行为和教学行为不但不能割裂,而且密不可分。人类学术史表明,伟大思想家们的卓越学术创见大多是在其教学活动中创造的。中国历史上学术大家们的不少著作是其授课时学生记录的结果。最著名者莫过于《论语》。西方学术史上此类例证更多,尤以黑格尔《哲学史演讲录》为著。这表明,把教学行为只当做一种对“定论”的讲解显然不符合人类历史上学术史和教育史的关系。法学各流派的思想只有多元地存在于教学领域,才能使学术对大众产生影响,才能使大众增加自我的判断能力,摆脱中国传统中根深蒂固的人云亦云现象,在促使人们见识的增长中真正实现人的主体化。

第二,以往我国法学教育中统于一律的现象已造成了不容忽视的负面效应。“文化大革命”后法学开禁以来,法学教材的编撰权在很长一段时间内统于一律。20世纪80年代末期以来，此风有转，但各地联合编撰的教材却过分注重"效益"而忘了提高质量，于是照抄照搬的模式化格局使法学教材更显其乱，这不但不利于法学流派的创生，反而使归法学教材的全国一统找到了口实。这种情形的产生，往往还是因于对法学教材过分通过权力"统"的结果。与此同时，更严重的危害在于统于一律的法理严重地影响了数代人的法学智思和法律智思，使人成为"理论呆子"，一旦这一理论在实践中受到挫折，人们便从理论呆子变成"理论痞子"和"理论骗子"。为此，只有倡导富于创造和严谨精神的法学流派多元地存在于高等法学教育中，才能既克服教材的过分统一带来的弊端，进而克服编写教材时的过分功利化倾向，并最终克服法学教育的结果要么是"理论呆子"，要么是"理论痞子"的局面。

第三，法理学教材的多元化已在我国初见端倪，其实践效应令人欣喜。近年来，我国的法理学教材已经出现了明显的多元化迹象。[①] 诚然，我们不能据此讲我国已有法学流派，但一本本内容新颖、见解各异的教材的问世却为此打下了一定的基础。多元化的法理学教材在近年来，尤其在"社会主义市场经济"理论被肯定以来，在高等法学教育中发挥了前所未有的作用并取得了前所未有的良好效果。这预示着：一旦我国独立的法学流派形成，不但可以而且必须用之于法学教育。

总之，法理学不但在学术上应是知识与见识的统一体，而且在高等法学教育中要贯彻知识与见识并重的原则。这就需要我们不失时机地推进我国法理学流派化、多元化的发展。只有如此，才能更加推进法理学的蓬勃发展，促进法理的深化并为中国法制建设找到合理的理论支点和论证方案。当然，法学流派的创建不是一蹴而就的，非积数十年功夫，不可能形成流派纷呈的局面，对此笔者将另文撰述。[②]

〔本文系作者在浙江省法学会1994年年会上的发言稿，收入本书时作了个别改动〕

---

① 具体论述，参见谢晖："创建多元化的法理学"，载《法律科学》1995年第3期。

② 参见谢晖著：《价值重建与规范选择——中国法制现代化沉思》，山东人民出版社1998年版，第306页以下。

见识多元与知识整合：中国法理学的两难境遇

站在历史交接点上时的怀旧盼新，是人类这一高级思维动物的天性。虽然，所谓历史的交接点，纯粹是人类意识的产物，因此，不免匠斧气十足。然而，自从人类摆脱过分对自然的依附，从而成为自在的主体以来，人类无时不生活于这种匠斧刻制的社会中。因此，指责人们在某一历史交接点上的瞻前顾后、焦躁忧虑，大半是没有道理的。[①] 法学作为治国之学，法学家作为治国之学的设计者和创造者，自然在世纪之交负有怀旧开新的使命。然而，对自己所从事专业的现状及其特征作出说明，对怀旧也罢、开新也罢，都殊为必要。本文便是笔者站在其所从事的专业的立场，对中国法理学现状及问题的描述。

一、见识多元，中国法理学的现状分析

1995 年，应一家法学刊物的约请，笔者写了篇名为《创建多元化的法理学》的文章，[②]提出了我国法理

---

① 在学术界，有这样一种说法，面对新、旧世纪的交接，无须我们去展望什么、设计什么，因为时间如自然之流水，并不眷顾人们对它的展望，你展望也罢，不展望也罢，人们都要无可避免地趟过它去。这种说法貌似有理，但它明显忽视了人之为人的能动性存在，忽视了意义——价值因素在人类生存和生活中的决定性。

② 该文刊于《法律科学》1995 年第 3 期。在此后不久，刘作翔教授也发表了《多元的时代与多元的法学》一文，提出了与笔者相像的看法，并做了更加翔实的论证。该文刊于《学习与探索》1995 年第 5 期。笔者也再次撰有《创建我国的法学流派初论》，对我国法学多元化、流派化的发展问题进行了较为系统的理论论证。该文刊于《法商研究》1995 年第 6 期。

学朝多元化方向发展的设想。事实上,这种设想并不是纯粹的主观想象,而是基于中国法理学发展已经达到的事实。对这一事实,我在后来出版的一本书中有详细的归纳、总结和分析。[①] 其基本意思是当代中国法理学不但已经明显地多元化,而且距流派化相去不远。然而,必须清楚的是,任何流派化的法理学,其基本的着眼点在于每个流派所执的观点不同,而不在于材料的差异。因此,多元化、流派化的法理学,更多地表明的是法学家们在法律见识上的不同。这就是所谓当代中国法理学在见识上的多元性。具体说来,这种见识的多元性体现在如下 3 个方面:

首先,对法律及法律变革的见识多元性。我们正处于一个变革的时代,这一变革的规范要求便是变法。因此,改革与变法两词可视为同义,可以切换。法律既然能够随着改革的要求而改变,那么,它本身究竟是什么,就更容易引起见识上的差异。至于在变革的时代,法律自身朝何种方向发展,对有见识的法学家们而言,自然也是见仁见智。

事实上,近 20 年来,中国大陆法学的发展,可以划分为学科的恢复和见识的创建两个阶段。前一阶段的背景众所周知,在该种背景下,劫后余生的法学家们要恢复(哪怕是抄袭性的恢复)基本的法学体系和法学秩序都应付不过来,何谈什么见识上的精进?见识的精进要靠广博的知识积累,这是任何一位学人也不会否定的结论,尽管有广博的知识不见得必有精进的见识。因此,这一时期在法学见识上,体现为机械的"团结",在法学体系上,表现出呆板的统一。虽然这一时期也曾经出现过究竟要"法治"还是要"人治"的著名讨论,但这一讨论的政治实用性远远超过了学识上的创见,因此,其完全可被视为一场在当时没有结果的政治讨论,而不是学问的争鸣。[②] 甚至发生于 20 世纪 80 年代中叶的法律的阶级性、社会性及人民性的争论,仍然具有强烈的政治意味,因为论者们在引经据典时,所依据的大都是被意识形态化的现成的结论,而不是法学家自治的创见。所以,其于学问的见识,贡献甚微。

我国法理学由学科恢复进入见识创建,是 20 世纪 80 年代中期以后

---

① 参见谢晖:《价值重建与规范选择——中国法制现代化沉思》,山东人民出版社 1998 年版,第 306 页以下。

② 一些法学家对"依法治国,建设社会主义法治国家"的口号已上升为宪法原则所表现出的那种政治热情可以视为对这一结论的进一步证明。如果这一问题真正是学术性的,那么,它就不应因为一次政治决策而销声匿迹,"人治"与"法治"就永远是具有学术见识的问题。也许,此后对相关的问题完全对立的反思更具有学术性和见识性。

的事。随着法律的阶级性与社会性讨论的进一步深化,一批年轻的法学家开始将这种具有强烈的政治实用色彩的讨论引向了学术讨论的方向。这就是“权利本位”与“义务重心”问题的争鸣。之所以这是一场具有见识创建性的讨论,既在于参与讨论的各方大都抱着一种开明的学术的立场,而非政治的立场;①也在于学者们就各自所执的立场提出了相当有见解的观点和有说服力的论据;更在于1989年之后当中国其他社科理论界普遍地万马齐喑之时,这一讨论一枝独秀,担纲大局。② 与此同时,一些从事法律史和比较法学研究的学者也提出了相当有创见性的法理主张,其中法律的文化分析方法是最典型者。80年代末期法学界的这一良好开局,为20世纪90年代法学见解的进一步深化、广化创造了条件。

及至20世纪90年代,中国改革所引发的社会变化已经从浅层渐入深层。社会所需要的,不再是“超凡魅力”的权威,也不是“传统型权威”,因为这一权威早已随着中国固有文化在世界性比较中的衰落而难以再造秩序。经济结构的变革引发了社会自治的客观要求,然而,要能真正做到社会自治,这本身需要一种更为高级的秩序,需要织造秩序的另种机制和权威,这一权威就是所谓“法理型权威”。③ 问题是法理型权威对中国而言是一种外生的事物,如何使这种外生的事物内在化?或者在中国本土文化中能否提炼出法理型权威?这便是法学家们格外关心的问题。因着对这一问题的兴趣和思考,法学家们提出了一系列颇有见地的主张,从而法理见识的分歧越来越明显。如果说20世纪90年代以

---

① 当然,这并不意味着这场讨论是纯学术的,因为一方面,在1989年之后,试图将这场讨论引向政治方向者尚有人在,甚至直到今天,“权利本位”论的主张者仍是一些人进行政治性批判(而非学术性批评)的靶子,有兴趣的读者不妨参看从1996年以来的《当代法学》上的相关文章,特别是该刊1997年第1期以光尚然为名发表的《“权利本位论”评析》和该刊1996年第2期署名评论员文章的《法学研究也要讲政治》以及由张光博、李冬梅合作发表的《制度、体制和法》等文。另外,一些参与讨论的当事者也对该场论争抱有相当高的政治期许,而不只是学术热情。不过,我们不能期望不断遭受劫难的中国法学很快便能走上纯粹的学术之途,更何况法学家的法理中具有某种政治追求(而非政治捧场)并不为过。

② 对此,笔者曾在《价值重建与规范选择——中国法制现代化沉思》(山东人民出版社1998年版)一书中论及,参见该书第94页、第304页以下的论述。事实上,这一讨论的影响不仅在法学界,而且在其他社科理论界;不仅在学术界,而且也实在地改变着中国法律的面貌及主体的法律观念——普遍权利化的法律及主体法律观念。

③ 众所周知,马克斯·韦伯在分析“合法性”问题的来源时,确立了三种“合法性”的来源,即“超凡魅力权威”决定下的合法性,“传统型权威”决定下的合法性和“法理型权威”决定下的合法性。这就是所谓“权威类型学”或“合法性类型学”。参见[德]马克斯·韦伯:《经济与社会》(上),林荣远译,商务印书馆1998年版,第238页以下。

前法学家们在法理见识上的分歧着重于抽象的法律的话,那么,20 世纪 90 年代以后,特别是 1992 年以来,法学家们在法理见识上的分歧裂解为他们在中国法制走向选择上的不同。从表面上看,这一变化是出于某种政治背景的诱导,但法学家们自身在这种诱导面前是冷静的。或者说,这种变化本身是中国法学家因为对法律见识的不同和分歧而引发的自然的学术演进。前述政治背景的诱导只是在某种程度上催化了这些分歧观点的发表。[①] 有了这种对法律和法制改革见识的多元,自然影响到法学家们对法理学学科见识的分歧。

其次,对法理学学科见识的多元化。作为法学的基础学科,法理学在整个法学体系中的重要地位和作用是显见的,法学之所以能成为和其他学科比肩而立的学问,端在于法理学的贡献。倘没有学问化的法理学,就无法谈及法学与其他学科的比肩而立。问题是法理学的功能究竟是什么? 法理学究竟应如何发展? 由此导致的见识分歧也是明显的。

关于法理学的功能问题,法律实务者、部门法学家和法理学家存在着截然不同的看法,前者所期望的法理学是能为他们在办案或解决其他实践疑难问题时提供现成的答案或至少能直接说明他们遇到的问题。即使那些原先从事法理学专业研究的学者,一旦角色转换为法律实务者,对法理学的要求与其他法律实务者并没有两样。有人形象地称这种情形为“屁股决定脑袋”。部门法学家对法理学的要求则是要能为其所从事的专业提供一般的理论指导。他们强烈反对法理学在研究对象上的僭越,如司法改革、反腐倡廉、依法治国、精神文明等,在他们看来这均应由部门法学研究,法理学不要过分染指。[②] 不过,值得法理学界欣喜的

① 尽管如此,还是有人相互指出或指责其他见识的“政治”用意,如苏力针对“市场经济就是法制(或法治)经济”的命题,指出:该命题“缺乏学术意义……但具有政治意义和社会意义。”参见苏力著:《法治及其本土资源》,中国政法大学出版社 1996 年版,第 1 页注①。再如马作武对“本土资源论”的“上纲上线”的批评和张光博等对“法制现代化论”、“法律国际化论”、“社会契约论”、“复兴罗马法精神”等观点的政治化指责等。分别参见马作武:“中国古代‘法治’质论”,载《法学评论》1999 年第 1 期以及《当代法学》1996 年以来张光博等先生的相关文章。

② 为此,最近《法商研究》编辑部和《法学研究》编辑部准备联合召开题为“中国法理学向何处去”的学术研讨会,其组织者都是搞其他法学出身的,笔者作为被邀请者,在上海某次会议上被主办者告知所邀请的主要是法理学者,但其后来公开刊登的约稿启事却特意强调部门法学者的参与。参见《法商研究》1999 年第 5 期封二。

是,部门法学家已开始普遍地关心甚至参与法理学。[①] 法理学家自身对法理学的功能的看法和前两者明显不同。在他们看来,虽然,部门法学家们的见解有相当的道理,但这一见解也有可能窒息法理学的活力。更何况法理学对部门法学的指导只能是相对的、有限的、方法意义上的。法理学在功能上主要是提供给人们一种思维的方法、一种精神和观念,而不是事无巨细地提供给人们解决问题的方案(从此视角看,我国法理学对部门法学的指导是明显的)。至于在研究范围上,法理学的视界应当是开阔的,即使部门法学研究的内容,法理学也并非不能涉足,关键在于对这些问题的研究有无或能否上升到法理学的层次,而不在于法理学能否研究这些问题。为此,有一些学者还提出了部门法学有无自身的法理学的问题。[②] 当然,在法理学家中间,也还存在着对法理学功能的完全不同的看法。如有些学者更强调法理学的独立性和自治性,不主张法理学去迎合什么,哪怕是司法实践的要求和部门法学的要求。而另一些学者则强调法理学对社会实践、特别是法律实践和司法实践的依从性,强调法理学的服务功能。事实上,对法理学功能的最大分歧来自法理学家内部。

因为对法理学的功能存在着如上意见分歧,因此,关于法理学的发展也就众说纷纭。前述"法理学向何处去"的研讨论题,虽然把问题提得有点过分严肃,好像法理学在进行生死抉择似的,但这一论题的提出,也折射出了人们在法理学发展方向上的意见分歧。总的说来,这种分歧的症结在于法理学究竟要多元化还是霸权化。一般地说,实务部门以及部门法学家对法理学发展的要求在总的倾向上是霸权化的。他们要求法理学要能具体地解决其所遇到的问题本身就表明了这一点。在这一要求面前,一旦法理学不能事无巨细地解决其遇到的具体问题,则对法理学抱着不宽容的态度。应当说,这是对法理学发展之霸权化要求的必然后果之一。在法理学者中,对法理学的发展方向也有截然不同的主张。在这里,我们不妨用"正统"与"异端"两词来概括这种分歧。在"正统"的法理学家看来,法理学如何发展、如何变化,都应万变不离其宗。这里

---

① 例如,1999年8月在上海举行的法理学年会上,与会人员中有宪法学者、行政法学者、法史学者乃至经济法学者。其中有位因其他原因而未到会的专事中国法律史研究的青年学者,委托其弟子到会并对会议提出了几点令法理学者们记忆颇深的"殷切的"期望。

② 参见刘作翔:《迈向民主与法治的国度》,山东人民出版社1999年版,第359页。笔者觉得,所谓部门法学,就是部门法理学。它应与我们目下在大学法科课堂上通行的所谓部门法学分开。严格说来,大多数相关课程及教材,只配称"某某法",即对相关法律的简单解释,而很难称其为"某某法学",因其并未上升到学问、学科层次。

所谓的“宗”事实上是一种意识形态化的标准，而不是法理学的学术标准。这特别以个别老一代法理学者及受其影响较大的弟子为代表。在“异端”的法理学家看来，既然法理学作为一门独立的学科，它理应是自治的，是不应受任何先定的原则、标准所约束的。法理学的发展必须是多元的，是应当拒绝任何学术霸权的，只有这样，法理学才能更好地为部门法学、法律实践，甚至社会实践提供一个可选择的指导方案。否则，没有这种选择性，剩下的就只能是法理学霸权化的后果：要么有用，要么无用。

最后，对法学家之作用见解的多元化。法学家既是创造法学的担纲者，也是法制建设的领航人。然而，在我国法学界，特别是法理学界，对法学家作用的见解明显不同。这种不同，可以用边沁的话来说明：“可以把对法律问题发表意见的人分为两类：解释者和评论者。解释者的任务是向我们说明他所认识的法律是什么；评论者的任务则是向我们评述法律应当是怎样的。因此前者的任务主要是叙述或探讨事实；而后者的任务则是探讨理由。解释者在它的范围内所涉及的思维活动只是了解、记忆和判断；而评论者则由于他所评论的事情有时牵涉那些喜欢与不喜欢的感情问题，所以要和感情打交道。”①可以说，当下中国法学界对法学家的角色定位就歧分为解释者和评论者两个方面。

解释论者钟情于法学家对规范事实的依存，甚至也钟情于对于一些政策见解和意识形态教义的图释，他们曾经长期地垄断了中国的“法学”，并且还在影响着目前我国的法学。当然，由于近些年来法学界的自由探讨，有些解释论者自身已经变成了对解释的评论者，②但这并未改变

① 参见[英]边沁：《政府片论》，沈叔平等译，商务印书馆1995年版，第97页。需说明的是，作为功利主义法学大师，边沁对解释者和评论者的分类，是为了说明规范的科学知识(事实)和对规范的道德要求(价值)之间的分野，为了说明“恶法亦法”，从而不能以某种价值要求否定恶法的法律属性。“解释者”的任务是说明“法律是什么”；而“评论者”每每表达“法律应当是什么”。因此，解释者与评论者事实上只有工作分工和个人研究志趣上的差异，而并无见识上的差异。解释者也可能是一位见识卓著者，而评论者也可能陷入浅薄之境。可以说，自休谟以来，对人类认识的此种分类便成定论。可见，本文在引述边沁的上述名言时，多少篡改了其本来含义。然而，这种篡改根源于中国解释法律者对上述边沁之“解释者”本义的背离。

② 例如，近年来出版的几部关于法律解释的专论，几乎都是对法律解释的评论。这些专论有梁治平编：《法律解释问题》，法律出版社1998年版；梁慧星：《民法解释学》，中国政法大学出版社1995年版；陈金钊：《法律解释的哲理》，山东人民出版社1999年版；张志铭：《法律解释操作分析》，中国政法大学出版社1999年版；郭华成：《法律解释比较研究》，中国人民大学出版社1993年版；董皞：《司法解释论》，中国政法大学出版社1998年版。透过这些著作，我们更多地看到有关法律解释的学理，或者对法律解释之制度的学理分析，这可说明我国法学在明显进步中。

我国法学界尚严重存在的把法学切换为对法律的解释、对政策的解释、对某种意识形态教义的解释等情形。就笔者而言,赞同有的学者对“注释法学”所作的辩护,①但这种赞同与辩护者一样,是有条件的,虽然各人理解的“条件”也许并不相同。笔者认为,解释法律确实需要一种学问,但对法律的解释本身并不构成一种学问,它只是法学这种学问所要研究的对象或材料。然而,令人遗憾的是,我们经常所面对的解释论者并不是要说明法律解释之学问的那类,而是把法律解释本身当做法学学问,从而认为法学家的使命只在于解释实在法律之条文的那类。这种对法学家角色的定位,即使作为一家之言也有存在的必要,但其实践的逻辑只能是遏制法学家的进一步创新和法学的进一步发展。②

当代中国真正能秉持己见,并不因国家法的规定而改变其主张的法学家毫无疑问是法律的评论者。在他们看来,法学的学理高于法条,法学虽要以法律为研究对象,但法学不附属于法律,也不附属于任何一种法律实务者。法学家立命的根本,在于能有独立与自治的法学学说,而不是给任何人进行政策论证,或充当“师爷”的角色。当然,这不是说法学家要拒绝关注现实的法律活动,相反,法学家必须关注现实的法律活动,包括立法活动、司法活动、执法活动等。但关注并不等于参与,除了法学家必须参与的法律活动,如用法守法活动、法律监督活动等外,法学家远距离地关注公权主体的法律活动,也许更能解破法律中存在的问题,更能独立地、自治地抱守自己的法学创见,从而以其学术创见在另一意义上参与法律活动,即给立法者、执法者、司法者提供理论参照。这样定位法学家的角色,对法学,善莫大焉!对法律,亦善莫大焉!

二、知识整合,中国法理学的需求指向

所谓法理学的知识整合,是指一方面,法理学的任何一点发展和进步,都是知识整合的产物,至于整体意义上的法理学,更是知识整合的产

---

① 张志铭先生曾写道:“记得在十年前,我曾写过一篇颇有少年气盛、指点江山味道的短文……在这篇短文中,我有感于当时社会上广为流传的‘法学幼稚’的说法,以及学界对造成法学研究贫乏、落后现象的‘注释法学’的一片批评之声,认为倒洗澡水不能连婴儿一起倒掉,不能因为‘注释法学’的不足而否定注释方法的恒久价值。”参见张志铭:《法律解释操作分析》,中国政法大学出版社 1999 年版,第 265 页。

② 须说明的是,由于法学界已经对关于法律的解释作了意涵上放大的理解,如法律的文化解释、法律的经济解释、法律的社会解释、法律的逻辑解释、法律的哲学解释……从而使人们容易想当然地将“关于法律的解释”和“法律解释”相混淆。笔者觉得,必须区分解释法律与法律解释这两个不同的概念。前者是主体自治地解释法律,它与“关于法律的解释”同义;后者则是法律规制下的主体解释,在此,解释者的非自治性是明显的。

物。朱景文教授曾指出："马克思主义的法理学是对法理现象多方面研究的有机统一，特别是法哲学（价值）、法社会学（事实）和法实证论（规范）的有机统一。"①这表明了法理学的知识整合性。并且当代中国法理学所面临的知识整合，不独如上三端。它既涉及由西方介入的法理学在中国的适用问题，也关联着法理学对中国固有学术智慧的借鉴与涵摄问题，更难免对当代中国法学家所创造的独特法理智慧进行整合。另一方面，知识整合也是多元见识发展到一定阶段的必然要求，这一结论，对于任何一门学科的发展都殊为必要。在此，不得不遗憾地指出，近20年来我国大陆的法学见识，大体上是在缺乏知识积累的基础上发展的，梁治平先生曾谓："近十数年，国人倡言法治，谈论民主，虽精神可嘉，终因游谈无根，不能成就系统之理论，更难对中国社会发展产生深远之影响。"②这一结论大致也可适用于对中国大陆法理学的评价。近些年来，看似繁荣的法理见识，要么取材于国外，但这种取材却有囫囵吞枣、消化不良之嫌；要么纯粹凭逻辑，但其结论往往空洞有余、证据不足。这便为法理学的整合发展提出了第三方面的要求，即它不仅是见识的整合，更是知识的整合。可见，整合性的法理学在中国更有独特的需求和广阔的前景。③具体论述如下：

首先，法理学的知识整合是在中国独特的历史——文化条件下从事法制建设时进行社会动员的要求。中国正在艰难地向法治的方向发展，然而，现代法治所需要的资源在中国却是短缺的。虽然政府推进型的法制发展观和本土资源累进型的法制发展观在近年来争论得沸沸扬扬，④但目下中国的法制发展明显面临着由政党和政府主导的社会动员的需

① 朱景文：《现代西方法社会学》，群众出版社1994年版，第13页。

② 梁治平、贺卫方：《宪政译丛总序》，三联书店1996～1997年版。

③ 这从博登海默先生的那本《法理学——法哲学及其方法》（邓正来、姬敬武译，华夏出版社1987年版）在中国的广受欢迎中不难发现。该书在中国大陆已有3个版本，另两个版本分别由上海人民出版社1992年版（张智仁译，书名为《法理学——法律哲学和方法》）、中国政法大学出版社1999年版（由邓正来重译，书名为《法理学、法律哲学与法学方法》）。国外法理学名著在中国的这种优遇，恐怕独此一本；其观点引用之广，在译介的相关国外著作中难有可比者。据闻，在有些著名高校（如北京大学），该书多年来还被作为研究生的教材。究其影响如此之广泛的原因，恐怕与其综合（或整合）性不无关系。虽然整体看来，该书的见识性并不令人称道。

④ 在我国，主张"政府推进型法制"最力者为蒋立山先生，参见蒋立山："中国法制现代化建设的特征分析"，载《中外法学》1995年第4期；"中国法治道路初探"，载《中外法学》1998年第3、4期；"法制现代化方案问题讨论"，载中国法学会法理学研究会、北京市司法局编：《依法治国的理论与实践》（同心出版社1999年版）。主张"本土资源累进型法制"最力者为苏力先生，相关观点主要反映在苏力：《法治及其本土资源》（中国政法大学出版社1996年版）中。

求，并且这种动员业已进行，卓有成效。这是每一个关注中国法制现代化前景的人所无法回避并应正视的问题。

称自古而然的中国文化是一种政治——社会动员型的文化，似乎得到了学界的公认。复杂的地形地貌、分割的民间文化、多样的社会族群、多难的自然灾害以及专制的政治建构等等，使得中国社会进程的每一个重要步骤，都明显地带有政府动员并因而推进的特征。人民共和国成立后，复杂的社会局势和百废待兴的经济状况，要求强有力的政府进行全社会的动员。这正是我们选择计划经济模式的现实根据。今天，虽然我们选择了市场经济，并把经济繁荣、政治民主、社会（精神）文明作为我们奋斗的未来目标，但众所周知，这些重大的决定，虽然都来自民众的要求，不过一旦从民众要求上升为政党和政府的决策，总伴有政党和政府对民众的大规模动员，①失却了这些动员工作，政党和政府的决策便往往徒有其名、难以落实。也许人们对这种社会动员在进行学术解析时不以为然，但无可否认的是，近20年来，中国社会的每一次进步，都与这种动员密不可分。即使在法制建设中，由政府出面的这种社会动员已经取得了明显的成就，这就是起始于1986年的全民普法运动以及在政府主导下的立法工作。特别是由于现代法制所要求的法律及其观念在中国固有的文化传统中很难得以对应，因此，在法制建设中借固有文化中早已存在的政府——社会动员方式以普及法制便是必要的和必需的举措。也许这种动员还存在着不可忽视的问题，②但这些问题只能在动员中逐渐克服，而不能指望克服了这些问题之后再来进行动员。可见，文化传统、社会现实及我国法制建设的要求所导致的在重大社会变革（变法改制）面前的社会动员，不得不要求法理学在知识上的整合。因为进行社会动员所需要的法理学知识，毕竟不能是法理学研讨会上的众所纷纭的见识。

在一定意义上，笔者赞成20世纪80年代中国“文化讨论热”中形成的一种观点：观念变革既是当代中国社会变革的前提，也是中国社会变革中最为艰巨的任务。就法制建设而言，更是如此，其中原因，前已述

---

① 例如，作为打响我国改革头阵的农村土地承包，即使在中共中央文件明确肯定它的情况下，不少农民仍然很难接受。在笔者曾生活了17年之久的陇东一个小山村里，有一些农民即使分到了土地，也不去种（不仅仅是不敢去种，相当多的人真诚地认为在道义上和阶级觉悟上讲不能去种），直到两三年之后，经过各方面细致的动员，他们才逐渐地接受了分田种地的现实。

② 笔者作为自1986年以来就登上普法讲坛并一直未中断参与普法的法学教师，一方面，对法制教育中的形式主义倾向深有理解，并且这种倾向至今依然严重地存在着；另一方面，也深切地感受到通过普法活动所带来的我国公民法律观念的明显的可喜的变化。

及。法理学在整个法学体系中,无可替代地担当着阐释、解决法律观念的使命。而对当今中国社会的法律动员,实质上就是一种法律观念的动员。法理学与对社会进行法律动员的这种关联,正是在我国必须进行法理学的知识整合的社会要求。如果法理学家无视这种要求,则等于无视自己所应担负的使命。

其次,法理学的知识整合也是发展中国法学教育、培养符合法治社会需要的法律职业者的要求。法学的独立化发展也罢、法学教育的规模化发展也罢,皆起因于社会对法学人才的要求。法学是一门古老的知识,但其独立化的发展却是上世纪以来的事,这是法学学人们的常识。法学的独立发展,几乎是与其他古老学科的独立发展同时出现的。它们均起源于工业革命所导致的社会大分工及社会主体与特定学问的职业化结合。社会因分工导致的这种职业化要求,催化了学问内部的职业化。因此,如果说在古代社会的大学问家几乎毫无例外地是“百科全书式”的人才或者通才的话,那么,职业化分工所要求的学问体系及学问家,只能是专业化的与专家型的。这正是现代社会很难产生百科型大学问家的基本原因所在。20 世纪前期中国所缓慢推进的现代化进程,已经催生了中国的职业化分工,但彼时的职业者大致可以借助手工来完成其分工使命,因此,分工职业者与分工学问间的牵手难成气候。新中国成立以来,前 30 年所推行的政府包办型的计划经济及政治体制,严重地制约了这些分工的自由发展,从而也遏制了知识与职业的结合。1980 年以来,特别是 1992 年以来,中国改革的市场化取向急剧地催化了中国社会的职业分工,并且这种分工越来越明显地摆脱了手工状态,而成为知识化的职业分工,这正是实用性的学科(包括法学)之所以能在中国突飞猛进地发展的社会因由。可见,中国法学教育的发展,在本质上是为了生产适应法制社会要求的法律职业化人才,而不是培育纯粹的知识生产者。既然如此,则不论部门法学也罢、法理学也罢,作为法学教育的教学科目,必须体现出相当程度的内在统一性和知识整合性。① 否则,教者难

---

① 然而,令人遗憾的是,法理学及其他法学教材的混乱已严重地影响了法学教育与法律职业的结合,给人留下的印象是目前各层次的法学教育,更像学术教育,而与法律职业无关(固然,法律职业需要一定程度的学术熏陶,但知识与技能的灌输似乎更为必要)。据有人统计,我国某位权威法史学者在 20 世纪 90 年代所主编的《中国法制史》教材已达 10 部以上;在笔者手头,某位知名法理学家自 1994 年以来所主编的适用于本科生的法理学教材就有 4 部。问题在于这些教材无论在内容上,还是体系结构上,多有不同。至于不同法理学者所主编的同一用途的法理学教材,在内容及体系上真可谓五花八门,不一而足。

有所宗,学者无所适从。① 为了进一步推进中国法学教育与法律职业的结合,除了负有学术发展使命的高层次法学教育(硕士、博士教育)外,其他层次的法学教育显然更需要加强知识灌输和技能培养,而不是或主要不是学术见识的训练。虽然见识本身对法律职业者而言是必要的、重要的,但它恐怕主要不是学术见识,而是一种关于实践的见识。所谓实践的见识,不是任何一种"片面深刻"的学术见解所能胜任的,它所需要的是综合智慧,是对法学见识的知识整合。

最后,法理学的知识整合是法理学自身进一步升华的需要。人们都在政治社会意义上熟悉"天下大事,合久必分,分久必合"这句名言,然而,它的意涵也适用于学术研究与知识发展。不过就后者而言,这种必然性更取决于学者们主观的追求,而不是什么宿命。人类学术发展史一再证明,学术见解的分化是一个因主观见识的不同而必然会出现的现象,古希腊和中国春秋战国时期群星灿烂的思想家们的百家争鸣,早已名垂青史。即使在特别强调一元性的伊斯兰世界,其学术的发展事实也不是一元的。所谓逊尼派与什叶派的分野,起先只是学理见解上的,而后才演变为政治立场及政治模式的分歧。② 诚然,我们不时会痛苦地发现现实中存在着对人类见识多元的主观天性进行人为阉割的种种倒行逆施,但这也不足以彻底封杀这种天性,一旦条件适宜,这种天性会自然地再度出面。然而,人类不但具有在学术见识上自由创造的天性,而且具有使分散的学术见识加以整合化,从而发挥其整合效用,并使学术见识自身发扬光大的理性。法理学的发展和升华自不能脱离此道。应当说,法理学见识的多元化,既是法学家作为人的主观天性使然,更是法学家作为创造性人才的特征使然。一旦有适宜的、自由的创造条件,法学家的法理见识必定是多元的。这近乎是作为法学家的一种"自发的主观现象"。法理学见识的不断分化,本来是其朝多元化、流派化发展的必

① 最近,有记者在报道以中文、历史等学科为代表的大学教材严重老化的情形时指出:"很多老师因为教材观点过于陈旧,上课时并不以教材为主,而是以自己的讲义为主。这就使学生买了课本没有用处,同时也造成学生思想观点的混乱,不利于知识的正常学习。"李鑫:"大学课本严重老化",载《齐鲁晚报》1999 年 10 月 14 日版。在法理学界,教材的老化和刻意创新并存,对于职业化目的更胜于前两个学科的法学教育而言,此种情形的弊端也许更大,对法科学生职业化意识的形成未必有利。

② [苏]别利亚耶夫:《伊斯兰教派历史概要》,王怀德译,宁夏人民出版社 1980 年版;金宜久主编:《伊斯兰教史》第四、五章,中国社会科学出版社 1990 年版,第 146 页以下等书。这种见识上的分野,即使在中国的伊斯兰教中,照例存在。参见冯今源编著:《中国的伊斯兰教》,宁夏人民出版社 1991 年版,第 61 页以下。

然,但这并不意味着多元自身就是法理学在本领域的目的,在笔者看来,多元见识应是法理学朝更高方向发展的基础和条件,而不是阻却法理学进一步综合、超越的根据与借口。如果说法理见识的多元化发展往往是法理学发展的量变标志的话,那么,建立在这种量变基础上的知识整合,就是法理学发展的质变标志。当然,这种质变并不是,也不可能是(在自由的学术环境下)对法理学见识多元发展的否定,而是对法理见识多元量变发展的超越,经过这种超越,可使法理见识在更高的基础上展开,形成更高层次的法理见识的多元量变。可以这么讲,法理学的多元见识在更大程度上所表明的是它的繁荣,而不是其发展。繁荣不同于发展,前者是一种对分化的状态描述,而后者是对一种整体的状态描述。前者意味着发展,但并不必然导致发展;后者不但意味着繁荣,而且是真正繁荣的逻辑结果。笔者对法理学发展的理解就是奠基于这一认识,即它是指在法理见识多元基础上的不断的知识整合。如果说见识多元是法理学家在条件适宜时的"自发的主观现象"的话,那么,知识整合则应是法理学家在同一条件下的"自主的主观现象",即前者是一种"性情化"的智慧,而后者是一种"理性化"的智慧。这样,我们就可发现法理学的升华与法理学的知识整合间的必然关联。

总之,中国法理学在见识多元发展的同时,面临着明显的知识整合需求,这既是法理学所面对的"二律背反"的境遇,也为我们慎重反思法理学发展的体制提供了参照。

三、中国法理学的两难境遇及其体制化处理

在前面的论述中,不难发现,虽然见识多元与知识整合确实是一对矛盾,但还不至于说两者处于一种两难境地,如果处理妥当,两者只能生互促之效,而非二难互斥。问题正在于如何妥当地处理。至少目前对两者的处理还很难说得上妥当。这主要表现在法理见识多元的民间化和法理知识整合的官方化;法理见识多元的自治性与法理知识整合的霸权性;法理见识多元的明道性与法理知识整合的事功性以及法理知识整合的混乱化和这种整合自身的见识化等方面的深刻对立。要论如下:

(1)法理见识多元民间化与法理知识整合官方化间的对立。近十年来,中国法理见识的发展,大率是一种民间行为。它是学者们在自由讨论的过程中所形成的。它所阐发的是学者们个人在法理上的见识。正是此种个人见识的差异及个性化的学理,直接导致了中国法理学见识向多元化的发展。然而,不能不遗憾地指出,对法理学的知识整合行为,却每每是官方化的举措。众所周知,在20世纪80年代初,随着法学教育的恢复,司法部以官方的名义组织了“法学教材编辑部”,编辑了全国法学统编教材,在当时背景下,这一举措的意义有目共睹。然而,有利就必有弊,特别是当我们放大观察的距离时,这种弊端日渐明显。这就是在此后,这种模式的教材在中国取得了明显的霸权地位,即使有民间编辑法学教材的举措,也要么遵循该模式,从而无所创进,①要么是一种事功的考虑,而不是学理的兴趣。② 法理见识多元的民间化和法理知识整合的官方化是一对明显的矛盾,其基本症结所在就是官方化的法理知识整合严重地妨害了法理见识多元的进一步发展,限缩了法理学的视界,而不是促进了这种情形的发展,更不是扩展了法理学的视界。

(2)法理见识多元之自治性与法理知识整合之霸权性的对立。任何一种独立见识的得出,总伴随着该见识者的自治,如果该见识者丧失了这种自治的见识能力,那么,见识得出的主体条件便不再具备。这一一般原理昭明,我国法理见识的多元,明显的是法学家具备自治能力的产物。对此,我们不妨从历史中说明。当历史的灾难把法学工作者塑造为驯服的“歌德”者时,法学家的使命除了按照某种统一的安排高唱赞歌、批判异端外,便是所谓灵魂深处的自革其命,这正是我国自20世纪50年代以来,一直到20世纪70年代末期,难得一见法学见识的缘由。20世纪80年代以来,特别是20世纪90年代以来,法学见识日渐显多,这与法学家的思想自治紧密相关。法理学作为法学体系中一个明显具有思想性的学科,更需要这种自治的见识。或者说,一种法理见识的产生,本身意味着相关法学家之主体性和自治性的外显;而法理见识的多元,更表明法学家的主体精神和自治能力得到相当程度的张扬。与这种法理见识多元的自治性形成明显对照的是,法理知识的整合往往所导致的是某种法理上的霸权,如果说这种霸权是法理知识整合的一种自然倾向

① 20世纪80年代后期以来,我国民间较大规模地编辑法学教材的举措有两次:一次是由山东大学乔伟教授主持编辑的有全国19所院校参加的“法学丛书”;另一次是由时任宁波大学教授的余先予先生主持、有全国22所院校参加的“法律学全书”。窃以为,这两套教材都没有摆脱统编法学教材的模式、甚至内容,其中法理学也大致如此。虽然编者们也进行了一些内容和体例上的更动,但个性的明显缺乏使人觉得这两次行动也只是为了一种“事功”,于法学知识整合,则贡献有限。

② 笔者所看到的出自民间的具有教材特征的法理学,没有明显“事功”特征的、出自研究兴趣的为浙江大学万斌教授所编著的《法理学》,该书由浙江大学出版社1988年版。据著者讲,该书是其社会哲学系列研究中的一本,由此可见其兴趣所在。

的话，那么，在我国现存的法理知识的整合机制中，则必然地、更加明显地包含着这种霸权。这是由于，一方面，法理知识整合的目的就是为了建立一种要么对国民进行法制教育的权威法理知识、要么对法科学生灌输权威法理知识的教材、要么使法理学发生更高层次的转化，或者更上一个台阶。显然，这种对法理知识整合的权威要求即意味着这种知识整合的霸权性。① 另一方面，当代中国法理知识的整合往往借助于权力与经济利益的驱动，这使该种知识整合的霸权性愈加明显。法理见识多元与法理知识整合的这一矛盾，既不利于法理学多元化的进一步发展，还可能会导致法理知识整合自身的非理化，从而使法理学整合的前一目的殊难实现。

（3）法理见识多元的明道性与法理知识整合的事功性之间的对立。明道与事功，本来是两种并不矛盾的目标选择，明道中自能事功，事功时亦能明道。然而，这种一般性的说明并不能全然适用于当代中国法理见识多元的明道性与法理知识整合的事功性之间的对立。当代中国法理学之所以会出现见识的多元，既在于中国社会法制发展的需要对法学家的呼唤，也在于法学家所肩负的明道之使命。“铁肩担道义”，这是中国知识分子向来拥有的美德。法学家作为知识者，对这一使命尤为看重，原因在于这一知识共同体客观地肩负着对治国安邦的知识支援，②他们既要培育治国之才，又要创建在从“人治”③到法治转化过程中的思想见识。如果他们的见识不具有明道的功效，那么，这一共同体就没有尽到他们对法治所肩负的他人难以替代的使命。事实上，当代中国法理学向多元化的发展，正是法学家追求明道的生动体现。这在人治与法治、执法平等与立法平等、阶级性与社会性、权利本位与义务重心、法律的本土化与世界化……一系列兼具实践与学术问题的争论中可见。只要回想

① 权威与霸权自然不能同日而语，但这并不是两者间没有相勾连的基础。在实践中，权威往往孕育着霸权，特别是当权威借助某种强制的力量来实现时，权威的霸权性更为昭彰。虽然，法理学的知识整合是为了追求某种不含有霸权的权威，但在事实上很难。

② “法科学生是治国之才”，这是笔者迈入大学后，在学校召开的迎新大会上，听一位出身于哲学的院长所讲的话。彼时，笔者正在为法科学生“使命”的另一说法而伤神，那便是法律“还不是用绳绳绑人的！”这是在笔者即将离开家乡，一位老人家关切地问起笔者将来毕业后的去向时，当地“大队”党支部书记自告奋勇地替笔者回答的。

③ 之所以在这里把人治一词放在引号内，端在于这里所谓人治，明显有别于先贤们所设想的人治，如柏拉图、孟子等所设想的人治是“哲学王”或“贤人”的统治，是一种具有崇高理想性的政治模式。而实践中的人治却每每不问治者的素质，哪怕他是“刘阿斗”，也会来个“人治”。严格说来，实践中所谓“人治”，实际上是“官治”，而不是真正的“人治”。

一下这些争论的社会背景及学者们不应承受的政治压力,就更不难理解学者们的这种明道之举了。回过头来再看看法理知识整合时所显现出来的明显事功性。本来,法理的知识整合也不失一种明道之举,然而,这种整合的权力操纵、名家垄断以及利益左右等现象,使其明道用意大跌,而事功效用凸显。权力操纵使这种整合充溢着一种意识形态的选择;名家垄断使法理知识整合变成了一家之言的宣示;而利益左右使得编辑教材成为最方便的"晋升爵级"的资本。可以说,在学问领域,一旦权力直接地插手其间、权威任意地"一言九鼎"、功利放肆地左右逢源,则必然意味着学问自身水分的增加,从而,知识整合不是出自学问的需要,而是出自学问外的需要;不是出自道义,而是出自功利。可见,法理知识整合的事功性已严重地冲淡了法学家的法理见识,影响了法学家的明道追求,并最终影响了法理的有效知识整合。

(4)法理知识整合的无序化和这种整合自身的见识化的对立。法理知识整合的目的之一在于使多元见识有序化,并在此基础上形成相对统一的既能体现已有的见识,又能被大家所公认的知识体系。然而,令人遗憾的是,目前中国法理知识整合的结果却与这种目的要求相去甚远,即一方面,法理的知识整合是无序的;另一方面,因为这种无序,又导致法理知识整合成为整合者发表其见识的工具。也许有人会反问:既然法理知识整合操之于官方之手,怎会出现无序呢?对此,笔者的回答是,虽然官方的操纵确实是为了某种秩序,但这并不意味着必然会因此而导致秩序。这从新中国成立以来,我们将方方面面的社会事务交由官方解决,从而形成所谓"大政府",但最终并未实现社会有序的前例中不难察见。把法理的知识整合交由官方把持或定夺,形似能生有序之效,实则因为教育体制的部门(地方)分割,教育管理权的支离破碎,只能成无序之因。[1] 更兼之管理官员的"政绩"意识,往往将前任领导下的知识整合放在一边,另起炉灶……这正是官方主导的法理知识整合未生有序之效,反致混乱、无序的根本缘由。也许还有人会问:难道法理的知识整合不能反映多元见识吗?对此,笔者的回答是肯定的,问题在于法理知识整合反映的应是何种见识,是表达整合者的见识,还是综合法理见识的

① 以法学教育为例,司法部所属高校自成一体,教育部所属高校又成一格,各部门所属高校竞相上马,各省、市所属高校也加入竞争。其他诸如法科的自考教育、成人高等教育、中等专业教育等,不一而足。而其"标准"教科书,也每每来自相关权力。这使得法理的整合以部门权力和地方权力分界,占山为王、各行其是。其中混乱无序,不言而喻。

名家之说？笔者觉得，只有后者，才能称之为法理的知识整合，而前者仍是法理的见识表达。[①] 综观目前我国法理学的知识整合，各式各样的法理学教材不一而足。除却那种照搬照抄的教材之外，聘请有见识的学者所主持编撰的教材每每大相径庭，其中所表达的恰恰是主持者对法理的见识。有时，在同一教材中，因两位（或多位）编写者的见识不同，导致法理学教材的前矛后盾。还有时，同一位主持者在一个不太长的时段内所主持的数部法理教材，在见解、内容、体例……上却明显不同。这正是法理知识整合见识化的表现。如果说法理知识整合的无序化本身内含着矛盾、冲突和对立的话，那么，这一整合的见识化是前述矛盾、冲突和对立的一个表现方面。两者共同表明，法理整合的使命并未兑现。

上述4个方面的对立表明：我国法理知识整合的体制处于一种极度混乱的状态，如果要使法理见识多元与知识整合并行不悖，如果要使法理知识整合达到其应有目的，须从法理知识整合的体制入手。应当说，这是一个需要专文论述的问题，本文只提供一个指向性的个人意见：首先，法理知识的整合应当民间化，即由在民间的法学家共同体来决定法理的知识整合，而不是由官方来决定；其次，与前一问题相关，应成立开放式的法理知识整合的民间机构，组织法学家进行法理的知识整合；再次，在体制上要明确法理知识的整合并不是否定法理见识的多元创造，而是为这种创造提供一个更高的基点；又次，在体制上明确法理知识整合的目的是形成法理学界的共识，并适应法治进程中的社会动员、职业教育、知识转型以及法理升华的要求；最后，法理知识的整合体制要符合民间化学术体制的一般要求，要使这种整合体制具有法学学术积累和促进法制进化的双重功效。

〔本文原载《法学评论》2000年第1期；
转载于《法理学·法史学》2000年第4期；
摘发于《高等学校文科学报文摘》2000年第2期〕

① 应予指出的是，法理的知识整合，特别是教材的编辑，既反映着一种综合智慧，同时也需要一种独特的见识，但这种见识主要不是就法理本身的见识，而是教材编辑技巧（如体例、内容、结构、风格、容量等）的见识。如果整合者在编辑教材时只强调自己对法理见识的表达，其可能的结果是对已有知识成果的视而不见，而一味地自话自语，并使教材编辑专著化。然而，教材毕竟不是专著，后者可以专执于一，但前者必须宽容综合，撰写专著是智者的事，而编辑教材所需要的不仅是智者，他同时必须是仁者！

重建，还是创建？
——中国近、现代法理学史之学科建设定位

随着新世纪的即将到来，法学界格外热情地探讨即将逝去的20世纪中国法学的发展轨迹，展望21世纪中国法学发展的应然逻辑。[①] 这其中主要是法理学界对中国近、现代法学史，特别是法理学史的回顾与反思。随着探讨的逐渐深化，逻辑地要求对中国近、现代法理学史进行学科化的梳理、总结与建设，那么，这一建设应定位为什么？

一、问题的逐步申论：应重视中国近、现代法理学史的研究

1998年秋，在南京召开的一次法学学术讨论会上，公丕祥教授提出：像在其他学术领域一样，在我国法学领域，也存在着中国法学学术史的重建问题。[②] 针对此，笔者在当时指出：公教授的倡导是非常必要的，但其将中国法学学术史定位在"重建"上，笔者则不赞同。后者，是本文的主题，笔者将在后文中详细探讨，这里先展开前者，以便逐步申论本文的问题。

---

① 其中最有代表性的举动是：1997年由《法学研究》和辽宁大学法律系联合举办的"20世纪中国法学的回顾与前瞻"学术研讨会和1998年由《法学研究》编辑部与南京师范大学联合举办的"20世纪中国法学与法制现代化"学术研讨会。

② 参见"20世纪中国法学与法制现代化"学术研讨会简报，第13期。应说明的是：该简报中出现了"创建"的字样，似乎公教授是重建与创建并用，但其实不然，作为该单元小组讨论的主持人之一和该发言的不同意见者，笔者可以肯定地说，至少在发言当时，公教授只用了"重建"，而未用"创建"。

笔者之所以赞同公教授的倡导，不仅在于重建中国学术史特别是重建中国近、现代学术史，是目前中国社会科学界的普遍呼声，[①]而且更因为能否对某种学问之学术史作出学理的总结，往往是衡量该学问是否成熟的重要标志。

中国的法学学术，是与其法学教育相伴而发展起来的，而其法学教育，则直接是清末变法的副产品。[②] 如果说近、现代意义上中国法学的发展本来是一个"变法与革理"的历史过程的话，[③]那么，近、现代中国法学特别是法理学的发展，必然是"变法"的副产品。虽然，一些西方法学作品的翻译引入，要早于西方式法学教育的产生，但这并不能否定中国近、现代的法学学术与其法学教育相伴而生、共同发展的事实。作为法学之一般理论和公共理论的法理学，在中国却并未与法学教育同步发展。[④]中国法学人才的培养，一开始就是为着一种强烈的实用目的而安排的，这使多少有点形上意味的法理学很难有着实发展的机遇。尽管如此，笔者还是要说随着中国近、现代法学教育的产生和发展，中国不但破天荒地有了法理学，而且在特定历史时期还有长足的发展和进步，如20世纪30年代和90年代，中国法理学的发展有目共睹。[⑤] 然而，法理学学术史的研究却凤毛麟角。除了众所周知的梁启超先生所著的《中国法理学发

---

① 正如公教授所言，重建中国学术史，已是时下中国思想界悄然兴起的一股强劲思潮。特别是在文学界和史学界，这种倡导既早且烈，并产生了一系列明显可见的学术成果和巨大的学术、甚至社会反响。例如，对"五四"以来中国作家之影响的重新排位问题、对近、现代中国一些历史事件的重新评价问题等，当然，这其中也不乏故弄玄虚、以沽名钓誉者。

② 据汤能松先生考证：中国近代的法学教育，萌芽于1860年以后，初创于和戊戌变法相关的1895年，勃兴于20世纪初期清末的"立宪"和"新政"。参见汤能松等：《探索的轨迹——中国法学教育发展史略》，法律出版社1995年版，第114页以下。方流芳先生则把中国出现"专门的法学教育机构"作为考察中国法学教育的开端。参见方流芳："中国法学教育观察"，载贺卫方编：《中国法律教育之路》，中国政法大学出版社1997年版，第9页以下。

③ 参见谢晖：《价值重建与规范选择——中国法制现代化沉思》，山东人民出版社1998年版，第289页以下。

④ 在孙晓楼先生1935年出版的《法律教育》一书中，他才把理论法学作为"法律学校应添设之几种学课"提出，而在当时司法院监督国立大学法律科规程中，则无理论法学。参见孙晓楼著：《法律教育》，中国政法大学出版社1997年版，第37页以下。当然，这并不是说彼时中国之法科教育中不存在法理学，事实上，自中国之现代法学教育产生以来，只要是由政府所制定的教育规划，大都有关于法理学的内容，并且均为必修课。参见汤能松等对有关近、现代中国法学教育中课程设置论述的章节。

⑤ 虽然中国法学至今还很不能尽如人意，但笔者也并不赞同对它过低的评价，像有些学者所讲的那样："中国法学也总是停留于介绍西方法律理论或注释舶来的'中国法律'的水平……中国法学实际上处于一种没有根基的状态。"郑戈："法学是一门社会科学吗?"，载《北大法律评论》第1卷第1辑。

达史论》外，[①]有关中国法理学学术史的研究在法学信息库中几乎是空白。[②] 我国台湾地区法官兼学者杨仁寿先生曾因法学长期“笼罩在概念阴影之下”，“犹邯郸学步”，而未像医学、工程学那样“进步一日千里”而“浩叹”。[③] 他所担心的主要是在方法论层面中国法学未曾取得进展。笔者则更要浩叹的是中国法学者对中国近、现代法学学术史的严重忽视！一部中国近、现代史，被人们称为“亘古未有之大变局”，其中法学因“变法”而格外受人注目，但至今在大学法科学生的“中国法律思想史”教科书中，对近代法律思想语焉不详，而现代法律思想更是难得一见。在相关的专门研究中，仅见的专门著作有《中国近代法律思想史》，[④]但通观全书，一方面，有关政治家对法律的一知半解，而纯正的法学家对专门法律问题的深刻见解却难得一见；[⑤]另一方面，它远未达到将这一法学学术史学科化所应有的要求，还缺乏起码的反思及反思范畴、解释及解释机制。至于中华人民共和国成立以来的法学学术史，更是除了对毛泽东、邓小平、刘少奇、董必武等个别政治领袖的法律思想有所研究外，法学家的法律思想正如前述，只停留在资料整理和积累阶段。

以上事实不难说明中国近、现代法学学术史研究的基本状况。与文学、哲学、史学、经济学等学科对其近、现代学术思想史的研究相比，法学难以望其项背。至于专门的中国法理学学术史研究，更是令人言之汗颜。这说明，对中国近、现代法学，特别是法理学学术史进行梳理和总结，是法理学界所面临的紧急和迫切的任务。即使我们已经走过的法学

① 该文发表于1905年，载于《新民丛报》（第4卷）第5～6期。中国政法大学出版社1999年出版的《梁启超法学文选》收录了该文。其内容并非中国近代法理学之发达史。

② 20世纪80年代中期，天津教育出版社出了一套法学研究述评方面的丛书，其中有一本为《法理学研究述评》，作者虽然做了不少努力，但仍然只能作为研究中国法理学史的材料；80年代末期以来，每遇到在政治上有纪念意义的年份，总要出一些关于法学总结方面的论述；但一方面，它们并非专门论述法理学；另一方面，即使其中的内容大量涉及法理学，但远未达到使人们将其作为法理学史来研读的地步；90年代中期以来，《法学家》、《法学研究》两刊在每年的第一期对上年度法学各学科研究的情况精心地做一番总结和评论，法理学是其中重头。但笔者照例要说，这只能作为中国法理学学术史研究的材料，而不是中国法理学学术史本身，虽然这种材料积累和总结对中国法理学史的创建而言是必不可少的。

③ 参见杨仁寿：《法学方法论·序言》，中国政法大学出版社1999年版。

④ 该书分上、下两册，其中上册由华友根、倪正茂著，下册由华友根著，分别由上海社会科学院出版社1992年和1993年出版。该书所谓近代，确定在1840～1949年间。参见该书上册，第2页。

⑤ 该书所涉及的纯正法学家有沈家本、伍庭芳、江庸、王宠惠、张知本、周鲠生、吴经熊、居正、蔡枢衡诸位，而这些人物，无一例外地曾参与过政府的重大政治活动。该书所注重者，正在于这些学者兼政治家的和时政相关的法律思想。

之路是幼稚的，也应当从这蹒跚学步的幼稚史中得到必要的教益；否则，如果我们面临一大堆芜乱的法学材料，而根本就不知道我们的前人说了些和做了些什么，那么，所谓超越前人，最终有可能只是不经意地重复前人、模仿前人、因袭前人，并在结果上退后于前人。所谓法学发展，除了人力浪费，便是子虚乌有。

更值得思考的是，在中国通过宪法和执政党的文件把"依法治国，建设社会主义法治国家"确定为治国方略这一背景下，当市场经济、民主政治和文明精神成为中国发展的义无反顾的目标追求之际，与三者须臾不可分离的法律和法治更应成为目标之目标。这已经激发了并将进一步激发我国法学，特别是法理学的发展。黄仁宇先生在多年前曾断言："这样的背景使我们想见今后几十年内是从事中国法制生活人士的黄金时代。"[①]法学作为法制生活的精神环节，必然在人们的法制生活背景下，会出落为真正的、全新的显学。这些都客观地要求法学界对我们已经走过的幼稚的、曲折的法学之路进行认真的反思和全面的总结，开创中国近、现代法学史和法理学史的研究，以便既有利于中国法学的发展，也有助于中国法治的成功，从而不负向法治社会艰难拓进中我们数代法学工作者的使命。

正因为如上事实和背景，笔者要为公先生关于重视法学史研究的倡导投上赞成票。不过，正如前述，这并不是说要"重建"近、现代中国法理学史。

二、重建中国近、现代法理学史之失据

笔者所理解的某门学科的重建，首先，当建立在该学科在某一国内已经相当发达，并且被人们普遍认同和接受的基础上。然而，近、现代中国法理学史研究所面临的现实却是：基本上不存在相关的研究，这就使所谓重建中国近、现代法理学史失去了起码的事实参照。

众所周知，当我国文学界首先提出"重建文学史"的口号时，中国文学史研究的学术专著已经汗牛充栋，不论是中国古代文学史、近代文学史还是现代文学史，都既有一批造诣深厚的专家，也有令人们应接不暇的研究作品。特别是近、现代中国文学史的学术研究，甚至形成了一批

---

① 黄仁宇：《中国大历史》，三联书店 1997 年版，第 303 页。

研究者研究一位作家的昌盛局面。[①] 这种情况，不但法学难以望其项背，而且其他学科如哲学、史学、经济学也无法比肩。[②] 尽管如此，和法学界相比，这些学科做的却要好得多，因此，他们提出重建相关学科的近、现代史，有着基本的研究基础和学术参照。但中国法理学史的"重建"却缺乏这种研究基础与学术参照。

形成这一现象的基本原因在于和上述学科相比，近、现代中国的法学，特别是法理学本身是积弱的。虽然学习法学是近代以来尤其是20世纪以来中国青年学子的热门追求，[③]并相应地带来了近、现代中国法学的产生和发展，但这并不意味着法学与上述学科得到了同步发展。相反，连绵不断的军事战争和政治动乱，使法律失去了发挥其作用的基本机制，也使法学家无暇冷静、理性地研究法学，这样，法学家们要么迈入政治一途，成为现实政治及其意识形态的积极响应者和支持者；要么被打入监牢或"牛棚"，身家性命难保，遑论法学研究；要么在条件允许时进行一些明显具有政治性的辩驳，而缺乏基本的法理意蕴。总之，严肃的法学研究至今仍然罕见，以致有学者强烈地抨击"法学界"和知识界睽隔的情形。[④] 从广义而言的法学是如此积弱，法学的最高表现——"远离"实用，但又"贴近"意识形态的法理学之积弱则更是如此。

与此同时，法理学的积弱必然导致法理学学术史研究的衰微，这正如前文所示。其原因一言以蔽之，在于研究对象的失据。众所周知，任何一门学科的产生，端赖于其研究对象的发达。倘并没有研究对象或者研究对象不足，就不可能或很难产生和该对象相关的学科。既然法理学自身是积弱的，如何能想象法理学史研究的盛达？既然不存在盛达的法理学史研究，又如何能谈论法理学史之重建？知乎此，则重建近、现代中

① 例如，鲁迅、郭沫若、茅盾、老舍、巴金、沈从文等等名作家不但研究者云集，而且研究人才辈出、研究作品常出常新，有些甚至有专门的研究阵地，像《鲁迅研究》、《郭沫若研究》以及相关的学会等。

② 以当代之显学经济学为例，笔者所看到的以某个中国经济学家为研究对象的专著只有有关卓炯、马寅初、陈岱荪的研究专著，这也许是笔者孤陋寡闻，但自信一向关注经济学学说史而并不大关注文学史的笔者，在图书馆或书店经常所见的却是有关中国近、现代文学史的专著，而不是相应的经济学史的专著。这本身就能说明问题。

③ 这最典型地体现在留学海外的中国学生对法学的热情选择上。相关考证参见郝铁川："中国近代法学留学生与法制近代化"，载《法学研究》1997年第6期。

④ 参见梁治平："法治进程中的知识转变"，载《读书》1998年第1期。据闻，北京一些知名的法学家对这一批评表示强烈不满，这从另一层面说明了梁先生批评的深刻。虽然笔者对这种结论尚存保留态度。

国法理学史之失据明矣。

其次，中国近、现代法理学史的重建，还有赖于法学学人们普遍对它的了解。尽管对中国近、现代法理学史之研究很不尽如人意，以致相关的学科尚是海市蜃楼，但这并不意味着不存在中国近、现代法理学史。法理学史的存在与否是一个客观的事实问题，而对法理学史的研究——以致在此基础上形成相关学科，虽难免以客观的法理学史为对象，但其自身却是一个主观的、有时还带有强烈价值评判色彩的问题。

既然客观上存在着中国近、现代法理学史，那么，即使尚不存在以它为对象的学科，法学甚至法律从业者也应当一般地了解它。① 然而，以1949年为界的中国20世纪的历史，不但“必要地”隔解了前后两段时期的政治及其意识形态，而且不必要地阻断了前后两个时期的学术联系，如果说这一结论普遍地适用于该时期中国的社会科学的话，那么，该时期中国法学的情形更能说明问题。其中原因，法学界众所周知。因此，后半期的学者要了解前半段的法学，真是难上加难！对此，《二十世纪中华法学文丛》的编者们富有激情地指出：“人们常叹：《尚书》、《周易》乃至秦汉野史随处可得，几十年前的法学著译竟一书难求！此种文化‘断裂’现象，实有碍于今日中国法律教育和研究事业之正常进行，亦有损于中国法律现代化事业之发达。”②而更为严重的问题在于：对20世纪的中国法理学而言，被人为阻断的部分，恰恰是其最精华的部分。这使得除了个别有心的法史学者和那个时代过来的法学家外，法学家们普遍缺乏对该时期法学，特别是法理学的基本认识。至于20世纪后半段中国的法理学，只是在90年代以后才有较大的发展甚至突破。③ 这样，20世纪中国法理学大致可被分为“被遗忘的前半段”和“历尽坎坷的后半段”。由此不难见人们对近、现代中国法理学认识、了解之一斑。

反观提出“重建”口号的其他学科，虽然受前述两段分期的影响也是不争的事实，但与法学所受到的影响相比，毕竟要小得多，因为这些学科的存在未受大碍，并且即使为了政治意识形态的需要，相关学科的历史

---

① 当然，能形成与其相关的学科，是人们了解它的最方便的捷径，并且这种方式有利于法理学史的普遍化和大众化。详见后面的论述。

② 《二十世纪中华法学文丛·总序》，该“文丛”由中国政法大学出版社于1997年以后陆续出版。

③ 谢晖：《价值重建与规范选择——中国法制现代化沉思》，山东人民出版社1998年版，第315页以下。

梳理并未中断，[①]从而相关的从业者对该学科之历史的了解要普遍和深入得多，这些学科在近、现代中国的发展，即使一些受过高等教育的门外汉，也多少会有一些了解。这与前述因法学禁锢和中断而使人们，甚至法学大家们对中国近、现代法理学的孤闻寡识相比，是何其有幸！显然，前者的重建有较为广泛和深刻的认识基础，而法理学史的"重建"则缺乏这一认识基础。"重建法理学史"提法的失据，由此也不难得见。

最后，我们还可从有些学科史界提出"重建"其近、现代学科史的背景、意义和效应视角来察看法理学界若相应地提出之有无意义。

我国长期以来所弥漫的意识形态，极大地禁锢了人们对某一学科史的自由探索，特别是近、现代这个纷乱复杂的时代的学科史，每每与某种正统的意识形态有所出入，因此，当意识形态不惜用政权的暴力来否定所谓"影射"的学术史时，学术史自身也只能从另一视角"影射"着什么。由此形成的占正统、主流地位的中国近、现代学术史，不论其是哪个学科的学术史，都只能意味着学术禁锢，而无法表明探索自由。因此，以文学界为代表的一些学科提出重建其学科史的口号，是为了反抗所谓正统的、主流的甚至独断的相关学科史。作为这些学科史的研究，其以自由反对独断的革命性昭然若揭，其对学术自由的呼唤却令人振奋，其对学术多元化的推动也不难预期。因而其现实意义毋庸置疑。不过，从反思的视角必须指出的是：一方面，不论"重建"中国近、现代任何一门学科史，这种提法本身的独断性值得思考：由谁来"重建"？能不能"重建"？[②]要否对"重建"以"重建"？等。由谁来"重建"决定着重建后相关学科史的解释状态和权威程度；能否"重建"则与人们主观认识能力对客观对象的认识程度有关；最关键者，在于人们能否针对"重建"进行"重建"，因它决定着"重建"的倡导能否带来学术自由和百家争鸣的原旨。另一方面，从有些学科之学术史"重建"的效果来看，其所带来的积极效果是明显的，但这并未消除"重建者"企图寻求新的学术霸权的意旨，这种主观的意旨一旦借助新闻媒体的刻意包装和肆意炒作，则导致的是另一种学术专制，从而与"重建"所追求的或应达到的学术自由无缘！

---

① 人们究竟抱以何种立场、何种态度、何种价值、为何种目的研究某一学科史，都不妨碍这一学科史研究的存在，这至少为该学科以后的薪火相续和全方位发展积累了必要的人才。因此，总比中断研究它要好得多。

② 如究竟要重建某某史还是要重建关于某某史的学科？这样的问题，不提出来似乎挺明白，提出来一反思却又很模糊。事实上，所谓明白，只是模糊的"明白"，这突现了我们所处时代人们"慎思"的匮乏和浮夸的极盛。

以上述事实来反观法理学史的所谓“重建”可知，法理学史没有任何重建的学术背景。对此，笔者已在前文中有较系统的交代，这里需要进一步强调的是这一背景的缺失，使所谓“重建”的意旨不明。因此，其能给人们的预期是模糊的。事实上，我们不能重建任何一种历史，而只能逐渐地认知并根据每个人的理解解释历史。我们所能够重建的，只能是他人已经对历史所作出的解释。更准确地讲，这里的“重建”应称为更改、修正或重估。对于近、现代的中国法理学史而言，则更不存在任何意义上的重建，而只期待人们对它的逐步认知和解释。既然人们对近、现代中国法理学史的认知和解释到目前为止只是逐步的，则昔日那种意识形态的羁绊便要小得多，因此，将其及时引入自由探讨和百家争鸣之道，大抵没有多少困难，从而，也无须借助所谓“重建”近、现代中国法理学史来期许之。这进一步道明了“重建近、现代中国法理学史”之倡导的失据。

三、创建中国近、现代法理学史学科之理据

顾名思义，创建一词明显具有开拓和主观的意思，所谓创建近、现代中国法理学史学科，并不是也不可能要求人们主观地设定这一历史，①而是指针对人们尚不熟悉的这一历史，开拓性地整理、研习、认识和解释它，从而创生和这一历史相关的学科。所谓整理，是就虽卷帙浩繁，但又凌乱芜杂的中国近、现代法理学史的材料而言的；所谓研习和认识，是就人们对中国近、现代法理学史的发展相当无知的状况而言的；而所谓解释，则是指人们根据已认识到的中国近、现代法理学史的材料及其认识视角对其思考的结果作出说明。这些过程性的环节，最终要落脚到中国近、现代法理学史之学科的创建。可见，这里所谓“创建”，并非针对中国近、现代法理学史本身，因它自身作为客观实存，不存在所谓创建问题，而是针对与其相关的学科。这一定位，从根本上为消除前已述及的“重建”和“创建”可能内含的迷雾创造条件。下面，笔者将为这一定位寻求必要的理据。

理据一，创建中国近、现代法理学史学科，是中国近、现代法理学史及其学科不尽如人意的存在状态之要求。如前所述，随着列强入侵、西学东渐、维新变法、取缔帝制及新学传播等一系列事件的出现和发展，与西方法学呼应的中国法理学不但出现了，而且由于现实需求的迫切、深厚的固有文化传统的滋润和曲折的救亡图存道路的选择，中国近、现代

---

① 从这一视角看，创建与重建存在着同样的逻辑障碍，即可能以人们的主观意志替代客观的历史事实，因此，必须将这里的创建定位在对中国近、现代法理学史的整理、认知、解释并最终建立与其相关的学科上。

的法理学自有其特色。它虽无可避免地继受了西方和苏联的法理学，有时还是照搬和抄袭，但这丝毫不能否定中国法学家在该领域里的探索和努力。然而，人们至今对它的了解乏善可陈。一条时间的纵向切割和几块地域的横向分解，使中国近、现代法理学史料要么封尘于库，要么流散天下。这是意识形态干预学术的典型体现。可以说，近、现代中国的法理学史，从史料看，是个离散与分割的历史，至今，这种离散与分割状态仍在继续。大陆与港台学者各自为政的法理学研究及其信息是分割的，海外一些华裔法理学者的相关研究及其信息对我们而言是陌生的；民国及其以前的法理学论著于当今的法理学家们是隔膜的，甚至20世纪50年代大陆的法理学资料对今天这里的法理学者而言也是难得一见的！中国近、现代法理学史的这种存在状态迫切要求法理学家们对其进行抢救性发掘和开拓性研究。其对象不仅是存在于大陆的相关论著和只在大陆从业的法理学家，而且必须纳入港台法理学家和国外的华裔法理学家及其论著，因为他们富有成效的研究客观上构成了中国近、现代法理学史的重要方面。甚至在特定的历史条件下，他们的研究接续了面临断线的中国近、现代法理学之路。显然，这么一个研究过程绝不是任何意义上的"重建"，而只能是艰难的"创建"。

至于和中国近、现代法理学史相关的学科，迄今尚未被人们真正谈起，①这在整体上妨碍着人们对近、现代中国法理学史的进一步的、系统的和普及化的了解。其实，任何一门深入的、相对成熟的历史研究，都要以建立相关的学科为标志。只有学科化了的历史研究，才能被人们系统地、普遍地和深入地了解，因为这种研究本身就包含着相关材料收集的普遍性和广泛性、理解与解释的包容性和深入性，以及叙述结构与方法的层次性和系统性，从而使人们对历史的了解变得更为方便、容易。这对中国近、现代法理学史的研究而言当然适用。这一结论的逻辑反向是如果没有学科化的中国近、现代法理学史，那么，要求人们、哪怕是法学和法律的专门从业者去了解这一历史，也只能是"赶鸭子上架"。然而，问题是我国至今还没有其学科化的近、现代法理学史，因此，提出中国近、现代法理学史的学科问题，显然不是什么"重建"，而只能是"创建"。

---

① 之所以要用"真正"二字，是因为也有人开始重视起对中国近、现代法学史的研究，但毋庸讳言的是：一方面，大多数研究还只是零敲碎打，距离创建一门学科的要求尚远；另一方面，这些研究大都着眼于法学之整体，而不是限制于法理学史范围；再一方面，这些研究注重政治家之法思想大大超过了注重法学家之法思想，故其功利用意昭然。

理据二,创建近、现代中国法理学史学科,是当代中国法理学和整个法学进一步发展的内在要求。只有知史,才能鉴今。无论政治、生计,还是思想学术,不了解人们已经走过的历史,终将是浅薄的和充满危难的。我们的古人早已给后人传达了一个伟大的智慧:“以史为镜,可以知得失。”忘记历史意味着背叛。然而,中国近、现代的法理学之镜却长期以来湮没不闻。[①] 我们当下的法理学应当向我们的前人借鉴些什么?或者我们前人的法理学对今天法理学的发展有何启示和意义?这种启示和意义是观点的抑或方法的?对我们来说完全是个谜。这不仅对法理学这一学科的发展来说是危险的,而且必将为祸整个法学。众所周知,法理学应是法学的最高智慧结晶,它是其他一切应用法学的理论指导。[②] 如果说应用法学从某个视角为法治提供可操作性的借鉴的话,那么,法理学则应全面地设计法治的模式。从法理学与应用法学的这种外向的功能关系中不难更深刻地发现其内在的功能关系。任何一门应用法学的衰落,并不必然意味着整个法学的衰落,但法理学的衰落,则不仅仅是法理学自身的衰落,而且是整个法学的衰落。这正是一种全新的法理学之产生必然会引发整个法学的变革,而某一应用法学无论如何革新,也不会引发整个法学变革这一历史现象的原因所在,除非应用法学革新的结果,本身是法理学的革新。法理学兴盛的标志,既在于法理学向多元化、流派化方向的发展,也在于人们对法理学史的关心和重视。前者是法理学兴盛的现实的、横向的宽幅,后者则是法理学兴盛的历史的、纵向的深度。只有两者的共在,才象征着法理学真正的兴盛。这一结论的得出,又在逻辑上意味着法理学史的兴盛对整个法学发展具有决定性的意义。一个轻易忘记其法理学发展史的国度,不但没有法理学的兴盛,而且所谓法学的兴盛也颇值得怀疑。法理学史兴盛的标志,在于和这一历史相关的学科的建立,在于因为这一历史本身而产生一门学问。从这一

---

① 由青年法理学家舒国滢等为法科本科学生所编辑的课外读物起名为《法理学与法治之镜》,这既是一个富有哲理义蕴的书名,也是极有现实指向价值的书名。该书由中国政法大学教务处 1999 年内部印行。

② 这是一个为大多数人所赞同的结论,但也有不同的看法。这主要涉及法哲学的定位问题。有人认为法理学就是法哲学,故对他们来讲这一结论不存在问题。而另有学者把法理学与法哲学做了两分,笔者就是如此[参见谢晖:“法思辨:法哲学的本质精神”,载《法哲学与法社会学论丛》(一),中国政法大学出版社 1998 年版]。这其中有人认为法哲学理应属于哲学学科,因此法理学仍是法学的最高学科和具有指导性的学科。另有人认为,法哲学属于法学学科,其应高于法理学,笔者大致同意前一看法。

视角观视，则不难更深刻地理解创建中国近、现代法理学史学科对中国法学反省和发展自身的必要，也不难深刻地理解中国近、现代法理学史学科在法学体系中应有的地位。另外，不应当被我们忘记的是：当代中国法理学和其他法学的发展，虽可从自身的固有文化史中寻得必要养料，但从本质上讲，它却秉持着近代特别是现代以来"反传统"的逻辑而拓展，并与此同时，在培育一种新传统。可见，对中国法理学和其他法学的发展而言，创建其近、现代法理学史学科，比光大其古代法理史学科——有保留的《中国古代法律思想史》更有必要。因为在那里，可洞悉当代中国法理学的源头及其以后的流变。显然，中国近、现代法理史学科的创建，既是进一步深化中国法理学乃至整个法学研究的基础，也是中国的法理学乃至整个法学研究深入发展的重要标志。这是创建中国近、现代法理学史学科的另一必要理据。

理据三，中国近、现代法理学史与其法制现代化的息息相关性，也要求建立与这历史相关的学科，以资今人对我们当下正在推进的法制现代化的反思和借鉴。法学同经济学、政治学一样是致用学科，这里所谓"致用"是就其能指导主体行为，并导致社会有序的效益而言，以区别于文学等人文学科主要作用于人们的精神领域。对法学的这种"务实性"，舒国滢先生指出："法学必须关注和面向社会的世俗生活，为人们社会生活中的困惑、矛盾和冲突寻找到切实的法律解决方案。确立基本的原则，或为法律的决定作出合理而有说服力的论证。"①那么，法理学作为法学的最高理论性学科，有无这种实用性？一方面，这要看从何种视角来观察了。如果从法学体系内部来讲，法理学的价值性、教义性及认识方法性要远高于它在实践中的直接引用性，因此，其实用性似乎差了点；若从整个人文——社会科学的视角讲，则包括法理学在内的全部法学，都毫无例外地是应用学科。另一方面，还涉及应用的范围。法理学虽不拒绝在世俗社会的微观领域中被应用，但其并非主要作用于这一领域，而主要作用于世俗社会的宏观领域。这就使人们在日常生活中轻看了它的实用性。弄清楚了法理学实用性的这一特征，则更易理解中国近、现代法理学史何以与其法制现代化的历程息息相关。

近代以来，中国大传统的历史变迁，是前无古人地以外域文化为参照的一个变法历程，经过百余年的延宕，它至今仍在继续。这一过程可

① 葛洪义主编：《法理学》，中国政法大学出版社 1999 年版，第 3 页。

名之曰法制现代化，其最终理想与标志即法治。[①] 法理学的宏观实用性，决定了这个以法治为理想标志的变法时代对法理学客观的和迫切的需求。中国近、现代的法理学，就是因这种需求而产生和发展的，并且还会因这一需求而继续发展下去。这虽无可避免地导致了近、现代中国法理学的政治化，[②]但既然是一种历史之存在，就有其存在的必然性与合理性。由于这一变法所追求的目的在本质上不是以中国固有的文化为根据的，因而，对中国而言，其建构性是明显的。[③] 建构性的法治，无可例外地是精英化的，故其对精英及其法理格外依赖。这更进一步地证成了法理学与中国变法——法制现代化的内在关系。中国近、现代法理学史与中国法制现代化的这种内在关联，自然蕴含着对当今中国建设法治国家的启示。因为就法制现代化的历史追求而言，当今中国是近、现代中国的直接延续，[④]而不是对它的背反。这预示着研究中国近、现代法理学史，建立与这一历史相关的学科，不独具有理论的意义，也更具有实践的价值。然而，前述中国近、现代法理学史及其研究所存在的不尽如人意的现状，特别是与这一历史相关的学科的着落无定，都需要我们在扎实的史料基础上，创建而不是"重建"这一学科。

总之，无论从近、现代中国法理学史及其研究和相关学科存在的实际状态看，还是从当代中国法学尤其是法理学和法制现代化发展的内在要求看，都需要创建中国近、现代法理学史学科。前者是创建这一学科的事实基础，后者则是创建这一学科的需求基础。这些共同构成创建这一学科的理据。至于创建这一学科的原则、方法等，笔者将在另文论述。

〔本文原载《法商研究》1999 年第 3 期；
转载于《法理学·法史学》2000 年第 2 期〕

---

① 刘作翔教授认为，追求法治是法学家的最高理想（参见刘作翔："追求法治：法学家之最高理想"，载《法制日报》1999 年 8 月 5 日）。在笔者看来，这一理想不仅仅属于法学家，而且属于我们所在的当今整个世俗社会。

② 相关分析，参见谢晖：《价值重建与规范选择——中国法制现代化沉思》，山东人民出版社 1998 年版，第 289 页以下，并同时参见谢晖："政治家的法理与政治化的法"，载《法学评论》1999 年第 3 期。

③ 法治是否必须是自然长成的？这在近年来的中国法学界，是争议颇大的问题。笔者的看法，参见谢晖：《价值重建与规范选择——中国法制现代化沉思》，山东人民出版社 1998 年版，第 122 页和第 222 页以下。另外，季卫东先生以《法治秩序的建构》为其书名，也足见在他看来，"建构"之于法治、特别是中国法治的必须性。该书由中国政法大学出版社 1999 年出版。

④ 这明显地不同于近代、特别是辛亥革命以来，中国无论在制度建构、生活方式还是文化内容上与其古老传统的相当程度的分离。

法，它的手段与目的

法的重心，究竟是权利，还是义务？在法学界是尚有争议的问题。张恒山先生发表于《政治与法律》1988 年第 1 期和《中国法学》1990 年第 5 期上的《法的重心何在》、《论法以义务为重心》二文公开标举义务本位大旗。确实，如果仅仅从过去存在或现在实存的法律规定出发，此说似不无道理，然而，法律，尤其深化为观念意义上的法，绝不仅仅是规范本身。法律的真义是规范背后所蕴涵的人的需求。本文拟从如下几点出发，勾画笔者关于法律重心问题的看法。

1. 探讨的基点、法律规定及其意蕴

如同众所周知的那样，人类认识的出发点是相对于人们意识之外的客观对象，对法律的认识和理论总结，当然首先是以人类过去、现在所实存的法律规范为对象的。

的确，从历史上和现存的法律规范本身看，法律的重心问题，大都以确定义务为其特征。正如张先生文中所言，法律的起源本来就起源于人类所需求的禁忌、规范等。不论是公开宣告义务的法律也罢，或是权利的法律也罢，从法律规范本身看大都是禁于义务的。甚至可以这样说，不仅仅法律规范，人类历史上所产生和存在过的一切规范，从规范本身看大都是以义务为特征的，不论是道德规范，还是宗教规范，亦不论是礼仪规范，还是法律规范。所以，贾谊讲："礼者，禁于将然之前；法者，禁于已然之后"；所以，在西方有《摩西十戒》的教义，也有道德戒律的名词。"戒"者，义务也。但是法学作为以法律为研究对象的科学,仅仅探查到此还远远不够,法学的任务是透过规范的现象来探查其实质究竟为何?法律规范这一现象背后所蕴涵的真义究竟为何?

在笔者看来,如果说法律规范所界定的义务为四面坚实的墙,那么,在这墙的里面,是一块可供人类整体性需求满足的权利空间。人类的一切权利和自由,都蕴涵在或只能蕴涵在这块空间里,所以,法律规范背后的真义,不是别的,而恰恰是人们的权利。这点,不论对以自然经济为基础而导致的奴隶制法和封建制法来说适用,对于以商品经济为基础而导致的资本主义法和社会主义法来说也适用。

也许对后者,人们好理解,但对于前者,人们难于接受。奴隶制法和封建制法的重心,还是以权利为本位么?回答是肯定的。虽然奴隶制时代和封建制时代的法,是专制的法,也是只规定一部分人权利和绝大多数人义务的法。但同时,不能忽视那个时代人际本身的重心倾向:享有权利的那部分人,从政治上言,是当时的统治阶层;从社会地位言,是当时的享有崇高社会地位的人;从矛盾运动看,是当时社会矛盾的主要方面。所以,当时法律对绝大部分人权利的限制、义务的规范,恰恰表明了绝大部分人义务代价后面的中心意蕴;或者说,对那部分人权利的保护,即可表明法律规范后面的重心所在。

至于以商品经济为基础的资本主义时代和社会主义时代的法,由于其所建立的人际基础本来是平等的,所以,不论是法律规范本身,还是法律规范所蕴涵的内容,均表明权利本位的特征。一方面,从法律规定本身看,仅以宪法而言,不论对于权利,还是对于义务,均有明确的规定,并且权利居前,义务居后;另一方面,从这一规定背后的意蕴看,更加体现了权利的重要性,义务的规定只不过是更好地实现人们权利的一种方法罢了。也就是说,使每个主体更平等地、更有秩序地运用自己的权利罢了。

由此看来,法律重心的法学探讨,如果仅仅以法律规范本身为参照作对象,而忽视规范背后的意蕴,则其结论往往是只及其表不及其里的,只有既体察规范本身,同时又洞察规范背后的真实意蕴,即以法律规定及其意蕴之和为基点,才能更准确地把握法律的重心所在。

2. 探讨的症结:整体秩序与个体自由

自由与秩序,无疑是人类所面临的最为困惑的一对矛盾,两者的有机协调实在是难乎其难,尤其饱经“周期性动荡”和“一管便死,一放便乱”之苦的中国人,更困惑于这一难题。如果决策者对于这两者稍有偏倾,则法律重心也往往因于决策者的情感和意志而在权利和义务之间摇摆不定。

的确,人的天性是自由的,但当这种自由的天性,征诸每个个体时,不是绝对无限制的。有格言讲:“人心不足蛇吞象”,孟德斯鸠也讲:“一切有权力的人都容易滥用权力,这是万古不易的一条经验。”[①]这表明,绝对自由的天性一旦在某一个体身上不断膨胀而毫无制约,则必然是对其有同样要求的其他个体的肆意侵犯。人就是这样,当自己侵犯别人并说明其正义性的时候,便振振有词;当别人侵犯自己自身又需要反击时,也会振振有词。为了避免一部分人因对绝对自由的追求而攻击他人,从而使人类自由丧失;或者为了确保人类普遍获得自由,必须以一定方式制约所谓“绝对自由”,于是社会便需要有强有力的以义务作保证的秩序。

不过,社会秩序的要求,恰恰是人类对自由的共同要求的另一种表现。人类普遍的自由要求,只能将其限定在一定的范围之内,超乎这个范围,则正如前面所言,其实质也许是人类自由的普遍丧失。一般说来,法律的义务规范恰恰是对人们自由界域的限定。

从表面来看,对秩序的责求,往往以牺牲自由的动力——权利为代价,而对自由的苛求,又往往以毁灭秩序的保障——义务为代价。当然,如果不是为了秩序从而进一步为了自由和权利,那么,一切义务的规定纯粹是无聊的游戏。这种表面现象折射到探索者们的思维中,使人们总以为法律本来就是以义务为重心的,但是,法律的意蕴本身却并不如法律条文规定得那样简单。不论是为秩序而设置的义务,还是为自由而创立的权利,正如前面所言,均是以人们的自由要求为目标的。每个人为秩序所尽的义务,恰恰是人类整体对自由——从而对秩序的一种权利要求。所以,它本身即表明权利问题,至于对自由的确保,更是直接通过权利的宣告而表现出来的。在笔者看来,有序是隐性的自由,自由是有序中的显性自由;义务是隐性的权利,权利是规范内的显性权利。人类的行为必须在规则中有序地进行,才有权利自由可言;否则,自由只能是乌托邦——这是通理。

3. 探讨角度:古代法与现代法

笔者把人类历史纵向发展过程中的法,从生产力基础这个角度分为

---

① [法]孟德斯鸠著:《论法的精神》(上册),张雁深译,商务印书馆1964年版,第154页。

两类:一类是自然经济时代的法;另一类是商品经济时代的法。

自然经济和商品经济,是人类经济发展迄今为止的两大经济形态,以其为基础的自然经济时代和商品经济时代,分别造就了两大时代社会政治各个方面的相异点。就法律而言,在自然经济时代,由于自给自足所造就的人际关系本身就是封闭性的,而这种人际关系所要求的是法对社会秩序的整合作用。因而就法律的规范形式言,不论是西方古代的法律,还是东方古代的法律,有关义务的规定:均是**法律规范**的重心。当时,只有从义务出发,或只有强调义务,才能硬性地造成板块式整合的有序社会结构。正如人所共知的那样,义务的特点在于其无选择或被强制执行和遵守。人类经济史向我们表明:在漫长的经济发展过程中,人类主要的行程处于自然经济时代,因而,人类也主要生活于以义务为特征的只强调义务的法律秩序下。这种情况,从表面愈益表明并加深了人们的印象——从法律发展史看,义务是法律的重心。然而,正如前面曾说,认识若仅停留于此,还是很肤浅的,还有更为深沉的人际关系涵于其中而未被认知。我们绝不能站在今天人际关系的角度来谈论自然经济时代法律的重心究竟是权利还是义务,而应当站在古代人际关系的角度来探索这一问题。在自然经济时代统治者和被统治者的矛盾中,总是统治者属于矛盾的主要方面,中外大量的历史事实均表明了此。当时,统治者本身就是事实上的目的,而被统治者不过是统治者所利用的一个手段而已,哪怕是"民为水,君为舟"的主张,也不过是训导统治者们更有效地利用水的作用以"载舟"。从权利义务的分配看,那时的法律,其权利偏倾于统治者,而义务则倒向被统治者。① 牺牲众多的被统治者的利益加大其义务分量,无非是更有效地保护法律另一端更重要的方面——统治者的权利。

至于现代法,它是从经济上发家而在政治上一贫如洗的资产者那里奠基而建立的。经济上发家的资产者,利用商品这种"天生的平等派",高擎"有钱的人不怕有权的人"这面大旗,不但在经济上通过自我努力、自由竞争创造平等的人际环境,而且在政治上通过暴力革命或和平改革,争取平等的权利。在商品经济所造就的平等的人际关系中,把一个

---

① 大多数学者不承认古代法有权利的宣告,笔者认为这是人云亦云的偏见,其实"不用命戮于社"(《尚书·甘誓》)、"尔不从誓言予则孥戮汝"(《尚书·汤誓》)等不正是国王对自己权利的宣告吗?我国古代法律中的"八议"、"官当"等等也不正是对官僚特权的法律宣告吗?不过古代法中的权利和权力往往是一致的罢了。

个活脱脱的个体更加突出出来。个体，既然不是整体的奴隶，而是整体的运作者，那么，他们必然要求几千年来不合理的整体束缚个体的情况尽快改变。甚至连诸如国家、企业之类的权力组织和经营组织，也通过法人的形式（法人的学说和制度早在罗马法中即存在。但完整意义上的法人，却只是此时才有）也被个体化了，在此，新型个体的诞生，为现代权利的诞生奠定了人学基础。资产阶级革命以来的立法，不但保持了法律规范后面权利本位的真实意蕴，而且就规范形式本身言，公开宣告人们权利的重要性。只要翻开《人权宣言》、《美国宪法》、《中华人民共和国宪法》等都可明显发现这一点。所以，笔者认为这时法律在形式上和本质上均把权利本位作为自己的旗帜。

由此看来，不论是以整体秩序为己任的自然经济时代的法，还是以个体自由为己任的商品经济时代的法，如果从法律保护的人际关系本身的重心言，权利均是本位的。

4. 探讨的方式：就法论法与法外求法

笔者把以法律条文作为出发点，只探讨法律规范而不深究其环境、条件、背景的法学研究方式及其成果称做就法论法，而把以法律规范（条文）为参照，更深及其里的人际关系结构探索为己任的法学研究方式及其成果谓之“法外求法”。

就法论法的人，往往把秩序的整合当做人类崇高的使命，从而将义务规范的制约当做律法的中心问题。视人类秩序为人类崇高的使命，这无疑是正确的。但秩序的实现，既非权利单方面所能就，亦非义务单方面而能成，而是两者配合的结果，秩序不但有义务的基因，更有权利的基因。仅仅强调权利的运作，秩序势必因失去网络而变得无序；但若仅仅强调义务的罗网，则秩序也因失去人们自由运作的空间而无意义，秩序便成为死的秩序。所以，不论古代的法，还是现代的法，不仅有义务的界定，而且有权利的宣告，不过义务的界定绝非是为义务而义务，权利的宣告亦绝非为义务而权利。表面的以法论法或许明白无误地昭示人们法律规定的义务重心，然而，盲目的结论恰恰也失却在过分对法律条文外表的追求，而忘记了法律条文——哪怕全然是义务——背后的权利蕴涵。

法外求法的人则不然，他们不但以现存的一切法律条文作为自身探讨的对象，而且更以条文背后的社会关系、人际内容作为探讨对象。为什么同样是法，自然经济时代的法与商品经济时代的法所表现出来的文字组合、条文形式、条文内容却截然不同？为什么有的法律条文规定的只是义务，而有些法律条文赋予的主要是权利？是否主要规定义务的法律必然是义务本位的法律，主要规定法律权利的必然是权利本位的法律？如果不是这样，那么究竟是什么东西支配和决定着法律的重心等。法外求法的法学，注重探究法律与各个方面的关系，也只有如此，才能更准确地为确定法律的重心寻找参照，为法律的重心划定坐标。

不论怎样，既然要以法律条文为入门，然而又不受法律条文之羁绊，则法学必须透过法律条文的规定，寻找到它后面的人的要求。当古代希腊法律把奴隶当做法律客体的时候，我们既不能称它在法律上是权利本位，也不能称它在法律上是义务本位；同样，当中国古代统治者公开标举“普天之下，莫非王土；率土之滨，莫非王臣”之时，我们怎么能对那些“率土之滨”们声称在法律上，他的权利是本位还是其义务本位？所以，是权利本位还是义务本位的决断，只能在既有权利又有义务的人之间决断。如果从这个角度透视，不论拥有权利、负有义务的古代国王、皇帝、平民，还是享有权利、负有义务的现代国家的公民，其义务的宗旨无非是确保权利。

所以，笔者不主张以就法论法的方法来探讨究竟权利本位，还是义务本位。要真正探讨清权利本位还是义务本位，必须努力从法外求法。

5. 探讨的标准：手段规范与目标规范

从前面诸问题的论述，我们不难发现，在权利和义务这对法律的最重要的问题中判断究竟哪个为法律的重心，必须弄清楚法律的目的规范是什么，同时探讨清楚实现其目的规范的手段规范是什么。

笔者认为，在此引入哲学中手段与目的这一范畴对于解决权利义务何者为法律重心的问题具有决定性的意义。那么，权利和义务究竟谁是法律的手段，何者为法律的目的呢？

笔者把法律的规范分为两个方面：一是手段规范；二是目的规范。所谓手段规范，是保证性规范；而目的规范，是被保障规范。一般说来，手段性规范具有如下三个特征：第一，限制性或制约性，它以制约人们的行为为己任；第二，必行性，凡是手段性的规范人们必须遵守，不得放弃；第三，无选择性，手段性规范，由于其是必行的，故当事人对于义务没有做或不做的选择权。而目的性规范则不同，它也具有如下三大特征：首先，无制约性，权利一旦被法律赋予或规定，则其是完整的无制约性的。也许有人会认为义务本来就是限制权利的，但在此，必须有一个前提，即法律已规定的权利，只要人们运用之，再不受任何义务之制约。其次，享有弹性，享有权利者可以享受自己的权利，也可以放弃自己的权利。故究竟享受权利与否对当事人来说是有弹性的，可伸缩的。最后，可选择性，由于权利的可伸缩性，故权利享有者对权利具有选择性，恰恰是由于权利的这种可选择性，才产生了人们的自由。根据手段性规范和目的性规范的这些特征，笔者认为所有的义务性规范都是法律规范中的手段规范，而所有权利性规范均是法律规范中的目的规范。

既然义务属于手段性规范，则其天职无非是实现它的目的。作为手段性规范的义务，如果没有了目的，那么便是并无意义的规范游戏了。那么，义务性规范的目的为何？义务性规范所要实现的目的，不是其他，而恰恰是法律规范中的有别于义务性规范而存在的另一类规范——权利性规范。故简言之，义务性规范是权利性规范的手段，而权利性规范是义务性规范的目的。

弄清楚目的和手段还远远未能解决问题。现在存在的更重要的问题是手段和目的哪个更重要，亦即权利和义务哪个更重要。也许人们会说：目的离不开手段，手段亦离不开目的，因而，在权利和义务间比较主次，本来就无多大意义。但笔者认为：目的和手段作为一对矛盾，一般说来，目的总是矛盾的主要方面，而手段相对而言只能居于矛盾的次要方面了。同样的道理，在权利和义务这对矛盾当中，权利在一般情况下居于矛盾的主要方面，而义务则居矛盾的次要方面。这样，两者在这一视角上的重心也就昭然若揭。

笔者从五个方面探究了法律的重心问题，其结论只有一个，即权利是法律的重心。这一结论不论在以义务为主要规范的自然经济时代的法中，还是在以权利为主要规范的商品经济时代的法中，均是适用的。问题的关键是透过法律规范的表面而探寻它的实质——权利。

〔本文原载《宁夏学刊》1991 年第 1 期〕

试述我国法学家法律观的转变
——兼论中国法理学的现状及其发展

一、我国法学家法律观的转变

法学家是一个国家法制建设的大脑和灵魂,①从古至今,从中到外,法制的发达总包含有一批富有时代精神的法学家的独特创造和伟大心智。没有法学家的参与,法律的自治及专业化自难实现,法制的混乱和专断亦为必然。当代中国法律发展中法学家的积极参与及其成果有目共睹(同样,对法学家的冷遇,也是导致现行法律中混乱情形的根本原因,现行合同法制定前后的情形颇能说明个中问题)。然而,与此同时,法学家自身的素质特别是法学家的观念直接影响着其所参与制定的法律的质量。自中华人民共和国成立以来,由于政治历史背景的变迁,我国法学家的法律观念发生了巨大的变化,具体说来,这些变化主要有如下诸方面。

(一)在法律本质上,经过了从国家主义的法律观到社会主义的法律观的转变

国家与社会是两个根本有别的概念,自从黑格尔对市民社会和政治国家做了实质性的区分以来,国家与社会两分的事实得到了基本的学理说明。② 马克思在早期,仍然借助黑格尔的学说作为分析工具,即使

---

① 周永坤教授就曾认为:"法学家是法律现代化的大脑。"参见周永坤:"法学家与法律现代化",载《法律科学》1994 年第 4 期。

② 参见[德]黑格尔:《法哲学原理》(第 3 篇),范扬、张企泰译,商务印书馆 1961 年版,第 197 页以下。

其后来的经济基础与上层建筑之间的区分，也是在充分肯定黑格尔学说的基础之上发展起来的。[①] 然而，在我国，这对有别的概念却长期未受到应有的重视；相反，以国家取代社会成了现代中国特别是从20世纪50年代初到80年代中期的基本社会事实，这种事实导因于苏联式的制度结构和意识形态。此种情形，反射到法学理论上便是统治我国法坛达数十年之久的统治阶级的国家意志论，即把法律仅仅当做是把持国家政权的统治阶级的意志。这就是所谓国家主义法律观。进入80年代以来，随着经济变革所引发的社会关系及主体需求的明显变化，法学界也对传统的国家主义法律观进行了全面的、深入的反思。进入90年代，尤其1992年以来，我国学界对市民社会的讨论直接感染着法学界对法律本质研究的深化，即法学家们把对法律本质的探讨深入到市民社会，肯定了法律的多元存在，强调法律的社会属性。这就是所谓"社会主义"法律观。这一观念的升华，为我国法律参与世界交流以及立法的开放、法律功能的提升等奠定了重要的学理基础。

（二）在法律价值上，经过了从工具认同的法律观到自治认同的法律观的转变

工具与自治是两个可以对应的范畴，工具自身虽有价值，但其价值具有明显的开放性，即工具可以作用于众多的自治体，并且只有当其作用于外在于它的自治体时，才能真正显现工具自在的价值。这就表明，工具价值总有相当程度的从属性，这种从属性的失去，意味着工具价值独在性的不存。但一个自治体的价值与这种工具从属的价值明显不同，即自治体的价值具有相对的封闭性和对其他事物的非依附性。可见，在观念上究竟把法律界定为是工具体还是自治体，直接涉及对法律的评价和定位问题。前者使法律必然丧失自己的历史，而成为某种历史的依附史，而后者使法律当然地具有自己独在的，并不必然依附于它者的历史。回顾近50年来我国法学家法律观的变迁，不难发现，大致在20世纪80年代中期以前，法学家们所秉持的基本上是一种工具主义法律观，法律是国家的工具、是阶级统治的工具、是经济发展的工具、是政党政策的工

---

① 参见李光灿、吕世伦主编：《马克思恩格斯法律思想史》（第1编），法律出版社1991年版，第45页以下。

具、是统治阶级的道德工具……这些提法，对于习法者而言耳熟能详。①法律的这种工具观念，使其丧失了基本的独立性和自治性。长期以来，法学家们在反省法律虚无主义时，总是把责任归结到时政或某个领导人身上，这虽有一定道理，但也很容易放纵法学家自身在该问题上应承担的责任。只要法学家把法律仅仅归结为工具，其迟早要导向法律虚无主义，这不仅因为在该观点下法律只能是从属性的，而且因为任何工具总是能找到其替代者的。工具主义法律观所隐含的这种危险性，以及中国社会在发展中对法律自治性的明显需要，促使法学家们对工具主义法律观进行批判性反思，这一反思的成果便是法律自治性观念的确立。尽管法律的工具性观念尚为不少法学家所坚持，但与此同时，这些法学家们并不一般地反对法律的自治性。特别是随着人们对司法改革和司法独立问题的关注，法律自治性问题显得越来越突出，法律自身如果缺乏自治性，司法独立就失去了法律的依凭。诚然，从发生机制上讲，法律确实是社会的产物，甚至它本身是组织并构成社会的必要内容和基本要件，但在社会这个用以指称各式各样的人际—社会关系的概念中，法律相对于其他任何一种社会现象，都应当是自治的；否则，法律如何能调整这些现象？法学家法律观的这一变化，将进一步推动中国法制现代化的健康发展。

（三）在规范选择上，经过了从权力至上的法律观到规范互补的法律观的转变

法律规范是法律的基本构成单位，也是法学首先要面对的问题。然而，法律规范是多样的，其中权利、义务、权力、责任四个方面构成了法律规范的全部内容。因为法学家们对这四个方面的认识不同，特别是对其各自地位、作用的评价不同，导致了不同法学流派的产生。例如，强调义务规范的地位和作用，而把权利规范降为其次，便是义务本位的法律观；反之，强调权利规范的地位和作用，而把义务规范降为其次，便是权利本位的法律观。崇尚权力至上，必然是国家主义法律观；而钟情责任制约，必然是理性主义法律观。近50年来，我国法学家的法律观，就走过了从义务至上的法律观到规范互补的法律观的转变。人民共和国成立之初，

---

① 相关批评性分析，参见谢晖：《法律信仰的理念与基础》，山东人民出版社1997年版，第462页以下；郑成良等："依法治国之法理要义"，载刘海年等主编：《依法治国，建设社会主义法治国家》，中国法制出版社1996年版，第123页以下。孙莉："法制与自由论析"，载《法学》1997年第2期。

法学家们迎着政治的潮势，竭力张扬一种国家主义，无限美化国家权力的地位和作用，似乎国家权力所到之处，必然展现着公平和正义，当国家权力过分张扬，从而严重威胁到人民权利时，个别法学家虽然看在眼里并痛在心里，但为时已晚，无济于事；而大多数法学家依然为这种权力张目。这样，就形成了明显的权力至上的法律观。凡是权力至上的地方，似乎必然意味着对人民的服从至上，从而必然意味着法律上义务本位。正是在此意义上，肇始于20世纪80年代后期的权利本位与义务重心问题的讨论，才格外具有意义。权利本位论的本旨，事实上在于否定权力本位，从而也否定在权力本位决定下的义务本位。[①] 毫无疑问，这是在中国特定历史背景下法学家解放思想的标志。然而，这种偏于一端的“某某”本位论，在思维方式上并无实质性的区别，其实践后果都有可能使法律的整体功能被人为地破坏。随着法学家对法律及其功能认识的进一步深化，他们不再过分强调在法律规范中谁主谁次，而是强调在法律中各种规范间的合理配置，从而发挥法律规范间的互补功能，达致法律规范的整合效应。这便是规范互补的法律观。法学家从权力本位的法律观到规范互补的法律观的转变，将进一步推进中国法学研究乃至法制建设的理性发展。

（四）在法律功能上，经过了从制裁宗旨的法律观到协调宗旨的法律观的转变

法律的功能是多方面的。一般地说，仅其规范功能，就分为指引、评价、预测、强制、教育等多个方面。对法律功能的认识状况，会直接导致人们对法律所抱的态度，如片面地强调法律的强制功能，无论如何也激不起人们对法律的主动追求；相反，设法规避法律便是人们不难理解的选择。试想，在“法律就是用绳绳绑人的”这样的法律功能观下，人们如何能主动地去亲合于法律呢？可见，法学家们全面地阐释法律的功能，是人们依借法律、信任法律、追求法律的理论先导。然而，中国数千年流行的“法即刑”论，加之新中国成立以来侧重于阶级斗争与刑事镇压的社会现实，使法学家们对法律的镇压功能格外钟情，即在法学家的理论上，过分强调法律的制裁功能。在20世纪70年代末期之前，制裁与镇压，“理所当然”地成为包括法学家在内的几乎所有社会成员们所首肯的观念，即使在改革开放以来，由于拨乱反正、保持社会稳定依然是中国社会

---

① 正是在此意义上，权利本位的对称并不是指一般意义上的义务本位，或者权利与义务间本来就无所谓本位末位之分。权利本位应当指向在权力决定和支配下的“义务本位”。

所面对的基本问题,因此,主要借助刑法及刑事镇压的法律调整就不足为奇了。彼时,所谓法学家,大致可以谓之刑法学家;同样,所谓法学,主要是刑法学的衍生。这种以制裁为宗旨的法律观大致一直延续到了80年代中后期。此后,特别是市场经济作为一种经济改制的追求模型被确立以来,法律在这一模型建立中的独特的、不可或缺的功能业已形成为社会的共识,不但如此,"市场经济就是法治经济"的命题和在先前既有的"民主政治就是法治政治"的命题成为法学家们的基本共识。即使对精神文明,法学家们也普遍地从制度文明的视野中来观视它。法学家研究视野的放大,提高了他们对法律之功能的进一步认识。这一法律功能观的核心是协调,笔者称其为协调宗旨的法律观,制裁只是协调的方式之一。从制裁宗旨的法律观到协调宗旨的法律观的转变,使中国社会的变革明显地走上了以法律为前导和标志的途程。

(五)在价值选择上,经过了从实质合理的法律观到形式合理的法律观的转变

实质合理与形式合理是两种明显对立的价值观。[①] 前者所追究的是事物在实质层面的公正与合理,然而,事物的实质合理却是一个因人们的需求不同而具有明显多样性的问题。在一个诉讼案件中,两造双方面对同样的事实,却追求着截然不同的实质合理。更兼之实质合理是个具有终极意义的问题,即使在一时一事上,人工所能达到的实质合理,也只是相对的。因此,过分地对实质合理的追求,有时就不免走向专制。这就必然使人们追求另一种理性,即形式理性。形式合理所追求的就是人们处理事情的形式上的公正标准。特别是在公务活动中,面对纷繁复杂的社会事实,确立一种形式正义的标准,就显得更为必要。这一标准甚至超过了实质合理本身。因为形式合理标志着一般性的实质合理,而实质合理则在事实上只指向某一特殊性,并不指向一般性。由于受以儒学为标准的中国正统文化的长期影响,追求事物的实质合理,是弥漫于整个中华民族的习惯性行为指向。这种情形,会严重地影响法学家的思维是再自然不过的事了。事实正是如此,在我国,法学家们向来注重、垂青于实质合理的法律。譬如,在法律与人情、法理与天理之辨中,法学家们更加重视法律对人情、对天理的因应,而不是相反,人情、天理也要因应

---

① 在我国学术界,形式合理与实质合理、形式理性与实质理性、形式正义与实质正义往往被通用,笔者亦经常这样用之。但这种混用究竟有否道理?这几对概念能否通约?值得进一步思考。

形式化的法律。因此,在法律设计中,法学家们强调的往往是实体法,而对程序法的强调却要弱多了。在法律内部,程序法所体现的自然是一种形式合理,然而,若放大眼光观察的话,不难发现整个法律都是形式合理的载体。但我们绝不能以此否定它与普遍的实质合理之间的重大干系。众所周知,儒强调"仁",道青睐"道"。前者可谓实质合理,后者则为形式合理。事实上,"仁"在"道"中,这正如理在气中、体在用中一样。离开形式合理而追求实质合理,则所谓实质合理,大半是片面的甚至虚幻的。近年来,法学界对法律的形式合理性已有了相当深刻的认识。这不仅体现在专注于诉讼法研究的学者对诉讼法价值的深刻阐发,而且体现为整个法学界对程序的关注和对形式合理的呼唤。可以预料,这种情形的进一步发展,必将导致法学家们在法律价值观上的整体性转型,即从实质合理的法律价值观转向形式合理的法律价值观。

(六)在调整战略上,经过了从刑法基础的法律观到民法基础的法律观的转变

英国著名法律史家梅因有一影响甚大的观点,即一个国家文明先进与落后的程度可以从其法律结构的基础中得出。当一个国家以刑法为其法律结构的基础时,不但其法律是落后的,而且造生它的文化也相应地是落后的或半开化的;相反,当一个国家以民法为其法律结构的基础时,则不但其法律是先进的,而且造生它的文化也是先进的或进化的。[①] 虽然,有人对这种观点抱持批判并否定的态度,但在笔者看来,它表达了一个明显的事实。因此,这里的先进与否,大体上是一个事实判断,而不是一个价值判断。并且只有深入这种事实当中时,我们才能对落后的法律及法律观抱持某种"同情的理解",对先进的法律及法律观抱持某种批判的姿态。借用梅因的观点,可以说明以刑法为基础的法律观和以民法为基础的法律观的显著不同。刑起于兵,法刑同义,这是中国传统法文化的基本特征。这种法文化的长期积淀,所影响的不仅是普通人的法律观念,对专门从事法学研究的中国法学家而言,也无不受这种既存事实的深刻影响。正如人们所普遍认识到的,我国法学知识的增长和积累,最显著地体现在刑法方面,相对地,在其他法学领域,法学家们所贡献的知识相当有限。一言以蔽之,在理论上,我国法学家从 20 世纪 50 年代初到 80 年代末,大体上还在维持着以刑法为基础的法律观。虽然,政治

① 参见[英]梅因著:《古代法》,沈景一译,商务印书馆 1959 年版,第 207 页以下。

领袖提出了“一手抓建设,一手抓法制”的政治口号,但法学家们在演绎时,自觉不自觉地更加垂青于“一手抓经济建设,一手抓打击刑事犯罪”。这种以刑法为主的法律观的形成,除了前述法文化的因素外,还有现实的经济结构、政治模式以及法学家的生存状态等。当市场化、民主化、文明化已现实地成为我们整个民族的追求目标时,法学家的生存状态也发生了深刻的变化。这不但表现为国外一系列先进的法学理论被介入,而且表现为我国法学家在自己独特国情下的探索。在此背景下,民法学家们、法理学家们对民法基础的论证是自然的,令人特别振奋的是,在“王婆卖瓜、自卖自夸”既不难理解,也颇为时尚的今天,一些有见识的刑法学家们深刻地表达了“刑法谦抑”的主张,①这从另一个视角看出我国法学家的法律观从刑法基础的法律观向民法基础的法律观的转变。这一转变,关涉的或许将是整个中国法文化的转型问题。

(七)在法律视野上,经过了从内国优位的法律观到国际优位的法律观的转变

自从人类告别帝国意识,而确立了国际主义原则下的世界意识以来,法律也便从传统的以国内法为中心的状态溢出,形成了必须注重国际法,甚至以国际法为中心的状态。只要一个国家不想与世隔绝,想友好地融入国际社会,就必须恪守自己所认可的国际法的准则和规定。虽然,在西方早已实现了与帝国意识相对抗的国际意识,从而,国际优位的法律观在那里得以确立,然而,这一意识在世界范围内的确立,却只是“二战”以来的事,特别是随着殖民主义体系在世界范围内的瓦解,新兴国家随之出现,主权观念日益深入人心,世界性的国际组织亦随之成立,世界明显地进入了一个国际法优位的时代。这种情形,不唯体现在公法领域,即使在私法领域,各国对已达成条约的国际经济法、世界贸易体系中的国际惯例等重视有加。中华人民共和国成立以来,特别是 20 世纪 50 年代末期以来,国内和国际两个方面的情势迫使我们闭关锁国,从而处于与主流世界意识相隔绝的状态。反映在法律上,这种情形一直持续到 80 年代中期。生活于此种法律环境中的法学家,其视域只能固守着眼前的法律,而对世界体系中的国际法则重视不够,甚至不予重视,这样,法学家的法律观只能是内国优位的。70 年代末期以来,中国渐融于世界体系中;到 90 年代以来,中国不但大踏步地融入世界体系,而且是

① 参见陈兴良:《刑法的价值构造》,中国人民大学出版社 1998 年版,第 352 页以下。

这一体系中负有独特责任的大国。不论从为人还是为己的角度,中国都必须重视国际法,事实上,中国也前所未有地开始注重国际法。这与法学家此前所处的法律环境大相径庭,从而使法学家放大了思考法律的视野,自此,我国法学家对国际法及涉及国际经济、国际贸易问题的法律格外关注,甚至国际优位的法律观念也渐渐形成。[①] 这一观念的变化,为中国法律进一步迈向国际化,或使其不断地与国际接轨,创设了观念基础。

综上所述,中国法学家的法律观念正在发生着前所未有的转变,这些转变,正在支持着中国法律现代化的艰难拓进。虽然仅有法学家观念的转变尚是远远不够的,但如果没有法学家观念的这些转变,则由中国人自主地进行的法制现代化便无从谈起,而所谓"摸着石头过河"式的法制现代化设想,其高昂成本又不知要支出并耗费几许!

二、中国法理学的现状及其发展

(一)中国法理学的现状

笔者觉得,中国法理学的基本现状是见识多元与知识整合的矛盾并存。所谓见识多元,是指当代中国法理学明显地出现了流派化的倾向,虽然要真正地形成蔚为大观的法学流派也许还要更长的时日,但注重价值设定的价值法学、青睐社会实证的社会学法学、倾向规范分析的规范法学、关注法律效益的利益法学、寻求综合分析的综合法学以及长于史料考证的史料法学等在中国不同法学家的研究中业已出现了明显的分化。可以预料,随着中国法制建设的进一步发展及其对法学提出的更高层次的要求,也随着中国法学家的进一步努力,法学流派在中国的出现并不像一些法学家叙说的那样悲观,见识多元化的中国法理学合乎逻辑地预示着其朝流派化的走向。从根本上讲,此种流派化走向,既取决于中国社会向法治化艰难拓进中的必然要求,也取决于法理学学术发展的"自然"规律。所谓知识整合,则既指法理学朝流派化方向发展时的必要的集大成过程,也指法理学发展到一定阶段的一种必然结果,还指法学教育发展中法理学的教材建设。具体说来,法理学的知识整合来自如下

---

① 例如,李双元等先生就充分地注意到了国际社会法律发展的基本走向与我国法律现代化的关系问题。参见李双元、徐国建主编:《国际民商新秩序的理论建构》,武汉大学出版社1998年版,第1页以下。另外,在中国法制现代化的本土性与世界性(国际性)关系的讨论中,学者们也充分地注意到当代国际法对中国法制现代化的应有意义。其中笔者在最近看到的一份较深入的研究是由张乃根先生完成的,虽然其并未专门和直接地论述国际法的优位性。参见张乃根:"论国际法的西方法基础及对中国法律现代化的影响——一个比较法的研究",载《中国传统法文化与当代法理学研讨会交流论文集》。

方面的需要:即在中国独特的历史文化条件下从事法制建设时进行社会动员的要求;发展中国法学教育、培养符合法治社会需要的法律职业者的要求以及法学自身进一步升华的要求。然而,法学的见识多元与知识整合明显地面临着两难境遇,即见识多元民间化与知识整合官方化、见识多元的自治性与知识整合的霸权性、见识多元的明道性与知识整合的事功性、知识整合的无序化与这种整合自身的见识化等现象的矛盾对立。这就需要建立一种新的法理学整合机制,那么,这种法理学的整合机制应是什么?一言以蔽之,这种机制应当是有利于法学家们充分商谈的、打破了官方垄断的、民间化的法理学学术体制。

(二)中国法理学发展的重点

关于中国法理学发展的重点,首先应当拒绝那种人为的、行政化的安排,即究竟法理学在未来发展的重点应为什么,应是由每个研究者根据自己研究的情况及兴趣来确定的。因此,一次学术讨论会或一份名刊物不可能也不应当对法理学研究在未来的重点是什么给个硬性的答案。何况既然多元的、流派化的发展是我国法学发展的基本走向,就更不应当人为地过分强调它;否则,必然导致的是对研究者的命题作文,从而把言说者的意志强加给研究者。当然,这也不是说笔者反对法理学有发展重点的提法,但必须明确的是,所谓法理学发展的重点,当是每位研究者自主地根据其研究偏好而确定的。正是在这个意义上,笔者认为中国法理学发展的重点在于从注重以价值呼唤为主导的法理学向注重以对规范的逻辑实证为主的法理学发展。相应地,中国未来法理学的发展重点,应是对法的规范的逻辑实证研究。自1980年以来,中国社会所面临的改革开放仍使其处于一种“亘古未有之大变局”之中,这使得一种不同于中国固有价值观的新价值观在这里显得格外必要,因此,价值呼唤就成了法学研究的主题。然而,经过法学家20余年的不懈努力,他们对全新法律价值的呼唤已逐渐为全民所重视。虽然在未来的时日里,对法律价值的呼唤仍然是我国法学家非常艰巨的使命,但我国追赶式的社会现代化之路,不可能使法制变革与社会价值相同步,这就不可避免地要求我们更加现实地解决一些更为迫切的问题,当代中国立法的快速发展已经在相当程度上表明了这点。但不无遗憾的是,我国法学家对法律的规范分析还停留在非常浅薄的层次上,甚至可以说,规范分析的基本技术还未被我们所掌握,这就使得法理学对立法的支持明显地受到局限。应当说,在诸多法学的流派中,能够直接地支持法治的就是规范法学,倘若缺乏对规范法学的深入研究，则法治就丧失了基本的学理支持，更遑论法治的完善以及法学家对相关法治价值、法律在社会构造中的作用等问题的深入探究。据此，笔者预测，规范法学将会在中国法学的未来时日中，有个较大的发展，并成为中国法学发展的重点。

（三）中国法理学发展中的"法律文化下移"

与前一问题相关的是，在中国法理学发展中法学家面临着两重使命，既要重点攻关、发展法学，又要风化社会、变革民意。这是因为中国法制在规范层面上的发展明显地与其全体国民的价值结构不同步所致。可以说，在眼下的中国，秉持现代法治理想者仍然为社会的精英，因此，法学家与社会民众间还相当地隔膜，法学家的学理见解能否转化成社会民众的普遍需求，便既是一个富有时代需要性和挑战性的课题，也是一个衡量法学家的学理见解能否走出象牙塔、直接作用于法制建设的基本标志。法学家的学理见解向广大的社会民众推广的过程，借用文化学术语，便是一个"文化下移"的过程。众所周知，在人类文明的发展过程中，精英文化向民间的推广，往往使得黑暗的"万古长夜"凸显出浓浓烈焰，从而黎明得以蓬勃而出，文明得以升腾和发展。在中国文明的发展中，以孔子为典型代表的教育家们把向来由官方控制的知识教育成功地引导到民间，从而把中华文明的发展推向了全新的境地；而在西方，以柏拉图为典型代表的"学院派"思想家们，也正是以精英文化的民间化为特征的，并因此开引了辉煌灿烂的希罗文明。其他诸如印度的乔达摩·悉达多、犹太的耶稣等，都因将某种精英文化成功地下移到民间，从而为其文明辉煌于世作出了无与伦比的贡献。今天中国的法治建设，就强烈地呼唤着现代法律思想和理想借用某种方便的方式，下移向民间。这是因为，虽然固有中国文化因为"科举制"的推行而具有明显的平民化特征，但与这种文化相对峙的法治文化在中国目前只具有精英性。那么，这种精英性的法律文化在一个法治后发达国家的民间化是否意味着法学脱离了其见识性和创造性的本业呢？笔者认为，把高深的法律学理通过浅显的文字交代给广大民众，并不比进行艰深的学理发现更简单。据闻，日本法学家穗积陈重先生的《法窗夜话》，只是一部通俗性的小册子，但其在整个日本法制现代化进程中，曾深刻启迪了国民的法律心智；其实际作用未必比他大部头的《法律进化论》小。反观目前我国的法学界，这种以通俗为宗旨的"法律文化下移"工作还做得相当有限，其中原因则不乏法学家把此类工作当做"小儿科"所带来的心理影响。可见，如果我国法学家想象自然科学家那样，不但要进行艰深的研究，而且要写出足以启迪众生并导致“法律文化下移”的“法普”著作，就必须克服那种轻视通俗性法律著作的心理和行为。只有这样，才能事半功倍地促进现代法律精神及法学家自身的学术研究成果深入民间，影响官方。显然，这无论对法学家而言，还是对法理学而言，都应当是一项创造性的工作，而不是什么“小儿科”。

（四）中国法理学发展的根本在于培养新一代法学家

我们所面临的一切事业，端赖于人才的培养。法理学的发展，更为强烈地呼唤精英性法律人才的培养。这是因为：目前在我国挑大梁的法理学者们，大都出生于20世纪50～60年代、成长于60～70年代。由于众所周知的原因，他们虽然刻苦努力，但知识结构的先天不足和法学熏陶的明显局限，已严重地制约了他们在法理学方面的创造力，兼之他们所面对的前所未有的生活压力以及社会对他们的格外垂注，更妨碍着其创造力的进一步发挥。可以说，这一代学者的法理学创造已大体定型，因而也大体上“到此为止”。此种情形，使培养新一代法学家的现实需要已昭然。由于法科业已成为当代中国的“显学”和热门，近年来升入法律院系的学生素质明显提高，在全国许多知名高校，所谓“文科状元”每每进入法律系深造。这种情形，为我们培养新一代法理学人才提供了千载难逢的机会；更加之高等教育体制的改革，使我们有可能选择一种能使法理学人才脱颖而出的教育机制。对这一代法理学者而言，他们不能仅仅将法理学发展的希望寄托在下一代身上，而且应扎扎实实地为培养新一代法理学人才作出无愧于时代的贡献，要积极学会做伯乐的工作，要避免“千里马常有，而伯乐不常有”对法理学新人成长的掣肘，更要杜绝“倚老卖老”地对法理学人才的扼杀。“长江后浪推前浪，世上新人胜旧人”，这对我国法理学的发展而言，照例是至理名言。

〔本文大部分内容原载《法制日报》
2000年4月1日版、4月30日版和5月7日版；
部分内容转载于《法理学·法史学》2000年第5期〕

法律本质与法学家的追求

法律的本质,看似已经解决了的问题,但实则由于各人研究或观察视角的不同,并没有一个公认的确定性意见。应当说,这是人们在对事物本质问题进行探讨时的正常情形。因为即使事物的本质是存在的,每个人有限的认知只能得出一个相对确定的结论,更何况事物的本质自身并非一成不变的。虽然道理如此浅显,然而,并不是人们都能自觉地遵循探讨事物本质时的此种特征。众所周知,在法律本质问题的探讨上,我国法学家就曾迷信过一些定性式的结论,这种情形,并未因人们对法律本质开始抱有多元看法而完全改观,并且自由、开放的法理学也不需要这种改观。不过问题是,总有一些学者习惯于推崇某种定性的结论。如果说昔日我们主要受制于法律阶级性的"本质"论断而不能自拔的话,那么,今天,当我们企图摆脱这种本质论的牵制时,却面临另一种法律"本质论"的束缚。

一、法律本质虚构——另一种虚构的神话

1998 年,一份署名"法律文化研究中心"的短文吸引了不少读者,该文题为:"法律的本质:一个虚构

的神话”。[1] 应当说，在我国的其他人文社会学科领域中，特别是在文学和哲学领域中提出这样的观点并不觉得新鲜，因为随着所谓后现代主义和解构哲学之引入我国，得风气之先的上述学科的一些学者，早已把一切事物的本质性规定解构得体无完肤。但在被称为“幼稚的”我国法学界看到这样的观点，还是令人觉得相当新鲜。毕竟法学家们对以往中国法学研究的范式问题开始了反思。[2] 但在该文中，我们还是看到了一个很难得到实证的法律本质就是“虚构”的结论，从而进一步得出这种“虚构论”自身也很难让人说不是虚构的判断。

谈论法律本质“虚构论”自身也是一种虚构，也许会被有些人视为一种“抬杠”。[3] 就算是“抬杠”吧，笔者仍然要坚持这种结论。事实上，“虚构论”是建立在对目前我国几种法律本质论的证伪基础之上的，并以此为出发点，对法律本质论所赖以建立的哲学基础——“本质主义”以及人类对确定性的追求作出批判性反思。按说，这种反思的正当性是应被尊重的，它至少提出了人们对法律的另一种思考，并且这种思考的深入也许是建立另一种法学研究之范式的必要努力。然而，当它声称对本质主义的法律观进行反思时必然意味着其在接受一种“非本质主义”的法律观，在追求一种法律的非确定性。那么，非本质主义、非确定性等是否难

---

① 该文载于《法学》1998 年第 1 期。应指出的是：该文是由强世功所整理而成，根据文中内容看，题目显然用的有些断然，未必与文中诸位的发言相契。主人公朱苏力先生的原文迄今尚未看到，因此，笔者在这里的议论也许是自话自语，从而缺乏针对性。但毫无疑问的是，该文的标题明显地给人们一种法律本质虚构的“本质性”结论。也许这才是它值得引人注目的，至于文中诸位先生的具体结论，与持法律“本质论”的学者一样，只是论者们从自己视角得出的“定性”，对于不同学者的研究视角，我们无须厚此薄彼。另，根据笔者所掌握的有限材料，该文发表不久，中南政法学院的童之伟教授就连续撰文，发表了不同的意见。参见童之伟：《法的本质是一种实在还是一种虚无——法的本质研究之一》；《用什么方法确定法的本质——法的本质研究之二》；《当代中国应确立什么样的法本质观——法的本质研究之三》。分别刊于《法学》1998 年第 10 期、第 11 期、第 12 期。山东大学法学院研究生赵雪纲所做的硕士学位论文也是受其启发而成，题目为《法律本质的认识论探讨》。山东大学法学院另一位研究生李川也写了一篇名为《也论法的本质》的论文（未发表）以回应该观点。

② 须指出的是，这并不意味着中国法学界对这些问题没有进行过思考，从而也不意味着“法律文化研究中心”在这方面开拓了什么（虽然该中心已经在其他方面有不少在中国说来具有开拓性的研究，这集中反映在由其组织出版的“法律文化研究中心文丛”中，该“文丛”由中国政法大学出版社 1996 年以来陆续出版）。而只意味着该“中心”在接续着过去的讨论而讨论。至于所谓“新范式”，按照“虚构论”的逻辑，则应是“无范式”。

③ 笔者昔日在和一些法学界的名学者的讨论中，曾多次遭遇过有人把对方提出的反驳斥之为“抬杠”，从而使讨论陷入难以深入甚至不欢而散的情形。笔者觉得，在学术探讨中，“抬杠”并不可怕，也许它还是深入讨论并拒绝那种虚假的矫情之必须。反倒是没有了“抬杠”，或者拒绝别人对自己“抬杠”，只许自己对别人指点，对学术研究而言，才是真正危险的。

以被证伪？是否放之四海而皆准？是否以此而建立的范式就一定能解决法律的问题？对此，笔者的解答是：非本质主义也罢、非确定性也罢，自身是一种相当确定性的结论。它所追求的，就是一种非本质的确定性与绝对性。事实上，法律，不论是人类借理性"创制"的还是人类在生活中逐渐累积起来的，只要人们在日常生活中应用它、恪守它，就表明它是一种确定性的存在，如果相反，假设它是非确定性的，那么，人类遵守它的意义何在？它还能在人们的日常生活中被应用吗？法律的存在，就在于给人们的生活提供方便，或者说给当下的行为以确定的（就义务而言）或可选择的（就权利而言）指向：给纷乱芜杂的生活世界一个规范性的确定；对人们未来的行为以明晰的可计量的预期。这就必然要求法律有基本的确定性。法律失却确定性，人类就必然陷入混沌。法律固然可通过人们的生活经验积累而成，但一当人们接受了它，它便既是一种可操作性的技巧，也是一种目的性的存在。或者进一步讲，在生活经验中积累起来的法律规则，不论其作为技巧，还是作为目的，确定性是其共同特点。

诚然，法律是一种多元性的存在。不仅仅将法律引申到民间法、宗教法和国际法中时是如此，即使在国家法领域内，法律也不是一元性的铁板一块。[①] 法律的多元存在确实使具体的法律间常常很难看到有相同的确定性。但是，人们能否立马看到不同法律间的这种确定性是一码事，而不同法律间的这种确定性是否存在则是另一码事。法律的多元存在并不否定不同法律间具有相通的和共同的质的规定性；[②]否则，我们又

---

① 对法律的多元性，笔者不论在讲课时，还是在研究时，都一直在秉持，这正是自1990年以来，笔者曾专注于回族法文化研究的原因。但与此同时，还必须看到，就发展的世界而言，法律的多元存在并不是一个在不断扩大的概念，恰恰相反，这种多元存在的"域"正在逐渐缩小。特别是当所谓"全球化"问题不断被人类所认同时，法律的多元之域正在不断被某种全球的统一性理念所整合，尽管人们对这一情形可以给出截然不同的评价。但毫无疑问的是，这也是人类生活经验和要求的结果，而不纯粹是什么法理学家或其他什么"学家"的设计和制造。因此，不能把人们对本质主义的追求全部斥之为"主观的设定"。如果是那样，所谓"积累的"（或"长成的"）法制，照例也是学者们"主观的认定"，至少在其"长成"以前只能是学者们的美妙理想。

② 严格说来，法律的质自然不同于法律的本质。最近，有学者对这一问题进行了区分，他强调："法的本质与法的质是两个不同的概念，本质与现象相对，质与量相对……"并认为，法的质是由如下几个方面平行地组成的，即"严密的规范性、普遍的权威性、权利的凸显性、强行的救济性和典型的程序性。"强昌文："把质的研究提到与本质研究并重的地位"，载《社会科学报》1999年11月18日。对此，笔者虽表示一般性的赞同，但同时必须指出，该观点明显地在套用目前我国哲学教科书的"原理"来解说法的本质与法的质；他所概括的法的质，也明显不具有对所有法（法律）的普遍适用性；同时，笔者也要表明，法的质与法的本质并非不相关联。简单地说，后者就是在前者基础上的抽象和提升。因此，当人们谈论法的质时，虽不直接表明它就是法的本质，但在这种质中，自然地含有法的本质。可以说，法的本质是法的质的质，而法的质是法的本质的量。

如何能用同一的词汇——法律来表达这种多元的存在？法律的多元存在几乎是一种客观的定在，这似乎是无须多加复述的。也正由于此，才产生了所谓比较法学。但是，人类的能动性，不仅在于能看到法律的这种多元存在，而且还在于从法律的这种多元存在中找出共同性、确定性的内容（这也是比较法学的任务之一）。即使这种寻找对于人类而言具有永恒性，也不意味着人类要放弃这种寻找和追求。“虚构论”教给我们的，恰恰是对这种寻找的奚落，对这种追求的嘲讽。然而，同样具有嘲讽意味的是：“虚构论”自身并未一刻放弃对法律本质的或确定性的这种追求，“法律多元”也罢，“法律无本质”也罢，事实上却是一种相当确定性的、本质性的结论。从此意义上讲，当法律本质“虚构论”在证伪法律本质论的同时，不但没有证实自己，而且也在证伪自己——人类总是从多元的法律中能找到共同性的内容，而此种内容，正是多元法律中的确定性内容。可见，“虚构论”所反对的，也只是别人关于法律本质的某种结论，而不是说自己没有一个本质性的、确定性的法律追求。人类的理性认知是有限的，这不仅对法律的“本质论”者而言如此，而且对法律本质的“虚构论”者来说也如此。既如此，何须期望所谓学术研究的“判官”？既如此，则法律“本质论”者也罢，法律本质的“虚构论”者也罢，都是立于某个视角的结论，谁也难说谁在“虚构”什么，谁也没有资格要求对方接受一己之见。因为有限的理性认知是不可能放之四海而皆准的，而无限理性却不在人间，只在“神界”。

法学研究确实要有一套范式，并且也需要范式的不断创新。我们所面临的问题，正在于既有范式的混乱和范式创新的不足。笔者也承认，我国法学的既有范式是建立在某种“本质论”基础上的逻辑演绎，它对法学多元化发展的阻碍有目共睹。这种阻碍倒不是这一范式本身，而是这一范式对其他研究范式的难得宽容和不予首肯。由“本质论”出发而形成的这种范式的专制和霸权，正是法学范式创新所要解决的问题。如果法律本质“虚构论”者企图超越昔日的研究范式，唯一的出路，就是充分尊重和宽容包括这一范式之内的一切既有范式；否则，他也只能推行一种范式——“非本质论”范式的霸权与专制。这样，对法学的改造也许只能起到“前门打狼，后门入虎”的效应。

总之，法律本质的虚构论和法律本质论一样，都存在明显的虚构倾向。只是前者作为对一种人们已经厌烦了虚构所进行的批判，容易引得人们不只是“同情”意义上的理解和兴趣，而且这种理解和兴趣出自某种激情。而后者作为一种虚构,倒不在其虚构本身,而是这种虚构在实践中对人们的强制性推销。倘若除去这种因素,虚构对法学发展只生有益,而非有害。①

二、法律本质"虚构论"的本质性规定及其指向

正如前文已经提到的那样,当法律本质"虚构论"主张一种法律无本质的结论时,它已经有违其所设定的逻辑,即给法律一个相当本质性的结论。当我们谈法律本质"虚构论"自身也是一种虚构时,所隐含的就是它给了法律以定性的结论。而这种定性,也不过是研究者自己的一孔之见而已。联系该结论者的意思,似乎是为了解决在多元的法律世界,没有一个定于一律的法律本质,从而倾向对法律的定量分析,倾向非本质分析与非理性分析的现实性和有效性。然而,它所得出的结论,却恰恰是定性的、本质的和理性的。

是的,在一种多元的事物面前,确实需要研究者"具体问题具体分析",这不仅仅是非理性主义者分析的结论,而且是一条分析事物的哲学常识。理性主义者并不反对这一常识,反而鼓励人们对所谓定性事物的大胆怀疑和具体分析。② 对具体事物具体分析可能得出的是具体的、个别的结论,但这并不否定也不可能否定在这些具体的事物间具有共同性的因素。事物之间的这些共同性的因素,正是人们得出其共同本质的事实参照,甚至所谓具体事物具体分析以及因这种分析而得出的具体结论,本身是以具体事物间的相互依赖为条件的。在相互依赖的事物间进行比较,才能得出此一事物与彼一事物间的区别;否则,对事物的具体分析就丧失了基本的依凭。例如,我们在分析某一地方或文化区域的法律时,常常首先需要与其他地方或文化区域的法律进行比较,而不是和那里的政府政策、社会习俗或者经济形态进行比较,其基本原因就在于不

---

① 众所周知,科学史上的一个个假说,如大陆漂移说、太阳中心说、板块构造说、宇宙爆炸说等,起初都是相当程度上的"虚构",后来人们对这些"虚构"的证伪或证实,都是建立在这一"虚构"基础上的。因此,假说或"虚构"在科学发展中的作用应予充分肯定。而在人文—社会学科中,纯粹意义的实证、科学意义的真实往往只是宣传词汇,实际上,人们只能相对地揭示事实的真相,而更多的"真相",人们只有借助逻辑推理、合理的"虚构"或者系统的假说来求得暂时的"解决"。

② 例如,笛卡儿是西方历史上"唯理论"和"二元论"的最著名的代表,但他在强调理性至高无上的同时,也强调"怀疑一切"。所谓怀疑一切,不是否定一切,而是对一切事物进行具体的理性分析。这种分析方法,在马克思主义那里也得到了充分的阐述,甚至"具体问题具体分析"成为马克思主义哲学的一条基本分析原则。这对稍有马克思主义哲学训练的人而言,都应当是一条常识。可见,理性主义对确定性的期待,在方法上是通过对事物的具体分析来实现的。

同地区或文化区域间的法律具有更强的可比较性,而这种可比较性正好建立在它们的共同性基础之上。这种分析的当然结论是:当我们得出一个文化区域中的法律不同于另一文化区域中的法律时,正是在不同文化区域间的法律中进行比较的结果。从另一种意义上讲,这种比较结果(结论)本身建立在它们之间的可比较性上。所谓可比较性,就是说在不同文化区域的法律间存在可比较的共同性因素。可见,任何对不同文化区域中的法律所进行的比较(具体)分析,正是以其可比较性(共同性因素)为背景的。多元法律的存在,[①]并不否定在多元法律间的共同性因素,其中所谓法律"多元"的概括,本身就是多元法律的共同性因素之一。正是在此意义上讲,多元法律中的共同性不是一个所谓"虚构"的事实,而是一种明显的事实。"虚构论"的虚构之处就在于面对事实时的不愿首肯。

或以为,法律具有共同性因素并不见得法律就有共同的本质。这里,笔者不愿意回到探讨本质是什么的近乎无聊的游戏中去。然而,需要交待的是,事物的本质必然取决于其共同性因素,或者说,在不同的事物之间有共同性因素,就表明其有共同的本质;反之,不同事物间如果不具有共同性因素,则只能用得上那句老话;异类不比。因之,即使不能说法律的共同性因素就是法律的本质,但法律的这种共同性因素与其本质间业已相去不远。

法律本质的"虚构论"正是对多元法律进行系统比较之后的结论。确实,在法律的多元存在中,我们既可看到那种明显地以"意志"方式——建立在一种精致的逻辑基础上的法律存在,如以欧陆为代表的法典式法律,大体上是一种意志的产物和逻辑的组合;再如,宗教法就是一种以意志为基础的逻辑性存在。同时,也能看到不是在意志和逻辑之上,而是在人们的生活经验基础之上所形成的法律。人们公认,以英美为代表的判例法大致上是以经验为基础的;一般说来,民间法更是一种经验性的存在。"虚构论"对这种事实的肯认是其认为法律本质是虚构的基本事实根据。然而,与此同时,"虚构论"者也看到了这众多的不同

---

① 笔者同意法律是一种多元存在的见解。严格说来,这种存在并不仅仅是人们的一种见解,而首先是一种事实。这种事实不止在国家法、宗教法、民间法(习惯法)和国际法这种法律的分类中存在,而且在国家法内部,因各国历史传统和文化特征的迥然差异,呈现出明显的多元性和多样性(参见谢晖:《法学范畴的矛盾辨思》,山东人民出版社 1999 年版,第 32 页以下)。从这个意义上讲,法律多元的结论并不是一种什么创新,也不是当我们把法律的概念放大之后才能得出的结论。不论在何种状态下,法律多元都是一种事实,而不仅仅是什么人的观点。

法律的共同之点,这就是法律多元。对这些不同的存在都能冠之以法律就说明,它们的多元存在只是形式上的,在这种形式的背后,恰恰是能决定其被人们称为法律的那些东西,如它们都很规范、都具有可预期性、都具有可强制性、都离不开人们的需求,就形式而言,它们又是多元的等。可见,多元性是法律的重要共同性因素之一,承认法律是多元的而不承认这种多元存在的本身意味着多元性是其共同性因素,则等于在逻辑上否定了法律是一种多元性的存在。问题还在于:法律本质"虚构论"在否定法律"本质论",特别是把法律本质界定为意志的时候,目的在于得出法律是一种"无本质"的存在。虽然就人类对法律的已有的、有限的认识而言,这种说法似乎不无道理。但问题在于,法律有无本质,并不取决于人们对它的认识,而取决于法律这一人类认识对象本身。正因为如此,笔者宁可认为法律的本质是人类认识法律的一种必要假说,而不是什么"虚构"。如果"虚构说"能成立,那么,正如前述,非本质自身也是一种"虚构"。这需要深入另一个问题上,即法律本质"虚构论"(非本质论)自身的本质性追求上。

说法律本质"虚构论"是一种本质性的结论,在于这一结论仍然没有摆脱定性式分析。如前所述,它脱离了主张者有关法律多元、从而对法律进行定量分析的宗旨,反而给人们一种确定性的、毋庸置疑的结论。这就不免使为了反对理论霸权而进行的倡导自身堕落为另一种理论霸权。这种情形说明,任何一种能称为理论的学术成果,总以一定定性的、相对确定性的结论为探求的目标,即使在西方学术界传之甚"火"的非本质主义思潮,实际上传达给人们的依然是确定性的,甚至另一种本质主义结论。可见,学术研究很难摆脱对研究对象作本质性的确定,问题在于,当自己作出某种本质性结论时,能否宽容他人从自己视角得出另一种本质性结论。因此,笔者并不认为"虚构论"者不可以得出"法律无本质"的本质性结论。笔者表示遗憾的,只是该观点"只许州官放火、不许百姓点灯"似的武断作风。①

① 虽然该观点的出发点是为了克服另一种观点的霸权,即长期以来在我国盛行的具有明显意识形态教义功能的"法律是统治阶级意志"(或更广泛意义上的"意志论")这一主张。但应肯定的是,学术研究毕竟不是校场上的比武,非要分出个胜负来;更不是"同态复仇":你曾经压制过他,今儿个有条件了,我一定要来压制你(甚至是变本加厉地压制)。既然"虚构论"者是要推进中国学术,其结论不应是斩钉截铁地拒绝其他主张,而给其所反对的主张以所谓"虚构"来定性。尽管笔者也并不同意、甚至反对所谓"意志论",但同时认为,在宽容他者中表达自己,似乎更符合我们时代繁荣学术的要求。这一点,对于根基虚浅并屡遭灾难的中国法学而言,应当说更为必要。

说实在的,中国法学的发展,绝不是某家某派,甚至某个个人的事,它更加需要学者们之间对对方见解的相互呵护。当然,这种呵护并不是要求学者们之间相互护短,它本身包括善意的批评,甚至相互间激烈的论战。然而,善意批评也罢,激烈论战也罢,它们在功能上应当与相互欣赏无异,其目的都是实现中国法学的多元发展和繁荣兴盛。如果我们所能见到的学术批评是为了将对方批倒批臭,那么,它事实上已经远离了学术批评之旨。对此种情形,中国学人们不会陌生,中国法学家更为熟悉。学术本身是个大舞台,在这个舞台上,狮子要唱要舞,青蛙也要唱要舞。我们总不能只允许狮子舞、狮子唱,我们也希望听到青蛙的歌唱和舞蹈。[①] 多样的学术正像美丽的五彩,任何学术霸权,就像满目灰白一样单调。这正是笔者主张学者们在表达自己时,不要使自己过分膨胀,以免爆炸,从而既影响自己也影响他人的原因所在。

以上论述表明,法律本质的"虚构论"不但没有否定法律本质,而且同样在"虚构"另一种法律本质。不论该观点的出发点如何,也不论该观点如何激烈地否定他人的法律本质论,但它自身也没有摆脱昔日在中国盛行的"本质论"的思维模式,反而其结论却陷入了一种"无本质"的霸权。这就是法律本质"虚构论"的本质性规定及其指向。

三、法律本质与法学家的追求和使命

法律究竟有无本质?应当说这是一个无须研讨的问题。任何事物,当人类给其命名之时,本身是因在命名者看来其与他种事物之不同而得出的。一事物与它事物之所以不同,端在于他们之间本质性的差异。法律的本质与法律的存在一样,应是一种客观的事实,它不以研究者意志的转移而转移。再高明的研究者,所能做的只是去发现法律之为法律的本质性因素。德沃金先生在谈到知识的特点时指出:"它的发展是一个发现的过程,而不是一个建筑的过程。"[②]所以,建筑一种法律本质是不可

---

① 近日翻阅坊间报纸,有篇题为《让乌鸦尽情歌唱》的小文令笔者印象尤深。该文写道:"有谁规定过只有那些观点高明、文词优美的人才能表达自己?就像我们不能因为乌鸦的不美而剥夺它发声的权利,更不能因为它长得不美就禁止它在天空中飞翔……"小李飞刀:"让乌鸦尽情歌唱",载《齐鲁晚报》1999年11月19日版。应当说这是一条常识,也是人类起码的经验,但即使是著名的学者们,要冷静地做到这一点,仍然不易;否则,雪莱的那句名言:"我不赞同你的观点,但我坚决捍卫你发表观点的权利"也就难成什么名言了;否则,人类历史上就不会有那么多令人遗憾的"宗教裁判所"、"文字狱"之类了。

② [美]罗纳德·德沃金:《认真对待权利·中文版序言》,信春鹰、吴玉章译,中国大百科全书出版社1998年版,第26页。

能的。对于法律的本质，理应纳入人类知识的范畴去理解，这样，便有可能克服因意识形态的需要去硬性地“建筑”法律本质的弊端，使人们对法律本质的认识进至知识发现的程序。有了这种对法律本质的认识方法，我们才有可能较好地说明昔日盛行的法律本质论的欠缺——刻意建筑一种法律本质的欠缺，从而不至于因此连婴儿和洗澡水一起倒掉。①

既然法律的本质与法律的存在一样，应是一种客观的事实，那么，人类所能够“虚构”的，只能是人们关于法律本质的解说，而不是说法律就没有本质。由此进一步的结论是，人们之所以能够“虚构”法律的本质，端在于人们尚没有认识它，而不是说它并不存在。法律不会“虚构”自身的什么本质，因此，也就不存在法律本质自身的“虚构”。法律只会以自身固有的特征表现它的本质，法学家的任务，就是发现法律对其本质的这种表现。然而，法律表现其本质之方式的复杂多样性，甚至难以穷尽性和法学家对法律本质认知能力的有限性始终是一对矛盾。正因如此，法学家的职业才能代代相传、不绝如缕；法学观点才能薪火相续、发扬光大。法律表现其本质的难以穷尽性，注定了法学家认识法律本质的过程，是一个“春蚕到死丝方尽，蜡炬成灰泪始干”的过程；也是一个“好即了，了即好”的结局。既然法律的本质如此难以捉摸，那么，是不是这种探索本身有点杞人忧天，甚至胡说八道？法学家能否或者要不要肯定一种无本质的法律？能否放弃对法律本质的积极探索、寻求更具“实践性”的法学理论？一言以蔽之，人类探索法律的本质还有什么意义？这是下文需要继续解答的问题。

人类与其他动物的重要区别，在于他是会设定目的的。② 其中人类

---

① 须说明的是，法律本质的意志论虽然明显地具有理性主义的“建筑”痕迹，但这并非它没有实证的基础；相反，如果站在国家主义的立场上观看，这一结论的实证特色甚为明显。只是由于“意志论”所抱守的法律立场的缘故（法律是国家的规范），才在另种法律立场（法律是多元的社会规范）的持守者看来，它缺乏实证，而只尚“虚构”。这再次提醒我们，在学术争论时的概念适度统一殊为必要；否则，学术争论也许就会变成唐吉珂德的风车，就会造成在概念上公、婆各说各，但在结论上却“强奸”对方的局面。

② 1999年，在北京举行的一次学术研讨会上，笔者就此问题进行论证时，国内一位知名的青年法学家说：人类的理性总是有限的，人们理性认知的能力更是有限的。因此，谈论人类是有目的的动物，只会放大人类非理性的方面，或者导致人类的盲目冲动。因为目的是设定的，凡是设定的事物，总因理性认知的不逮而无着。对此，笔者回答道：目的就是一种限定，人类之所以要设定目的，正在于其理性认知的有限。如果人类能够穿透时空地认知事物，那么，人类便不需要创造什么神灵，也不需要进行目的限定；反之，无目的限定的结局，要么是把人类推向一般动物的境地，要么把人类捧向神灵的境地。

对事物寻根溯源的探讨,本身是达致其目的的必要方法。从类型上讲,人类的目的大致有两种,即有限目的和终极目的。后者主要存在于人们的观念世界或精神性的实践世界,而不是主要存在于主体物质性的实践世界。只有前者,才是人类所设定目的中具有现实物质实践性的内容。这是由于人类理性的局限性所必然导致的。也就是说,人类理性的局限性是其设定有限目的的基本原因。倘若人类亦同神灵那样,具有无所不知的理性,那么,不要说有限目的,即使终极目的亦无必要。因为在此种情形下,过程与目的实质上实现了同一。然而,这并不是说人类设定终极目的无关紧要。事实上,人们对本质问题(包括法律本质问题)的探索,就是奠定于人类的终极性追求基础上的。问题是这种追求不纯粹是人类主观的过分自负,如果其含有自负成分的话,也是由人的本质所决定的,是人的自然本性的社会化显露。① 虽然如前所述,自实践的视角看,法律的本质以及与此相关之法律的终极目的,并不具有有形的、物化的实践性,但这不是说它没有实践性,它的实践性,主要体现在人们无形的精神性追求上。因此,人们对法律本质的探索,源出于人的需要,而不是什么人的胡思乱想,心血来潮。

那么,是否有无本质的法律?在笔者看来,法律无本质,这既是一个无法得到实证的结论,也是一个难以在实践中获得支持的结论。法律,不论是自然长成的,还是人为设计的,在其内部看,虽然具有明显的多质性,从而在本质上必然有一定区别。但这种区别并不否定它们之间与其他一切事物相比的同质性。这种同质性,决定了法律与其他一切事物相比的不同本质所在。法学家的任务之一,就是要说明法律之不同于其他事物,特别是其不同于与法律相近的事物,如道德、宗教、习俗、政策、纪律等。这种说明的基本实践意义在于明确法律对社会的作用范围,既不无原则地扩大法律的作用疆界,也不过分限缩法律的应用范围。如果有无本质的法律,则法律的结果只能是要么在无疆界守范的情形下扩张,从而无原则地使法律深入人们生活的各个方面,导致法律与社会的对立,而非整合,最终产生法律的暴政;要么限缩法律的应用范围,从而,法

① 事实上,人的一切社会化的举动,本源于人的自然的物质"根性"。人在表象上是一种社会性的存在,然而,这种社会性存在本身,却是人们对一种自然的、物质化的存在类型用"社会性"这一词汇进行主观的表达而已。因此,没有理由过分扩大人的自然物质性与社会性的分野,即人的社会性本是其自然物质性的类型化,而不是对人的自然物质性的超越或否定。明确了这一点,则有助于我们更深刻地理解理性的有限性,或者从人的自然物质性视角去理解人的社会性。

律的应用与否，全然取决于人们主观选择，使法律变成一种无原则的放任，或者法律的此种放任本是对主体裁剪法律应用范围的放任。可见，无本质的法律观在实际上只能符合逻辑地导致法律功能的过分夸大甚至“万能”或无关紧要甚至灭失。①

至于说法学家能否放弃对法律本质的探索，这实在是一个不言自明的问题。只要人类对法律尚未达到本质性的认识，那么，法学家探寻法律本质就是天经地义的。虽然有人否定他人对法律本质的探讨，但这种否定只能对否定者自己不探讨法律本质有效，对于希望探讨法律本质的法学家而言它毫无效力。尽管法学是实践的学问，因此，探讨法律本质似乎远离了实践的要求，但我们还是要说，对法律本质的探讨并不是一种空谈，它自身也具有独特的实践性。因为所谓实践，不独指物质的或经济的，而且还有精神的和文化的。对法律本质的探讨，既是法学家的一种崇高理论追求，是其精神性和文化性的社会实践，也因这种追求与物质性或经济性的法律实践紧密相关，因此，必然会在时机适当时作用于人们的物质或经济生活领域。退一步讲，即使法学家对法律本质的探讨根本不生社会的实践意义，但对热衷于此问题探讨的法学家自身而言，仍然是一种精神和行动自治的选择，是一种趋向于学术爱好的选择。因此，不需要他人来说三道四，指点迷津。这种情形正如肯定法律本质论者无须干涉否定法律本质论者的自由主张一样，法律本质永恒地异于主体、异于法学家。因此，法学家对法律本质的探讨，也许同样是具有永恒性的。但无论如何，这既不是阻止人们探究法律本质的理由，在事实上，也不可能真正收到阻止人们对法律本质永恒探索的效果。

论述至此，有必要谈到法律本质的探索对法学家的意义，笔者承认，对一种事物的所谓本质的探索，因为事物本质自身的复杂性及其变化的多样性，其结果只能是近似的，而不可能是全真的。人类理性的限度，更加重了这种探索的近似性。这种情形，毫无疑问，也适用于法学家对法

① 当然，实践的逻辑并不因一种学术主张而改变其路向。尽管人们可以主张一种无本质的法律观，也尽管根据这种法律观会逻辑地推出笔者在正文中所得出的结论，但主张归主张，实践归实践。理论主张对实践的作用，只有当其自身变为实践时才能真正达成。倘理论主张无法变为一种实践，那么，它只是一种精神性的存在，即只具有精神享验性。

律本质的探索。尤其重要的是,法律还不同于自然现象,它是人造的对象。[①] 作为人造的对象,自然离不开人的特征。和自然对象相比,法律这种人造对象具有与人之间的因果联系性,因此,法律不可避免地会带有人的双重动态性的影响。所谓双重动态性,是针对自然对象的单纯动态性而言的,即自然对象是客观地运动的过程,而人类的运动,既是一种客观的运动,也是受人之内在心理支配的运动。这两个方面,可分别称为物质性的运动和精神性的运动。正因如此,研究人的学问要远远复杂于研究物的学问。法律及其他一切人造对象,就是在人的双重动态性影响下的产物,这就使对法律本质的研究和对自然对象之本质的研究相比,更增加了一重主体心理(或精神)作用的复杂性。然而,这既不能否定法学家对法律本质探索的必要,更不能否定法学家对法律本质探索的意义。那么,这种意义具体说来是什么呢?

正如前述,人是有目的的动物。目的性的存在是人区别于动物之所在。如果说有限目的的设立给人们一种明确的预期的话,那么,对终极目的之抱守,就是人类舍弃了算计、预期的一种崇高理想。而所谓终极目的,自认识论视角看,总是与人类对事物的本质性关怀相关的。如果人类放弃了对事物的本质性关怀,则终极目的无所依附。法律虽然是一种形式合理性的事物,但它所表达的,并不纯粹是工具理性。[②] 对法学家而言,法律本质问题的探讨,几乎就是一个终极性的问题,是法学家的终极目的,是法学家舍弃了功利、算计和预期的关怀。当然,这样讲,并不是说此种探索和关怀徒劳无功,[③]法学家凭借自己的兴趣,自治地研究法律本质问题,这本身就是法学家的功劳。既然法律的本质问题对法学家而言,是一个具有终极性的目的,那么,它所陪伴的,也许就不是一个法学家,而是为了探索之而孜孜以求的所有法学家。尽管没有必要所有的法学家都倾巢出动去探索法律的本质,但同样也没有必要限制法学家对

---

① 这一结论,不论对于国家法而言,还是对于外在于国家法的其他法律(民间—习惯法、宗教法、国际法)而言,都是适用的。凡法律,都是人的理性,即使自然长成的法律,也脱不开人的理性印痕。能够外在于人之理性者,只能是法(或实存的自然法,区别于观念的自然法),而不是法律。谢晖:《法学范畴的矛盾辨思》,山东人民出版社 1999 年版,第 1 章。

② 相关具体论述,参见谢晖:《法律信仰的理念与基础》,山东人民出版社 1997 年版,第 8 章。

③ 事实上,有功与否是社会的评价,故应将其纳入社会(学术)评价系统。追问"你究竟贡献了什么",对于照样食人间烟火的法学家们而言自不可避免,但并不是所有的法学家都要去追问它;况且这种评价性的追问最好交给他者,才不至于有"不识庐山真面目"之嫌。

它的自由探索。更没有必要把这种探索弄得声名狼藉:好像持“本质论”的学者根本就不懂得法学研究,而需要他人像教小孩那样把手指点。法律本质对法学家而言,虽不是一个确定性的预期,但至少也是理想性的期待。有了这种期待,就增添了为该期待而努力的压力和动力;反之,这种期待的丧失,只能削弱法学家的好奇,失去从本质视角深化法学研究的动力。人们尽言牛顿力学贡献之伟大,然而,它的发现,正是牛顿在追求“不切实际”的“第一推动”过程中的副产品。人们也尽知马拉松运动员面对一个确定的目标,可以奋勇向前,追求目标;但一当目标实现,往往跌倒在地,甚至昏然不起。这两个例证,从正、反两方面说明目的对探索者的必要性和重要性。可以预料,对法学家来说,失却对法律的本质性和目的性关怀所导致的,将不仅是在法律本质探索上的止步,而且会连带到整个法学研究的无所精进。这就是法律本质研究对法学家和法学的一般意义。同样,在这里,我们还可进一步地看到法律本质对法律家而言,既是一种现实的期待,也是一种永恒的追求。

〔本文原载《法商研究》2000 年第 3 期;
转载于《法理学·法史学》2000 年第 8 期〕

判例法与经验主义哲学

判例法与人类历史上的所有法律形式一样，有其存在的主体需求基础，这种需求基础的学理加工和表达，便形成其哲学基础。人们皆以为，判例法源自经验，议会立法则源自理性。这种对应式的理解固不乏事实根据，但也明显有机械之嫌。其关键在于对理性的误解。经验与理性是否对应甚至对立？实在是学人们应当深入探讨的问题。如果把理性界分为经验理性、先验理性和超验理性的话，则显见经验理性只是理性之一种，因此，其不具有与理性相对应的“资格”。

即使如此，经验理性与先验理性的区别及其对不同民族法律发展的影响不应当被我们所忽视。在此，我们首先看看人们对经验与理性的权威理解。哲学上所谓经验，“即感性经验，指人们在同客观事物直接接触的过程中通过感觉器官获得的关于客观事物的现象和外部联系的认识”。[①] 而所谓理性，“通常指概念、判断等思维形式和思维活动”。[②] 事实上，经验与理性既可以作为哲学本体论的范畴，也可以成为哲学认识论的概念。作为本体论的范畴，两者所指为人的经验和理性存在方式和状态；作为认识论的概念，两

---

① 《中国大百科全书·哲学Ⅰ》，中国大百科全书出版社 1987 年版，第 372 页。

② 彭克宏主编：《社会科学大词典》，中国国际广播出版社 1989 年版，第 100 页。

者所指则为人类认识的不同过程和不同阶段。[①] 对经验与理性的这种把握,可以帮助我们更好地认识在经验理性与先验理性支配下的不同法律性状。

一、法律的经验实用性与判例法的经验理性

人类的法律发展史表明,与人类直接相伴的法律,不论它是民间习惯法还是官方制定法,都是人类实践经验的产物。在前国家时代,即所谓"野蛮时代",即使在今人看来荒诞不经的图腾崇拜、禁忌习惯、占卜神判等一些似乎超越于人类经验,并对法律起源和发展曾经起过重大推动作用的举动,[②]在本质上讲却并非超验的事物,它们照例经验地反映了在那个特定历史和自然条件下的人们对对象的认知水平,反映了彼时人们期望在规范约控下的有序生活,反映了人们在经验基础上对未知对象的敬畏意识及这种敬畏意识在经验层面上带给人们的秩序需求的满足情形。可见,神灵们自身是超验的、人们难以认知的,但因人们对神灵的感悟、体验而形成的法律化的规范生活却是经验的。随着人类对对象认知能力的不断加强,亦即随着人类社会经验和认知实践的日渐丰富,人类驾驭对象及管理自身的能力也随之增长。其中重要标志就是人们规范生活的形成(经验的、理性的规范生活)。可见,所谓原始法律以及所谓超验的神判,实在是人类生活经验的结晶或写照,而不是脱离人类生活经验的产物。

至于文明时代以来的法律,[③]更是人类实践经验的产物。一般地说,文明时代的法律可以分为民间习惯法、宗教法和国家制定法(正式法)。民间习惯法的经验基础在于它是人类对其需求的一种自发的应对措施,

---

① 谢遐龄先生则按照康德的哲学理论把"理论的理性"与"实践的理性"相对应,并认为只有当"人为个体化的主体"时,"才有与'理论的'对称的'实践的'理性。"由于中国不存在人之为个体化的主体,同时,也由于从古至今的中国学问大家们"再讲道德本体,哪怕到'致良知'地步,"但因其均未指向"人之个体化",因此,"中国充其量只有瘸了一条腿的实践哲学。"参见谢遐龄:《文化:走向超逻辑的研究》,山东文艺出版社 1989 年版,第 344 页注。

② 关于原始习惯与法律起源关系的论述,参见[美]E. A. 霍贝尔:《初民的法律》,周勇译,中国社会科学出版社 1993 年版,第 289 页以下;古棣、周英:《法和法学发生学——法和法学的历史探索》,中国人民大学出版社 1990 年版,第 24 页以下;周长龄:《法律的起源》,中国人民公安大学出版社 1997 年版,第 100 页以下;武树臣等:《中国传统法律文化》第 3 章,北京大学出版社 1994 年版,第 84 页以下;王学辉:《从禁忌习惯到法起源运动》,法律出版社 1998 年版,第 1 页以下;等等。

③ 本文对文明时代的界定,乃是借用摩尔根和恩格斯关于文明社会的论述。参见[美]摩尔根:《古代社会》(上、下册),商务印书馆 1977 年版;恩格斯:"阶级、私有制和国家的起源",载《马克思恩格斯选集》(第 4 卷),人民出版社 1972 年版,第 1 页以下。

因此，不论从其产生的根据——主体对规范生活（秩序）的需求而言，还是从其应对措施——民间习惯法自身而言，都渗透了人类的实践经验。[①] 无论具有禁忌、神秘色彩的民间习惯法还是那种具有世俗、透明特征的民间习惯法，就其所建立的人类经验性基础而言并无区别。只是前者往往给人们一种脱离尘世、超越经验的外观，而后者似乎给人们一种更接近经验、从而更具有实践性的虚假印象而已。宗教法在人们看来是一种超验力量对人类的启示，然而，这种所谓超验力量的启示，却总是以经验为依托。这是因为，一方面，就宗教的产生而言，人类历史上的宗教，大都与人类生活过度的放任、无序有关。为了克服这种现象，人们采取了借超自然的力量来吓唬、控制人类放任行为的方法，以达致人类生活的有序化。这就表明了从目的而言，宗教是对人类有序需要的一种经验性关注。与此同时，所谓超验的力量，也在人类经验的视野之内，即超验力量是人类对异己的、人们尚难以认知的神秘力量的有效借用。虽然人们不能更好地解释这种神秘力量之所以然，但某种人类无法解破的超自然力量存在着却是人们的一种经验性常识。另一方面，就宗教法而言，它不过是社会统治者借神的力量更好地执行其对人间的世俗统治。经验表明，最高神灵对诸神的“处罚”，往往只存在于人们的想象与传说当中，它自身是无法实证的。但世俗统治者借神灵的“意志”而对人间行为的处罚，却是实实在在并且极易实证的。[②] 可见，宗教法是神灵对人间的法，而非神界内部的法。唯其如此，宗教法依然是人类经验的结果，而不是超越经验的存在；是以超验的方法满足人类的经验需求，而不是以这种超验满足什么难以实证的神灵。

与民间习惯法和宗教法相比，国家制定法的经验性特征更为明显。[③] 一般地说，在国家法的形式层面上，从古至今大体上经历了一种从超验浓度的递减过程到经验浓度的递增过程。也就是说，越往前看，国家制

---

① 民间习惯法的此种经验性质，我们可以在梁治平先生对有关清代习惯法及其对当时人们日常需求满足状况的论述中看得更为清楚。参见梁治平：《清代习惯法：社会与国家》，中国政法大学出版社 1996 年版，第 1 页以下。

② 例如，在至今依然实行宗教法统治的一些伊斯兰国家，宗教法就是神界（真主）对人间的规范，这与其他宗教法的统治并无二致。一方面，人间世俗的犯罪行为，往往被烙上神的印记；另一方面，“神”对人的规范，却按照握有权柄的人的需要来裁减。

③ 当然，所谓国家制定法与民间习惯法，特别是与宗教法的区别，只是相对的。有时，国家制定法就是宗教法，即宗教法以国家的面目出现，如中国商朝时期的法律；还有时，宗教教廷的法律就是国家法，即国家法以宗教的面目出现，如当今一些伊斯兰国家的法律，中世纪欧洲的法律等。

定法的超验性越强；反之，越往后观，国家制定法的经验性越强。但这绝不是说古代法就缺乏人类的经验性，恰恰相反，它是在人类认识（经验）明显有限条件下的产物，正是这种认识有限的经验，才支持了这种超验的法律。更为重要的是，所谓超验浓度强的法律，其实践效果只是为了更好地维持秩序。因为经验证明，在人类认识普遍有限的经验条件下，国家在法律上借用神灵维持秩序比借助任何人间的权威或什么理性成本更低、更能收到良好的统治效果。至于自近代以来，在人类认识能力极大提高基础上产生的国家制定法，其经验性特征更无须多论。

以上我们论证了法律的经验性，然而，法律的此种经验性并不排除不同国家、不同地区或不同法律形式间的法律在哲学基础上的差异。当代美国著名自由主义思想家哈耶克认为，人类哲学可以分为两大类型：一类为进化论的理性主义；另一类为建构论的理性主义。前者以斯密、休谟、柏克、托克维尔等为代表；后者以笛卡儿、霍布斯、卢梭、边沁等为代表。进化论的理性主义认为：人类的“各种自由制度，如同自由所造就的所有其他事物一般，并不是人们在先已预见到这些制度所可能产生的益处以后方进行建构的”，因此，“制度的源起并不在于构设或设计，而在于成功且存续下来的实践”。哈耶克强调，这种存续下来的实践的特征就是“赢者生存”。而建构论的理性主义则与此相反，他们认为，“人生来就具有智识和道德的禀赋，这使人能够根据审慎思考而形构文明”。[①] 如果从规范视角把制度主要界定为法律的话，那么，我们不难发现，所谓进化论的理性主义和建构论的理性主义，所根据的事实基础则是人类的两种不同制度（法律）实践，即以进化为明显特征的英美法的制度实践和以建构为明显特征的大陆法的制度实践。因此，上述两种理论的分野，并不是理论家们从其头脑里凭空构想出来的，而是他们对人类不同的制度实践总结的结果。从中我们也不难发现，既然人类的制度实践既有进化性类型的，也有建构性类型的，那么，在学者间究竟主张一种进化论的理性主义还是建构论的理性主义，则完全取决于学者们对人类不同制度实践的一种认识态度及其价值取舍，而不取决于所谓进化论理性主义者关

① 参见[美]弗里得里希·冯·哈耶克：《自由秩序原理》，邓正来译，三联书店 1997 年版，第 61 页以下。应当说，在法学或政治学领域里，自然（价值）法学向来以建构论的理性主义为特征，如富勒；而社会（历史）法学却向来以进化论的理性主义为特征，如萨维尼。

注现实，而建构论理性主义者耽于空想。[①] 质言之，进化论理性主义者也罢，建构论理性主义者也罢，都未脱离人类制度实践而立论。只是前者更强调制度的自然演进，而后者更强调人类理性之于制度的有效设计。这种情形从另一侧面证实了建构性法制与进化性法制所依赖的哲学基础的分野。即这两种法制的哲学基础分别是建构论的先验哲学和进化论的经验哲学。前者不是下文的对象，后者则是下文之主题。

二、判例法的经验哲学支持

虽然，不论是建构式的法制还是进化式的法制，都毫无例外地是人类实践经验的产物。但是，在不同文化和历史背景下，人类的实践经验是明显不同的。例如，有些民族更倾心于一种精神性的实践经验，德意志民族便是典型代表；另一些民族则便倾心于一种物质性的实践经验，美利坚民族便有此种特征。再如，在人类认知能力普遍低下的历史时代，或者在一个自给自足的社会里，人们的实践经验更为注重外在于人类的"精神"，即从对外在"精神"的思辨中获得经验。而在人类认知能力普遍提高的历史时代，或者在一个普遍的商业交换的社会里，人类的实践经验更注重人类自身的活动，即从对自身的活动的思考中获得经验。就理论家的研究而言，对前种实践经验的关注及其学理化，易形成某种具有形上特色的（或思辨的）哲学；其对于后种实践经验的关注及其学理化，则更容易形成某种实践特色的（或经验的）哲学。[②] 由此不难对于笔者在本文中所采用的经验哲学一词有个大致的了解。可以说，笔者在本文中对经验哲学一词的用法，大致上与经验主义哲学同义，它同时也可称为实践哲学。

---

① 近年来，在我国学界（包括法学界），一种否定建构理性主义的主张与日俱增，特别是在中国社会向现代化艰难拓进当中，围绕着这一进程究竟要强调中国本土经验还是强调向外借取社会现代化的必要资源，一些学者从反思的角度出发，对中国数十年来的建构主义的现代化之路及其实践效果提出了强烈的批评。有些学者则寻根溯源，对导致中国趋向于建构理性主义之路的卢梭学说及受该学说明显指导和深刻影响的法国大革命提出了批判性反思。参见朱学勤：《道德理想国的覆灭》，上海三联书店 1994 年版，第 1 页以下。

② 当然，这绝不是说关注前种经验的哲学家就一定是思辨哲学家，从而其哲学也是建构性的；也不是说关注后种经验的哲学家就一定是经验哲学家，从而其哲学也是经验性的。事实上，对人类精神实践的关注，也可以产出经验哲学家；同样，对人类物质实践的关注，也照例可以产出思辨哲学家。另，对于人类精神实践（精神性法律实践）和物质实践（物质性法律实践）的具体论述，参见谢晖："法哲学的实践经验基础"，载《法哲学与法社会学论丛》（二），中国政法大学出版社 2000 年版。

经验主义哲学源自于英国。[①] 这种情形不是偶然地形成的，应当说它与英吉利民族注重传统、笃信经验的民族精神气质紧密相关。因为对经验的笃信，在那里便顺理成章地产生了经验主义哲学，唯物主义从而成为“大不列颠天生的产儿”。[②] 同样，因为对经验的笃信，在那里合乎逻辑地产生了作为人类重要制度形式的判例法。

众所周知，作为一种法系之基干的判例法源自英国的先例传统。[③] 在一定意义上讲，所谓注重先例，其实就是将已经行之有效的判例经验的规范化、制度化和定型化。可以说，先例传统既是英国的一种制度性实践经验，同时又是建立在英国人民的社会和生活实践经验基础上的。在此意义上讲，注重先例传统的判例法制度同注重经验传统的英国经验主义哲学在逻辑理路上是相同的，即英国人民的实践经验（商品经济既需要资本积累，更需要人们实践经验的积累）和精神气质（注重实践经验的结果必然养成注重传统并把传统当成知识积累的情形）决定了英国的判例法制度和经验主义哲学传统。因此，英国人民的社会实践经验是第一位的，而其判例法制度和经验主义哲学传统则是第二位的。问题是在这两种第二位的事物之间，又是何种关系呢？

首先，就事物演进的一般情形而言，判例法制度是经验主义哲学传

---

① 在我国，和对思辨哲学的研究相比，对经验主义哲学研究远远不足。笔者所见到的对经验主义哲学研究用力最勤的学术成果是由余丽嫦女士所著的《培根及其哲学》（该书由人民出版社1987年出版）。在李泽厚先生为该书所写的序中，他强调了英美经验哲学的重要性，并呼吁我国学者要注重研究英国经验主义哲学：“我的确是很重视‘英美经验论传统中的知性清晰和不惑精神’……的。与马尔库塞怪罪逻辑经验主义等刚好相反，我觉得这种清晰知性和不惑精神的经验主义，也许正是在文化上使英美避免欧洲大陆那种曾泛滥一时的法西斯非理性迷狂的重要原因之一。中国学人治西方哲学，一般更喜欢德国哲学，而常常轻视或忽略英美经验论，总觉得它们‘不够味’，其实这恐怕并不见得完全是好事。对今天中国来说，似乎更需要的是英美经验论传统中那种细密的科学分析、重视实证的态度、方法和精神。”

② 余丽嫦在总结经验主义哲学（近代唯物主义）为何以英国为故乡时指出了其中四点原因：英国资产阶级革命的需要；人文主义思潮与宗教改革；近代自然科学的诞生与发展以及英国的唯物主义传统。余丽嫦：《培根及其哲学》，人民出版社1987年版，第11页以下。

③ 在创造了伟大法系的其他文明古国，照例有判例或判例法的存在，如作为印度法系重要渊源的吠陀经中的律例、作为希伯来法律之核心的“摩西五经”中的律例、作为伊斯兰法系之法律的基本渊源的《古兰经》与《圣训》中的律例等（参见王立民：《古代东方法研究》，学林出版社1996年版，第46页以下；叶秋华：“希伯来法论略”，载《法学家》1999年第5期；高鸿钧：《伊斯兰法：传统与现代化》，社会科学文献出版社1996年版，第20页以下）。至于中国古代法中的判例传统，是任何一个注重古代中国法研究的学者都无法不重视的。但这些判例或判例法与普通法系之注重先例传统的判例法不可同日而语。关于英国的判例传统及其比较研究可参见沈宗灵：《比较法研究》，北京大学出版社1998年版，第284页以下；潘华仿、高鸿钧、贺卫方：“当代西方两大法系主要法律渊源比较研究”，载《比较法研究》1987年第3期；等等。

统的制度性实践基础,即判例法是经验主义哲学的一种制度性经验事实,而经验主义哲学却是诸种经验事实(包括非制度性的经验事实和制度性的经验事实)的理论总结和逻辑抽象。英国判例法传统源远流长,如果从公元12世纪英国出现的普通法算起,至今已近千年的历程。[①] 但是,英国的经验主义哲学之产生却要迟得多,如果经验主义哲学的产生从大家都容易接受的培根算起的话,[②]那也只是17世纪以来的事(以1620年出版的著名的《新工具》为界)。可见,英国判例法制度的产生要比其经验主义哲学的产生早得多,这就表明,作为一种制度的判例法传统,在事实上成为经验主义哲学的活的实践源泉。因此,判例法制度作为经验主义哲学的制度性实践基础,不仅符合两种事物演进的一般逻辑,而且明显的是英国经验(其判例法制度与经验主义哲学关系之经验)的实证结果。这里就提出了一个问题:既然判例法是经验主义哲学的制度性实践基础,那么,本文所要研讨的主题——判例法又为何能以经验哲学为基础?这一问题之回答,拟涉及判例法制度与经验主义哲学间的另一层关系。

其次,就事物间相互作用的一般情形而言,判例法制度又和经验主义哲学传统间是一种互动互促的关系。所谓互动互促是指:对于经验主

---

① 关于英国法律起源的具体论述,参见[美]格伦顿等:《比较法律传统》,米健等译,中国政法大学出版社1993年版,第93页以下;沈宗灵:《比较法研究》,北京大学出版社1998年版,第197页以下;李浩:"英国判例法与判例规避",载《比较法研究》1995年第1期;杨丽英:"英国判例法主义的形成、发展及评价",载《比较法研究》1991年第4期。

② 如马克思、恩格斯认为:培根是"英国唯物主义的第一个创始人",是"实验科学的真正始祖";费尔巴哈认为:"培根是近代自然科学的直接的或感性的缔造者";而赫尔岑更是认为:"培根的影响是很大的……他像哥伦布一样,在科学上发现新世界,人们自古以来就是生活在这个世界里,但是由于他们沉湎于经院哲学而把它遗忘了,培根动摇了人们对独断论的盲目信仰,在他以后,人们开始不倦地、忘我地进行了一些观察和探求工作,他们勤勤恳恳尽了最大努力。"(参见余丽嫦:《培根及其哲学》,人民出版社1987年版,封二、第5页)。有趣的是,培根的一生,和法律息息相关,他于1576年入"葛莱公会"(英国中古时期著名的四大律师公会之一)研习法律;1582年通过考试成为正式律师;1584年以来曾先后6次被选为国会议员(分别是1584年、1586年、1588年、1593年、1597年、1603年);1588年,被选为葛莱公会讲师;1589年任"星法院"的书记;1596年任女王的私人特别法律顾问;并在斯图亚特王朝时期,于1613年受命为首席检察官;1618年又任大法官。参见余丽嫦:《培根及其哲学》,人民出版社1987年版,第486页以下;《中国大百科全书·哲学Ⅰ》,中国大百科全书出版社1987年版,第662页以下。遗憾的是,我国目前出版的关于西方法律思想史的书中,很少言及培根,甚至在一些有较大影响的著作中,如张乃根之《西方法哲学史纲》(由中国政法大学出版社1993年出版)中也未言及。只是在何勤华的《西方法学史》(由中国政法大学出版社1996年出版)中,有千余字介绍培根的"法学理论"。见该书第296页以下。

义哲学而言，判例法的制度性经验事实，是其得以产生、发展并与思辨哲学并驾齐驱的重要事实基础；而对于判例法制度而言，经验主义哲学高屋建瓴的指导，是其步入理性化的必要的和必然的理论基础。严格说来，任何一种制度，不论其成熟还是不成熟，也不论其粗糙还是精细，总会有一定的理论基础。就以英国判例法为例，即使在英国尚未形成系统的经验主义哲学之时，并不意味着其没有哲学基础，相反，在判例法制度的事实当中，本身蕴含着一种独特的思维方式和实践智慧，特别是法官的实践智慧和逻辑推理，成为判例法得以形成的最为关键的因素。也就是说，一种制度，不论其以判例法形式出现，还是以制定法形式出现，它本身是人们的物质性社会实践与精神性逻辑思维的混合体，两者在制度的建构中缺一不可。但这并不意味着一种制度本身就是哲学。不同的制度意味着不同的哲学，但它本身并非哲学。在一个判例中，也许能够体现出法官相当理性的哲学见解，但并不能够形成一种哲学体系。由此给我们进一步的启示是，判例法制度不仅需要法官经验式的智慧和针对特殊案情的逻辑推理，而且需要一种蔚为大观的体系化的哲学来指导，这样，判例法制度方能够真正地成为理性的。因为法官的经验式智慧只能针对个案，而判例法制度却要使作为个案的判例成为普遍适用的规则。经验主义哲学对于判例法制度的作用，就在于使判例的制度化具有理性的哲学前提和基础。正是在这个意义上，我们可以讲，没有经验主义哲学，照例可以形成一种判例法的制度，但是这种制度在实践发展中的确定性就相当可疑；而有了经验主义哲学，则不但能为已有的判例法制度作出理论说明，而且还会不断地使这种制度进一步达致理性化。正是在这里，才使经验主义哲学成为判例法制度的必要的理论或哲学基础。

三、判例法的经验哲学基础，一个比较的视角

有学者认为："只要有法的地方，都可以在不同形式中和不同程度上看到判例法的迹象。一系列单个的判决自身决不能够成一个法律体系。但在任何一个司法制度中，随着行为规则从对具体问题的解决中产生，法律规范也或迟或早会从这些案例中引申出来。法律的这一发展过程不问人们的意愿如何，也不顾人们是否去承认它。"①这为我们进一步说

---

① 这是美国法哲学家 Kari. N. Llewellyn 的观点。参见陈大刚、魏群："论判例法方法在我国法制建设中的借鉴作用"，载《比较法研究》1988 年第 1 期，第 1 ~ 11 页。当然，对这一法律发展的结论是否具有普适性，人们完全可以保留不同意见。在笔者看来，这一结论对英美法系而言更有普适性，对其他法系则未必尽然。但这并不妨碍我们假设其具有普遍性而进行分析。

明经验哲学之为判例法的理论基础提供了参照。

首先,我们从此可以得知判例法与“法”是同时存在的(如果把后面的“法”仅仅理解为国家立法机构的制定法的话)。甚至在有些文化传统和有些历史时代,判例法是法的最主要的内容。何以会形成判例法与“法”的同时并在?这就需要从人类的生活经验出发去解答。一般地说,法典式制定法所遵循的是理性的普遍主义原则,其基本的哲学基础来自一种思辨的启示。在那里,人们更相信人际之间理性沟通的可能性,相信人与人之间、文化与文化之间、民族与民族之间的共同性,从而在一定意义上排斥其间的差异性或者扼杀这种差异性。但问题是,这种遭排斥或扼杀的差异性是客观地存在的,法律(制定法)可以为排斥或扼杀差异性进行书面宣告,但无法禁绝这种差异性的事实。甚至可以说,遵循理性的普遍主义原则的法典式制定法,其出发点就是因为这种差异的存在。正因如此,才使在法律上按照某种理性的普遍主义原则排斥或扼杀差异有了必要。只是这种排斥或扼杀的情形,往往透出了立法者对制定法唯一合理性的期许,对其他体现差异性需求之行为的“非理性”的确认。这就难免会使立法者的制定法本身具有专断性和不宽容性;会使那些虽然是个别的但又具有合理性的社会需求因无法律的根据和保障而难得伸展。可见,以“纯粹的”制定法来维护社会的统治及秩序,其效果不可能是最优的。这正是判例法与“法”(法典式制定法)需要同时存在之原因所在。

固然,判例法也是法,并且也是一种制定法,即所谓“法官造法”。但是,判例法所遵循的原则却是认真对待纷繁复杂的事物之间的一切差异性和个别性。其基本的理性不是一种先验的普遍主义的理性,而是经验的个别主义的理性。判例法之为经验的和个别主义的,并不是说判例法所采行的是个别调整原则;相反,在对社会调整的一般结果上,判例法与法典式制定法并不存在难以相容的情形,甚至可以说,两者是殊途同归的——都遵循一般调整原则;都在寻求一种“统一的”秩序;都在追问某种相对确定的理性。两者差别的关键,既在于“造法”的不同逻辑理路——法典式制定法强调演绎逻辑与宏观建构,而判例法则注重归纳逻辑与具体分析;也在于对待差异性事物的合理性的不同态度——前者强调以某种唯一的合理性来整合其他一切人际间的差异,而后者把差异的事物通过判例作出了不同的归类,同时尽可能地避免以某种合理性来整合其他一切相异的事物(即避免以一种合理性而牺牲其他合理性)。也就是说,在判例法那里,人们可以看到多样的合理性。正是这种情形,不但使判例法成为人类经验生活的规范的逻辑表达,而且这种规范的逻辑表达和人类丰富多彩的经验生活一起,支持了经验主义哲学的产生;反过来,这种经验主义的哲学又成为支持判例法壮大和发展的伟大理论力量。总之,判例法更能灵活地、具体地适用于人们间必然具有的差异性的经验生活,其不断发展和壮大,也需要肯定人们间生活经验之差异的、并尽量寻求这种差异之合理性的经验哲学之支持。

其次,我们也可以在此获知判例法的成长,事实上是一个经验的积累过程,这种经验的积累不因任何人的意志为转移。但这是否意味着判例法就是自然地长成的,从而拒绝人类的理性雕刻呢?前文论述的逻辑当然要对这一问题作出否定性回答。诚然,和国家制定法相比较,判例法的人为雕刻痕迹较小,法典式制定法的人为雕刻痕迹则要大得多。但是,这并不意味着判例法与法典式制定法在此一点上是完全对立的。事实上,对于人类的主观需求以及法律制定者的意志而言,判例法与法典式制定法只有量的区别,而没有质的差异。也就是说,法典式制定法也罢、判例法也罢,都需要反映人的某种需求,都需要表达"立法者"的某种意志,进而言之,都需要某种理性的哲学思想的指导。这就回到了笔者在本文的开头对往昔关于理性问题的质疑和评论:是否理性与经验是对立的?是否有经验的理性?以及由经验而长成的判例法究竟需要的是何种理性?对前两个问题,笔者在前文中事实上已经作出了回答,这里着重讨论后一问题。

如果把人类理性分为经验理性、先验理性和超验理性的话,那么,与这三种理性相对应的法律,或者说,分别建立于这三种理性之上的法律在内容,甚至性质上会明显有别。倘若把法律与其所相关的理性一一对应的话,则可认为:与经验理性相关的法律是判例法。在本质上讲,这种法律是"社会主义"的产物,①从而,在这里,是社会决定了法律的特征,法律又进一步支持着在社会决定下的国家的性质。与先验理性相关的

① 这里的"社会主义",是国家主义的对称,因此,与我们平日所知悉的社会主义明显有别。更准确地说,"社会主义"是指在政治国家与市民社会的分野中,以市民社会为基础,决定政治国家走向的情形。与此相反的情形,则是所谓国家主义。苏联十月革命以来长期所坚持的社会主义,在本质上是一种国家主义,或者说,只是一种流派的"社会主义"。笔者认为,今天我们正在探索的"有中国特色的社会主义",当然应是前一种意义上的,而非后一意义上的。

法律是国家的法典式制定法。可以想见，这种法律与“国家主义”紧密相关。[①] 它发挥作用的理路与在经验理性支持下的判例法正好相反，即首先由国家决定法律，然后再由反映国家意志的法律支配社会。[②] 与超验理性[③]相关的法律是神启法，中世纪西方的法律、印度种姓制度的法律以及伊斯兰教法皆是神启法。在本质上，这种法律完全是超越于人类的，可以说，它是一种“天国主义”的法律。在此，法律来自神的规定，是所谓神的意志，接着，再由神的超验理性所支配的法律来规范一切国家和社会的事务。由此可见，法律所赖以建立的理性程度越高，其经验的成分越少；反之，法律所赖以建立的理性程度越低，其经验的成分越多。与此相关的问题是：在一个国家和神灵决定社会的法律体制下，法律必然距经验越远，因此，法律必然鄙视物质性成分更大的经验，青睐精神性成分更大的“理性”；反之，在一个社会决定国家，甚至神灵的法律体制下，法律更青睐的是反映人们日常生活的经验，而不是远离或脱离生活经验的“理性”。

这里更进一步的问题是：为什么法律既能容纳来自主体日常生活的经验理性，又能接受相对远离主体日常生活的先验理性与超验理性？这就需要从法律的属性谈起。法律的属性是多方面的，但从其与人类行为和人类思维的关系出发看，则它既具有客观性，也具有主观性。[④] 一般说

---

① 关于国家制定法与国家主义的关系，以及我国法律与法理中明显的国家主义倾向，参见吕世伦、贺晓荣：“国家主义的衰微与中国法制现代化”，载《法律科学》1999 年第 3 期；谢晖：“政治家的法理与政治化的法”，载《法学评论》1999 年第 3 期。另，作为思想家的杨度曾经对国家主义做了独特的解释，即他把国家主义和家族主义相对应，认为家族主义“以家族为本位，对于家族的犯罪，就是对国家的犯罪。国家须维持家族的制度，才能有所凭藉，以维持社会。”而国家主义则以个人为本位，“国家对于人民有教之之法，有养之之法，即人民对于国家亦不能不负责任。其对于外，则当举国皆兵以御外侮，对于内则保全安宁之秩序。必人人生计发达，能力发达，然后国家日臻发达，而社会也相安于无事。”转引自张国华：《中国法律思想史新编》，北京大学出版社 1998 年版，第 380 ~381 页。

② 应当说，议会立法的发展，特别是“全民公决”式立法方式的出现，已经在很大程度上改变着国家制定法的此种特征。但即使如此，与判例法相比，国家制定法的国家主义倾向及其先验的理性基础并未完全改观，更何况现代议会的发展越来越明显地成为“国家的”民意表达机构，而非“民意的”国家表达机构。“全民公决”式立法另当别论，但它毕竟不是现代立法的主流；更何况“全民公决”也往往只是对出自国家机关的两种或多种候选对象的公决。

③ 在时下的不少论述中，将先验和超验当做同义的词来对待。笔者以为，这是不妥的。先验来自人的理性，因此，先验是可经验的；而超验来自神的理性，故而，超验是不能经验的。正是这种分别，才有了笔者关于经验理性、先验理性和超验理性的划分。

④ 关于法律之客观性与主观性的具体论述，参见谢晖：《法学范畴的矛盾辨思》，山东人民出版社 1999 年版，第 20 页以下。

来,经验理性的特点是从人们日常生活中的行为着手,再由此出发去探讨人类的心理活动,因此,就认识路向而言,它是一种由外及内的过程,①而先验理性与超验理性却是从人们内在的心理理想着手,再由此出发去规范人们的外在行为。因此,其认识路向是由内即外的过程。这两种情形分别决定了经验理性重客观、先验理性和超验理性重主观的结果。②法律的客观性,必然会充分容纳来自体现具有客观理性(一定意义上的自然理性)的经验理性。法律的客观性,既可表现为立法发展的"自然"进程,也可表现为立法发展的自觉进程。法律"自觉地"对客观事物、对主体行为客观状况的关注及其反映本身便来自于经验主义哲学方法的启迪。当然,当我们肯定法律的此种客观性时,还必须肯定:法律,除了所谓超越于人类的"神法"、"自然法"之外,它本身是人的理性的产物,它不可避免地反映着人类的认知状况,因此,其主观性不容否认。法律的这种主观性自然也会更多地受相对于经验理性的先验理性和超验理性的影响,即法律在客观性之外,也能够容纳主观性。从此意义上讲,不论是国家的法典式制定法还是判例法,都受着不同哲学观念的综合性影响,即当我们刻意把判例法与经验主义哲学联系在一起时,并不是说它与其他哲学无所关联,而是说无论与其他哲学相比,还是与其他法律相比,判例法与经验主义哲学的联系更为紧密。这一结论,在我们前文对判例法与经验理性、国家的法典式制定法与先验理性以及神启法与超验理性的比较中可以得到更进一步的说明。

上述论证表明,法律作为人类生活的制度理性,它依赖着两个方面的支撑:一方面是来自人类日常生活经验的支撑;另一方面是来自人类精神创造的支撑。前者对于任何想达到成功目的的法律而言,几乎是无所区别的;而后者在不同的法律间却大相径庭。其中判例法作为人类法律的重要形式,其所依赖的基本哲学基础应是经验哲学。这就涉及判例

---

① 所以,黑格尔在谈到培根以及英国的经验哲学时深刻地指出:"培根一直被赞扬为指出知识的真正来源是经验的人,被安在经验主义认识论的顶峰。事实上,他确实是英国所谓哲学的首领和代表,英国人至今还没有越出那种哲学一步。因为英国人在欧洲似乎是一个局限于现实理智的民族……"英国人"以现象为对象,却不以理性为对象。"[德]黑格尔:《哲学史演讲录》(第4卷),贺麟、王太庆译,商务印书馆1978年版,第18页。

② 这里及下文所谈到的主观(主观性)与客观(客观性)只强调对其描述的意义,而不强调对其评价的意义。由于长期受教条主义的影响,在我国,一谈到主观或主观性这样的词汇,人们会立马想到脱离实际、盲目蛮干;反之,当谈到客观或客观性这些词汇时,人们会更多地会联想到合乎实际、实事求是,从而使这些词汇背负了太多的价值重负甚至意识形态重压。这不但不利于对这些词汇的准确理解,反而只会形成带某种非法"前见"的理解。

法与经验哲学具体的内在关联性。由于本文论题所限,这一问题笔者将在“经验哲学之兴衰与中国判例法的命运”一文中继续探讨。

〔本文原载《中国法学》2000 年第 3 期;
摘发于《高等学校文科学报文摘》2000 年第 5 期〕

经验哲学之兴衰与中国判例法的命运

自古以来，中国就具有发达的判例法，然而，如今谈起判例法来，似乎与我们形同陌路，好像它只是舶来品。何以会导致如此情形呢？事实上，这与中国的哲学变迁有很大的关系。为了更好地说明这一问题，我们先来看看判例法与经验哲学的一般关系。

一、判例法与经验哲学的逻辑关联

从人类法律所赖以建立的哲学基础看，法律可分为如下3种类型：其一是建立在超验哲学基础之上的神启法；其二是建立在先验哲学基础之上的法典式制定法；其三是建立在经验哲学基础之上的判例式制定法。① 为何判例法须与经验哲学相关联？这需要联系判例法与经验哲学的各自特点及其相互关系来说明。

首先，经验哲学肯定事物间的差异性，而判例法强调对不同事物要不同对待。由此形成了两者间的

---

① 之所以要提出并区分法典式制定法和判例式制定法，是因为严格说来，两者都是制定法，并且自进入近代以来，两者还都是国家的制定法。虽然这两种制定法的主体不同，表现方式不同，还有其所建立的哲学基础不同，但这并不影响两者都是制定法的实质。两者的基本不同，在于法典式制定法所遵循的是由国家而社会的进路，而判例式制定法所遵循的是由社会而国家的进路。所以，黑格尔把产出判例法的法院归类于市民社会的做法，有其深意存焉。参见［德］黑格尔：《法哲学原理》，范扬、张企泰译，商务印书馆1982年版，第197页以下。

可契通性。按照“西方中心主义”的标准,[①]经验哲学来自英国。其中最著名的代表人物是培根。同样,最完善的判例法也来自英国。这种情形是一种偶然的巧合呢,还是具有某种必然的逻辑关联?历史事实只能肯定后者。

人们常说,哲学是时代精神的精华,而笔者要说,哲学同时也是传统积累的精华。割舍了传统积累的所谓“时代精神”,不但无法产生作为“精华”的哲学,甚至往往会糟蹋哲学。这种情形,在哲学每次面临大的罹难时总会有所体现。从传统积累与哲学发展的关系看,经验主义哲学最有资格说它是传统积累的精华。由于商业经济的发展,在英国,形成了3种传统资源的积累:资本资源的积累、制度资源的积累和精神思维方式资源的积累。它们三者之间,在发生的程序上讲,是一种层层递进关系;在演进的功能上讲,又是互进互递关系。所以,今天的英国式资本主义,既是资本积累的资本主义,也是制度积累的资本主义,还是精神思维方式积累的资本主义。就经验主义的精神思维方式(经验哲学)而言,资本资源的积累和制度资源的积累均是它得以形成的经验条件。缺乏这种条件,哲学往往走向另一种途径,即以思辨为特征、以天才的假设为构架的本质主义哲学。由于重视经验的积累是经验哲学得以产生和发展的最基本的条件,所以,经验哲学并不过多地强调什么唯一不变的本质;反之,它更加强调不同事物间内容与本质的差异性。其实,对这种差异性的强调,是英国人民物质生活与制度生活的基本特点,经验哲学不过是对这一特点进行了精致的思维加工。当然,这一加工对它们的发扬光大和持久传播而言,意义是巨大而深远的。

由于问题所限,我们不可能具体地论述经验哲学之于人们经验的物质生活的影响,而只能就它与人们经验的制度生活的关系作些论述。经验哲学对分析对象之差异性的充分关注,与判例法所遵循的是同一原则。从这里我们可以找到两者在逻辑上关联的共同基础。如果没有法官对复杂案例的具体分析和具体判决,进而,如果不在此基础上形成作为一种制度的判例法,那么,就不会产生和判例法相关的制度性经验。

---

① 这是由于在非西方文化系统的地方,也会存在某种和经验主义哲学相像的“哲学”,如中国的“实用哲学”,尽管这种说法有盲目套用西方话语的嫌疑,就像有人说“中国的麦当劳”一样,但当我们已经习惯了这种“西方中心主义”的话语时,这种盲目套用就只能是无可奈何之举。放眼观望,我们今天的学问,从有关社会的学问、有关心理的学问到有关自然的学问,甚至关于中国历史遗产分析的学问,在基本的分析方法上讲,有哪些不是对一种舶来品的套用?

同样,缺乏有关判例法的制度性经验的启示,那么,经验哲学的实践支持就会大打折扣。这种情形,说明了判例法对于经验哲学产生、发展和深化的意义。但是,到此处为止,我们只说明了问题的一半,问题的另一半则是:如果没有经验哲学对于人们经验生活(包括物质性的经验生活和制度性的经验生活)的思维加工和学理提升,那么,这种经验(特别是制度性经验)更难达致理性的境地。为什么缺乏经验哲学,判例法就难以达到理性之境?这里就涉及经验哲学与判例法间逻辑关联的第二个方面。

其次,判例法所体现的是个别理性,而经验哲学所要追求的是有关经验(包括制度性经验)的一般理性。如果说前文的论述说明了判例法与经验哲学在逻辑上相关联的共同性因素的话,那么,这里所要表明的,则是判例法与经验哲学在逻辑上相关联的相异性因素。众所周知,不同事物之特点的相同或相近是其在逻辑上关联的重要基础,所谓“物以类聚”的说法所表明的就是此理。但同时,不同事物在逻辑上的关联还有不为大家所重视的一面,这就是事物之间的差异在某种条件下也是其在逻辑上关联的重要基础,所谓“异性相吸”的说法所表达的就是此理。问题是当事物间的不同因素成为其在逻辑上关联的基础时,最关键的是要符合其关联的条件。就判例法与经验哲学的差异性而言,两者能够在逻辑上形成关联的条件是什么呢?

判例法与经验哲学在特征上的差异是多方面的,如就两者产生的一般过程来说,判例法作为制度性经验总是在先,而经验哲学作为对人类经验(包括制度性经验)的学理总结又总是在后;再如,就两者的性质而言,判例法具有更多的客观属性,而经验主义哲学与判例法相比,其主观属性更为浓烈。这是由于经验哲学是对对象的更为全面,也更为抽象的思维加工和学理总结。固然,两者的这些不同特征在一定条件下也会形成逻辑上的关联,但在笔者看来,能导致两者关联的更重要的差异因素是前述判例法在理性上的个别性和经验哲学在理性上的一般性。

毫无疑问,若用理性来衡量法律的属性的话,①那么,判例法与其他法律一样,也是一种理性。但是,判例法的理性,无论和法典法相比较,

① 法律即理性,这是关于法律本质论的一种,如古罗马的著名法学家乌尔比安就认为:法“来自于‘正义’(iustitia)……法是善良和公正的艺术。”“法的准则是:诚实生活,不害他人,各得其所。”[意]桑德罗·斯奇巴尼选编:《正义和法》,黄风译,中国政法大学出版社 1992 年版,第 34 页、第 39 页。

还是与经验哲学相比较，都体现的是个别性的理性。因此，要使判例法在人类制度体系中发挥更大的作用，就需要一种更具有一般性、普遍性的理论介入、指导，甚至支配判例法的制作和运用。当然，从另一视角看，判例法所体现的个别理性，正是人类思维能够更好地从整体上抽象出、总结出一种具有普遍理性特征的经验哲学的根源所在。这样，我们就找到了在逻辑上连接判例法与经验哲学之差异性特征的条件：它们间的差异性意味着两者的互需和互补。虽然，"异性相吸"是个普遍的现象，但这并不是说两个事物间的不同特征总是能导致"相吸"的效果，事实上，这一效果的达成总是要以两个不同事物间的相互需要，并因这种需要能导致两者之间的互补方才具备了充要条件。既然判例法与经验哲学间所表现的经验理性的个别性和一般性能形成互需与互补之势，则判例法对经验哲学在理论上的依赖和经验哲学对判例法在实践上的依赖也就是不可避免的、顺理成章的。

综上所述，判例法与经验哲学间有着必然的逻辑关联。两者在特征上的相同或想象性形成了一种"物以类聚"式的逻辑关联；而两者在特征上的差异性又形成了一种"异性相吸"式的逻辑关联。下文笔者将以中国为例，进一步说明判例法与经验哲学的逻辑关联，以探讨中国经验哲学的兴衰与其判例法发展的关系。

二、中国经验哲学的兴衰与其判例法发展的关系

在中国哲学数千年的发展中，尊重人们生活经验的智慧应是其基本特点。所以，在黑格尔看来，代表了中国文化最大成就的"孔子只是一个实际的世间智者，在他那里思辨的哲学是一点也没有的——只是一些善良的、老练的、道德的教训……"[①]也许由于受当时资料的限制，黑格尔对中国哲学不无误解，并由此种误解产生了一个哲学家不应有的偏见，[②]但这并不影响他对以孔子为代表的、对中国文化和社会产生过最大作用的儒家哲学思想之特征判断的准确性。冯友兰先生曾引金岳霖教授的话说："中国哲学家都是不同程度的苏格拉底。其所以如此，因为道德、政治、反思的思想、知识都统一于一个哲学家之身；知识和德性在他身上统

① ［德］黑格尔：《哲学史讲演录》（第1卷），贺麟、王太庆译，商务印书馆1959年版，第119页。

② 这种偏见最主要地体现在他对中国哲学（当然还有其他东方哲学，如印度哲学）的价值评价上（参见［德］黑格尔：《哲学史讲演录》（第1卷），贺麟、王太庆译，商务印书馆1959年版，第135页以下）。当然，评价并不要紧，甚至还很有必要，问题是，这种评价所采用的标准每每是"西方中心主义"的，从而很难真正深入产生此种哲学的中国文化情境中。

一而不可分。他的哲学需要他生活于其中;他自己以身载道。遵守他的哲学信念而生活,这是他的哲学组成部分。他要做的事就是修养自己,连续地、一贯地保持无私无我的纯粹经验,是他能够与宇宙合一。显然这个修养过程不能中断,因为一中断就意味着自我复萌,丧失他的宇宙。因此在认识上他永远摸索着,在实践上他永远行动着,或者尝试着行动。这些都不能分开,所以在他身上存在着哲学家的合命题。这正是合命题一词的本意。他像苏格拉底,他的哲学不是用于打官腔的。他并不是尘封的陈腐的哲学家,关在书房里,坐在靠椅中,处于人生之外。对于他,哲学从来就不只是为人类认识摆设的观念模式,而是内在于他的行动的箴言体系;在极端的情况下,他的哲学简直就可以说是他的传记。"①李泽厚先生在谈到中国哲学的时候,也强调"实用理性"是其特点之一。② 笔者不厌其烦地征引学者们的这些见解,是为了进一步说明中国古代哲学的实践本性。这些引文说明,虽然中国哲学并不就是经验哲学,但是和思辨哲学相比较,经验哲学似乎更接近于中国哲学。因此,笔者权且称其为"经验哲学"。

介绍了中国古代哲学的特点,还有必要关联性地说说中国古代的判例法。在常人的印象中,中国古代是一个崇尚法典式成文法的国家,自秦至清,中国的成文式法典可以说汗牛充栋,并且相对而言,法典式立法更容易较为持久地保存下来,同时也更具有正式性。这种情形,自然地使人们对法典式立法有更多的了解,而对中国的判例法,却了解得极为有限。然而,中国古代除了有人所共知的法典式制定法之外,还有发达的判例法。自西周以来,在有据可查的法制史料中,我们可以不断地发现古代中国的判例法。例如,西周的"中"、"事"、"类"、"比",秦代的"廷行事"(在"云梦秦简"中,就记载了20多个治狱判例),汉代的"比"或"决事比",明朝的"诰"等,都是以判例出现的法律形式。特别是宋代以来,以皇家的名义编纂判例已蔚然成风。③ 在中国古代法律文化史方面用力甚勤的武树臣先生,把从西周到春秋时期,称为"家本位·判例

① 冯友兰:《中国哲学简史》,北京大学出版社1985年版,第14~15页。

② 参见李泽厚:《中国古代思想史论》,人民出版社1986年版,第303页以下;《中国现代思想史论》,东方出版社1987年版,第311页以下。

③ 关于中国古代判例法的一些论述可参见武树臣等:《中国传统法律文化》,北京大学出版社1994年版;汪世荣:"中国古代判例法制度",载《判例与研究》1996年第1期;沈国锋:"论判例法在我国古代法律渊源中的地位",载《法学评论》1986年第6期;赵雯、刘培森:"关于建立判例制度的几点思考",载《山东法学》1999年第6期。

法"时代;把从西汉到清末的两千年称为"国、家本位·混合法"时代。[①]所谓混合法,就是"'成文法'与'判例法'的有机结合。"具体说来,"'混合法'包括两层含义:在立法方面,封建王朝在可能的情况下按照正规程序制定和颁布成文法典,而在无现成的成文法典可依,或虽有成文法典却明显不合时宜的特定情况下,则通过司法渠道以创制判例法的形式实行局部立法;在司法方面,就是适用成文法典与使用判例相结合。在时机成熟时,通过立法把判例吸收进成文法典之中。"[②]正因为中国古代有发达的判例法,所以民国时期司法院院长居正认为:"中国向来是判例法国家,甚似英美法制度";[③]另有学者在新近谈到我国宜对英美法系之法律进行借鉴时也认为,"在文化的某些方面中国与英国还有较诸欧洲大陆国家更可沟通之处……"[④]虽然这明显地是一个过于原则从而也不利于人们具体地把握的结论,但就人们所熟知的中国法制史的常识而言,中国与英国的可沟通之处实在是大量的。其实,判例法在英国的主导地位及其在中国的同样发达就是一例。既然中国古代有着较为发达的判例法,同时也有富于"践行"特征的经验哲学,那么,这是否预示着两者之间有某种必然的逻辑关联?

事实上,正像英国判例法的发达与其经验主义哲学的发达间具有必然的逻辑关联那样,中国古代判例法的发达同样与其经验哲学的发达间具有必然的逻辑关联。虽然就中国古代法律的常经看,至少自秦汉以来,它主要是以法典式制定法为主的。但是,这种常经并不总是能决定中国古代的人们就像常经所要求的那样进行活动。这是由于中国文化除了常经所要求的一面外,还有另一面,即它也是权变的文化。[⑤] 由于是"权变文化",所以,才有杜周之流所谓"三尺安在哉?前主所是著为律,后主所是疏为令。当时为是,何古之法乎"[⑥]的论调;由于是"权变文化",所以才有古代中国所谓"破律入例"的局面……李泽厚先生曾从另一视角论述了中国人的实际生活对所谓常经的权变性:"中国人的吵架,

---

① 武树臣:《中国传统法律文化》,北京大学出版社 1994 年版,第 169 页以下、第 345 页以下。

② 武树臣:《中国传统法律文化》,北京大学出版社 1994 年版,第 410 页、第 411~412 页。

③ 武树臣:《中国传统法律文化》,北京大学出版社 1994 年版,第 654 页。

④ 贺卫方:《法边馀墨》,法律出版社 1998 年版,第 16 页。

⑤ 笔者所见到的提出中国文化是一种"权变文化",并对之进行过系统论述的是谢遐龄先生。参见谢遐龄:"中国社会是伦理社会",载《社会学研究》1996 年第 6 期。

⑥ [汉]班固著:《汉书·杜周传》。

也习惯于由第三者调停、协商,和谐解决,而不重是非曲直的客观审断。所以,礼俗替代法律,国家变为社会,关系重于是非,调解优于判定,‘理无可恕’却‘情有可原’……也就成了直到今日仍普遍存在的现象。”同时,他把这种文化得以产生的根源确定为“家庭血缘的宗法制度”。[①] 这为我们更进一步地理解为何在中国古代法制史中以法典式立法为主的法律“常经”却往往被“判例法”所权变提供了学理工具;同时,也为说明中国古代判例法与其经验哲学间的逻辑关联提供了学术参照。

总之,中国古代判例法的发达与其经验哲学的发达之间既在逻辑上具有必然的关联性,也在实践上具有客观的关联性。但是,到了近代以来,随着经验哲学在中国的明显衰落,兼之从古而然的中国判例的弊端,也自然地带来了其判例法的萎缩。

自从近代以来,面对列强利用洋枪利炮的侵略,中国陷入了一种亡国亡种的危急中。这种情形,很难使人们有闲情逸致进行经验的和具体的分析研究。因此,知识者也罢,政治家也罢,更倾向于建构一种“宏大叙事”;更期望通过一种根本性的解决机制来挽救亡国亡种的危局,更相信一种主观建构的伟大力量。这就使得中国的哲学脱离了其固有的实践、经验性特点,要么走向了教条,要么空尚思辨。李泽厚曾指出:“中国学人治西方哲学,一般更喜欢德国哲学,而常常轻视或忽略英美经验论……”[②]应当说,这种情形的形成,就是在前述民族危难的特殊时代,为寻求民族出路,而阴差阳错地选择的结果。对近代以来的中国仁人志士而言,日本的“成功”是一面镜子,但日本却是直接师法德国而走向强国之途的。这必然地导致了无论在制度上还是在学理上中国由日本而德国的“取经”进路。此种情形,渐积成习,成为一种新习惯、新传统。这势必遏制中国固有的经验哲学的继续发达,甚至人们在师法德国思辨性(主要是黑格尔哲学)的哲学之时,几乎忘记、丢失了自己的哲学传统。这反映在立法上,就是清末对法典式制定法的格外青睐,从而中断了自汉代以来中国的“混合法”。[③] 虽然自1912年以来,在北洋军阀和国民党统治时期,中国又形成了以“国、社本位”的混合法,大理院或司法院的判例法经过了从初创到繁荣的过程。[④] 但第一,由于缺乏一种和新时代相

---

① 李泽厚:《中国现代思想史论》,东方出版社1987年版,第319页。
② 余丽嫦:《培根及其哲学·序》,人民出版社1987年版,第1页。
③ 参见注⑧引武树臣书,第580页以下。
④ 参见注⑧引武树臣书,第630页以下。

应的经验哲学;第二,由于内忧与外患;第三,由于判例法的盛行在中国总是与“人治”相关联,所以,“往往引律者多公,引例者多私,引律者直引其词,引例者曲为之征”;[①]第四,由于1949年以后日渐盛行的哲学上的教条主义和法律虚无主义,以及苏联法律对中国的深刻影响,这种混合法的衰落是必然的,判例法在中国的不断成长是困难的。而对定于一尊的制定法的企盼和选择又是必然的。总之,传统经验哲学在中国的衰微,使中国判例法的继续成长日渐困难。这种情形,至今依然。所以,判例法在中国的复兴,需要消除影响判例法在中国成长的上述诸因素,特别是需要经验哲学在中国的重建。

三、判例法在中国的复兴需重建中国的经验哲学

可以说,至少自戊戌变法以来,中国人对现代化的向往,就不仅仅是某个个人偶发性的选择了,而且成为整个民族的必然选择。[②] 经过整整一个世纪的浴血奋斗和辛苦建设,我们不但争得了现代化建设的和平条件,而且在一个东方儒教世界中进行现代化建设的摸索中积累了一定的经验。但是,目前我们所取得的经验,还主要是经济物质领域的。就现代化的制度(法制)的选择和建设而言,我们至今主要所做的仍然是亦步亦趋。当然,在此过程中,我们也不断地听到在理论上关于制度创新的期望,甚至关于中国文化(包括中国法文化)预示着世界文化(法律)发展走向的论述。[③] 毫无疑问,这些论述与反对它的一些论述一样,都各有其存在的合理基础,因为目下这个大变革的中国不但客观上能产出五彩纷呈的理论(就像春秋战国时期或欧洲的文艺复兴时期那样),而且它自身也需要一种多元的理论来支持这一伟大而艰巨的变革。中国需要制度创新,同时也需要理论思维方式的创新。就这两种创新的关系及其所针对的特定历史背景而言,理论创新在当代中国的变革过程中当是前导性的因素。那么,制度创新应从何入手?理论创新又重点何在?固然人

---

① [清]袁枚:《小仓山房集·答金震方问律例书》。

② 此前,无论在观念上的呼唤,还是洋务派们在经济上的努力,都可以看做是一种个人化的做法和选择。对整个民族的选择趋向而言,这些选择只是偶发的,而不是一般的。

③ 关于中国文化预示着未来世界文化的走向的见解,人们非常熟悉,如梁漱溟、季羡林等的观点。关于中国法律的文化精神也预示着世界法律的走向,人们则未必熟悉。早在20世纪40年代,居正就认为在中国早已有之的“混合法”是“世界法制发展之方向”。参见武树臣等:《中国传统法律文化》,北京大学出版社1994年版,第654页以下。武树臣先生更认为,世界法律发展的大趋势就是“走向东方,走向‘混合法’”。参见武树臣:“中国的混合法——兼及中国法系在世界的地位”,载《政治与法律》1993年第2期;“走向东方,走向‘混合法’——从中国法律传统的角度看判例法”,载《判例与研究》1995年第2期。

们可对此提出很多种方案。不过笔者觉得应以判例法的重建作为制度创新的入口;以经验哲学的复兴作为理论创新的重点。从而使中国的制度和理论既能接续自己本身固有的文化传统,又能克服在以往学习西方过程中过分偏重于欧陆所带来的一些弊端。

判例法在中国的重建,既是一种历史大势,[①]也不存在无法解决的操作困难。这从我国在诉讼领域里明显地借鉴英美经验的过程中可以得到证明。当初,我们在诉讼中主要师法苏联,强调职权主义的纠问式诉讼。当人们提出对它进行改革,并师法英美诉讼中当事人主义的控辩式诉讼模式时,一些学者和官员担心法官的素质及中国的文化传统无法接受和推行此种诉讼。但已有的实践证明,问题虽然是大量地存在的,但并非不可克服的,并且克服的成本也不是那么惊人的。事实上,作为一种实践的制度,只要它要求法官素质的提高,同时,只要它需要一种独特的文化支持,那么,经过它坚持不懈的“雕刻”,自然在磨合中会促使法官素质的提高;也自然在磨合中会促进固有文化的转变。因此,制度(法律)在整个社会进程中未必一定是被决定着或受动者。今天,当人们主张借判例法来促进我国的制度创新时,我们照例面临着一系列问题:如果肯定了判例法,那么,如何解决它必然导致的与我国现行政治体制的矛盾?如何形成一种判例法能够立足的法律文化?如何提高法官的素质,使其足以胜任判例法的创造工作?如何克服判例法本有的缺陷等。[②]事实上,这些问题,在我们现在采行的法典式制定法制度下,照例存在。例如,行政机关、一些地方人大和政府等对我国立法活动的实际支配和影响,未必就与现行政治体制相和谐,但我们对其并未表现出极大的关注;在法典式法律下,法律解释问题也需要高素质的法官,并且这一问题远未解决,但这并未妨碍法院的司法解释;以控权为基本功能导向的现代法治(不论其法律形式是法典法还是判例法),在我们的文化基因中少得可怜,但这并不能阻止我们对它的追求;和判例法相比较,法典式法律的弊端至少也是半斤八两,但我们并未因此而放弃法典式法律……可

---

① 关于在中国建立判例制度的必要性和可能性,学者们已有大量的论述。对这些论述与之相反意见之争论的初步总结,参见武树臣:“对十年间大陆法学界关于借鉴判例制度之研讨的回顾与评说”,载《判例与研究》1997年第2期。

② 这正是一些学者不主张在我国采用判例法制度的原因。参见沈宗灵:“当代中国的判例——一个比较法研究”,载《中国法学》1992年第1期;吴伟、陈启:“判例在我国不宜具有拘束力”,载《法律科学》1990年第1期;高岩:“我国不宜采用判例法制度”,载《中国法学》1991年第3期。

见,是否引入判例法,关键在于我国法制建设对其有无要求,以及它对我国的制度创新有无实际作用,而不在于某种意识形态的教条,也不在于某种操作技巧的不具备。然而,一旦我们真的决定要引入判例法制度,以提高我国制度的创新能力,那么,与这种制度相关的经验哲学的重建就不可不察。

既然经验哲学是判例法制度的哲理基础,那么,对在我国复兴判例法制度的期待,就必然预示着对在我国重建经验哲学的期待。之所以对中国而言,经验哲学需要重建,端在于中国古代的经验哲学传统在实质内容上无法满足当代中国的实际需要(即使它仍存在一些在方法上明显可鉴取的因素);而外来的英美经验哲学,虽然与我们拟引进的判例法制度有内在的逻辑关联,但它照例缺乏一种与中国本土因素相关联的因子。故而需要我们结合中国古代的经验哲学传统、英美的经验哲学特征,特别是当代中国人民活生生的社会实践和丰富多样的心理需求来重建经验哲学,以便在学理上能够真正支持中国的判例法建设。须明白的是,经验哲学在中国的重建,既不纯粹是哲学家的事,更不仅仅是法学家的事,它需要各个学科的精英们共同地关注。值得庆幸的是,自从20世纪90年代以来,包括法学界在内的我国学术界,通过运用社会学方法对当代中国社会问题(特别是法律及法制现代化问题)的深刻关注,正在形成一种和经验哲学十分接近的并和我国的社会需要紧密关联的哲学研究风格。同时,这些研究(特别是经济学界和法学界的研究)已经在相当程度上支持着我国的制度创新。笔者觉得,这是中国经验哲学重建的酵素,它的进一步发展和完善,可能会形成一种令中国学人们引以为豪的、通过自己努力所"发现"的经验哲学;同时,也可能是中国判例法引入、消化和复兴的坚强的哲学支持。

总之,判例法发展与经验哲学发达的内在关联性决定了:如果要在中国个别地引进判例法,则毫无疑问,不存在哲学支持上的多大障碍。但是,如果要在中国复兴判例法,使它在我国现在的或未来的制度创新中发挥举足轻重的作用,就必须寻求或重建足以支持这种制度的经验哲学;否则,判例法只会在中国积弱难振。

〔本文原载《法律科学》2000年第4期〕

解释法律与法律解释

解释法律与法律解释这两个概念,如果不是研究者咬文嚼字,则常人很难去认真理会其区别的。然而,对这两个概念而言,区别是重要的。其实,学术研究深入的重要标志之一,就是对看似相似甚至相同的概念作出必须的区分。在相似概念之间大而化之的做法,可以运用于特定情形下的实践,但不能运用于学术研究。对于法学研究而言,就更应如此。这是由于和法学相关的社会实践总是与是非曲直的判断以及由此判断带来的人们利益的得失、荣辱的取丧……直接相关的缘故。就本文所要讨论的解释法律与法律解释这对概念来说,由于其既关涉相关的法学学理,也关涉相关的法律实践(特别是司法实践)。因此,对两者的必要学理解析与区分,意义将惠及多个方面。本文是我对这对概念及其相关问题的初步思考。

一、解释法律与法律解释:从哲学命题到法学命题

从学理的归属而言,解释法律是一个哲学性的学理命题,[1]而法律解释是一个法学性的命题。哲学与

---

① 当然,对这里的哲学一词也可当做法哲学的同义词。法哲学究竟应为法学的范畴、哲学的范畴抑或跨学科的范畴?这向来在学界存有争议,如黑格尔的法哲学,就是其哲学的组成部分;而庞德的法哲学,却是其法学的组成部分。我国有学者主张"法哲学……是介于哲学和法学之间并兼具二者属性的一种综合性、交叉性和边缘性学科。"吕世伦等主编:《法哲学论》,中国人民大学出版社 1999 年版,第 40 页。关于人们对法哲学不同看法的系统梳理,参见倪正茂:《法哲学经纬》,上海社会科学院出版社 1996 年版,第 667 ~ 743 页。

法学在层次和层面上的差别决定了解释法律与法律解释的层次高下和层面区别。下面笔者将通过对两个概念之含义的界定来说明他们的学理归属。

据笔者手头有限的资料,对解释法律与法律解释在义理上曾做过区分的是陈金钊先生,[①]他对两者做了三点区分,可以简洁地归纳如下:即两者在解释主体上具有无确限性和有限定性(有无可以产生约束力的解释权)的区别;两者对法律进行解释时在思维方式上具有"任意性"与"非任意性"的区别;两者在解释"资格"上的区别,即前者具有"非职务性",后者具有"职务性"。[②] 稍加分析,则不难发现,上述三点区分其实可以进一步归纳为两点,因为第一点区别与第三点区别所讲的事实上是一个问题的两个方面。笔者觉得,法律解释在主体上固然是有限定的,但解释法律未必就在主体上无限定。诚然,任何人有权对自己所理解的法律作出解释,但能够上升为学理意义上的解释法律,在主体上仍是有限定的;虽然它不是职务行为,但应当是职业行为。同时,解释法律在思维方式上确实具有发散性,但不具有任意性,因为它至少要遵循一种学理化的关于思维方式的逻辑准则,总不能把常见的一些人对法律的"骂街"行为及其方式,或者家长为了吓唬孩子而说"警察来了"之类的对法律的理解及其方式也看做是解释法律的方式吧。所以,解释法律在方法上应遵循起码的逻辑,即只有符合逻辑的方法才能为解释法律所"任意地"运用,从而成为解释法律的方法;反之,那种非逻辑的"方法",既在功能上不能解释法律,也无法任意地用来解释法律。因为它无法达致解释法律所必要的学理要求。那么,究竟如何理解解释法律一词呢?

作为一个哲学命题和学理概念的解释法律,是指解释者根据一定的逻辑准则,对法律现象所赖以产生和存在的社会事实及该现象自身的实然、应然所做的说明性工作。之所以说它是一个哲学命题,首先在于解释法律是要探求法律这一社会现象的根本性问题。那么,什么是法律现象的根本性问题呢?对此,不同的解释者可以开出完全不同的清单。但

---

① 陈弘毅在《当代西方法律解释学初探》(载《中国法学》)1997 年第 3 期)一文中,区分了"应用层次的法律解释学"和"理论层次的法律解释学",但这种区分只是就西方法律解释学的情形所进行的学理归纳,而不是陈先生个人关于两者区别的意见。尽管如此,这种区分对本文的立论很有启发和帮助。梁治平在"解释学法学与法律解释的方法论——当代中国法治图景中的法解释学"(载梁治平编:《法律解释问题》,法律出版社 1998 年版,第 87 ~104 页)一文中,探讨了狭义的解释法律(解释学法学)问题。其思路与本文的观点有些接近。

② 参见陈金钊:《法律解释的哲理》,山东人民出版社 1999 年版,第 41 ~43 页。

这并不妨碍我们对这些问题作出必要的假设。比如,法律究竟是如何产生的(它是随人类俱生的还是在某个时期由某个人设计创造的,抑或神灵给人类创造的)?为什么法律能给人类带来秩序?法律对人进行统治的力量究竟来自何处?离开法律,人类有无可能长久地维持秩序?如何衡量法律的合法性?法律与其他社会现象的关系是什么?如何理解法律的正义性?在何种意义上讲法律应是统一的,在何种意义上它又必须保持某种差异性?能否出现一种世界法?法律有没有本质?如有,它的本质应是什么?法律的未来是什么?它是否是永恒存在的……显然,不可能期望人们对这些问题作出一种所谓"科学"的解释,而只能作出一种"智慧"的解释。毫无疑问,科学是智慧,但智慧却不止于科学。科学要求智慧必须是正确的,但众所周知,智慧并不一定强求什么正确。弄清在解释法律问题上的智慧属性,有助于进一步说明解释法律之为哲学命题。因为与科学相比,哲学本来就是智慧之学。虽然作为一个哲学命题,解释法律并不以什么科学性来作为衡量标准,但这并不意味着解释法律不讲究逻辑。这就涉及解释法律之为哲学命题的第二个原因。

解释法律之为哲学命题的第二个原因,在于解释法律是一个需要哲学方法来说明的过程,即它是须讲究逻辑的对法律的说明行为。言及此,或有人问:难道法律解释不须讲逻辑吗?毫无疑问,法律解释须讲逻辑,并且在一定意义上讲,它更须讲逻辑。但我们在此是为了说明解释法律之为哲学命题,它所针对的主要是对法律的非逻辑解释。解释法律必须是符合逻辑的,不论其是哪种逻辑。因为作为智慧之学的哲学,从根本上讲,就是给人们提供一些认识事物、解释事物的智慧,这种智慧往往并不体现在精美的、中规中矩的、"正确的"结论上,而是体现在合乎规范的逻辑上。问题是合乎规范的逻辑并不是唯一的,这就为解释法律者提供了可选择的逻辑标准。因此,解释法律者虽然要讲逻辑,但他对解释之逻辑理路的选取是完全自由的。所以,有人可以从教义学出发解释法律;有人可以从规范学出发解释法律;有人可以从社会学出发解释法律;当然,还有人可以运用解释学来解释法律。[①] 但不论人们选取哪种逻辑标准,解释法律必须讲究逻辑;否则,它就无法成为一个哲学命题。这明显地不同于在日常生活中人们对法律的解释。后者作为一种解释,并

---

① 刘星先生在其《西方法学初步》一书中,谈到了西方法学对法的本体论、认识论以及价值论的多种解释理路,读来饶有兴味。该书由广东人民出版社1998年出版。

不一定要求讲究逻辑，特别是当人们的法律意识尚浅，或在人们被动地接受法律的情形下，对法律的解释或者评论往往沉静理性不足，而激情有余。这时，激情便驱走了逻辑；牢骚便代替了思想。它当然不是作为哲学命题的解释法律。

解释法律作为一个哲学命题，自然要以哲理性地说明法律这一现象为目的。但是，如何才算对法律现象作出了令人信服的哲理性的说明？事实上，就解释者而言，这是个见仁见智的问题，因为任何人不可能使其解释达到逻辑自足，或者结合前一点的论述，本来无所谓自足的逻辑；就解释的阅读者而言，能否通过阅读解释者的解释就明白法律的个中道理，这还涉及阅读者的理解角度、社会阅历、对法律的态度以及其理解能力问题等。因此，理解无非是一种就整体与部分之关系反复博弈的再解释。此即所谓"解释的循环"。这就说明了，作为哲学命题的解释法律，没有一个"至确"的说明，不存在放之四海而皆准的解释。解释者的追求，就是求得在自己的立场上能够自圆其说而已。这也正是解释法律作为哲学命题的魅力所在。它肯定一切人对法律的合乎逻辑的、能够自圆其说的、能提升为哲理性的解释，但否定任何人垄断解释权。一般地讲，解释者对法律进行说明的方式有两种，其一是关于法律是什么的说明，即现实生活中的法律究竟应是什么？除国家制定法外，民间法、宗教法等是否为法律？因为对这些问题的不同回答，经常产生解释者的流派分化。其二是关于法律应当是什么的说明，即现实生活中的法律（特别是国家制定法）是否全能称之为法律？如果持否定态度，那么，判断它们是否法律的标准是什么？由此便产生了解释者关于"法律是什么"的评价标准的分歧。①

弄清了解释法律的含义，再回过头来观察法律解释，笔者把它和解释法律相对地置于法学命题中。尽管人们已经对法律解释一词作出了

---

① 按上述关于解释法律的分析，由梁治平主编的《法律的文化解释》（三联书店 1995 年版）、徐国栋撰著的《民法基本原则解释》（中国政法大学出版社 1993 年版）就属于解释法律的范畴；梁治平主编的另一本书《法律解释问题》（法律出版社 1998 年版）中苏力、郑戈、梁治平、刘星诸位的文章都属于解释法律的范畴。当然，以上只是就理论法学类书籍中带"解释"二字者而言。事实上，不带"解释"字样的理论法学书籍毫无疑问，都在"解释法律"。

截然不同的多种解释,[1]但为了说明法律解释之为法学命题,还是有必要作出我的界定。所谓法律解释,是指有法律解释权的主体根据法定的解释权限和程序对国家制定和认可的法律(包括议会的法典式制定法和出自法官的判例法[2]以及国家认可的宗教法、民间习惯法等)以及有法律意义的事实(对判例法而言)按照一定的逻辑规则所作的通俗化、延伸化或限缩化的说明活动。

法律解释之为法学命题,首先,在于法律解释所针对的是法律的具体性规定或与法律相关的具体事实(对判例法而言)。当然,对具体性的问题,也可以作出根本性的哲学解答。但问题在于,法律解释恰恰并不追寻这种根本性的哲学解答,它的基本目的,是要为法律实践,特别是司法实践提供一个可操作的具体化的规范标准。对于法典式制定法而言,法律解释是由于这种法律固有的缺陷(如它的一般性、僵化性、时滞性以及不可避免的漏洞等)的必然要求。因此,法律解释在此是对法典式法律之缺陷的一种补救措施。如果缺乏这一补救措施,法律的实践功能就可能要缩水,法律的社会价值就可能要走样,甚至法律就无法得到真正的实施,从而与立法者的初衷相悖。对于判例法而言,法律解释的基本需要在于前例与现例的在事实上并不总是相同之故。这就需要法官既要关注前例与现例之间在事实上有无区别,也要在此基础上"识别"前例的规范能否适用于现例。正是通过这一过程,法官不但在对前例作出解释,且一旦决定不采用前例进行判决,而给出新判决时,法官还在造法。由此可见,如果说解释法律是一个具有哲学学理性质的活动的话,那么,法律解释则是一个具体的法律适用性质的活动。对法律解释的学理概

---

① 例如,张志铭先生在其著述中罗列了有关法律解释的九种定义性文字;此外,张志铭本人也对法律解释作出了定义性说明,参见张志铭:《法律解释的操作分析》,中国政法大学出版社1999年版,第12~15页。陈金钊也对法律解释的含义作出了独到的解释,即法律解释既要解释规范,也要解释事实。参见陈金钊书:《法律解释的哲理》,山东人民出版社1999年版,第43~50页。虽然,笔者并不一般地赞同其见解(参见沈宗灵:《比较法研究》,北京大学出版社1998年版,第289~292页)。再如,就司法解释的概念,董皞先生在其论著中罗列了八种定义性文字,参见董皞著:《司法解释论》,中国政法大学出版社1999年版,第5~7页。但可以肯定的是,人们所能罗列的,只是人们所看到的。

② 大多学者在讨论法律解释,尤其在说明法律解释的功能时,常常是针对成文法而言,从而把判例法剔除出法律解释的对象。事实上,对判例法照样需要解释。英美法系中对"前例"所进行的"区别技术",特别是法官通过"区别技术"决定要么遵从"前例"、要么推翻"前例"的过程,其实就是对"前例"的解释过程(参见沈宗灵:《比较法研究》,北京大学出版社1998年版,第289~292页)。不过对判例法的解释与对成文法的解释是不同的,表现在前者只是对规范文本的解释,后者则不仅要解释法律,而且要解释事实。

括，构成法学的重要内容，即法律解释学。

其次，法律解释作为一个法学命题，也讲究逻辑。但与解释法律相比较，法律解释的逻辑具有相对的特定性。虽然法律解释的具体方法是多样的，[①]但在基本的逻辑理路上，它所遵循的是法律的规定，它所要追问的是法律的原意，所以，多样的解释方法（哪怕是“扩张解释”和“创造性补充”）无非是向法律的原意更加靠近，即法律解释不能颠覆法律（在法典式成文法制度下，特别是法律解释不能违背现行法律的原意），而只能修补完善法律。即使在判例法制度下，当法官通过“区别技术”，推翻前例，产出新的判例时，并不是在向一种法律制度叫板；相反，它通过特殊的方式维护整体性的法律制度，从而使法律更加具有实践的适用性。这就与解释法律在逻辑上形成了明显的两途。解释法律在任何一个法律面前并不显得唯唯诺诺，有时，它还表现的大声谔谔，根本不买任何法律的账（如法律虚无主义）。当然，大多数解释法律者，还是通过对法律之根本意义的追寻，肯定法律的现实功用。同时，由于法律解释在于法律的现实适用，因此，其所关注的一般是现实有效的法律，而对此时此地不具有适用性的法律，它可以在所不问。这当然也就限缩了其逻辑视界的拓展。

最后，法律解释最浅层次的功用在于使法律规定更显明白，使人们能够更好地、更准确地理解之。法律解释所要求的明白，与解释法律所要求的明白并不是一个含义。可以说，法律解释所要求的是一种具有“霸权”效果的明白效应和“至确”效果，即对法律解释之解释，任何人不能再进行法律解释意义上的其他再解释，这就是法律解释的“独断效果”。（当然，对判例法的解释而言，也许是个例外，因为当法官在审判中面对相关的诸多前例，选择其中可援引的，放弃不可援引的，或者干脆推翻所有相关的前例，从而产出新例时，事实上是对已经解释过的前例进行新的解释，因此，判例法就是可以进行再解释的法，它是法律解释的不断积累。这既是判例法之优点所在，也是其缺陷所在）。法律解释即使不是最高的法律，但也应是最后的法律。所谓最后的法律，不是指在时

① 关于法律解释方法之多样性，参见杨仁寿：《法学方法论》，中国政法大学出版社1999年版，第91～201页；梁慧星著：《民法解释学》，中国政法大学出版社1995年版，第213～246页以及张志铭：《法律解释的操作分析》，中国政法大学1999年版，第90～200页；前引董皞书，第230～259页。应注意的是，上述论著中其中的有些论述不是法律解释的方法，而是解释法律的方法。这是由于我们长期以来并不注意划分解释法律与法律解释之故。

间上的先后，而是指能否再继续解释。正是在这个意义上讲，笔者同意如下的观点："应从法律解释的概念中剔除非正式解释部分，法律解释就是有权的机关对法律意义的阐明。学理解释和任意解释只是解释法律的组成部分，而不属于法律解释。"①

二、解释法律与法律解释：基本的联系与区别

从上述对解释法律和法律解释之不同义理归属的论述中，我们不难发现解释法律与法律解释之基本的联系与不同。下面，笔者将进一步通过比较具体地说明两者的联系与区别。

（1）解释法律与法律解释的一般联系可以总结为如下诸点：

首先，一般说来，两者都是需要以法律为对象的。解释法律也罢，法律解释也罢，都须以法律为释义对象。虽然一方面，解释法律还须解释法律所赖以存在的社会事实，但其目的是以对此种社会事实的解释来更好地解释法律；另一方面，两者在以法律作为对象时具有明显不同的内容要求（这在下文笔者对两者之区别的论述中将要详细提到），然而，这并不影响两者均须以法律为对象的亲缘关系。这一特点使得两者与解释历史和历史解释、解释哲学和哲学解释、解释文学和文学解释、解释伦理和伦理解释以及解释宗教和宗教解释等职业化的社会活动加以区别。由于两者在释义对象上的"宏观"相同，使得两者间有时可以发生一些转化现象。所谓转化现象，是指一方面，解释法律的一些方法和结论直接成为法律解释的根据；另一方面，当法律解释成为一种严格的职业时，有时也会产生解释法律的效应。

其次，两者都是对法律的说明性行为。解释法律是为了说明法律，法律解释也是为了说明法律。可见，两者在对法律的说明功能上出现了交叉和重叠。虽然一方面，解释法律对法律的说明是义理性的，而法律解释对法律的说明是规范性的；另一方面，解释法律对法律的说明可能会产生人们对法律的多义性理解，而法律解释只能使人们更加"单纯而准确"地理解法律，但这并不能抹杀两者都是对法律的说明这一结论。同时，由于义理性说明对规范性说明一般地具有指导作用，而规范性说明对义理性说明又一般地具有参照作用。所以，作为义理性说明的解释法律和作为规范性说明的法律解释间有时并非丁是丁、卯是卯的区别，两者间有时可能会合二为一。例如，古罗马一些法学家解释法律的结

---

① 陈金钊：《法律解释的哲理》，山东人民出版社1999年版，第43页。

论,经皇权的允诺,直接成为法律;还有些国家,权威法学家解释法律的结论经权力允诺,演变成法律解释。

最后,两者都是一种理性[1]的逻辑行为。每位解释法律者须从各自的视角出发,按一定的理性逻辑对法律作出说明,所以,解释法律必然是遵循理性逻辑的。在这一点上,法律解释并无二致。并且由于法律解释直接关乎人们对现行法律的理解和运用,所以,它更需要遵循理性逻辑。解释法律者遵循逻辑,是要人们更加明白他关于法律的见解和思想;而法律解释者遵循逻辑,则是为了使人们更加了解法律的具体规定。如果解释法律或法律解释不遵循逻辑,那么,解释法律的效果只能产生人们在有关法律的思想上的混乱;而法律解释的效果则只能产生人们在有关法律的行为上的混乱。正是对理性逻辑的遵循,使得以解释法律为己任的法学成为最讲究逻辑的学问;也使得法律解释成为最讲究逻辑的法律实践。

(2)解释法律与法律解释的具体区别可以归纳为如下诸点:

第一,两者的行为性质不同。简单地说,解释法律是一种学理行为,而法律解释却是法律行为。如前所述,学理行为是用来探讨事物的义理的,而法律行为却未必遵循事物的义理。由于在法律当中,客观地存在着善法和恶法的问题,所以,以尊重规则为前提的法律解释者必然会强调"恶法亦法"论。[2] 如果在法律解释过程中解释者对所要解释的法律以是恶法的名义而任意地篡改,那么,法律解释就纯粹是一种解释者的主观活动,从而丧失了基本的客观标准。特别是在奉行成文法的国家,更应强调解释者对法典的尊重;否则,法律解释的结果只能增加法律的模糊和混乱,而无法达致法律的清晰和透明。同时,也由于对成文法而言,一般说来,立法者和解释者是分离的。[3] 相对于立法者的法律,法律解释活动就是对法律的具体化、明晰化,因此,法律解释是在规范层次贯

---

① 这里的"理性"一词,并不是在理性主义和非理性主义对立意义上使用的。事实上,理性主义和非理性主义都遵循着理性逻辑。因此,即使一位非理性主义者要解释法律,也不能悖反应有的理性逻辑,否则,就不构成解释法律,而可能成为对法律的胡说八道。

② 我国台湾地区法官杨仁寿先生在其著作中,以一位法官的身份强调了恶法亦法的道理。当然,其具体目的是说明法律解释者必须尊重现行法律。参见杨仁寿:《法学方法论》,中国政法大学出版社 1999 年版,第 9~14 页。

③ 但事实并非总是如此。例如,在我国解释体制下,最有地位的法律解释者就是立法者(全国人大常委会),尽管其解释在实践中并非是运用最广泛的。关于中国的法律解释体制问题,参见张志铭:《法律解释的操作分析》,中国政法大学出版社 1999 年版,第 220~259 页。应说明的是,在最近的司法实践中,中国法律解释体制中的"检察解释"的地位越来越弱。

彻立法者的法律。这就更进一步地决定了法律解释之为法律行为的属性。即使对判例法的解释,仍然要么通过解释创造新判例(立法活动),要么通过适用前例作出判决(司法活动)。因此,并不妨碍法律解释是一种法律行为这一结论的成立。但是,解释法律却不同,严格说来,它不应当属于法律行为,[①]如果说它受法律调整的话,也只能适用一种放任性和保护性的调整。[②] 正因如此,解释法律并不要求解释者要尊重法律,他可以是坚定的"法律至上"论者,可以是顽固的"法律万能"论者,也可以是彻底的"法律虚无主义"论者……不论他们间观点如何相左,只要能够形成自圆其说的和法律相关的学理,就完成了解释法律之任务。可见,解释法律的学理行为属性。

第二,两者的主体不同。一般地说,解释法律的主体是以学者,特别是以法学学者为主的;但法律解释的主体却以官方为主。在不同的法律解释体制下,法律解释的主体可以不同,如在有些时代和国家,只赋予国家有关机构以法律解释权;在另一些时代和国家,却赋予一些知名法学家以法律解释权,并且这种法律解释权与有关国家机构的法律解释权并行不悖。但是,这时,这些法学家具有御用的特征。因为究竟哪些法学家的解释可以作为法律解释,哪些则不能,仍然主要地是一种官方行为,而不是民间行为。因此,这种情况并不能否定法律解释的主体是官方的结论。但是,解释法律的主体却主要是学者特别是法学家,因此,可以肯定的是,并非任何人都可以进行解释法律。固然人人都可以对法律作出理解,甚至可以根据各自的理解对法律作出截然不同的解释和评价。但在这里,就应区分作为学理概念的解释法律和作为普通理解的解释法律。后者可以作为一种法律现象,供法学的研究者进行研究,即进行再解释,但它并不是作为学理概念的解释法律,不能纳入学理上解释法律的范畴。从这个意义上讲,解释法律的主体是特定的,只有训练有素的学者才可能成为解释法律者。从解释法律的历史看,当法学家尚未形成

---

① 之所以强调"严格说来",是因为一方面,从法律调整的广义上讲,在现代法制条件下,解释法律之为解释者的权利,受法律保护;另一方面,就人类法制的宏观历史看,在有些时代和有些地方,不能放任地解释法律,因此,解释法律不但受法律的调节,而且这种调节往往采取禁止性调节或制裁性调节。

② 笔者把法律调整方式划分为放任性调节和保护性调节(针对权利性规范及其行为)、禁止性调节和强制性调节(针对义务性规范、权力性规范及其行为)、制裁性调节(针对责任性规范以及违反义务的行为)以及奖励性调节(针对法律规定的符合公众道德的模范行为)四个方面。参见谢晖:《法学范畴的矛盾辨思》,山东人民出版社 1999 年版,第 320~398 页。

独立的职业者时,解释法律的主体同时也是解释其他现象的主体。因此,对法律的义理性解释主要存在于一些"原典"文献中。但当法学家作为一个职业集团出现时,解释法律的主体主要是法学家。虽然其他一些学者,特别是一些思想大家,如众所周知的马克斯·韦伯、哈贝马斯、罗素、哈耶克等都可以写出精深的解释法律的文献,但这时,一方面,他们已经有了法学家的名号;另一方面,他们是以所有社会现象为解释对象的,所以,当他们解释所有社会现象时必然要涉及对作为重要社会现象之法律的义理解释。不过他们之解释法律,毕竟不是专业。专业的解释法律者,只能是法学家。应注意的是,有时法学家和官员(特别是法官)在职业上是合二为一的,他可能既是解释法律者,又是代表官方的法律解释者。这种个别情形的存在,并不能否定笔者对解释法律与法律解释之主体的一般划分。

第三,两者的对象(文本)不同。解释法律的对象既是古今中外的一切正式法律和非正式法律,也是这些正式法律和非正式法律所赖以存在的社会基础;而法律解释的对象只能是现实的并正在生效的国家正式法律。笔者在前面论述解释法律与法律解释的相互关联时,指出了两者的对象都须法律这一关联点。但具体说来,两者所关联的法律是大相径庭的。由于法律解释的现实功用性,它只能局限于对一个国家现行法律的解释。这包括如下四个方面的内容:首先,法律解释只能以本国的法律为对象。一个主权国家的法律解释者不能以解释他国的法律为能事(也许,对须主权国家加入的国际法的解释是另一种情形,即未加入某条约的国家对该条约也可以作出否定性解释,该解释对国内有效。但就国际组织来说,它只能对本组织所制定的国际法进行解释,如联合国就不能解释欧盟的法律);否则,要么自己的主权不稳,要么干涉他国主权。其次,法律解释只能以现行的法律为对象,如今天我国的法律解释者不能就也无必要就"唐律"进行解释。也许,法律解释者有时会涉及对古代法律和已失效的现代法中相关内容的引用,但其目的是更好地解释现行法律。再次,法律解释只能以国家正式法(包括国际法)为对象。民间的非正式法不应进入法律解释的视野。当然,由于相当大量的国家正式法来自于民间的非正式法,也由于国家正式法有时并不能普适于全国的各个角落。因此,法律解释者会联系民间法对国家正式法作出解释,但这照例是为了对国家正式法作出更好的解释。最后,法律解释只能以法律规范为对象(在判例法中,法律事实也是法律解释的对象),而不能以整个法律现象为对象，如法律解释在解释“法律设施”时，所解释的只能是法律规范中所规定的法律设施的含义，至于实践中人们如何建造法律设施，法律解释可以在所不问。但是，解释法律在法律这一对象上就无所限制。一是无论本国法、外国法，抑或国际法；无论现行有效的法还是已经失效的法；无论国家正式法还是民间非正式法，都可以纳入解释法律的视野，即都是解释法律的对象。二是解释法律还须以一切法律现象（如法律规范、法律意识、法律行为、法律思想、法律组织、法律运行和法律设施等）为对象。三是解释法律不仅解释法律现象，而且任何一种深入的解释法律活动，还须解释法律现象所赖以存在的社会事实与基础，即须解释与法律现象相关的社会事实（包括作为立法根据的社会事实和受法律所调节形成的社会事实）。一言以蔽之，当解释法律在以法律为对象时无所制约，泛指一切法律、法律现象以及与法律现象相关的一切社会事实；而当法律解释在以法律为对象时，却有严格的制约，它仅指解释者所能管辖的现行的国家正式法律和本国参与的国际法律（法律规范）。

第四，两者的方法不同。解释法律的解释方法是发散性的，它可以运用历史学、文化学、社会学、政治学、规范学，甚至自然科学的方法来解释法律；但法律解释的方法却要比解释法律的方法简单得多，虽然笔者在前文中也讲到其方法是多样的，但和解释法律相比较，它主要采用逻辑学、语法学、法律解释技巧学等方法。由于我国学者在学理上不大区分解释法律和法律解释，因此，在论述“法律解释”的方法时，往往是把解释法律的方法和法律解释的方法合二为一，都作为法律解释的方法。① 事实上，和解释法律的方法相比较，法律解释的方法要系统和细致得多，并且法律解释的方法具有明显的职业或专业特征。一般不从事法律解释的人，面对这些方法，也许不知所云。正是法律解释的这种独特性，使得法律行业成为相对封闭的、不为外人所了解的一个行业。可以说，我国目前法学的封闭以及由此带来的所谓“法律人与知识分子的分离”② 现象，就是受了法律解释方法的明显影响。也难怪人们把大量的法学教材称之为教材化的法条解释。而解释法律的方法虽没有法律解释的方法那样专业化，但它要比法律解释的方法宽泛得多。笔者把解释法律的

---

① 例如，前引杨仁寿、梁慧星、张志铭和董皞书在其各自的论述中，在论及法律解释的方法时，都有把法律解释方法和解释法律方法混为一谈之嫌。

② 梁治平：“法治进程中的知识转变”，载《读书》1998 年第 1 期。

方法(法学方法)划分为四个层次,即纯正的法学方法——规范分析方法;因规范分析之必要而引申的法学方法——解释学方法;法学借用的其他学科的方法——哲学分析方法、社会分析方法、文化分析方法、经济分析方法、政治(或政策)分析方法、自然科学的一些分析方法等;一切学问公用的方法——逻辑学方法、语法学方法、修辞学方法等。解释法律之所以会涉及如此之多的解释方法,是因法律在本体上涉及社会方方面面之故。[①] 可见,解释法律的方法并不特别强调专业性。还应说明的是,就两者之方法的关系而言,法律解释的方法完全可以为解释法律所运用,但相反,解释法律的方法未必能被法律解释所运用。

第五,两者的目的不同。解释法律的基本目的是表达解释者对法律的见解、立场,以及系统的思想,其最终目的是有关法律的"意义探究";而法律解释的基本目的是使人们更好地理解、运用或者健全现行法律,其最终目的是维护现行的法律秩序。法律解释的目的只能是世俗化的,即使对国家所认可的宗教法的解释,并不是为了所谓神的奥义,而是为了维护神在人间的世俗统治。如果法律解释背离了这一目的,那么,即使它在法定权力上是有效的,但在社会运行上可能毫无效力。当然,这并不是说在法律解释当中不能体现法律的某种"意义";反之,优秀的法律解释必须体现出法律的意义。特别是在有些判例法的解释中,由于后面的判例建立在对先例的解释基础之上,因此,当判例上升为判例法时,其中常常蕴含了法律的深奥义理。一封高质量的判决书,其说理就是表达法律义理的论著。即使在成文法的解释中,能被称为好的解释也应表现出法律的意义,而不能不顾法律的意义,就规范而论规范。不过,由于法律解释之目的的"先天"限制,它不可能也无必要以探讨法律的意义为最终目的,而只能以维护现行的法律秩序为最终目的。但是,解释法律作为一种学理行为,其目的就是对有关法律的意义阐释。可以说,一切学问皆为解释。人类学问间的分歧,特别是有关社会问题的学问之分歧,其实无非是在寻求和运用不同的解释模式上的分歧。解释法律是人们表达其对法律现象之认识的唯一方法,也是法律现象的义理得以外现的唯一途径。尽管人们解释法律时可以发散性地运用不同的方法,但这些方法可以被共同地归纳为解释方法。如果没有解释法律的行为,法律的意义有可能会湮没不闻。由此不难发现解释法律与法律解释之目的

① 对此,在笔者正在撰写的《法律本体视野中的法学方法》一书中要进行详细的论述和交代。

的差异。

第六,两者的效力(功能)不同。解释法律一般不具有正式效力,而法律解释则具有正式效力。通过前文中对解释法律与法律解释之概念的阐述可见,解释法律是解释者的一种自治行为和权利行为,而法律解释是国家化的一种正式行为和权力行为。解释法律无须任何人授权,而法律解释必须国家法律的正式授权。由此就产生了解释法律与法律解释在效力上的差异。作为一种国家化的行为,法律解释必然要追求解释的“霸权性”。若不具有此种“霸权性”,那么,法律解释就会失去意义。同时,由此也决定了法律解释的这种霸权性,是法律解释之“合法性”的基本根据。具体地讲,法律解释的合法性有两个方面:其一是法律解释要针对国家现行的法律文本;其二是法律解释具有“霸权性”的解释效力。为什么法律解释必须有此种“霸权性”的效力?这是和前述法律解释的行为性质及目的相关的。但是,解释法律作为一种自治的行为,它不会自动地产生正式效力。同时,它一般并不必然形成“霸权”效应。不过,这并不意味着解释法律在任何情况下都不会产生正式效力,释放出霸权效应。就解释法律具有正式效力的条件而言,它的唯一根据是当权者的默许或公认,即当权者在多元的解释法律的理论中选择其中一种或多种来指导立法活动。但即使在这种情况下,解释法律与法律解释之效力范围还是有所不同,即解释法律的效力主要作用于国家的立法活动中,成为立法的指导思想。解释法律在执法和司法活动中的有效性是其在立法中有效性的自然延伸,但法律解释的有效性却主要体现在执法和司法活动中(如果不把法律解释看做一种立法的话)。就解释法律具有“霸权”效应的形成条件而言,一方面,当某种解释法律的成果被当权者采用时,其自然有了“霸权性”,这与前述正式效应无所区别;另一方面,当某种解释法律的成果被其他解释法律者普遍认同时,它也会形成“霸权”效应,但该效应只存于解释法律者之间,而不必然延伸到执法和司法活动。同时,这种“霸权”效应是无须强制力来推行的,这不同于法律解释的“霸权”效应,即当人们不认可法律解释的“霸权”地位时,可以用强制力来推行之。

由上述可知,解释法律与法律解释既有联系,又有明显区别。对这种联系与区别的论述,使笔者更进一步想到了有关法学的学理划分问题,特别是法哲学与法理学的关系问题。

三、解释法律与法律解释:关于法哲学与法理学

近年来,在我国法学发展的同时,法哲学也有了一定的发展。但是,究竟什么是法哲学？特别是它与一般法学（尤其是法理学）之间是什么关系？在这些最基本的问题上，我国法学界有截然不同的看法。[①] 笔者觉得，通过前述对解释法律与法律解释的区分，可以为我们进一步理解这一问题提供一个个例。何以有这一结论呢？

在本文第一个问题的论述中，笔者指出：解释法律是一个哲学命题，而法律解释是一个法学命题。因此，在那里已经寓含了解释法律与法哲学之间的紧密关系，也寓含了法律解释与法理学（法学）之间的逻辑关联。笔者认为，法哲学是思辨或反思的学问，而法理学是描述的学问。[②] 反思与描述的基本区别，在于反思更多地具有主观性，当然，它要以客观性为基础；而描述更多地具有客观性，当然，它并不排除运用主观思维之工具。法哲学的反思属性与法理学的描述属性与前述解释法律与法律解释的各自特点在逻辑上明显地具有某种相通性。解释法律与法律解释相比较，前者更多地具有主观性，即突出解释者个体对法律的理解；而法律解释更多地具有客观性，即解释者必须严格尊重法律文本的本来含义。由此可见，解释法律与法哲学一样，更多地具有主观性；而法律解释与法理学一样，更多地具有客观性。这种一般的关联还不足以说明两者各自与法哲学和法理学的关系。具体分析起来，则解释法律和法律解释两者各自与法哲学和法理学的内在逻辑关联，可以总结为如下诸方面：

第一，两者与各自所相关的法哲学、法理学间有相同的问题。任何一个概念都是为了回答人们提出的问题。当然，以概念为具体材料而构筑起来的学问更是为了系统地回答人们提出的问题。正是在这里，两者各自与法哲学和法理学间产生了内在的逻辑关联。解释法律与法哲学的共同性问题在于：它们都以回答法律的根本性问题为使命，即它们都是对法律之存在意义的追问。正因如此，所以，两者虽都以法律的根本性问题为问题，但都不仅就法律而释法律，有可能会使思维境界全方位地扩展，从而更好地在和其他社会现象的比较中获得对法律根本性问题

---

① 关于法哲学及其研究对象在我国近年来的不同见解，参见严存生：“论法的理念”，载郑永流主编：《法哲学与法社会学论丛》（二），中国政法大学出版社 2000 年版，第 1～29 页。我本人对该问题的看法，参见谢晖：“法思辨：法哲学的本质精神”，载郑永流主编：《法哲学与法社会学论丛》（一），中国政法大学出版社 1998 年版，第 69～81 页；“法思辨的实践经验基础——观察法哲学与部门法学之关系的一个视角”，载郑永流主编：《法哲学与法社会学论丛》（二），中国政法大学出版社 2000 年版，第 62～77 页。

② 谢晖：“法的思辨：法哲学的本质精神”，载郑永流主编：《法哲学与社会学论丛》（一），中国政法大学出版社 1998 年版，第 69～81 页。

的认知。从此意义上讲,解释法律与法哲学也许主要是由法学家完成的,但它们共同地并不具有行业的封闭性,从而使它们成为最有资格与其他的学问相交流的部分。所以,当法学家不懂得解释法律,也不懂得法哲学时,其学问只能是行业内部的,跨越行业,就失去了"业内人"了解的兴趣,从而使法学家只能面临着学问之边缘人的尴尬。相对而言,法律解释与法理学的共同点是不强调法律的根本性问题,也许,它们也会遇到一些法律的根本性问题,但对这些问题的根本性回答并非其使命。一般地说,它们所要回答的是法律的具体问题,并且这种回答明显的是为了促进对法律的认知和运用。因此,法律解释和法理学对法律的解答,可以被看成是法学和法律行业内部的行为,其使用也主要在这一行业内部。这恐怕是人们觉得法学与其他学科难以交流的重要原因之一。

第二,两者与各自所相关的法哲学、法理学间有相同的工具。不论作为特殊概念的解释法律和法律解释,还是作为学问体系的法哲学和法理学,都需要一定的分析工具。比较起来,解释法律与法哲学的分析工具大致相同。首先,两者在具体的分析工具上都是发散性的,即任何学问的特殊分析工具都可能被借用来解释法律,或成为法哲学的分析工具,只要这些分析工具对反思法律具有帮助。这同时也表明,虽然解释法律与法哲学的分析工具是发散性的,但这些工具要以能共同地反思法律为特征。两者在分析工具上的接近或相同,以及借用这种工具对法律所进行的反思性思考,是其在逻辑上相勾连的重要方面。法律解释和法理学在分析工具上的共同性体现在,除了对专门的工具性学问(如逻辑学、修辞学、语法学)的借助外,它们更倾向于在法律和法学的行业内部寻求分析工具,而一般地并不欣赏分析工具的发散性。也就是说,法律解释与法理学并不太注重借助其他学科的分析工具来说明法律问题。因此,在分析工具上,两者也具有行业内部的纯粹性。这是由于两者都是为了描述法律之故,即法律解释与法理学的分析工具,主要不以反思法律为功能,而以描述法律为功能。据上所述,凡是能够更好地反思法律的分析工具,更容易被解释法律和法哲学所共同地纳入;凡是能够更好地描述法律的分析工具,则更容易被法律解释和法理学所引用。

第三,两者与各自所相关的法哲学、法理学间有共同的使命。由于前述解释法律与法哲学所面对的独特问题,所以,两者主要以反思法律为使命。所谓反思法律,是指不仅要告诉人们法律是什么,而且要告诉人们法律应当是什么,即不仅要说明法律自身,而且要对与法律相关的价值问题作出估价和说明。人之为人，贵在其是能够思维和反思的动物。在面对法律时，只要人不愿异化为法律的工具，只要人企图在法律面前保持某种主动性，那么，仅仅说明法律是远远不够的。因为虽然有所谓永恒不变的自然性，但与人类直接相关的法律每每是人定法，是人的理性而非神或自然的理性。这就需要人们对法律作出任何形式的评说和批评。解释法律和法哲学的反思特征就提供了一种人们对法律的评说空间，从而给人们提供一个对法律的不仅是现象联系的思考，而且是具有本质性的思考。因此，可以这样进一步界定解释法律与法哲学的使命：两者都是通过对法律的反思而批评法律，它们的使命就是法律评论和批评。这一使命的缺失，可能使人们在法律面前只会"歌德"，从而法律变得故步自封，人变得缺乏脑袋。法律解释和法理学所面对的特殊问题，使它们主要以描述法律为使命。所谓描述法律，是指说明人们所面对的法律是什么，它们的实际效果是教给人们法律的现实内容，并使人们更好地理解法律、遵守法律，因此，它们无须去反思法律的利弊、去评说法律的得失（或至少这不是它们的主要使命）。所以，法律解释与法理学必须为法律而"歌德"，不过一个是针对现实有效的法律而"歌德"，另一个却是在整体上为法律而"歌德"。这一区别并不损及其使命的相同性。

第四，两者与各自所相关的法理学、法哲学间有类似的结论。在结论上的相类似性，也是解释法律与法哲学间、法律解释与法理学间相关连的重要因素。总的说来，如前文所述，解释法律与法哲学在结论上更多地具有主观性，能突出研究者与解释者自己对法律的理解、判断、见解和解释，因此，是"主观性"的结论。而法律解释和法理学在结论上更多地具有客观性，即它们并不特别要求突出研究者和解释者对法律的个性化的理解、判断、见解和解释，因此，是"客观性"的结论。具体地说，则解释法律和法哲学在结论上可以是五花八门的，站在这一立场，人们既可以完全拒绝法律，也可以成为法律的信徒甚至奴仆。所以，在解释法律和法哲学那里，人们对法律进行解释或认知的自由度更大。这种自由的解释或认知，或许会产生人们关于法律的偏见，但也不乏片面的深刻。各种片面的深刻之综合，就可能形成一种全面的深刻。这正是解释法律和法哲学存在的最大必要所在。由于这一特点，所以，一方面，解释法律与法哲学更容易被归入学问领域；另一方面，两者具有明显的开放特征；再一方面，就其对法治的具体功能而言，它们更容易作用于"创建"法治的过程中,作用于对法治的完善活动。而法律解释与法理学则反对在结论上的五花八门,强调在关于法律的结论上的相对统一性,这是和两者追求对法律的客观性之认知相关的。因为法律的客观性,不论就整体性的法律而言,还是就某国现行的具体的法律而言,其客观性只能有一种,不存在所谓法律的多样的客观性。因此,法律解释和法理学在结论上相对地更为单一。从此意义上讲,一方面,法律解释与法理学更具有政策"科学"的性质;另一方面,法律解释和法理学更具有守成的特点;再一方面,就其对法治的具体的功能讲,两者更能够支持一种现成的法律秩序,但也容易使法治秩序陷于僵化。正是由于解释法律与法哲学、法律解释与法理学各自不同的特点和功能,对法治而言,它们都是必要的。

尽管解释法律与法哲学、法律解释与法理学具有如上的明显关联,但是,并不能说解释法律就是法哲学,也不能说法律解释就是法理学。原因有如下二端:

首先,解释法律与法律解释都直接指向一种行为,它们并不一定要求体系化的观点。而法哲学和法理学则是一种体系化的学问。因此,解释法律虽然关乎法哲学,但它并不一定就是法哲学。只有解释法律形成体系化的学问时才能称为法哲学。正是在此意义上,我们可以说孔子、老子、庄子等思想家有法哲学思想,但不能说他们有法哲学。同样,法律解释也虽然关乎法理学,但法律解释并不就是,也不可能是法理学。在法律解释过程中也许会形成一些重要的法理学观点,但它不可能直接成为法理学。在这一点上,法律解释与法理学的关系,还不同于解释法律和法哲学的关系,即解释法律在体系化之后就形成为法哲学,而法律解释无论如何体系化,也无法成为法理学。这是由于法律解释属于制度领域,它以现行法为对象;而法理学属于精神学问领域,它以一切法律为对象(在这里,法理学与法哲学找到了可相通之处)。

其次,基于前一点原因,可以认为,解释法律与法律解释是构筑法哲学与法理学的重要材料(当然,不是唯一材料)。对法哲学而言,没有解释法律的行为,就不可能达向法哲学之路。因此,解释法律对于法哲学是必需的材料、必要的过程。法哲学就是解释法律的体系化,或者体系化的解释法律。当然,这并不是说法哲学是解释法律之方法的堆积,而是说它是按照一定的方法解释法律时所形成的系统观点或系统的思想体系。总之,解释法律是法哲学的必要条件。这就不同于法律解释和法理学的关系。诚然,对于法理学而言,法律解释是重要的构筑材料,但这并不意味着法律解释对法理学而言也是必要条件。这是因为两者在对象上具有明显区别之故。法理学要寻求古今中外所有法律的共同性(哪怕是差异地存在的共同性)和客观性,而法律解释只关注现行法律的客观性。因此,法律解释虽然对法理学是如此重要,但它永远只能是法理学的材料,永远与法理学分属两途。

总之,通过对解释法律和法律解释这对不同概念的阐释,不但能使我们对这两个概念本身之联系与区别有所体认,而且通过对它们的体认进一步地理解法哲学和法理学的差异,即为寻求法哲学与法理学的差异找到一个分析的工具和视角,或者找到了分析法哲学与法理学之关系,特别是其差异的个例入口。当然,自解释法律与法哲学更多的关联、法律解释与法理学更多的关联之中,也反过来进一步深化了本文所论述的主题:解释法律与法律解释,虽然看是相似,实则大相径庭。

〔本文原载《法学研究》2000 年第 5 期〕

解释学法学与法律解释学

笔者在《论解释法律与法律解释》一文中，具体地谈到了两者之间的区分，并认为两者分别与法哲学与法理学相关联。[①] 进一步的分析可以是：由解释法律所形成的学问应称为解释学法学；而由法律解释所形成的学问应称之为法律解释学。虽然，解释法律和法律解释分别关联着法哲学和法理学，并且无论法哲学也罢、法理学也罢，在放大的"解释"立场去理解，毫无疑问，都牵扯到对法律现象和法律解释现象的解释，都是有关解释的学问。然而，我们仍然要说，即使解释哲学在20世纪贫瘠的哲学土壤上矗立了一根令人振奋的高高的标杆，[②]但它仍然不是，也不可能是哲学的全部。它可能在某种意义上超越了以往的哲学，但它并没有取代以往的哲学。同样，法哲学和法理学并不可能全部由解释哲学的语言所取代。我们所能做的，只是借用解释哲学的语言来分析两种不同的法学学问，即解释学法学与法律解释学，但我们没有权利

---

① 该文刊载于《法学研究》2000年第5期。

② 虽然，在人类的20世纪，科学发达到了一个前人难以想象的地步，同时，哲学在这个时代也有明显的贡献，也出现了一系列彪炳史册的哲学大家，如人们耳熟能详的胡塞尔、海德格尔、伽达默尔、哈贝马斯、马尔库塞、杜威、罗尔斯、哈耶克、罗素、爱因斯坦、萨特、福柯、波普、拉卡脱斯……但一方面，和这个时代科学的突飞猛进相比较，另一方面，和以前两个世纪哲学的辉煌成就相比较，20世纪仍然可以称为是一个哲学贫困的时代。也许，其他学科的日益繁荣，使哲学独霸学问的历史时代一去不复返了。也就是说，哲学能够引起人们无限兴趣的时代及人们利用此而制造的哲学霸权主义不可能再恢复。尽管事实如此，但人们还是追怀那哲学兴盛的时代。

阻止,更没有资格否定运用其他哲学理论所构筑的法学也可能是法哲学或法理学。厘定了本文关于解释学在法学研究中的运用之"域",可以令我们更好地理解解释学法学与法律解释学的区别。

单从名称来看,解释学法学与法律解释学除了文字组合的差别外,在意含上难以分出其区别。确实,要在两个文字接近的概念间作出其意含的区别,是一件并不容易的事,但这并不意味着我们可以放弃这种区分。只要解释学法学与法律解释学所表达的本体内容不是同一的,就有必要对两者进行学理意含的区分。那么,两者究竟有哪些区分?

一、从研究对象看解释学法学与法律解释学的区分

一门学科区别于其他学科的关键,在于不同学科的研究对象的差异。倘若研究对象完全相同,或者大部分相同,就只能是同一学科,而构不成不同的学科。解释学法学与法律解释学分别属于交叉学科(法学与哲学)与法学这两大学科的具体内容,因此,两者所研究的必然是不同的对象。这样,就构成了两者各自成为一门学科的前提。

解释学法学①的研究对象是一切法律现象及其背后的决定这些法律现象的自然的或社会的事实。法律现象是指以法律规范为核心与前提的人类规范化的生活实践。因为对法律规范的理解和解释不同,所以,就形成了关于法律现象的不同见解。比如,在价值法学看来,法律应反映人类的普遍的道义要求。当法律和人类的普遍的道义要求相悖反时,不应是道义屈服于法律;相反,道义必须去矫正法律。事实上,价值法学在这里设置了一种凌驾于法律之上的规范准则,一旦实在法违反它,即意味着道德价值准则取得了实际的实在法的地位。显然,按照价值法学,法律现象的范围就大为扩展。它包括了人类的一切具有普遍性的道德及道德生活和实在的法律及法律生活。② 而社会法学派则认为,法律不仅仅是实在的形成规范文本的国家意志,规范文本只是死的文字规则,与此相对应,还应有"活的法"或者"行动中的法"。依据对法律的此

---

① 根据笔者目前的阅读范围,在我国较早地以成文方式论述解释学法学的是梁治平,他是在论述解释学法学与法律解释的方法论以及法解释学三者的关系中论述解释学法学的。他认为:"解释学法学即是以哲学解释学运用于法学的尝试,因此,解释学法学与法律解释的方法论的关系,大体上可比之于哲学解释学与传统解释学的关系。"梁治平:《解释学法学与法律解释的方法论》,载梁治平编:《法律解释问题》,法律出版社1998年版,第87～104页。

② 参见张乃根:《西方法哲学史纲》,中国政法大学出版社1993年版,第1页以下;沈宗灵著:《现代西方法理学》,北京大学出版社1992年版,第37页以下;张文显:《二十世纪西方法哲学思潮研究》,法律出版社1986年版,第37页以下。

种理解，社会法学特别青睐民间法。所谓民间法，就是活生生地流传于民间的用来规范人们日常公共行为、解决人们之间纠纷的习惯规范。不难发现，按照社会法学的立场，法律现象的范围几乎包括了人类的一切“活动的”规范秩序，包括国家实在法秩序、民间实在法秩序和人类道德秩序。[①] 这样，法律现象就可以被解释为人类的一切有效的规范实践和规范生活。

当然，一般说来，“纯粹”的法学家还是比较欣赏规范法学——分析实证主义法学关于法律的观点：法律就是主权者的命令。[②] 尽管在人类的秩序形成机制中，并不是国家法独霸地起作用，但自从人类进入国家化的文明形态以来，不论在君主主权时代（国家）还是民主主权时代（国家），可实证的，并且影响最大的法律每每是以国家的名义制定的。所以，价值法学基于人类理想和正义的追求而进行的批判，往往是以国家实在法为靶子的；社会法学基于人类生活的现实经验之实证所进行的批判，也往往是以国家实在法为对象。不过，我们要说的是：人们完全可以对实在法抱着一种轻视甚至否定的立场，但是，轻视的前提是正视，否定的基础是肯定。因此，价值法学也罢、社会法学也罢，他们都不是在存在的实证立场去否定国家实在法，而是在功能的实证角度提出对国家实在法的质疑或否定。法学发展的事实证明，价值法学的繁荣和社会法学的兴盛都未削弱，也不可能真正削弱国家实在法的功能，而且在这个号称国际政治朝多极化方向发展的时代，国家实在法的作用反倒成为国家利益保护的规范基础，因而其实际作用反而加强。所以，就价值法学与社会法学的实际功能而言，他们只是分别提出了改进国家实在法功能的方略，而不是否定了国家实在法，并且也不可能（哪怕在功能视角）否定国家实在法。这正是规范法学——分析实证主义法学之所以能与前两种法学流派鼎足三立，并且在事实上规范法学还往往占据先机的原因所在。规范法学所理解的法律现象，严格局限于国家的实在法。因此，在规范法学家眼里，道德价值理想和社会习俗规范都构不成解释学法学的

---

① 参见张乃根：《西法学哲学史纲》，中国政法大学出版社 1993 年版，第 9 章、第 11 章、第 12 章；沈宗灵书第四编；张文显书第 3 章。

② 说明这种一般性，并不表明作者对于法律的态度就是站在规范法学的立场上。事实上，基于理想与现实相统一的立场，笔者更加倾向于对价值法学和社会法学加以调和，从而确定法律的范围，并在此基础上进一步说明法律现象的内涵与外延。当然，这种调和是不容易的，特别是在社会法学总是要实证某种存在的合理性，而价值法学则总是要说明某种理想的必要性的情形下。

解释对象。①

笔者在前文中，只是一般性地交代了我们比较熟悉的西方三大主流法学流派关于法律现象的不同观点。20世纪以来西方的非主流法学可以说真正达到了那种学派林立的境地，这其中就包含了不同的法学流派对法律现象截然不同的理解和解释。以上的交代旨在说明：法律现象作为解释学法学的主要对象，对它的不同设定就决定着解释法律的内容之宽狭、性质之别异。因此，如果对法学做一实证考察的话，我们将会发现，只要是流派化的法学，很难有共同的法律现象观念。

笔者认为，法律现象是以法律规范为前提和核心的人类制度实践系统。② 它的具体内容包括法律规范、规范意识、法律主体、法律行为和法律反馈（监督）。法律现象之为解释学法学的对象，当然地包含了如上诸方面的内容；即解释学法学不但要解释法律规范，而且也要解释由法律规范所带来的一切社会现象。这就是解释学法学所要解释的法律现象，也就是解释学法学对法律现象的解释内容。

解释学法学不但要解释法律现象，而且要解释法律现象所赖以产生、发展和变化的深层原因。这种深层原因，就是解释学法学对法律现象的发展线索、脉搏和规律的解释。特别是对法律为何产生、如何产生以及其历史的存在限度、作用限度等的解释。当然，由于解释者的前见的差异、立场的不同、学养的区别以及在更为广阔的意义上的法律文化的影响，对法律发展规律问题的学理解释也许会显得千差万别。甚至每个流派的解释在一定意义上讲，缺乏一种通约和公度的标准。因此，解释的客观性在这里是相对的，而解释的主观性却成了绝对的。但正是在这种对法律发展规律的不同解释中，我们可以进一步地领略解释学法学的魅力，可以在某种多元性中求得法学思维的进步和发展。

法律解释学的研究对象不是笼统意义的法律现象，而是法律现象中

① 参见张乃根：《西法学哲学史纲》，中国政法大学出版社1993年版，第7章、第13章；沈宗灵：《现代西方法理学》，北京大学出版社1992年版，第三编；张文显：《二十世纪西方法哲学思潮研究》，法律出版社1998年版，第2章。

② 此前，笔者曾提出了关于法律现象的定性的回答，认为法律现象是“法律这一客观事物之本质的外在表现，是法律的外部联系的总和，其特点是具有直观性、表象性。”参见谢晖：《法学范畴的矛盾辨思》，山东人民出版社1999年版，第38页以下。现须作出反思的是：这一结论，显然受我们所熟悉的毛泽东哲学的影响。但对法律现象的这一定性，笔者并无意更改它。

的一种，即法律解释现象。[①] 有法律必然有解释，这既取决于法律自身无可避免的缺陷以及由这种缺陷可能引发的人们之间的行为冲突，也取决于人类理解能力的有限及由这种有限所导致的人们之间的理解冲突，还取决于人们为了维护法律的权威和秩序而通过解释实现法律统一性的要求。但是，法律解释现象，即使我们抛开了解释法律[②]的内容，也还是一个相当广泛的概念，特别是在当代中国。就一般情形言，我们可以发现：既存在着有权解释，又存在着法学家对法律的学理解释，还存在着其他学者对法律的解释；既存在着以司法为主导的解释（特别是在西方世界），也存在着以法学家为主导的解释（如在当代世界依然现实有效的伊斯兰教法中），还存在着以立法为主导的解释（如当代中国的法律解释体制）；既存在着作者中心主义的法律解释，也存在着文本（法律）中心主义的法律解释，还存在着读者中心主义的法律解释……可见，法律解释学的对象，涉及一切法律解释现象。面对如此纷繁的法律解释现象，法学家切不能"眉毛胡子一把抓"，而应当有轻重缓急之分。当然，具体到不同的法律解释学的作者，他们对究竟哪些对象之与法律解释学的建立更为重要，有一个权衡选择的过程。但一般说来，法律解释学的目的，主要在于对法律解释问题进行理性的指导。特别是给司法活动中的法律解释行为提供必需的方法和观念。因此，如果说整个法学都是应用学科的话，那么，法律解释学就更强调应用性。法律解释学的目的不是（或主要不是）给人们提供精神享验，而是给法律实践提供理论对策。

法律解释学不是简单描述法律解释现象。它作为一种学问，当然要深入法律解释现象的具有一般性、共同性、规律性和普遍性的问题中去，即法律解释学要能够对人们解释法律的行为提供或产生必要的理论指导，须从法律解释的现象中得出法律解释的一般性、共同性、普遍性和规

---

① 目前国内出版的有关法律解释学的书，很少对法律解释学的对象问题作出解释，甚至也很少使用法律解释学这一概念。就笔者目前所掌握的材料，以成文方式提出过法（律）解释学一词和类似词的有梁慧星：《民法解释学》，中国政法大学出版社 1995 年版；陈弘毅：《法治、启蒙与现代法的精神》，中国政法大学出版社 1998 年版，第 36～61 页；梁治平：《法律解释问题》，法律出版社 1998 年版，第 87～104 页；陈金钊：《法律解释的哲理》，山东人民出版社 1999 年版，第 1～36 页；季卫东：《法治秩序的建构》，中国政法大学出版社 1999 年版，第 87～144 页等。而对法律解释学的对象（而不是法律解释的对象）作出过专门探讨和研究的是陈金钊。不过，在陈金钊著作中，我们可以明显发现他把解释学法学的对象和法律解释学的对象混为一谈。

② 直到目前，对解释法律与法律解释的混淆使用仍是一个严重的事实。这对我们理解和区分解释学法学和法律解释学带来了困难。但是，它们两者的区别不仅是必要的，而且是必需的——如果我们进一步探讨、了解解释学法学和法律解释学之区别的话。

律性的结论。这样,法律解释学的对象就从法律解释现象延伸、拓展到有关这一现象的一般性问题中。在法律解释学内部,对法律解释现象的研究只是它的手段,而通过法律解释现象抽象、上升到对其一般性问题的认识,是它的目的。

二、从学科分类看解释学法学与法律解释学的区分

这里提出学科分类问题,是要解决解释学法学和法律解释学的学科归属问题。从两个词汇的表面看去,两者都紧密地关联着法学,似乎都应是法学的分支学科(三级学科?)。但在笔者看来,两者各自有其学科归属。简单地说,解释学法学应当归属于某种意义上的交叉学科,而法律解释学则理所当然地是法学(特别是法理学)的应有内容。对这一结论的论证和回答,还需要进入两者的更为广阔的知识视野中去。

解释学法学是以20世纪勃兴的解释学哲学的原理和方法来分析、理解和解释法律现象及其内在发展的学科。解释学哲学(也有人称哲学解释学)可以说是人类哲学思维的最新视野。它的集大成者是德国的"跨世纪"哲人伽达默尔。在《真理与方法》一书中,[①]伽翁不但梳理了人文—精神科学之核心观念和概念的历史,梳理了解释学作为精神科学重要内容的发展历程,而且富有创造性地将普通解释学发展成为解释学哲学。[②] 其特点是把人类的理解和解释置于人类存在的本体视角,从而使理解和解释获得了在哲学殿堂中以本体论身份立足的资格,克服了以前的解释学长期以来把理解和解释置于方法论的习惯。哲学解释学的创生,毫无疑问,是20世纪最伟大的哲学事件之一。它已经成为一种具有世界性影响的学说。即使在我国,也有一些从事现、当代西方哲学和现、

---

① 该书在我国出版了两个译本,其一是由王才勇翻译的该书的第一部分,由辽宁人民出版社1987年出版;其二是由洪汉鼎翻译的该书的全译本,该书由上海译文出版社出版。其中上卷于1992年出版,全书于1999年出版。另外,伽氏的著作在我国翻译出版的还有《哲学解释学》,由夏镇平、宋健平译,上海译文出版社1994年版;《伽达默尔集》,由严平编选,邓安庆等翻译,上海远东出版社1997年版等。这些著作大都集中于伽氏的哲学解释学理论。

② 当然,哲学解释学的创生,如我们所知道的那样,并不是伽氏一家的贡献。伽氏只是它的集大成者。在他之前,施莱尔马赫、狄尔泰等解释学大师;同时,他所师承的海德格尔以及海氏所师承的胡塞尔等都对解释学的哲学化作出了贡献。从这个意义上讲,伽氏是站在前人的肩膀上完成哲学解释学的。在他的同时代,法国的保罗·利科、他的同胞哈贝马斯等在不同的层面或视角也对哲学解释学作出了巨大的贡献,从而使这门学问更具有世界性。

当代西方文学艺术的学者投身于哲学解释学的介绍和研究工作。[①] 当我们简要地了解了解释学哲学的发展之后,进一步的问题是:解释学法学既然以解释学哲学的原理和方法探讨、解释法律现象及其一般性问题,那么,它究竟应属于法学还是属于哲学(解释学哲学)? 对这一问题的回答,使我想到了与此问题相像的法哲学的归属问题。

法哲学作为用哲学的理念和方法来观察、理解、论述法律现象的学问,对它的学科归属在不同的国家、不同的学者中有不同的处理。例如,在德国,长期以来,秉承古希腊理性主义哲学和法学理念与传统的学者,总是将法哲学置于哲学体系中。至今在德国的不少大学中,法哲学课程是由哲学系的教授们讲授的,从而形成了所谓哲学家的法哲学。但在同一国度,另有一些秉承近、现代科学实证主义传统的法学家,则主张将法哲学置于法学学科中,从而形成了所谓法学家的法哲学。而在大陆法系的其他国家和英美法系国家,法哲学大都被归置于法学学科中。[②] 但即使如此,对法哲学的具体学科归属仍然是争论频仍的问题。即使在我国的法学家中间,这一问题的争论也照例存在。我觉得,在学科分化并不太明显的时代,一门学问的出现,只能进行非此即彼的学科归属,这具有合理性。但在学科分化现象越来越烈的历史时代,还需要这种非此即彼的学科分类方式吗? 事实上,所谓交叉学科的出现,就是为了克服并解决根据过度的分析传统所带来的一些新兴学科分类上的困难。因此,法哲学的学科分类不应当墨守成规地、非此即彼地放置于既有的学科分类框架里,而应当有新的思路。这一思路就是交叉学科。

谈论法哲学的学科归属,旨在进一步说明解释学法学的学科归属。几乎同法哲学一样,解释学法学也有一个究竟归属于解释学哲学(哲学)还是归属于法理学(法学)的问题。对这一问题的回答,在事实上必然会是见仁见智、各有说辞的。笔者目前还没有看到有关就解释学法学的归属问题进行研讨的论著,这种情形只能说明该种学问至少在我国尚未引起充分的、足够的重视,而并不说明我所提出的问题是个假问题。同时,

---

① 其中在我国研究哲学解释学的代表性著作是:张汝伦著:《意义的探究——当代西方释义学》,辽宁人民出版社1986年版;殷鼎:《理解的命运:解释学初论》,三联书店1988年版。另外,一大批西方哲学解释学的著作也已经在我国翻译出版。

② 对此,可参见舒国滢:"走出概念的泥淖——'法理学'与'法哲学'之辨",载氏著:《在法律的边缘》,中国法制出版社2000年版,第105~118页。舒氏虽未直接提供法哲学归属的材料,但其论文对我们了解有关法哲学的学科归属有帮助。也可参见谢晖:"法思辨:法哲学的基本精神",载郑永流主编:《法哲学与法社会学论丛》(1),中国政法大学出版社1998年版。

这也不妨碍我们对解释学法学的学科归属问题作几种假设的不同回答。

第一种假设是有人把解释学法学归属于解释学哲学的范畴。其理由是解释学法学的基本原理和方法系从解释学哲学那里引借而来。一门学问究竟应归属于哪一学科？这取决于其分析方法和由这一分析方法所得出的基本原理。既然解释学法学借用了解释学哲学的分析方法和原理,那么,将其归属于解释学哲学(哲学)这一学科体系中,也是无可厚非的。然而,问题是这一假设的理由是否充足。一门学问借用了其他学科的分析方法和基本原理到何种程度才能归属于所引借的学科?[①] 解释学法学是否没有自己的基本原理和分析方法,而一味地借用解释学哲学的基本原理和分析方法？既然解释学法学应当归属于解释学哲学,那么,为什么还要把其称之为"法学",而不称之为"哲学"……倘若对这些问题不能作出进一步的回答,那么,这种假设的说服力也就相应地减弱。

第二种假设是有人把解释学法学归属于法学的范畴。其理由是解释学法学的对象是法律现象及其一般性问题,而不是其他。同时,解释学法学虽然借用了解释学哲学的分析方法和基本原理,但它并不是对被借用者的简单套用,相反,它在运用被借用者的基础上,形成了足以作为一门学问的独特的原理和方法。不但如此,而且解释学哲学在创生时,也借用了古老的法律解释方法和原理,以至于在解释学哲学中,"法学诠释学"(即我们所讲的解释学法学)具有"典范意义"。[②] 表面上看来,这一假设在理由论证上似乎振振有词,但它也存在着需要继续回答的问题。例如:在没有哲学解释学时也有发达的解释法律的行为,但为什么那时的解释法律行为及其结果不叫解释学法学？没有解释学哲学基础和方法支持的解释学法学能够独立地存在吗？既然解释学法学应当归属于法学范畴,那么,它应当被视为法学发展的事件还是哲学发展的事件？这些问题,看上去似乎书呆子气十足,但如果不对这些问题作出回答,这一假设的成立也成问题。

---

① 可资我们思考这一问题的例证有制度经济学和经济分析学法学。它们大体上都以经济学的方法(特别是成本—效益分析方法)来解释法律制度问题,但前者大体上是经济学的领域,后者却被置于法学的领域。这里明显地存在笔者在文中提出的同样的问题。相关论著,参见[美]康芒斯:《制度经济学》(上、下册),于树生译,商务印书馆1962年版;[美]R.科斯等:《财产权利与制度变迁》,上海三联书店、上海人民出版社1994年版;[美]理查德·A.波斯纳:《法律的经济分析》(上、下),蒋兆康译,中国大百科全书出版社1997年版等。

② 参见伽达默尔:《真理与方法》(上卷),洪汉鼎译,上海文艺出版社1992年版,第471页以下。

既然前述假设都成问题，那么，如何处理解释学法学的学科归属问题呢？这需要我们略微探讨一下前述假设成问题的症结所在。可以说，前述假设的问题就在于：事实上，解释学法学的存在，既离不开解释学哲学的原理框架和分析工具，同时也难以脱离开法学的固有对象——法律现象及其一般性问题而成立。但它又不是解释学哲学的基本原理和方法与法学的固有对象之间的简单的结合。可以说，运用解释学哲学的一般方法和原理来解释法律现象及其意义问题，是一个不同学理之间的有机结合过程。严格说来，解释学法学既不属于解释学哲学（哲学），也不属于法理学（法学），而是介于解释学哲学和法理学之间的一门学科。如果说，受近代以来科学实证主义的严重影响使得学科科际分界过分明显，①从而需要人们设法克服的话，那么，所谓交叉学科一词的出现就是一个十分有意义的事件。正是在此种背景下，把解释学法学从单向度的学科归类模式中解放出来，而把它置于交叉学科——解释学哲学（哲学）与法理学（法学）的交叉学科，就显得理所当然了。解释学法学既不能属于解释学哲学（哲学），也不能属于法理学（法学），它是两者优化杂交的产儿，它应有自己独特的学科归属。

然而，法律解释学却是法理学的固有内容，它理所当然地需要归属于法理学（法学）。对它的论述，需要我们从简要地回顾法学和法律解释的历程中进行。众所周知，法学是一门古老的学问。几乎可以说，有了法律就有相关的法律思考，即有相关的法学。也许，在人类历史发展的不同阶段上，法学的表现形式不尽相同（如历史越往前推，法学越明显地存在于所谓“元典”当中；反之，越往后推，特别是近代科际分化明显以来，法学与无所不包的“元典”越来越远，同时，法学有了自己的“元

---

① 对此，作为法学家的伯尔曼不无忧虑地指出：“隐藏在这种把法律与宗教截然分离的做法后面的乃是在过去九个世纪里曾经一再威胁着西方人整体性的二元思维模式。主体全然分离于客体，人疏离于行为，精神疏离于物质，情感疏离于理智，意识形态疏离于权力，个体疏离于社会。对这些二元论的克服，便是未来希望之所在。我们所期待的新时代乃是一个综合的时代。”“我们已将世界分割成不同的部分，但它们并非互不相关、独立自存的不同实体；一旦我们把它们截然分割开来，使其相互封闭，则它们会反过来禁锢和窒息我们自身。”［美］伯尔曼：《法律与宗教·导言》，梁治平译，三联书店1991年版，第31页、第33页。为了克服这种分割的缺陷，他在分析西方法律发展史上作出了巨大努力。参见［美］伯尔曼：《法律与革命——西方法律传统的形成》，贺卫方等译，中国大百科全书出版社1993年版。这说明，普遍联系的观点对我们的分析而言并未过时。

典”),但学者们在不同时代总是能提出和法律相关的问题。① 法学的最直观的问题是对已经存在的法律作出解释。因此,解释法律是法学最基本的使命。在中国,一种学问延续其生命的基本方式就是世世代代相传的解释。我们的先人为我们大体留下了六大学术遗产,即经学、文学、律学、佛学、医学和兵学。在这六大学术遗产中,除医学和兵学相对而言其创造性著述和对经典的解释性著述并存外,其他诸种学问大都是对既存的经典(或法典)的解释。这样,在中国古代,学问就是以对元典的解释为主要存在形态的,从而经解、律解、诗(文)解、佛解成为中国古代“解释学”的四大支柱。所以,人们把中国古代的“纯粹法学”,又称为律学。可见,在中国古代律学中,对法律的解释构成了它的真正骨干。② 至于西方法学,同样也是在对法律(如罗马法、教会法等)的解释中发展起来的。世界上最早的现代意义上的大学——波伦亚大学就是以讲解和传授法学起家的。法律解释传统的积累,形成了人们进一步对法律解释方法和技巧的深刻关注,由此便形成了法理学的骨干内容。直到今天,真正的法学家(而不是同时兼跨法学与其他学科的学者)所垂青的仍然是对法律规范进行系统分析的法理学。能否这样说:离开了法律解释的法理学,至少是残缺不全的法理学;离开了法律解释的法理学,也是缺乏实证基础的法理学。法理学的发达,离不开对法律解释现象进行再解释、再建构、再创作的发达。法学的发展史,在很大程度上就是关于法律解释及其学理研究的发展史。由此便决定了法律解释学对法理学(法学)的当然归属。

在解释学法学与法律解释学的不同学科归属中,我们可进一步看出两者之不同。

三、从社会功能(作用)看解释学法学与法律解释学的区分

作为两种不同的学问,解释学法学与法律解释学在功能上也不相同,这就构成了区分两者的又一基础。我们知道,不论解释法律还是法

① 关于法学起源及其发展问题,可参见古棣、周英:《法和法学发生学——法和法学的历史探源》,中国人民大学出版社 1990 年版。不过,该书对法学的论述,严重地受到国家主义法律观的羁绊。另可参看何勤华:《西方法学史》,中国政法大学出版社 1995 年版。

② 但令人遗憾的是,在有关中国古代法学的著述(如各种版本的《中国法律思想史》)中,有关律学的专门论述少得可怜,这使人有理由怀疑相关著作是否在论述中国古代的“法律思想”;同样,在已经名垂青史的思想家的论著中寻章摘句、拼凑罗列的“法律思想”,能否大致地(而不是真实地)反映这些思想家对法律的见解,也很成问题。令人高兴的是:据闻,在何勤华教授即将完成的《中国法学史》中,对律学在中国法学中的地位有较充分的体现。

律解释，都有一个共同的目标，那就是追求对认知或理解对象的真理性认识。从这个意义上讲，解释法律与法律解释在具体的实施过程中都有违伽达默尔之解释学哲学。[①] 但是，解释法律与法律解释的这种共同性并不能肯定两者在功能上是相近甚至相同的。由此进一步的逻辑推导是解释学法学与法律解释学在功能上也不可能是相同的。那么，两者的功能各自是什么呢？

解释学法学是对法律的一种哲学认知方式。它是有关法律的智慧之学。尽管解释学法学并不能垄断人们对法律的哲学认知和智慧，就像存在主义法学、康德主义法学、黑格尔主义法学……照样不能垄断人们对法律的哲学认知和智慧一样。然而，解释学法学毕竟是要以哲学的镜子照亮法律的殿堂，甚至还可能会解构、颠覆法律！从此不难发现，解释学法学固然要关注法律存在的现实，但它对法律存在现实的关注，不是亦步亦趋地揭示文本的微言大义，而是要在学理上提供一种关于法律理解的多面性和解释法律不确定性。人们不能期待解释法律的唯一性和肯定性，更不能强求这种唯一性和肯定性的实现。解释学法学闪烁着人类理解和解释法律的哲学智慧，但这种闪烁不是像白炽灯一样强光刺眼，而是像七彩灯那样令人入迷。解释法律的这种特征，就决定了解释学法学的功能不是或不仅仅是为了我们诸多的法官、律师、检察官、议员

---

① 伽达默尔以《真理与方法》一书名世，但他既反对把理解与解释视为方法，也否定在“精神科学”领域里通过理解与解释能够达致所谓真理。据该书中文全译者洪汉鼎在“全国法律解释学学术研讨会”(2000年8月·青岛)上介绍：当他向伽氏提起翻译该书时，伽氏并不以为然。伽氏对不同文字间的可译性持相当的怀疑的态度。这在其《真理与方法》中有所反映。他多次强调：“谁真正掌握了一门语言，那就无需再翻译，甚至可以说，任何翻译都似乎是不可能的……完满地使用语言就包含着如下意思，即我们无需再把自己的母语译成另外一门语言，或把另外这门语言译成自己的母语，而是用外语进行思维。”“翻译所涉及的是解释(Auslegung)，而不是重现(Mitvollzug)。对于读者来说，照耀在本文上的乃是从另一种语言而来的新的光。对翻译所提出的‘信’(Treue)的要求不可能消除语言所具有的根本区别。”[参见该书下卷，第491页、第492页，不过，在1995年伽氏对洪汉鼎先生的回信中，他对翻译有更进一层的论述：“现在我们确实要学会克服对一种语言或另一种语言的中心主义。你无疑在盖尔德赛策教授那里对诠释学历史有了深入的认识，因而我非常赞同你的努力(引者按：指翻译《真理与方法》一书的努力)。”参见洪汉鼎著：《理解的真理》，山东人民出版社2001年版，第369-370页]。对翻译持“不可能性”看法的学者不止伽氏，在其他许多学者那里都存在。如奎因认为翻译具有“不确定性”(参见[美]W. V. 奎因著：《真之追求》，王路译，三联书店1999年版，第41页以下)；戴维森认为：没有信仰、价值观和理解方式之共同基础，就没有可翻译性(参见[美]戴维森著：《真理、意义、行动与事件》，牟博译，商务印书馆1994年版)。麦金泰尔则更进一步主张不仅不同语言间具有不可翻译性，而且在同一语言的不同的时代也具有不可翻译性(参见[美]阿拉斯戴尔·麦金泰尔著：《谁之正义？何种合理性？》，万俊人译，当代中国出版社1996年版)。

以及行政官所期待的"理论指导实践"。当然,这样说,并不否定解释学法学的探讨,在客观上可能对法律特别是立法产生实际的影响和作用,也不否定不少从事解释学法学的哲学家或法学家对自己所钟情的事业怀着一种"致用"的渴求。但是,笔者更倾向于从事解释学法学的人怀着一种关爱自己生命的态度去探讨解释学法学。也就是说,把解释学法学和自己存在的生命本体紧密联系起来。它不能是人们为了混碗饭吃的手段,而是理解与解释——一种生命存在对法律根据、法律规范结构、人的规范需要和存在……的隐喻的解破或揭示。因此,它的基本功能在于解释者的精神游戏和思维对弈;在于研讨人类关于法和法律的思维方式、思维结构;在于学问的历险与探求——极而言之,是"为了学问而学问"。

说解释学法学的功能,是解释者的精神游戏和思维对弈,也许会被误认为是将解释过程误作为其功能。这种质疑,乍看之下,是有道理的,因为所谓游戏,就是一个游戏者和程序相伴的过程。程序对游戏起着一种严肃的作用,因为有了严肃的程序,游戏在过程中就可以显现其功能。在本质上讲,解释法律作为游戏,与艺术作品创作和鉴赏中的游戏并没有什么差异。[1] 虽然,自表面看去,解释法律的活动所体现的只是解释者自治地理解的法律,但是,解释者并不因为是在进行精神游戏或思维对弈而显得自娱自乐。因为解释者在与法律现象及其背后的支配因素进行对话或游戏时,还会逻辑地出现第三者——解释的读者(游戏的观者)。因此,解释法律既体现着解释者对待游戏的态度,也体现着观者对游戏的兴趣。解释法律的最严肃和最值得称道的成果就是形成关于法律的学说。[2] 解释学法学就是解释法律这一游戏过程的文本型成果。但

① 伽达默尔把游戏作为本体论诠释学的入门,他认为:"如果我们就与艺术经验的关系而谈论游戏,那么,游戏并不指态度,甚而不指创造活动或鉴赏活动的情绪状态,更不是旨在游戏活动中所实现的某种主体性的自由,而是指艺术作品本身的存在方式。""只有当游戏者全神贯注于游戏时,游戏活动才会实现它所具有的目的,使得游戏完全成为游戏的,不是从游戏中生发出来的与严肃的关联,而只是在游戏时的严肃。谁不能严肃地对待游戏,谁就是游戏的破坏者。"[伽达默尔:《真理与方法》(上卷),洪汉鼎译,上海文艺出版社 1992 年版,第 130 页、第 131 页]。可见,只有在严肃地对待游戏的过程中,游戏的使命、作用、意义才得以显现,才能形成足以令人称道的游戏效果。

② 诚然,并不是说所有解释法律的活动都会形成有关法律的学说型成果。因为解释法律既可以是正襟危坐在书斋里的学者的严肃游戏,也可能是一位激情四溢的案件当事人对法律的真诚或愤恨。但是,本文所探讨的解释法律主要是前者,因为只有前者,才可能编织或体系化为解释学法学。

是,这一成果的形成,并不意味着解释法律这一游戏的完结,恰恰相反,它只是游戏的一个驿站,并且由它导开了更大规模的游戏——作者、文本和读者之间的游戏。于是,解释学法学的功能或作用就以更大的规模展开了。可以认为,解释学法学的具体成果影响的大小,端在于人们对这一成果之游戏参与程度、参与规模和参与的持久状况。当解释法律的成果只有作者一人的参与,而他人无法参与或不愿参与时,可能表明两种情形:或者是不能道人的旷世奇作(但只要它的文本存在,迟早会引起观者的参与);或者是对解释法律之游戏过程缺乏严肃。不难想象,前种情况出现的可能较小,但后种情形并不鲜见。这可从反面证明解释法律活动即使作为解释者自治地对法律的理解和解释,也同样会汇入社会其他主体的精神中去。这时,解释法律及解释学法学就产生了对社会的功能或作用。

把研讨人类关于法和法律的思维结构和思维方式作为解释学法学的使命和预期的作用,并不难以理解。因为人类认识史,就是一个薪火相续的过程。这对解释法律而言照样适用。特别是人类在"轴心时代"[①]所创造的具有"元典"性的成文的思维文本,奠定了人类以后对世界认知的思维框架。即使在法学领域也是一样,所以,今天当我们谈到法治时,言必称亚里士多德、管子;但谈到人治时,又言必称柏拉图、孟子……今天蔚为大观的法学,究其历史发展,原来就建立在点滴积累之上。真所谓溪流汇大江、积土垒高山。在这个意义上讲,人类只有首先保守点什么,才能开新出什么。不抱有某种保守观念,就不可能有开新。这就是我们常说的:每个人的创造性劳动,往往是站在前辈人成功的肩上的。解释学法学的作用之一,就是要对人类关于法和法律的思维结构和思维方式作出系统的反思和解释。就此而言,解释学法学的对象不仅是法律现象及其背后的决定因素,而且还有人们世世代代对法律及其背后因素的思维成果。可以说,当解释学法学以法律现象及其背后的决定

① 所谓"轴心时代"或"黄金时代",是哲学家雅斯贝尔斯等西方学者用来描述人类历史距今3000~2500年这段历史时期文明发展的情形。众所周知,在这段时期,世界文明从东到西不约而同地产生了一系列辉耀千古的伟大思想家和不朽著作。例如在中国有百家争鸣,同时中国文化的"元典"大体上也产生在那个时代。在古印度,产生了佛陀和一系列影响后世的佛经。在古波斯,产生了著名的祆教(拜火教,全称琐罗亚斯德教。参见元文琪:《二元神论:古波斯宗教神话研究》,中国社会科学出版社1997年版)。在中东,产生了犹太教和《旧约》。在希腊,产生了在其后几乎影响到全人类的经典人物和著作。重要的是,从此以后,人类文明便进入了一个成熟发展的新天地。

因素为对象时,解释学法学是对外部世界的探讨;但当解释学法学以人类对法和法律的思维成果为研究对象时,解释学法学则是在理解、反思和解释自己。从而解释学法学变成了对人类关于法和法律智慧的学说。我们知道,如果说法是不依赖于人的意志而客观存在的事物的规定性的话,那么法律就是人类对法认知的产物。① 也就是说,法律是人类智慧的产物,是人类智慧的结晶。法律的这种特征,决定了解释法律创新的艰难。这意味着解释学法学如果要能为人类留下足以称道的思维智慧,就必须设法超越法律自身的智慧;就不但要深入人类的法律思维结构和思维方式中,而且要达到"青出于蓝而胜于蓝"的效果。否则,人类对法律的理解和解释就很难超越法律自身的智慧水平和思维限定。解释学法学的这种功能和作用,进一步发展就是极而言之的"为学问而学问"的功用。

"为学问而学问"在我国长期以来曾遭到人们不断的非议。今天它仍然没有获得人们"同情的理解"。② 但对解释学法学而言,如果它要发挥某种人们期待的对法律实践的指导作用,则首先要形成精细的、系统的学问,即首先要在这门学问内部能形成自圆其说的解释体系和解释机理。从此意义上说,只有为学问而学问,才能为实践而学问。为学问而学问并不影响在客观上实现为实践而学问;反之,在一定意义上讲,只有做到为学问而学问,只有发挥解释学法学的现实批判精神,才能更好地在客观上实现为实践而学问。这里便引出了解释学法学对法律实践的,特别是法律适用的作用问题。

笔者觉得,解释学法学并不追求对法律实践的直接指导作用。但这并不意味着解释学法学不对法律实践产生作用,而只对法律学理和法律思维产生作用。事实上,解释学法学所产生的学理的或思维的作用,必然间接地会辐射到法律实践中去。不过其过程应是漫长的、其实效是久远的、其特征是间接的。也就是说,对于法律实践而言,不能期望解释学法学立竿见影地对它起到指导作用。这是解释学法学与法律解释学在对法律实践的功用上的基本区别。解释学法学对法律实践作用的这种

---

① 关于法与法律的联系与区别,在我国近年来多有论述。大体上形成两种观点,一种是形式与内容区别说,如孙国华就持此论。另一种是本质区别说,如郭道晖等学者就持此论。笔者对两者的解说,参见谢晖:《法律信仰的理念与基础》,山东人民出版社1997年版,第473页以下。

② 1997年,在沈阳召开的一次法学研讨会上,一位法学编辑在会上发言时,主张为学问而学问的观点。在会议闭幕式上,该编辑所在的单位领导在会议总结时,对该编辑及其观点从领导的视角(而不是学术的视角)提出了"严肃而激烈"的批评。

长时效特征，有时可以穿越漫长的时空，就像产生自远古的某种学说至今仍然对我们的思维习惯、行为方式产生着具体的作用一样。

法律解释学的作用主要是直接指导人们的法律实践。这也是与前文关于法律解释学的研究对象相关的。法律解释学的研究对象是法律解释现象。而法律解释现象不论是所谓“正式解释”还是“非正式解释”，归根结底，都主要是为了使现行的、实在的法律能更通俗地展示在世人面前，能被更多的人所了解。对法律的非正式解释（无权解释）也有可能是由学有专长的法学专家进行的，从而也有可能形成系统化的学理，但其目的和作用是更好地使人们理解现行的或曾经存在的实在法。这就使它与解释法律的现实批判精神严格区别开来。可见，即使非正式解释，也主要以指导法律实践，特别是法律适用为使命。至于正式解释（有权解释），它本身是一种国家的权力行为，是一种体制化的解释，而不是法学家自治的学理行为，即使某些法学家解释法律的学理行为要成为正式解释，也离不开权力的作用和支持。① 法律解释学既然以具有明显法律实践作用的法律解释现象为研究对象，那么，它的功能也相应地与其研究对象的功能相协调。固然，法律解释学可能对现存的法律解释现象作出反思、提出批判，但这种反思与批判并不能达到否定法律解释的程度。一旦到了那种程度，则进到了解释法律的地盘。这正是法律解释学更注重法律解释的技术研究，而并不注重法律学理和思想创造的原因所在。如果法律解释学不能对以司法为核心的法律实践起到实际的指导作用，不能对人们特别是进行正式解释的人们提供一种解释的技巧和工具，那么，法律解释学就没有发挥其作用，或者它并没有深入法律解释的世界。与此同时，法律解释学对法律实践，特别是法律解释的实践的作用，应当是立竿见影的，即只要人们掌握了法律解释学所提供的解释法律的原理和技巧，就能立马对法律解释的实践产生正面的作用。这与

---

① 我们知道，不论在历史上，还是在现实世界，都有一些法学家对现行的实在法的解释被当权者赋予了法律效力。例如，在古代，就有罗马帝国将一些法学家的解释（有些甚至不仅仅是法律解释，而且还是解释法律的内容）赋予了法律效力；在当代，欧洲一些国家仍然赋予一些法学家的法律学说以法律效力。即使在我国，一些著名法学家（主要是从事部门法的学者，尤其当他们幸运地参与过某部部门法的起草时）对于具体法条的解释，也深受司法实践的重视，甚至有些法院的判决就直接以法学家的解释为准绳。但在这里，都明显地渗透了国家权力的作用。因此，法学家的法律解释之所以产生法律效力，不是一个必然的结果，而是受权力操纵的结果。它把法学家的解释限于一种由权力所设定的体制中。这就与解释学法学对法律实践的作用机理明显有别。

解释学法学对法律实践作用的长时效性也形成了明显的对比。另外,法律解释学对法律实践的作用,主要不是一种观念的启迪,而是实际的操作技巧的传授。正因为这样,法律解释学不能也不可能像解释学法学那样,做到"为学问而学问",追求强烈的实践效果,这既是从事法律解释学的学者应有的出发点,也应是他们所期待的目标和结果。所以,从事法律解释学的学者总是具有某种"入世"精神的。但从事解释学法学的学者未必要具有这种"入世"精神。有时,拥有某种"出世"精神,反倒是从事解释学法学所必须具备的素质;否则,就难以做到解释法律时的"板凳要坐十年冷"。

由上述论证可进一步得出的结论是:法律解释学必然是应用性的,解释学法学则不以应用性为当然追求。这就是两者在作用和功能上的区别。

四、从解释特征看解释学法学与法律解释学的区别

在前文的论述中,我们大体上可得出这样一个结论:解释学法学更多地关联着解释法律的活动,尽管并不是说一切解释法律的人类行为都可以(或有资格)成为解释学法学的观察视野,但能够肯定的是解释学法学的视野必然是人类解释法律的行为。其宗旨是在解释哲学的框架下探讨人的规范存在。而法律解释学则更多地关联着法律解释活动,它旨在为人类解释法律的活动提供一种现实可用的方法和技巧。由此也决定了两者在学科归属上的差异。由此,我们可以得出两种不同性状的解释。

虽然,解释学法学和法律解释学都涉及解释一词,但是,这里的解释在性状上各有千秋。人们在探究解释问题时,一般认为解释具有两个属性,即解释的客观性和解释的主观性。解释学哲学诞生之前的解释学,大都以追求作者或文本的原意为目的,认为人类的理解和解释总会接近甚至复制作者或文本的原意,因此,解释不但具有客观性,而且寻求解释对象的客观性是解释学的最高任务。解释者究其实质只是复制作者或文本客观性的机器。解释者不存在和不应存在自我的理解,从而解释者不能有自治性。然而,解释学哲学的产生,使先前解释学的这种"过分的自负"受到了致命的一击,从此以后,哲学解释学中弥漫的是"作者死了"的说辞。特别是伽达默尔赋予"偏见"以合法性,使人类的任何理解与解释都在客观上只能被限制在"前见"的框架上得到了系统的哲学论证。从此,那种确定的意义世界遇到了空前未有的挑战。只要有理解,理解就会不同;同样,只要有解释,解释就会相异。于是,解释只剩下了主观性,或者说解释的主观性成了绝对的,而其客观性成了相对的。[①] 这种两极化的关于解释属性的学说,在那些对解释学哲学有一定了解的我国法学学人中亦有所体现。[②] 然而,更多的法学学人,在论述法律解释时所谈到的解释却是既讲客观性,也论主观性,并且一般地说,从事法律解释学的人还不太欣赏过分注重法律解释的主观性。克服解释的主观性,寻求客观性或确定性,应是法律解释的不懈追求,从而也成为以它为研究对象的法律解释学的追求。[③] 那么,为什么会造成解释学法学和法律解释学中的解释具有如此明显不同的性状呢?一言以蔽之,在于两种学科本身的要求。

解释学法学是站在法律之外的立场上理解、分析和解释法律。所谓"法律之外"的立场,就是说它并不拘泥于实在法的限定,相反,它还要以某种理想或某种与实在法明显并不合辙的社会现实来说明、否定或矫正实在法的合法性。虽然,在这里我们也许可以发现另一种客观性,即解释者对社会现实观察与解释的客观性,但解释学法学并不强求,也不可能强求人们对社会现实解释的唯一性。同样,解释学法学也不强求人们解释法律的唯一性。不论价值法学所青睐的自然法、社会法学所欣赏的民间法还是规范法学所垂注的实在法,都是解释学法学能予以包容的。但这种情况在法律解释学那里就是不敢想象的。这种站在法律之外观察、理解和解释法律的情形,并不以实现苏轼所讲的在庐山外面观庐山的那种效果为目的;[④]相反,由于在法律外面观察法律、理解法律和解释法律,就为解释者提供了更为广阔的理解空间,从而使解释的视野更为

① 伽达默尔:《真理与方法》,洪汉鼎译,上海文艺出版社 1992 年版,特别是第 341 页以下;殷鼎:《理解的命运:解释学初论》,三联书店 1988 年版,第 1 页以下;张汝伦:《意义的探究——当代西方释义学》,辽宁人民出版社 1986 年版,第 1 页以下。

② 如苏力的《解释的难题:对几种法律文本解释方法的追问》、郑戈的《解释法律的社会构造》以及刘星的《法律解释中的大众话语与精英话语——法律现代性引出的一个问题》(上述论文均载于梁治平:《法律解释问题》一书中)。它们的共同特点是抱着怀疑精神来审视解释(法律)现象的。

③ 参见引梁慧星:《民法解释学》,中国政法大学出版社 1998 年版,第 165 页以下;陈金钊书,第 96 页以下;以及张志铭著:《法律解释操作分析》,中国政法大学出版社 1999 年版,第 36 页以下,特别是其中的第 58 页以下内容。

④ 众所周知,苏轼有名诗云:"横看成岭侧成峰,远近高低各不同。不识庐山真面目,只缘身在此山中。"(苏轼:《题西林壁》)。言外之意是说,要识庐山真面目,须到庐山外面去要做一名旁观者来解释对象。

开阔,使解释的视角更为多元化。这种情形,必然使解释学法学中所讲的解释在现象上更为主观。也许这种情形在解释者的视角里能够提供建立一种良善法律的根据,从而体现出另种意义的客观性。然而,对于实在法而言,它始终都是主观的。它有可能帮助人们在立法上建立一种好的法律,但对于既有的实在法而言,它是一种削弱甚至“破坏”的力量。这正是在一个社会动乱或变革的时代里人们一般倾向于实在法律之外的价值呼唤、社会实证,但在社会稳定的时代人们更倾向于对实在法进行规范分析的原因所在。

同时,解释学法学之解释法律,旨在建立一种法学的学问体系。任何学问体系,不可能以一元化为归宿。对学问的一元化要求,往往是一种政治权力行为,而不可能是学术行为。或许,在某个学派内部,“掌门人”要求自己的门人谨守某种一元化的教条,但这样的学派,往往距衰落不远。在学问世界之所以难以达成同一的立场、共同的认识,端在于学问的解释主体是以某种“前见”为解释的根据的。固然,解释主体面对的往往是同一对象,但即使是对同一对象的解释,也逃不过其对该对象之“前见”的掣肘。这就使解释学法学中的解释一词不可避免地加重了主观性的色彩。或许有人会问,难道法律解释中的解释主体在解释时就不带有前见吗？这个问题很好！既然前见普遍存在于阅读、理解和解释者身上,那么,法律解释的主体也不例外地受前见的影响。但问题在于一方面,法律解释主体不能自行选择解释的文本,它的解释对象是确定的,那就是现实的法律。这样,就使得在法律解释之时,解释者受前见掣肘的能力大为减弱;另一方面,为了克服前见对于法律解释可能造成的解释主观化的影响,法律解释(特别是其中的正式解释,而法律解释学之研究法律解释,主要是以正式解释为对象的)往往采取国家权力安排下体制化模式。因此,解释体制问题也就成了法律解释学必须关注的对象。①在该体制中,解释主体、解释权力、解释的效力等都被法定化。这就尽可能地把法律解释限定在法律的“客观”意义世界,也能较好地防止法律解释的恣意、放任。由于对法律解释学之解释的性状在后文中还要论述,我们还是回到解释学法学之解释的主观性状中。

解释学法学在解释性状上的主观性,决定了解释学法学自身的特

① 例如,张志铭以中国为例,探讨了法律解释权与解释体制(参见张志铭:《法律解释操作分析》,中国政法大学出版社 1999 年版,第 220 页以下);董皞在其专著中则专章论述了“司法解释体制”(参见董皞著:《司法解释论》,中国政法大学出版社 1999 年版,第 180 页以下)。

征。这就是在解释学法学中，哪怕解释者对法律抱有一种放任、恣意的立场，只要其在逻辑上能够达到自圆其说、在论证上能够严密有力，则并不妨碍其解释的成立，也并不妨碍其构成为解释学法学中的一种学说。可见，解释学法学在其解释的主观性基础上必然造成其学问体系的开放性，开放性是解释学法学的另一个重要特征。

至于法律解释学中解释一词的特征，在前文论述解释学法学之解释的特征时，笔者已经涉及，这就是它对客观性（或确定性）的追求。下面，笔者将继续探讨这一特征的原因。

法律解释学中解释一词的客观性要求，既与法律解释学的研究对象相关联，也与法律解释学的任务相关联。就法律解释学的研究对象而言，我们已经知道，它是以法律解释现象为研究对象的。但就法律解释而言，它则以一个国家现行的实在法（当然，由于国际组织和国际法的发展，在当代法律解释中还出现了国际法解释问题，这是一个需要进一步研究的问题，特别是国际法的法理问题，很值得法理学进一步思考和研究①）为解释对象。法律是一种以稳定性、确定性为特征的行为规范，这是由于法律的任务就是要使人们的行为服从于规则的治理，就是要通过规则治理实现人们之间交往行动的秩序和自由。法律自身的这种特征，使得法律往往以准确的、明晰的和大体确定的语言得以表现。虽然法律也存在它的隐喻，但那是解释学法学所要揭示的任务。在现实法律世界中，不需要通过法律解释来揭示法律的奥秘，而只需要通过法律解释来进一步明确法律文本的字面含义，从而使人们能更好地理解、应用法律规范，实现立法所期待的秩序。既然法律在文本上是以准确、明晰的文字来表达的，那么，法律解释的解释者就有可能、有能力实现法律解释的客观性。在一定意义上说，法律解释的客观性与它的合法性是相通的。或者说法律解释的客观性就是指广义的合法性（当然，自狭义而言，法律解释的合法性实际上就是指法律解释要符合相关的解释程序、解释主体、解释权的规定）。法律解释的客观性，就是要揭示解释对象——法律文本的真实含义，就是要使解释出来的语言文字符合法律的规定。可见，法律解释之客观性在广义上与其合法性的一致。总之，法律语言的特点，不但为法律解释的客观性提供了一种可能，而且也使它的实现比

① 对此，笔者曾在《“入世”与法律的世界意识》一文中提出过呼吁，但也仅停留在呼吁上。对我国学者而言，国际法学理的研究，还有很长的路要走。该文原载于《法制日报》1999年11月25日，转载于《法理学、法史学》2000年第1期、《新华文摘》2000年第2期。

解释法律之客观性的实现要容易得多。[①] 法律解释的此一客观性特征，决定了法律解释学在总体上追究客观性的特征。可以说，当法律解释学向人们宣告它主要是为法律解释行为提供一种技术指导时，其追求客观性便昭然若揭。

就法律解释学的任务而言，它不是发散性地给人们提供一种理论或思想指导，即它不仅作用于人们的意识世界，而且更要作用于人们的行为世界。即法律解释学要能具体地指导人们对法律的解释活动。法律解释学的任务是与法律解释的任务紧密相关的。法律解释的任务就是为了法律在人们行为中的更好应用，特别是在司法实践中的更好应用。它与法律一样，是直接规范人们行为的，正是在此意义上，可以说(有法律效力的)法律解释是最后的法律，是"行动中的法律"或"活的法律"。只要法律的运行倚赖于法律解释，就说明法律的文本只是纸上的法；就说明实际上是法律解释最后完成了真正的立法；也就说明了法律秩序的形成，直接取决于法律解释。如果说法律本身具有明晰性、准确性和确定性的话，那么，法律解释就是在此基础上更进一步。要顺利实现解释法律的这一崇高使命，必须具有解释方法的指导，同时借用这种解释方法应能够通达法律的客观殿堂。能够帮助人们达到法律之客观殿堂的，就是法律解释学，就是这一学科对人们提供的解释方法和解释技巧。因此，如果创造不出能较为便捷地认知、理解、揭示、通达法律客观性的方法和技巧，那么，法律解释学就没有完成其应有的任务。而要完成这一任务，就不能离开法律解释学的客观、实用、方便和效率。

在解释学法学与法律解释学之解释的差异中，我们进一步揭示了两者之间的差异和区分。这种差异和区分是客观存在的，我在这里的论述只是使客观存在的两者的差异得以用理论性的言论表现出来。那么，通过理论方式区分两者的意义何在呢?

五、区分解释学法学与法律解释学的意义

一种理论的解说，只有具备明确的意义时，才能不仅使理论变得更为圆润，而且也对实践产生实际的、更大的影响。虽然，笔者主张在研讨

---

① 当然，这并不是说法律解释完全是客观的，也不是说它可以无所遗漏地揭示法律的意义。法律解释同法律一样，既然是人的思维的产品，是人类智慧的结晶，那么，它具有主观性因素在其中也就并不难以理解。同样的是解释法律虽然以主观性为特征，但它并非没有客观性。每个人借以揭示的根据是客观的、每个人解释的结果也是客观的。从此意义上讲，解释法律的主观性就是以客观方式展示解释者的主观思想。它不但不排斥客观性，而且必须依借客观性。

学问时研究者应尽量放弃某种功利因素的考虑,从而使其能够轻松地进入学术的研讨状态。但是,这并不意味着笔者反对学理的意义设定,也不意味着我否定理论必然与实践的关联。相反,我所要反对的是那种只能满足研究者的孤芳自赏,而对其他社会主体不发生实际作用的理论。

具体到解释学法学与法律解释学,对它们在理论上加以区分的意义追问也许显得更为必要。因为在中国新近的法学研究中,一种对于"纯粹概念"辨思的非议与日俱增,似乎进行概念的学理思辨就是不联系实际,就是说些假、大、空的道理。好像只有在田埂上的描述或公民中的访谈才有实际意义,才不落入文人的酸腐俗套。这种对概念辨别的否定就体现在所谓"超越概念主义法学"的口号上。笔者觉得,一方面,诚如卡西尔所言,"人是符号的动物",[①]它可以被进一步解说为人是概念的动物。概念既是人类认识对象的最基本的方式和结果,而且也是人类生活区别于其他动物生存的基本特征。缺乏对概念的辨思与梳理,人类交往就寸步难行。人类文明就是在对概念的辨别和梳理中渐积渐进的;就是通过一系列概念符号使人们的思维更便捷、行为更方便、理解更准确、解释更清晰;就是通过概念的辨析使人类的行为选择少一些成本付出、多一些利益所得。另一方面,就我国的法学而言,还远远没有进入所谓概念法学的境地。概念的明晰和说理的透彻与我们的法学还有一定距离。在这种背景下,对概念辨析的任何否定、担忧、恐惧,未免显得自作多情。由此就可能把我们引领到解释学法学与法律解释学辨析的意义世界中。

解释学法学与法律解释学的概念辨析,首要意义是说明两种不同的认识实践(人类的精神性实践)。在《法思辨的实践经验基础》一文中,笔者曾将人类实践经验划分为"物质性实践"和"精神性实践"两个方面。[②] 解释学法学与法律解释学在总体上说来,都是人类"精神性法律实践"的表现。但它们所涉及的对象——法律及其背后的人类需求和社会事实、法律解释及其体制化的规则等——却是物质性的社会实践和精神性的法律实践共同存在的。社会需求与社会事实是最原始、最"纯朴"的物质性**社会**实践之表现,法律则在上述物质性社会实践的基础上经过了一番主体的思维加工和意识梳理。因此,它介于"物质性**社会**实践"和"精神性**法律**实践"之间。法律解释是解释者对法律这一精神产品所进

---

① [德]恩斯特·卡西尔:《人论》,甘阳译,上海译文出版社1985年版,第34页以下。

② 谢晖:"法思辨的实践经验基础",载郑永流主编:《法哲学与法社会学论丛》(二),中国政法大学出版社2000年版。

行的说明,它更接近于“精神性法律实践”。从此可以发现,在解释学法学与法律解释学的研究对象上,学问的实际层次较高(解释学法学),它所涉及的对象则较广,而对象经过主体精神过滤的程度却较浅;反之,学问的层次较低(法律解释学),则其涉及的对象也较狭,但对象受主体精神加工的程度却较深。如果从这种现象出发来理解解释学法学和法律解释学,也许我们还会错误地发现,法律解释学比解释学法学在学问的层次和深度上更高一个档次。但只要我们更进一步地追究解释学法学的对象时,就会发现,解释学法学是在法律这一人类的精神实践经验基础上反思它所赖以存在的社会根基。因此,解释学法学自身作为一种人类精神性的实践,其突出的特点是反思性,它不以法律的表象为根据来解释法律,而是以法律所存在的广阔的社会需求和社会事实为根据来解释法律。这就形成了解释学法学作为人类思维活动的基本特色。但是,以法律解释现象为研究对象的法律解释学,更倾向于一种对法律解释之原理、技巧、方法的经验描述,从而它并不追求法律解释背后的社会、经济、文化和政治动因。由此可见,法律解释学与解释学法学相比较,它并不是反思性的,而是描述性的。因此,在层次上也就不可能高于后者。

解释学法学和法律解释学作为人类的精神性实践所表现出来的上述不同特征,可促使我们进一步把两者作为不同的学科来看待。在我国的法学中,法律解释学的一些内容虽然可以在其中找到,但它的体系化尚不明显。在已经产生的一些法律解释学的著作中,可以说往往把解释学法学的部分内容掺和进去,从而使人感觉到在该学问的高深处和浅显处的反差太大。这样,既妨碍对高深的和解释法律相关的问题之专门研究,也影响建立一种有利于指导法律解释实践的法律解释学。而在我国的交叉学科中,目前并不存在一种解释学法学。这使得哲学家们在涉及其他学科时总能够侃侃而谈,但在涉及法学时,则往往戛然止步。笔者觉得,无论从一个民族的精神思维而言,还是从一个国家的法制建设而言,如果不能从哲学的高度反思法律问题,即站在哲学高度理解和解释法律,那么,既是这个民族精神思维的悲哀,也是这个国家法制建设的不幸。解释学法学和法律解释学的辨思和区分,就是要在我国法学中倡导对法律解释的深入研究,建立一门对法律实践,特别是法律解释的实践具有独特裨益的法律解释学。同时,也就是要在我国交叉学科中倡导对于法律及其存在根据、解释法律现象等的深入研究,建立一门能真正反思法律的学问体系,从而使我们民族传统思维中对法律的整体的、哲理化的忽视得以补救。也许在有些人看来这是一种大而无当的理想和期待,但人类的存在,就贵在有对未来的理想和对明天的期待。

解释学法学与法律解释学区分的最为功利性的意义就是实现对人们关于法律的精神教化和技术武装。其中关于法律的精神教化的功利作用主要是由解释学法学实现的;而关于法律的技术武装的功利作用主要是由法律解释学实现的。如果没有解释学法学的精神教化功能,那么,法治有可能与人们的精神世界就不相关联,从而法治只是人之精神的外在物;同样,如果没有法律解释学的技术武装,法律也许只能以粗糙的形象存在,既不能引起人们对它的兴趣,也不能发挥它更为系统的社会作用。这样一来,解释学法学与法律解释学的区分在其各自的意义基础上似乎更能发挥两者之间的意义整合,从而既使法律成为人类存在的本体的、精神的根据和目的,又使法律成为人类存在的方便的、有效的工具。

对解释学法学与法律解释学之区分的此种意义的解说,只能在法学家(哲学家)们建立起了足以称为解释学法学和法律解释学的学术成果(相关学科)时才能进一步得到实证。这种实证结果对中国而言并非遥遥无期,而是为期不远的。

〔本文写于2000年〕

规范解释的创新何以艰难
——兼论我国规范法学研究的创新问题

在法学研究中，人们经常论及所谓法学的保守性问题。也就是说，和其他学科如文学、哲学、史学、社会学、经济学、政治学等相比，法学在大多数情况下抱守着某种与实在法相关的保守立场。首先须说明的是，此种法学，其实是指规范法学。规范法学在创新性地解释其对象时总是显得那么艰难。当我们满怀激情地对它寄予创新的期望时，它偏偏不循人意，从而使规范法学总是显得老气横秋。为什么在规范法学领域解释的创新变得如此艰难？对此，我们可以找出很多的解释和说明，如法律的理性特征致使它的解释创新空间也相对狭小；规范法学与现实政治的必然关联，致使法学家的解释创新不可避免地受现实政治的更多影响；规范法学之强制实践品格不允许或不太赞成过分浪漫化的创新，而宁可选择稳妥和保守……本文则拟选取规范法学研究的对象及其相关问题，对本论题进行分析和解释，并在此基础上初步探讨我国规范法学的创新问题。

一、法律的理性特征与规范解释创新的艰难

法学研究的对象，不能笼统地讲，它因不同的法学流派而有异，如就价值法学而言，其研究对象是人类对法律的价值理想追求。它与现实法律虽有关，但又不唯现实法律。对实在法而言，这种价值理想追求是它善或恶的衡量准则。因此，价值法学就像是一种预言。预言要靠“神启”，故也相当不易。但它的创新

空间极大。对于任何一位有创新能力的人而言,都可以从自己所肯认的价值视角出发,设定自己关于法律价值的理想和理论。当然,要在更为广泛的层面上,特别是对人类具有普适的意义上设定法律价值,自然不会是一件很容易的事。就社会法学而言,它的研究对象不仅是指国家所制定的实在法,而且也指适用于人类公共交往的一切具有法律功能的规则,像民间习惯法、非国家化的宗教法、[①]社会团体的内部法等。不论从研究对象的宽泛性还是从研究对象的特征看,它创新的空间也很大。

就本文所要讨论的规范法学(解释)而言,它的研究对象就是由国家制定的实在法,包括国家化的宗教法和国家化的世俗法。在规范法学者那里,法律就是由主权者所制定的规则,就是主权者的命令。因此,法学只能研究这种由国家制定的实在法。[②] 对实在法的僭越,只是法学的一种盲目自大和扩张,是法学的霸权主义倾向。但是,规范法学对法学研究对象的这种界定,对自己的创新而言无疑是作茧自缚。这是由于不论从哪个视角看,以国家法为解释和探讨对象的规范法学和其他法学流派、其他学科相比较都有相当的创新难度。何以能得出这一结论呢?

国家制定法(实在法)不论是国家对既有的宗教规范、社会习俗、道德规范等的认可,还是以各种形式所进行的“制定”,都遵循着严密的逻辑和严格的语法。记得在法国有一则故事:当有人问巴尔扎克最喜欢读什么书时,他毫不犹豫地说,我最喜欢读的书是《拿破仑法典》。对此,客人显得不可理解。巴尔扎克则解释道,该法典用词讲究、逻辑严谨,是每一位希望当作家的人都须认真阅读的。也许有人会说,巴尔扎克自己是学法学毕业的,因此,赞美一下法律也完全可以理解。其实,这是一个相当皮相的结论。因为即使作为一位平常人,他赞美什么、批判什么,并不以自己曾学过什么为根据,更何况巴尔扎克是一位名震世界的文坛巨匠呢!法律的严谨及其规模的宏大,使得人们经常称它为法典。国家化的宗教法,具有时间和空间的强大穿透力。以伊斯兰教法(主要是《古兰经》和《圣训》)为例,在时间上,它作为一些国家法律的功能从古代而近代,从

---

① 宗教法可以分为两种:其一是国家化的宗教法,即宗教教会的经典就是国家法。这在那些政教合一的国家经常可见,如当今一些伊斯兰国家就是。其二是社团化的宗教法,即宗教团体就是一个特殊的社会团体,因此,其法律只在宗教团体内部适用,即只对该宗教信仰者适用。

② 众所周知,规范法学的代表人们都强调实在法的重要性,强调对实在法的实证精神。特别是奥斯丁的法理学,被人们视为法理学作为学问体系中独立的一门学科之始作俑者。但他所讲的法学的对象就严格地限定在国家实在法的范畴。价值问题、其他规范等统统不是法学研究的对象。

近代而现、当代;在空间上,它从阿拉伯半岛溢出,传遍西亚、北非一带,成为所有伊斯兰国家最高的法律。即使国家化的世俗法,一旦在技术和内容上制定得好,也具有这种功能。例如,美国宪法在时间上讲,已经运行了200余年,在空间上讲,不少国家以它为蓝本,制定了自己的宪法。讲这些,意在表明:一部法律(特别是被称为法典化的法律)的制定,其内容不仅涉及某个人的利益,而且涉及在其管辖下的所有人的利益。这对任何法律的制定者而言,都是一个相当严肃的问题。即使对被我们在过去几十年中妖魔化的"奴隶社会的法律"和"封建社会的法律"来说,作为人类法制文明之旅中的重要一步,它并不是任性的产物;恰恰相反,它是人类对任性的自觉超越和反叛。所谓任性,就是指人们的行为没有规矩,但"没有规矩,不能成方圆",这是我们再熟悉不过的格言。从此意义上讲,任何时代法律的制定,都意味着是对人们行为从野蛮走向文明的一种规束和引导,是人类维系其生存的必要规矩,是人类理性的一种规范展示。

法律作为一种理性,它本身经过了人类最伟大的心智加工。所以在柏拉图看来,只有哲学家才能统治社会,即只有哲学家才能为人类立法。①既然法律是一种理性,则作为规范法学研究对象的法律就无形中减少了人们理解的难度,但相应地增加了人们解释的难度(由此可见,理解的难度与解释的难度成反比,理解越难的事物,人们解释起来越易;反之,理解越易的事物,人们解释起来越难。这是由于前者给人们的解释空间较大,而后者给人们的解释空间较小)。因为它的内容是规范的,即它的内容较少存在理解上的歧义(当然,这绝不是说它不存在歧义,不然,就不会有对规范的解释了,也就很难形成规范法学),所以,解释也就显得相对单一,缺少解释的丰富多彩。这就不同于价值法学和社会法学,更不同于法学之外的其他学科。比如经济学、社会学、文化学等,它们所分别研究的是人类的经济行为、社会行为和文化行为……而这些行为,有些经过了人们有意识的加工,有些则纯粹是随心所欲的行为,缺乏理性在其

① 通常人们在评论柏拉图的"人治论"时,总是忽略了一点,即哲学家的统治,并不是反对借助法律进行有效治理;相反,只有哲学家,才能更好地借助法律进行统治——包括制定"良好的"法律、坚决依照法律进行治理、充分地发挥人的理性在法律中的作用等。所以,在笔者看来,柏拉图的"哲学王统治论"不应当与"法治论"相对应,因为"哲学王统治论"至少不反对法律。事实上,"哲学王统治论"所表达的是一种"独裁"的统治,它是与"民主的统治"相对应的。不论"民主的统治"还是"哲学王的统治",对法律的需求是一样的。站在法治论者的立场,则越是崇尚法治,越需要有卓越的人们为人类制定良法。在这里,柏拉图的"哲学王统治论"也许对我们是一种更好的、更有益的启示——只要我们能对柏拉图的理论换一种视角进行思考。

中，这就为相关学科的解释留下了非常广大的空间。规范法学与其他学科因研究对象的此种不同而导致的解释上的难易程度，可以用对精刻细雕的一件雕塑和自然天成的一块石头作比。对前者，不论如何解释，它都不能过分背离雕刻者的原意；但对后者，人们可尽管发挥其无穷的想象，并尽管按其想象进行解释。由此不难见规范解释艰难之一斑。

须进一步说明的是：对规范法学之对象——法律规范之解释，可以分为两种情形：其一是为了消除法律歧义的应用性解释；其二是为了探索规范内部结构及其原理的学理性解释。其中前种解释构成我们今天理解的应用法学，笔者把它称为规范解释的应用法学；而后种解释则构成我们今天理解的法理学，笔者把它称为规范解释的法理学。但这两种解释要从法律的严谨规则加工为一种更为严密的、体系化的学问，当然不能对法律规定亦步亦趋，而应在解释过程中既不离开法律，但其解释的学理结论又必须高于法律。特别是对规范的应用性解释，要上升为应用法学，当然不是把法律条文的意思说说就可以的，而须在对诸多规范的解释中归纳、加工、整合为有关法律规范的原理。这就表明，对法律进行规范解释的艰难不仅在于从对象视角看法律规范的内容具有确定性，而且还在于从解释视角看对此种确定性的解释要有创造性。然而，正如前述，法律自身便是人类高度的心智创造的产物，在这种高度的创造基础上再创造，其艰难不言自明。

二、规范法学和现实政治的必然关联与规范解释创新的艰难

规范法学大都把法律界定为主权者的意志或命令，这使得它的基点建立在现实政治之上。尽管规范法学倡导“价值无涉”的中立研究，但它对法律的定性、它对法学研究对象的定位，不可避免地使它与现实政治联系起来。因此，它对法律的解释，在很大程度上是对现实政治的姿态。如果说价值法学之关心政治是从理想主义出发的政治意愿的表达，社会法学之关心政治是从现实主义出发的政治意愿的表达，从而使两者都具有明显的对法律的现实批判精神的话，那么，号称中立的规范法学则更多地把关注点放在对现实法律及其政治和社会功能的考察和解释上①，

---

① 这表明，法学和法学家关心政治，是一种必然现象。不反映政治、不表达政治意愿、不强调法律的政治功能的法学是难以立足的。但近20年来，由于我们吃够了把法律与政治联系起来的苦头，从而轻易地把“婴儿”和“洗澡水”一起倒掉。至今不少老一辈法学家谈到法律与政治的关系来就如谈虎色变。而年轻的法学家则更是讳言法律与政治的关系。法律必然关联着政治，问题是关联着何种政治；同样，以法律为研究对象的法学也必然关联着政治，问题只在于它所关联的政治之内容——民主的政治，抑或专制的政治？法治的政治，抑或“势治”的政治？公意的政治，抑或任意的政治？程序的政治，抑或无序的政治……

因此,它的主要功能是揭示和描述现实法律,从而缺乏对法律的现实批判精神。这也是崇尚批判精神、叛逆性格的学术界不太推崇法学家的原因之一。法学家不能讳言政治,如同医生不能讳言疾病。问题只在于如何谈论政治,是抱守着批判现实政治的立场表达政治呢,还是坚持肯定现实政治的立场描述政治?这是两种截然不同的对现实政治的态度。对法学家而言,究竟选取何种态度进行法学研究,这是他们的自由。其中规范法学对法律及与法律相关的政治选取了第二种态度,这就使得规范解释创新的难度大大增加。这是因为:

首先,任何一种法律都是对现实政治的解释界限。这不论在人治社会还是在法治社会都是如此。在"国王便是法律"的专制和人治社会,国王的话就是法律,因而在逻辑上法律也是现实政治的解释界限。而在"法律便是国王"的民主和法治社会,现实政治更须依赖法治而立,从而现实政治的解释界限只能是法律。可见,当一种学问选取了现实的国家化的实在法作为研究对象,并拒绝一切价值关怀时,法律上对现实政治的解释界限就无形中成了法学家对现实政治的解释界限。这就严重地遮蔽了法学家研究法律学问的宽广视野,自觉不自觉地成了现实政治的"歌德"者。这时,法学家并不是在推进政治,而只是在解说、维护现实政治,是在为现实政治的法律运转寻找一条稳定的学理途径。正是在这个意义上讲,法学家是保守者,他们要随时保守现实法律的规定(包括现实法律的政治规定)。可见,以实在法作为研究对象,本身是规范法学对现实政治的一种自觉因应,尽管在法学史上,规范法学者们对法学的贡献有目共睹,但其对法律规范之机理的艰难的学理解释则姗姗来迟。在西方法学史上,和从价值视角探讨法学相比,从规范视角探讨法学要晚得多。[①] 可以说,当规范法学家们把法学的研究对象严格地限定在国家实在法范围之内时,他就为自己选中了一个"解释的难题"。对这道难题的创造性解释,是规范法学家们的期望。但稍不注意,这种期望也就成了奢望。

---

① 这种情形,正好与中国法(律)学的发展形成对照。在中国古代,从价值或社会视角解释法律的学问,大概包括在其他学问中,它几乎是某种"元学问"中的有机内容。从规范视角解释法律的学问,虽然其学理的深度明显欠佳,但形成了相对独立的和其他"元学问"明显有别的学问体系——律学。这从一个视角说明了法学家所从事的学问与其他学者所从事的学问之明显不同。同时,也反映了在"实用理性"作用下,中国古代律学(向前再走一步可能会达到规范法学境地)比西方规范法学更早地出现。而对法律之价值呼唤的式微,更表明中国古人对国家之外在法律的一般态度。

其次,实在法的制定者同时也是它的"保护主义"者。实在法的制定者在专制时代是国王及其委托的机构,在民主时代是国民及其委托的机构。自20世纪中后期以来,有了所谓全民公决式的立法,但毕竟在法律的制定中,它只是一种政治家在政争中难以选择时的选择。它对笔者以下的结论并不能证伪。对实在法制定者的论述,旨在说明,实在法的制定者总会或多或少地站在自己所制定的实在法的立场上说话,他们是实在法的代言人。因此,规范法学者如果想突破实在法的束缚,而对它的规范内容进行批判,可能会遇到比价值法学者的批判更大的阻力。因为大凡价值法学,每每从宏观视角立论,因此,人们往往因其"大而无当"而忽视它的政治冲击力。这反而成了价值法学得以顺利发展的"保护伞"。而规范法学则不同,它常常是在中观或微观的层面上探讨法学问题。因此,它只要站在批判现实主义的立场上,从法律规范结构视角对法律内容进行挑三拣四,会立马构成对现实政治的强大冲击力,这就难免遭到实在法制定者的抵制。如果这种抵制限定在学术范围,当然无须顾虑。但问题在于实在法的制定者往往大权在握,因此,他们会借助权力的强制对一切敢于对现实的实在法叫板的学者进行处理。在专制时代,这种情形不断再现,甚至为了防止民间注律可能对实在法构成的威胁,在我国秦朝还规定了"以吏为师"的策略。即使在民主时代,规范法学者们对法律的解释也会遇到来自实在法制定者的阻挠。特别是那些民主程度还较低的国家,对法律的"说三道四"往往是严重的"政治问题"。这就必然妨碍了规范法学在学理上的精进,也妨碍了规范法学对规范的创造性解释。特别是在那种法律还严重地受政治所决定,而不是由法律来决定政治的法律文化和法律体制下,创造性地进行规范解释的阻力几乎难以避免。

最后,规范法学与现实政治直接关联,但规范法学自身却宣称要舍弃掉一切价值关怀和价值追问。这在逻辑上本身是一个严重的悖论。我们知道价值法学与政治的关联,但一方面,这种关联未必是直接的,更不是现实的,它所表达的往往是一种浪漫的政治理想和情怀;另一方面,价值法学盛行的时代,往往是社会秩序混乱或社会变革剧烈的时代。在这样的时代,现实政治统治者自身立根未稳,因此,也就无暇关注一种学问对它的威胁,有时,它甚至还要借助这种学问与旧政治势力对垒。但规范法学之于政治的关联,既是直接的,也是现实的。同时,它只能针对和平时期的法律进行规范解释和分析。因为在社会动乱时代或社会巨变时代，虽然会有法律的存在，但一般的情形却如西谚所云：“枪炮响处法无声”。因此，只有当规范法学能够从多个方面支持或加强现实法制时，才能得到现实政治的青睐；否则，只能是规范法学解构现实法律，而现实政治权力又解构规范法学，从而形成规范法学与现实政治权力之间相互解构的“恶循环”。这恐怕是规范法学强调“价值无涉”，反对在法律中进行价值设定的缘由之一。然而，一旦规范法学循着现实法律及其所规制的现实政治的要求而进行规范解释，其所倡导的“价值中立”、“价值无涉”、“价值回避”等也就只能或只想要求于读者，而并不能或不想要求于作者。这就势必给人们造成这样的印象，规范法学是“己所不欲，施之于人”。规范法学在无可奈何中的这种举动，不但不会促进它对法律规范解释的创新和创造，反而会使人们看轻规范法学的作用，在客观上增加规范解释的难度。

三、规范法学的强制实践品格与规范解释创新的艰难

规范法学对现实法律的关注以及与此相关的它与现实政治的关联，都无可例外地表明了规范法学的实践品格。严格说来，任何一种法学或任何一个法学流派，都强调实践性。因此，法学在总体上被人们称为应用学科。但这并不是说在法学内部，各种不同的法学流派没有实践程度上的分野。也就是说，它并不表明各种法学流派在实践品格上是均等的。就我们所熟知的现代三大主流法学派而言，针对国家实在法，价值法学主要应用于立法领域，因此，其实践品格是宏观的。社会法学对实在法立法的作用也是明显的，但它不仅仅作用于立法领域，它也强调在微观层面上直接影响司法。可以说，在三大主流法学派中，社会法学是最强调法律的实践品格的。为了克服纸面上的法律往往缺乏实践品性的弊端，社会法学家们不惜在实在法之外，设定一种与“纸面上的法”相对立的“行动中的法”和与“死法”相对立的“活法”。但是，社会法学并不把国家强制作为法律实践品格的必需要素，而强调法律运行过程中的公共选择。这是它与规范法学对法律实践品格论述的明显相异之处。之所以出现这种差异，端在于规范法学的对象就是国家化的实在法，而社会法学的对象则要宽泛得多。因此，可以把社会法学的强烈实践品格称为公共选择的实践品格，而把规范法学的实践品格称为国家强制的实践品格。规范法学的强制实践品格，也使其在规范解释时的创新遇到了问题。这是因为：

第一，规范法学所看重的强制实践品格注定了规范法学是“实证的”。它反对一切虚构或假说,强调只有正式的法律和秩序才有合法性,而不论这种正式秩序的内容(善或恶)。在这种情形下,它既面临着对实在法合法性之实证困难的压力,也面临着毕竟现实中存在着大量的“恶法”,从而对这些“恶法”作出合法性解释时的价值压力。同样重要的是,按照规范法学的强制实践品格,也并不能确保现实的实在法必然具有实践品格。事实往往相反,现实的实在法总是因为缺乏实践品格而被搁置着。这就轻易地使规范法学的强制实践品格被法律实践所证伪,也使得反对价值设定、强调强制实践品格的规范法学成了一种表达规范理想的学说,成了另种意义的价值设定。这就不可避免地会遭到来自其他法学流派的驳难。可见,规范法学的强制实践品格,是很易被证伪的学说,特别是当它企图把这种主张无所例外地适用于所有的实在法时,它被证伪的可能性更高。可以说,规范法学对实在法唯一合法性的解释,只是它对实在法的过分自负。其实,规范法学家们也知道实在法总会有善恶之分,但他们对实在法善恶在实践效用中的忽视,不分善恶的逻辑实证,在事实上影响了其学理的实践品格,反倒给人一种替统治者代言的不良印象。规范法学的强制实践品格事实上是对国家实在法之强制实践品格的一种学理化的肯定。在一定意义上讲,它是有道理的,因为毕竟自人类社会进入文明时代以来,国家就是一个人们既一刻也离不开它,同时又时刻受其威胁的庞大的“利维坦”。就人们在社会生活中一刻也离不开国家而言,规范法学对实在法之强制实践品格的强调无可厚非,因为正是实在法的这种强制实践品格,才保障了人类的有序生存。然而,就人类在社会生活中随时都面临着受国家的威胁而言,规范法学对国家实在法之强制实践品格的强调,必然会引致人们的反感。这就对规范法学解释实在法规范提出了更高的创新要求。但面对这种创新要求,规范法学自身则力难胜任。

第二,规范法学的强制实践品格使人们难以摆脱对它“保守”的印象。如前所述,不论规范法学在法学史上作出了多大的贡献,但它对国家主义的青睐、对法律强制主义的推崇、对法律不分善恶的实证……总给人一种保守的深刻印象。人们经常讲,法学是一种守成或保守的学问。显然,这种说法嫌太笼统。考察法学发展史,我们不难发现法学和法律都曾经作为一种社会变革或革新的力量。就法学而言,价值法学在历史上一以贯之的是一种社会的革新力量,不论是在社会变革时期,还是在社会稳定时期,对法律的价值追求永远是推动法律革新的真正动力。社会法学在很大程度上也是法律革新的一种力量,因为它总是站在对国家的实在法批判地审视的立场上,它主要不是对国家实在法的"歌德",而是对它的批判、反观和省思。这就能使人们更清醒地认识国家实在法,破除对国家实在法的迷信,从而为实在法的创新建立理论基础。就法律而言,人类的法律既可以是保守社会秩序的力量,也可以是变革社会秩序的力量。正因如此,中外历史上总是把那种非暴力革命化的变革称为"变法"。所谓变法,说到底,就是从一种旧的法律秩序转向一种新的法律秩序。可见,不存在一成不变的保守的法律,也不存在永远处于革新状态的法律。这两种情形中的任何一种,都有可能使法律的社会功能丧失大半。因此,说法学是一种保守的学问,大半是因为规范法学使然。确实,规范法学是保守的,但人类并非不需要保守,在一定意义上讲,人类主要是保守的动物。创新总是属于人类中的个别人。人类作为群体生活的动物更需要一定程度的保守,因为群体生活需要秩序,而秩序就是人类的一种保守的生存状态。规范法学的保守性,就是因应了人类对那种安定、保守、闲适的社会生活的需求。因此,人类需要保守的规范法学。规范法学的此种保守性,也正是规范解释难以拓新的重要原因之一。

第三,规范法学的强制实践品格及其对实在法的青睐,使规范法学与其他法学有一个重要的区别:规范法学是实在法内部进行研究,即它所研究的内容就是法律规范及其带有普遍性的问题。其他法学则在实在法外部进行研究,其所研究的是实在法规范外部的问题。规范法学之问题域的内部化,并未使规范解释的创新变得简单,相反却使规范解释的创新愈加艰难。这是为什么呢? 简单地说,这主要是由于规范解释的微观性使然。法律的规范分析是法学的一种微观分析,任何微观分析比起宏观分析来都显得更有难度。这是因为微观分析要求对问题回答得更精细、更准确。而宏观分析则相对而言,对问题分析的精细性和准确性要求就小得多,尽管宏观分析的准确性也是相当重要和必要的。宏观分析和微观分析的这种区别,可以用战略家和战术家做比。战略家并不需要考虑每个问题的细节,但战术家却必须考虑每个问题的细节,并且考虑得越周全、越仔细越好。因此,对战略家们而言,创新是相对容易的,对战术家们而言,创新永远是个相当艰难的问题。规范分析在法学上,关系着它是否能成为一门独立的学科;在法律实践上,则是人们方便地把握规范内容的理论向导。因此,规范法学总是仔细地给人们分析实在法内部的规范结构。所谓纯粹的"规范法学",就是要求法学不要越实在法规范"雷池"之一步,即使法学要有创新,也是对实在法规范及其结构解释的创新,而不是在实在法规范之外的创新。然而,实在法规范之内的创新又谈何容易!它需要在对不同文化系统中的实在法规范进行仔细和系统的比较、实证、归纳的基础上总结出带有普遍性的问题,只有如此,才能得出更为有益的结论。但这一工作,既是一个需要出力的活,也有可能是一个只出力而并不见效的活。如果只有系统的归纳,而没有得出具有一般性的和普遍指导意义的结论,那么,等于说工作只做了一半,而需要进行理论解释并提升和创新的另一半则难以实现。这样,规范法学就往往只剩下强制实践品格的有关说教,反倒缺乏实现这一强制性实践品格的理论内容。另外,规范法学的强制实践品格既需要规范解释的创新,又需要规范解释同时与实在法一样具有实践性和实用性。这本身就是一对深刻的矛盾。平衡这种矛盾,即意味着规范解释创新的极其艰难。

四、对我国规范解释创新的初步探讨

前文对规范法学以及规范解释创新之艰难的原因探讨,并不是说明规范法学不重要,也不是说明规范法学不需要创新。恰恰相反,对一个正在致力于实现法治的国家而言,规范法学比其他法学具有更为重要的意义,也比其他法学更需要创新。这是因为对法治,规范法学是其最直接的理论支持。[①] 其他法学虽然对法治而言,也有极其重要的作用,但它们对法治的作用都没有规范法学来得那样直接。规范法学对法治的这种作用,对正在寻找迈向法治之路的中国而言,显得尤为重要。因此,笔者认为未来中国法学发展的重点应当是规范法学的创新和完善。[②] 值得检讨的是:一方面,自中华人民共和国成立以来,我们引自苏联的法学,基本上可以说是规范法学的内容,即使真正的马克思主义法学也深受规范法学的深刻影响(当然,这不是说马克思主义法学就是规范法学,马克

---

① 据笔者所知,在国内,是陈金钊教授首先注意到这一问题。他在比较当代西方三大法学流派的特征后认为,只有规范法学,才是真正支持法治的理论。笔者觉得,这一解释是有道理的。只是须进一步说明的是:这并不意味着其他法学就反对或不支持法治。事实上,与其他法学相比较,规范法学对法治的支持是直接的,其他法学对法治的支持有时是直接的,有时则是间接的。前者通过对实在法的肯定来支持法治,后者则通过对实在法的批判来完善法治。因此,现代法学都可以视为是法治理论。

② 参见谢晖:"中国法理学发展的现状与前瞻",转载人大复印资料《法理学·法史学》,2000年第5期。

思主义法学其实受多种学理的影响,特别是它对社会分析方法的重视。因此,它日后又反过来影响了众多的法学流派,如新马克思主义法学、批判主义法学、法兰克福学派法学等)。另一方面,中华人民共和国成立以来其法学的经历,特别是自1978年以来其法学的发展,我们不难发现它对规范法学的极端“青睐”(这本身并不是什么错,问题在于如何才是真正地青睐规范法学),这在迄今出版的任何一本法理学教材(哪怕其内容再开放)中都有明显的展示。但上述情形并不意味着我国规范法学的发达;反之,它只能令法学家们更为尴尬,因为规范法学在创新上总是裹足不前,与国外规范法学的发展相比是如此,与国内的其他法学(如价值法学、社会法学、利益法学等)的创新状况相比也是如此。[1] 对此,笔者曾经写道:“规范法学虽然在中国阵营庞大,从之者甚多,但其学理建树却相当有限;该学派发挥的实际作用,与其说是学理性的,毋宁说是宣传性的。造成这种情形的基本原因是:一方面,西方法学中规范分析的严密、科学的方法尚远未被我国学者汲取;另一方面,中国已有的分析工具限制了规范法学的应有视野。这种情形,与西方法学界规范法学的极其兴盛形成鲜明的对比。”[2]这样,就在中国的法治实践与法学理论上形成了一种明显的悖论:一方面,是法治实践对规范法学的强烈呼唤和要求;另一方面,规范法学却积弱难振。除了笔者在前述引文中所检讨的原因之外,还应加上一条:那就是中华人民共和国成立以来,不论是前28年的历程,还是后23年的历程,社会都处于剧烈的变革过程中,这就使得呼唤某种新的价值成为到目前为止整个中华人民共和国历程的主要使命。然而,随着改革目标的逐渐明朗,改革成果的日渐显著,通过法律规范整合社会秩序已成为当务之急。法制建设的蓬勃发展不仅需要相关的价值呼唤、社会实证,更需要对法律规范的基本问题和基本作用作出必要的学理解释。我们知道,社会需要是一切创造和创新的酵素,正如价值呼唤的时代成就了我国价值法学的较大发展那样,在这个亟须用法律规范社会秩序的时代,可以肯定,也会成就我国规范法学的创新和发展的。

然而,预测只能说明规范法学将在中国的可能走向,问题在于如何

---

① 关于国内其他法学研究创新状况的一般分析,参见谢晖:《价值重建与规范选择——中国法制现代化沉思》,山东人民出版社1998年版,第315~335页。又参见谢晖:“见识多元与知识整合:中国法理学的两难境遇”,载《法学评论》2000年第1期。

② 谢晖:《价值重建与规范选择——中国法制现代化沉思》,山东人民出版社1998年版,第320页。

具体地（即通过什么途径）来实现规范法学在中国的创新和发展。显然，这是一个较为庞大的论题。由于本文论题所限，不可能深入地、仔细地论证这一问题，而只能在此提出一个关于规范解释创新途径之个人意见的大概构想。要述如下：

第一，在观念上重新清理规范法学（解释）的现实意义。虽然，在我国长期以来人们讲授规范法学的主要观点，但在骨子里，相当一批有作为的法学家对规范法学抱有成见，特别是规范法学对统治者意志的强调、对“恶法亦法”的肯认、对法律中价值设定的否定等，使处于价值呼唤时代的中国法学家们自然提不起对它的兴趣。然而，只要我们回过头来想想，几乎没有一位法学家反对在中国实行法治。法治既是整个中国改革的价值目标指向，也是其现实实践选择。作为价值目标，我们呼唤法治，言说其价值无可厚非；但作为现实实践，我们则需要更为仔细的理论成果，特别是规范解释的理论成果来具体地支持法治、健全法治。同时，就法学自身的发展而言，没有规范法学的法学虽然可以达到洋洋大观，但缺少了必要的规范解释的精细入理。甚至可以说，缺少了规范解释的法学，虽可称为法学，但很难称得上是独立的法学。真正独立的法学，是与对法律的规范解释紧密地联系在一起的。这就更需要破除法学家们已有的对规范法学的轻视甚至鄙视，树立起法学家们对规范解释创新的热忱。这样，就会使得规范解释的创新有了必需的主体基础和观念保障。

第二，尽快引进西方规范解释的一系列方法和理论成果。自 19 世纪以来，经过西方法学家的不断努力，规范法学在西方有了突飞猛进的发展，曾经一度在诸法学流派中处于执牛耳的地位。“二战”以来，规范法学的这种独尊地位虽受到了影响，但这并未伤及规范法学的元气。通过借鉴其他法学的一些成果，规范解释又获得了明显的、长足的进步。特别是众所周知的哈特的规范法学理论，成为规范解释的最新丰碑。对此，我国法学界已经有了一定程度的重视，但与法治建设对规范法学的需求相比，还相差很远。因此，笔者建议，在法学本科教育阶段，法理学不妨直接运用西方规范法学的一些理论名著进行讲授，或者至少把公认的规范法学的理论名著当做法学本科生的必读书，这样潜移默化，必然会培养出一批感兴趣于规范解释研究的学生来，同时也能收到对更多的人普及规范解释之原理与方法的效用。

第三，创建规范解释研究的基地。目前，国家正在设立社会科学研究基地。就法理学而言，全国只设立一个“国家级”的研究基地，这并不利于我国法理学的创新，更不利于法理学的多元化和流派化的发展。[①]所以，应当把法理学“国家级”研究基地的设立细化到该学科的不同研究方向，或者对“基地”的投资按不同学科方向进行规范化的再分配，从而使规范解释研究既有基地，又有必要的经费保障。如果说国家投资解决不了这一问题，那么，法学家们自治地建立规范解释研究的团体也不失为一个好的选择。这样，既可团结全国有志于规范解释研究的学者，在规范解释研究上相互扶助、相互协作、相互交流、相互批评，也有利于尽快地推出规范法学研究的成果，还有利于对规范解释的宣传及在此基础上的实践运用。

第四，从“独断型解释”走向“探究型解释”。在解释学上，解释被分为两种：其一是独断型解释，最典型的是法律解释和宗教解释；其二是探究型解释，最典型的体现为文学解释。与此相应，解释学也被分为“独断型解释学”和“探究型解释学”。前者是指“把卓越文献中早已众所周知的、固定了的意义应用于我们所意欲要解决的问题上，即将独断的知识内容应用于具体现实问题上。它的前提就是文献中的意义是早已固定和清楚了的，无须我们重新加以探究”；后者“是以研究和探究文本的真正意义为根本任务，其重点在于：我们为了获得真正的意义而必须要有哪些方法论准备。因为时间的距离和语言的差别，过去文本的意义对我们变成了陌生的，因此我们需要把陌生的文本的语言转换成我们现在的语言，把其陌生的意义转换成我们所熟悉的意义”。[②] 虽然，法律解释是一种独断解释，但这并不意味着法学都秉承着独断解释的立场。在我们所熟悉的法学流派中，价值法学和社会法学就不抱守独断解释的立场。只有规范法学具有独断解释的特点（但未必规范法学就一定是独断解释，特别是自奥斯丁以来的规范法学，基本上所走的是一条探究法律规

---

① 这种情形，对其他学科而言，也是如此。这再次说明，学术自治的必要性。国家可以投资于学术研究，但国家的投资，并不应垄断最高地位的学术研究。甚至因国家的投资，国家可以在一定期限内垄断其所投资的学术研究的成果，但它不能更不应宣布只有“国家级基地”的学术研究成果才是最高的。这样的问题，最好由学术界自治地解决；否则，便不可能存在学术创新，因为国家的行为妨碍了学术创新必须具备的条件——学术自治。同时，也建议“国家级研究基地”的设立应再细化到学科方向，这样，才更有利于学术研究的深化，特别对社会科学研究（而非宣传）而言，更应如此。

② 参见洪汉鼎：“诠释学史”（第1章），载“全国法律解释学研讨会（2000年·青岛）”交流论文。据闻，该书即将由人民出版社出版。

范的内部结构及其规律的道路，这种情形的当代代表是英国著名法学家哈特先生），这是因为只有规范法学的对象是意义相对“固定的”国家实在法，而其他法学在研究对象上并不具有国家实在法这种固定性的意义。然而，规范法学必须走出这种独断解释的“死胡同”（特别是当代中国的“规范法学”，在这方面的要求显得更为强烈），它不仅要站在法律应用的立场上对国家实在法进行解释，而且更要站在法学的立场上解释国家的实在性。只有这样，我们才能说规范解释创新的使命有兑现的可能，才能在中国法学中出现真正的规范法学；否则，规范解释创新的使命永远因为拘泥于规范本身而变得可望而不可即，真正的规范法学在中国法学中缺席的时间还会继续延长，甚至遥遥无期……

解决好了如上四个方面的问题，规范解释创新的基础也就大体具备了。当然，毫无疑问，这是一个“言之为易、行之为难”的问题。

〔本文原载《山东大学学报》2000 年第 6 期；
转载于《法理学·法史学》2001 年第 3 期；
转摘于《高等学校文科学报文摘》2001 年第 1 期〕

独立的审判与可诉的法

在奉行成文法和议会立法的国家,作为实践的司法必须以法的存在样式为其行为基准,[①]法律被赋予何种属性,司法则表现出相应的特点,这不仅是指专门规范司法活动的诉讼程序法,而且泛指一切法律。以是否可诉为例,倘法律不具有可诉性,则其与司法便无关系;反之,只要法律具有可诉性,那么,司法便是任何法律运行的必备要素和任何法律纠纷判断的最权威象征。本文以探讨法的可诉性与一审判独立间的关系为宗旨。

一、法的可诉性对审判独立的必然要求

法的可诉性是指法必备的、为了判断社会纠纷的是非而使纠纷主体可诉求于法律公设的判断主体的属性,它是法的基本属性之一。这一概念内含着如下要点:

首先,法的可诉性所指向的对象是社会纠纷。法律起源于社会冲突和纠纷,这是古今中外法律思想史上人所共执的立场。[②] 法律的这一原发因缘铸就了法律的基本品性:判断是非、维护正义。社会一旦止息

---

① 至于判例法制度,一方面,它自始便是"法官立法"的产物,另一方面,其规则建立在对已然的纠纷裁决的基础之上,故可诉性是其当然属性。

② 如墨子针对"一人则一义,二人则二义,十人则十义……"从而"交相恶"的情形,主张"壹同天下之义"(参见《墨子·尚同·上·下》);韩非针对"人民众而货财寡"等而主张法治之必然(参见《韩非子·五蠹》);亚里士多德的"分配正义的法源说";孟德斯鸠的"战争法源说";马、恩的"阶级斗争法源说"等皆是。

了纷争，则法律存在的理由尽失。然而，社会纠纷的存在是必然的，这既取决于事物之矛盾本性，更取决于人的社会性与个体性之二元矛盾存在。这种社会冲突的必然性既是法律可诉性之必要前提，同时，法律可诉性的设定，也为社会冲突和纠纷提供了解决方式。一旦可诉的法律建立，则曾是法律创立之导因的社会冲突便成为法的可诉性所要解决的对象。

其次，法的可诉性的实现前提是纠纷主体的自愿选择。可诉性作为法的基本属性，只是法的一种潜在和应然属性，要使其现实地、实然地作用于主体，必须人们运用之。对于非冲突的社会关系，法的作用方式是保障、肯定，对于冲突的社会关系，法的作用方式是协调、判断。然而，即使对于冲突的社会关系，人们也并非必然选择诉讼方式解决。可见，冲突主体（尤其在并不关涉公共利益的冲突中）对诉讼的自愿选择，是法的可诉性的基本实现方式。这种选择必须以法律具有可诉性为前提，倘法律本不具有潜在的可诉性，则自愿选择诉讼便成无本之木。

再次，法的可诉性的必然实践方式是司法（审判）。司法这个词，既可作为名词，这时主要指司法权或司法组织，亦可作为动词，这时主要指司法活动过程。不论哪种用法，司法都与判断是非相关。当作为名词用时，司法判断是指司法权或司法组织的潜在判断能力；而当其作为动词时，司法判断则指实在的裁判过程。这表明，当纠纷主体依照法律之可诉性诉诸法律时，接受这一诉求的主体一般也应有法律上的判断职能。虽然在实践中其往往是多元的，如有关裁判的自治组织、具有裁判功能的行政组织等，但在现代法律上，最权威的裁判者是司法，这就使得司法在实现法的可诉性上具有独特的地位和作用。法的可诉性没有司法，恰如社会纠纷没有法律。

最后，法的可诉性是法的必备的基本属性。在我国以往的法理中，对法律的基本属性从外部（如物质制约性、公权强制性等）或内部（如社会或国家意志性、规范性等）探讨的都较为深刻，但其可诉性并未引起人们应有的重视，甚至很少有人将可诉性作为法的基本属性来论述。[①] 这种原因的形成，恐怕与我们只把法律作为一种政治对策，而未把其作为一个相对独立的范畴紧密相关，一旦法律成为政治对策，则其只能是强

---

① 据笔者所知，在国内法学界，把可诉性作为法的基本属性之一，并进行较系统论证的是王晨光先生在1997年中国法理学年会（北京）上的发言，据王先生讲，他的发言曾受了与陈兴良教授交谈时的启发。

者的意志,法律不能驾驭强者,不能诉讼强者,反倒成了强者的支配物,使法律的应有作用难以发挥,这与法治发达国家只要有法律,便可据其诉讼形成鲜明的对比。①

通过前述对法之可诉性的学理探讨,尤其最后一点的探讨不难发现其与司法的内在关联,但如果我们仅认识到此尚远远不够。法的可诉性不仅与司法(审判)存在着一般的关联,而且它必然要求审判独立。下面我将进一步论证法的可诉性对审判独立的必然要求。

第一,法的可诉性必然要求专理诉讼的审判组织。法律所面对的社会关系复杂多样,既有合乎公理,从而受法律保障者,也有悖于常情,从而遭法律否定者,还有是非难辨,从而赖于法律协调者。不论哪种情形,法律对它的调节都不仅是一个自作用过程,而且必须有外在力量的保障实施。法律的自作用,所借助的是社会主体对法律的自觉遵守和运用;法律的他作用过程则借助的是依法设定的公权组织的强制和协调。在此,法律所依赖的公权组织有二:一是强制保障组织,其权力特征是命令、指挥;二是受动协调组织,其权力特征是中立、裁判。前种公权组织及其权力,显然难以就两造的诉讼进行判断,否则,强制与指挥的特性将使诉讼结果成为独裁,公平精神荡然无存。只有后种公权组织及其权力才具有专理诉讼的资格和性能,而这种组织就是司法(审判)组织。

第二,法的可诉性必然要求专理诉讼之组织的独立。有专理诉讼的组织,尚不足以使法的可诉性实然化。在一个其他组织或个人对司法组织可以任意卡压和支配的体制下,司法组织只是形同虚设,或看人脸色、察人心意、探人口气行事,此时,不但司法组织无独立审判能力,而且司法者缺乏独立人格。一旦司法者与其他权力主体沆瀣一气,那么,司法的性质便被篡改,司法只是某种权力的受动者、附属物,而不是权利诉求者的受理者,这样,司法就根本无自主可言。司法组织不自主的现实危害在于使法律蕴涵的公平的丧失,从而使法律沦为命令者、指挥者役使大众的工具,而不是平衡社会与国家、支配权利与权力的最高准则,那样,法律便是恶法,法制便为人治的护符。

第三,法的可诉性必然要求专理诉讼之权力审判的独立。任何公权组织的灵魂在于其所拥有的权力,只有其权力独立时,公权组织的独立

---

① 尤其在近现代西方各国,法律和法治几乎是围绕诉讼而展开的,由"法官创法"的判例法固然如此,即使议会的成文法也莫不围绕诉讼而设定。这正是现代西方法理学各流派总是围绕司法而展开的原因所在。

才有现实性,否则,公权组织只能是空壳。近代以来,人类理性根据公权的三种不同功能,在一个国家统一的权力框架下,设立了三种有别的权力,即以议事、决策和立制为特征的立法权,以命令、统筹和执行为特征的行政权,以协调、中立和判断为特征的司法权。三种权力各自的特征正是其各自相互独立又相互判约地存在的必然性之所在。三种权力各自对应着法的正义性、必行性和可诉性。在这三种权力中,司法权的自主尤为引人注目,其基本原因既在于行政权之命令和强制的固有特征可能对司法权的损害,亦在于司法的中立和判断所面对的不仅是社会主体间的纠纷,而且亦面对着社会主体与国家权力主体间乃至权力主体相互间的纠纷,因此,司法权遭其他权力的排斥便不可避免。正是在此意义上讲,司法自主,尤其司法权的自主是一个国家法治化的基本的、最终的标志。[①] 司法权自主的任务尚未完成,则法的可诉性徒有规则,而难以实践。

第四,法的可诉性也必然要求法官断案和审判的独立。法官是司法的直接主体,他们既是独立断案的权力享有者,也是错判误判的责任承担者。这一要求的实质是:当法官接到某一案件的审理权时,他只对案件事实和法律负责,而既不对其他组织负责,甚至也不对其所在的法院院长负责。只有这样,才能锻造法官的个人人格和忠实于事实、忠诚于法律的素质,也能从法官的自主和独立的人格中兑现法的可诉性,使法官不因命令干扰而冷静理性地断案;相反,法官一旦不能独立断案,哪怕其就每个案件向法院院长负责,则其后果只能受制于院长的或明或暗的命令,从而使应担法律责任不明,并最终影响法的可诉性之实效。

综上所述,审判的独立是和法的可诉性紧密相关的一个概念,法的可诉性程度和审判独立的程度成正比,一旦法的可诉性下降,则审判的独立性必然弱化。

二、我国法的可诉性缺陷与审判独立的相关性

虽然在我国宪法上已对审判独立进行了原则宣告,但因这一宣告自身的不足[②]及其他种种原因,审判的独立仍是我国法律家和法学家的理想。对此,人们从各个视角予以探讨,立法机关的不当干预、法官素质的

---

① 参见谢晖:《价值重建与规范选择——中国法制现代化沉思》,山东人民出版社 1998 年版,第 486 页以下。

② 参见谢晖著:《价值重建与规范选择——中国法制现代化沉思》,山东人民出版社 1998 年版,第 498 页以下。

良莠不齐等，但笔者则认为，在此种种原因之外，我国审判难以独立的重要原因在于中国法律的可诉性缺陷。

所谓法律的可诉性缺陷是指在国家法律中不可诉现象的大量存在。在我国的现行法律中，大量法律具有不可诉性，这首先表现在一些公法中。具体说来，则一方面，在学理和宣传中被称为“根本大法”、“治国安邦总章程”的宪法就不具有可诉性。固然，法院在审理一些行政、民事、经济乃至刑事案件时可以直接引用宪法条款，[①]但这并不表明我国宪法的可诉性。笔者认为，宪法的可诉性从根本上体现为宪政诉讼，倘有宪法而未建立相关的宪政诉讼，则表明该宪法只是宣言和宣告，而不具有可诉的操作性。宪法的不可诉性又引致了一系列宪法的关系法律之不可诉性，如《民族区域自治法》、《国旗法》等。[②] 另一方面，在我国现行的行政实体法中，有关权力条款和责任条款不相匹配，其基本性质是建立在管理论基础上的管理法，因此，大量行政法律亦具有不可诉性，从而使这些法律成为行政机关操使的工具，而无法成为司法机关判断是非的准则。再一方面，凡规范公权主体的法律，如法官法、检察官法等，除涉及有关刑事责任者外，其余规定皆不具可诉性。不仅在公法中存在着严重的不可诉性，即使可诉性程度较高的私法中，由于立法自身的冲突和缺陷，尤其是立法中原则性有余，系统化不足现象的存在，以及政策与法律的冲突等都直接抑制了私法的可诉程度（最典型者莫过于《破产法》），影响了诉讼的实现。[③] 凡此种种，都表明我国法律的可诉性缺陷。可以说法律的这种可诉性缺陷是我国审判的最重要的法律致因之一。[④] 为什么会产生这种因果关系呢？

首先，法律的可诉性缺陷使司法审判在国家法制体系中的功能下降。众所周知，法律的制定是为主体的行为提供一种准则，作为准则，在合法状态下，法律的作用是保障性的，其表现是隐含的，即法律直接作用于这种合法状态之中。但在冲突或明显的非法状态下，法律的作用则是通过裁判予以修补法律秩序，这时其表现是凸显的。司法审判在法律运

---

① 参见周永坤：“论宪法基本权利的直接效力”，载《中国法学》1997 年第 1 期。

② 除涉及刑事责任外，上述法律的其他规定均具有不可诉性。

③ 在破产法的实践中，人们不难发现有权威法律效力的破产行为难以进行，而较少法律根据的“关停并转”行为盛行的现象，这表明，即使有较强可诉性的法律，也因我们的政策而影响着其可诉性的实现。

④ 之所以称“原因之一”，是因为仅在法律上讲，审判在我国不独立还有一系列其他原因，因非本文论题，故存而不论。

行中的作用,主要表现为后者。在国家权力职能中,一旦立法的使命完成,则要靠行政贯彻执行法律和司法确保法律贯彻执行得公正这样两种职能。而后一权力职能的实现,必须以立法赋予法律的可诉性为前提,法律的可诉性程度越高,则司法权的作用越显,从而审判独立的程度越高。反之,法律的可诉性程度越低,则司法权的功能越微,审判独立的程度亦越低。

其次,法律的可诉性缺陷直接导致了没有法律责任追加的公权主体的存在。可以说,在一个国家中,只要有不受法律责任牵制的公权主体存在,与法治国家的要求相去甚远。然而,在我国由于法律明显的管理性质和可诉性缺陷,直接导致大量难以对其违法行为追加责任的公权主体。例如,在我国具有领导权的执政党及其党组织,具有议决权的立法机关和统一战线组织(政治协商会议),具有军事指挥权的党和国家军事组织,以及作出抽象行政行为的行政组织对其明显的违宪、违法行为没有相对应的法律责任,更谈不上通过司法审查以追究其法律责任。即使在司法机关内部,亦有无责任约束的组织存在,最典型者为"审判委员会"。[①] 这些无责任约束的公权组织的存在,使严格依照法律裁判的司法机关在权力可伸展的范围上相形见绌,面对来自司法权外部的权力之要挟、压力而无能为力,从而使审判独立在国家公权内部障碍重重。一旦存在不受责任牵制的公权主体,一旦公权主体在违法时不受司法裁处,那么,司法只能是其他权力主体的驯服工具,审判独立也只是难以止渴的画梅。

再次,法律的可诉性缺陷使法律判断偏离司法轨道,从而影响审判独立。虽然我国法律存在可诉性缺陷,但这并不否定任何一种法律都具有判断性,问题只在于由谁来判断。在我国,这种判断明显地倾向于行政,而不是司法。在我国法制宣传中,人们习常所谓"行政执法机关"不是泛指所有行政机关(或部门),而是具有法律判断职能的行政机关或部门(甚至行政部门之内部组织),并且这层意义上的"行政执法机关"越来越多,从而使这些行政机关均有法律上的判断职能。这就导致了严重的行政与司法的混同现象。诚然,在当今世界,几乎所有国家都存在所谓由行政机关进行裁决的"准司法"问题,这正是"行政裁决"这一法律术语由来的实践基础。然而,像我国这样将大量裁判职能交由行政机关

---

① 上述分析,曾受到徐显明先生与我在1998年在北京举办的一次研讨会上交谈时的启发。

行使的情形则举世亦所罕见。如果说目前我国的司法权本身具有行政化的特征的话,[①]那么,把法律判断权交由行政机关行使,则使判断权完全行政化。它所导致的不仅是判断的命令化、行政化,而且也直接影响了审判权的强大和独立。可见,法律的可诉性缺陷,所影响的并不是法律固有的判断性,而是法律借助司法的判断性。

复次,法律的可诉性缺陷事实上导致了审判权的分裂和蜕化。通过前一问题的阐述不难发现,判断权向行政机关的转移事实上意味着审判权的分裂。国家权力内部根据权力所作用的对象而进行的划分,本来针对某类统一的实然的或应然的事实。因此,每种权力均应是统一的、不宜再行转移或分割的;否则,一旦大量的判断权由行政机关行使,则只能是对判断权——一种司法性能的权力的制度分解。这一分解销蚀着司法权的应有力量,使司法权被裂解,司法职能被弱化,尤其对公权主体违法行为通过各种政策进行自纠自查,而不是借助诉讼以解决的方法,则更明显地消解着司法应有的职能和其完整性。

与此同时,法律的可诉性缺陷及其所导致的司法权的分裂又进一步引起了司法权的蜕化,这表现为:一方面,被行政机关行使的那一部分判断权,天然地具有行政性,这已在前文述及;另一方面,即使司法机关所行使的有限的司法权,也严重地受了行政权的感染,具有明显的行政化特征。这既体现在司法受行政及其他权力主体的暗示,甚至指令上也体现在上下级法院间、法院领导(或审判委员会)与审判人员间所经常出现的对案件审理的领导与被领导的关系上;还体现在法院像行政机关那样从事判决,甚至行政行为的执行活动中。这些均使得司法权严重蜕化,即明显的行政化,从而既影响司法的应有形象,也影响了审判的独立地位。

最后,法律的可诉性缺陷,致使社会对司法的依赖和信任下降,从而影响审判的独立。从原发意义上讲,任何一种权力的存在,均来自人们对该权力的需求和依赖。人们的这种需求和依赖感越强,则该权力的地位和作用越显;反之,则该权力的地位和作用必然下降。在法律的可诉性存在缺陷的情况下,人们自然寻求其他手段解决争纷,而无须借助诉讼,求助于司法。违法“私了”也好,找领导托关系也好,寻求行政裁决也好,都是对诉讼选择的削弱。在社会纠纷总量限定的前提下,人们选择

---

① 参见徐显明先生为拙著《价值重建与规范选择》一书所写的序,山东人民出版社 1998 年版,第 1 页以下。

其他解决纠纷的方式增多,必意味着选择诉讼解决纠纷的方式之减少。这种情形会从本质上影响司法的地位,并且它不止是一种司法地位的下降,而且是人们对司法信心的丧失。当法律放任人们借领导人的一句话或其他方式可更有效率地解决纠纷时,他们为什么非依赖司法不可呢?可见,法律的可诉性缺陷直接动摇了人们对审判机关独立办案的信心,产生对审判独立之可能性和必然性的怀疑。

总之,我国目前法律中的可诉性缺陷严重地影响了审判的独立,可以说,在法制范围内而言,这是影响审判难以独立的一种根源性的致因。这提示人们我国司法体制的改革,与法律的改革,尤其与法律可诉性的改造具有必然的内相关性。

三、法的可诉性与我国司法改革

可以说,司法改革对我国各项改革事业而言,特别对于政治体制改革而言,具有全方位的影响性。一个按照法治原则而建立的司法体制,是法治的基本标志。固然,法治化改革涉及一个国家的方方面面,但司法改革对法治而言具有突破性、前提性和最终标志性。因为不同的司法象征着不同的法治实践样态,完善和公正的司法则是法治在实践层面的最高标志。

由此可见,司法改革乃是一项牵一发而动全身的工作,司法改革的成功与否,不仅涉及司法体制本身,而且牵涉一系列相关因素的变革,如执政党依法执政、国家权力的合理分立、行政职能按法治要求的转换、社会主体诉讼观念的变革等。但在这头绪繁多、纷繁复杂的相关因素中,法的可诉属性的确定并按照这一属性而立的法律体系对司法改革具有前提性、根本性、全局性和最终性。

所谓前提性是就司法改革的必要条件而言。之所以可诉的法律对以审判独立和公正为目标的司法改革具有前提性,是因任何一种具体法律制度,都必须围绕相关的法律而展开,这尤其在成文法为主的国家更显必要。我国是一个典型的成文法国家,至今判例尚未取得正式的法律地位,[①]因此,关涉公共事务的任何改革,包括司法改革,都必须以“先规则、后改革”的原则展开。“边改革、边规则”的改革模式过分注重经验,“摸着石头过河”而失却了主观能动性的必要发挥,其结果是改革意味着

① 这只是就中华人民共和国成立以来的情形而言,至于在古代中国,“例”是与律、令、格、式、比等并列的法律渊源之一。对此,武树臣先生曾进行过深入的具有文化启发意义的研究。参见武树臣等著:《中国传统法律文化研究》,北京大学出版社1995年版。

混乱；“先改革，后规则”的改革模式，则把改革过程视为政治强人的主观推进，从一开始便使改革烙上了深深的人治印痕。作为法律制度最直接的组成部分，司法改革对法律的要求更甚于其他改革。法律是司法改革的先定模式，没有与司法公正和审判独立相关的法律，则司法改革只能是局部的、修修补补的，而非全面的、根本的。如果法律先定地设立了可诉性缺陷，那么，司法改革面对法律的设定则无能为力。因此，司法改革必须法律改革先行。从这个意义上讲，当我们讲改革开放以来我国立法有了长足发展的同时，还必须注意到这些立法与法治要求的适应性问题，即立法的质量问题，必须把凡法律均有可诉性作为立法的基本准则，这样才能确立法治化司法的法律前提。

所谓根本性是就可诉的法对司法改革的深度而言。司法改革的根本目标在于实现审判的独立及在此基础上的司法公正。其中审判独立是这一改革目标的形式层；而司法公正是这一改革目标的本质层。我国目前面对的司法改革，不是任何意义上的在现行体制框架下的修补，而是整个司法方式和司法机理的再造。因此，司法的改革就是法律的改革，法律改革的力度大小，直接关联着、影响着司法改革程度的高低，如刑事司法改革直接关涉着刑事法律，尤其是刑事诉讼法律的改革状况，当这一法律的改革尚不尽如人意时，刑事司法的改革就会陷入尴尬境地。[①] 对于实体法律而言，能否据其诉讼，直接影响着审判独立程度，并最终影响司法是否公正。固然，独立审判并不必然导致公正地司法，但可以肯定的是不独立地审判，必然会使司法导向不公正。换言之，公正地司法必须独立地审判。[②] 法律的可诉性使审判独立能更为彻底地实现，因此，按照可诉性机理而对法律的改造，决定着司法改革和审判独立的最终程度。

所谓全局性是就可诉的法对司法改革的广度而言。如前所述，司法改革牵涉方方面面，一个彻底独立的、公正的审判，既会影响执政党的执政方式，也会影响议会的监督方式，还会影响行政的工作方式，甚至更能深入地影响主体的生活方式和社会的运作方式，由此不难见司法改革的复杂性。因此，任何失却可诉的规范前提的司法改革，任何从局部进行修补的司法改革只能顾此失彼，而无法从根本上、全局上解决审判独立

---

① 如针对在刑事司法中，公诉人应否在法官入场时起立等问题的争论，实践中公诉人席位应否比法官的席位建得低一点等，从深层次说明刑事诉讼立法的缺陷。

② 由于司法公正问题并非本文题旨，故这里只提出这一论点，相关论述在另文中进行。

问题。可诉的法律虽然不是解决审判独立问题的唯一途径,但它是审判独立的法律根据,它不但拉近了法律与司法的必然关联,[①]而且是对其他权力分散并干预司法等现象的法律否定,是对人们寻求通过诉讼解决社会纠纷、借助司法实现社会正义的法律肯定和支持。按照这种法律不但可指导司法改革,而且也指导执政党执政方式、议会监督方式和行政执行方式的改革。因此,它不仅在内部为司法改革提供了可深化的规则前提,而且在外部为司法改革提供了可扩散的规则保障,从而使司法改革引发一连串的政治体制改革效应。

所谓最终性是就可诉的法对司法改革的目标而言。对此,笔者在前面论述"根本性"时简略提及,这里则进一步论述司法改革的目标与法的可诉性之关联。司法改革的目标是审判独立和司法公正。就审判独立而言,一方面,它的可诉性为司法权的强大并足以和其他国家权力相并列而存在提供了可能,法的可诉程度越高,可诉范围越大,则司法权的作用程度越高和范围越大,这就使审判权独立的根本问题得以解决。另一方面,审判权独立的解决,必然连带到其承享主体——司法机关和法官的独立,司法权是司法的本质要素,司法机关和法官是司法的形式要素,本质的存在状态决定着形式的存在状态,这是一个公理。因此,审判权的独立必致司法机关和法官的独立便不难理解了。就司法公正而言,笔者已在前文中阐述了其与审判独立的一般关系。如果说法的可诉性是审判独立的必要前提的话,那么,审判独立则是司法公正的必要前提,这种连带的因果,使可诉的法律也成了司法公正的必要规则前提。

弄清了司法改革与法的可诉性变革间的一般关系,尚须进一步说明的是:在我国,需要以何种方式改革法律,并进一步推进司法改革?

笔者认为,既然司法改革的成功与否和法的可诉性密切相关,那么,我国司法改革必须借助法的可诉性而展开,具体说来,应在如下方面实现法的可诉性对司法改革的指导。

第一,建立具有可诉性的完备法律体系,并借这一法律体系以完善司法权。由于我国现行法律具有明显的可诉性缺陷,这极大地妨碍了司法权的伸展和完善。因此,要较好地完成司法改革的任务,实现审判独立,就必须在立法上以可诉性为宗旨建立完备的法律体系,即任何一部

---

① 法律必须司法,这是一个大致可为人们接受的判断,即使在没有法律时,也涉及司法对公理(自然法)的必然接受问题,但在法的可诉性存在缺陷的情形下,法律必须司法这一判断就成了可质疑的命题。因此,只有法具有可诉性,才使这一命题具有逻辑合理性。

法律,都有可诉讼的功能,法律与诉讼必然关联,这样,既可明确法律的可诉属性,使法律更具有可操作性,也能使诉讼和司法成为任何法律的必要要素,从而使司法权借助法的可诉性得以完善,并最终推动审判的独立。

第二,赋予宪法以可诉性,并建立对违宪行为的司法审查权。毫无疑问,宪法在近现代国家中具有决定性和至上性,它是立国的根本性规范。在我国,虽然在口号上人们把它高高举起,但在实践中却常将其轻轻放下。笔者认为,这种情况的形成,有多方面的致因,但宪法自身的不可诉性是具有决定性的致因,为此,在未来的修宪活动中,应当明确赋予宪法以可诉性,并据此建立宪法诉讼,由最高人民法院对违宪行为进行司法审查。这样,可以大大提高司法的地位,使司法能成为立法、行政及其他政治力量的必要的、有能力的制衡者,而不是俯首听命的“家臣”。对法律体系的可诉性而言,赋予宪法以可诉性具有根本性,一旦司法有权审查违宪行为,那么,其他一切违法行为的司法审查所面对的阻力就要小得多。

第三,赋予政治立法以可诉性,并据此建立对政治行为的司法审查权。政治法应有其独立性,虽然在一定意义上讲,宪法就是政治法,但它所规定的只是政治纲领,与此同时,它还规定经济纲领、文化纲领、社会生活纲领等,因此,它是政治法乃至其他法的原则宗旨,而政治法则是建立在宪法所规定的原则宗旨之下的具体法律部门,它所调节的是政治关系,规范的是政治行为。[①] 赋予政治法以可诉性,即凡政治行为均可借助诉讼由司法机关进行司法审查,这样,更能突出司法权裁判性的意义,更能使政治行为摆脱领导人的指示、口头讲话的影响,而具有规范的可预期性,从而为审判独立和政治民主铺垫好结实平整的路基。

第四,赋予行政法律、民事法律、刑事法律以可诉性,完善司法对民事纠纷、外部行政纠纷和刑事纠纷的最高判断权。一般而言,我国民事法律和刑事法律具有较强的可诉性,然而这并不意味着司法对相关法律纠纷具有实然的最高判断权。法定的刑事最高判断权往往受诸多因素掣肘而无法兑现为实然的最高判断权,于是先定罪判刑或决疑解纷,后开庭审理的现象在实践中时有所闻。因此,对刑事纠纷和民事纠纷的司法最高裁判权还须通过法律可诉性的改造继续完善,使其从应然变成实

---

① 关于政治法的独立性及其调整对象,参见张文显:《政治法应是一个独立的法律部门》,载《法学研究》1994 年第 5 期。

然。至于行政法律,我国“行政诉讼法”只规定了对具体行政行为的可诉性,于是大量的抽象行政行为及其相关法律便具有不可诉性。为配合审判独立的改革,必须赋予所有的行政法律以可诉性,亦即不论是具体行政行为还是抽象行政行为,只要因其而产生了纠纷,就可通过诉讼进行司法审查,这样不但可以有效制约行政权的滥用,而且可以克服行政对司法权的不正当干预,创造审判独立的条件。

第五,在司法中注重国际经济条约和惯例的可诉性,并加强在相关领域内的国际司法合作与交流,汲取我国司法改革的外部营养。国际经济条约和惯例一旦被内国所承认,便具有在该国内的可诉性,在国际经济和民事纠纷中往往借助国际经济法的可诉性以裁断之。因其在所有缔约国或承认国内均有效力和可诉性,因此,我国人民法院对这些条约和惯例的熟练运用,既可以加强与其他国家间的司法合作与交流,也可以借此以提高国民和政府对司法的认识,而为司法改革提供新的视角,即通过外部力量推动审判独立地实现。事实上,对于一个固定的制度模式而言,外部冲突对其改革的推动往往要大于内部因素。[①] 长期以来人类形成的经济惯例和条约,对中国而言,首先是外部的,当其接受或参与后才是内部的。国内法院对这些可诉性规则的司法运用,势必引致司法之声誉的提高和司法功能的扩大,并可为审判独立提供国际比较的依凭。

当然,当审判因法的可诉性的确立而走向独立之时,必须同时要确定严格的司法责任,建立对违反诉讼程序法的严格的监督机制。在很大程度上讲,这种责任或义务“只能是一种自觉自愿性的义务”,[②]是司法机关内部的道义性约束,但这种义务的客观存在本身是对不被强制的“终极机构”的约束。只有如此,才能防止在独立名义下的司法之不法,不过这当是在另一篇文章中应具体阐述的问题了。

〔本文原载《法律科学》1999 年第 1 期〕

---

① 长期以来,“内因是变化的根据,外因是变化的条件”对我们影响甚深。我认为,这只是一个哲学终级意义上的结论。事实上,外因对于封闭系统的变化而言,有时也具有根本性。

② 参见刘星著:《法律是什么?》,广东旅游出版社 1997 年版,第 33 页。

法治之法与法治之制*

建立一个和谐有序的法治国家,是我国既定的目标追求,然而,与法治相关的理念无论在学理上,还是在实践上仍显混乱,从而如有些学者痛陈的那样:"近十数年,国人倡言法治,谈论民主,虽精神可嘉,终因游谈无根,不能成就系统的理论,更难对中国社会发展产生深远之影响。"①可见,澄清法治基本理念,乃法治建设之必需,其中法治之法与法治之制关系的辨明,即是一例。

一、法治之法必能导致法治吗?

中国百年法制变革的历程表明,倾向于法治的仁人志士,往往对良法情有独钟,从清末立法始、中经民国立法再到"八届人大"期间以平均28天立一部法律,都深刻表达着法学家和政治家关于"良法先行"的思想意识。然而,法律运行的逻辑却并未遵循立法者的设定,法律的大量堆砌不但没有给中国带来法治的现实,而且整个20世纪是中国历史上人治最为猖獗的时期之一。这必然启示我们思考如下问题:法治之法(良法)必能导致法治吗?

这是一个既需求诸实践亦需求诸理论的问题。就实践而言,除前述中国20世纪之大量立法并未带来法治实效外,相关例证在国外也屡见不鲜。例如,当今亚洲各国,几乎毫无例外地标榜立宪主义,并以

---

* 本文系与徐显明教授合作完成,现征得其同意,收入本书。

① 梁治平、贺卫方主编:《宪政译丛·总序》,三联书店1997年版。

此为基制定了各式各样的宪法，[①]但真正奉行宪政者寥寥，从而使宪法带有明显的“未来政治计划”的特征。[②] 宪法作为法治的规范母体并未带来法治的制度母体——宪政，不正说明法治之法与法治之制的睽违吗？何以法治之法并不必然导向法治？这需从法律和法制（法治制度）相结合的角度探讨。

虽然，法治必以规范（良法）为前提，但法治不只是表征规范的概念，除良法规范外，与良法规范相配套的观念、组织（主体）、行为、监督等皆为法治之必需。因此，法治之法具有单面性、静态性、机械性和独在性，而法治之制则具有立体性、动态性、应变性和同构性，这必致两者的实践对接一旦失当，则法治之法无以呈现法治之制的情形。

第一，法治之法的单面性与法治之制的立体性可能造成两者间的错位。法治之法的单面性指的是它只反映或体现法治某一方面的要求，即法治对规则的要求，但规则的具备对于法治可能产生两种结果：其一是规则导致法治其他要素与之配套，表现为实有的法治；其二是规则未致法治其他要素与之配套，从而在法律与法治间出现错位。这种错位，又有两种形成机制，要么法律违反法治，要么其他制度与法治之法不相配套，或未依法治之法而立。法治之制是一种立体性的存在。所谓立体性，是指它由多方面要素结构而成，法律仅是这诸要素中的一种，虽然法律对其他诸要素——观念、组织（主体）、行为、监督等具有至上的调节功能，但当其他要素与法治之法间出现整体性错位时，法治之法则徒唤奈何。

法治之法与法治之制间的这一矛盾说明，良法的制定只为法治的实现创造了一个最基本的条件。亚里士多德强调良法之外，守法对法治的重要性，[③]其启示是深远的。今天的法治论者可能对法治持有更多的见解，[④]但良法与该法必须被遵守永远是法治的基本要求。当然法治之法与法治之制间的配套并不具有固定的模式。文化的差异、法治化程度的高低、政治和社会制度的相左以及经济发展水平的不同等，皆是影响两者配套的因素。但无论如何，倘法治之法未转化为法治之制，所谓良法

---

① 参见韩大元著：《亚洲立宪主义研究》，中国人民公安大学出版社 1996 年版。

② ［韩］韩泰渊：“宪法研究”，转引自韩大元：《亚洲立宪主义研究》，中国人民公安大学出版社 1996 年版，第 229 页以下。

③ ［古希腊］亚里士多德：《政治学》，吴寿彭译，商务印书馆 1965 年版，第 199 页。

④ 徐显明：“试论法治构成要件”，载《法学研究》1996 年第 4 期。

也只是提供给人们止渴的画梅。

第二,法治之法的静态性与法治之制的动态性可能造成两者间的错位。良法也罢,恶法也罢,作为规则,均是静态的。只有使静态的法律转化为动态的法制,才能实现法律的应有效果,这对法治之法也不例外。但在现实中,两者的错位时有发生,以致当代法学在社会法学的深刻影响之下,把“活的法”视为真正的法,并以此为基础,提出了与传统良法法治观、“硬法”(严格规则)法治观相对应的“软法”法治观。[①] 尤其随着后现代社会的到来,价值的多样和规则的多元更为突出,究竟以国家制定的正式法律作为法治的基础,还是以社会通行的非正式法律作为法治的基础便日显重要。如果秉承国家主义,则正式法律至上,不论其能否造就法治;如果秉承“社会”实用主义,则只要能造就法治的规则,便是法治之法,而不论其是否为国家确认。问题在于现代科技和信息的发展在为社会主体提供更好的自治条件的同时,也为国家权力提供了更方便的干预条件。论者往往只重前者,而对后者重视不足,以致“软法治”观念只是一种理论设想,而不是工业化时代及后现代社会的现实。[②] 即使社会规范的应用,也与正式法律的宽容与否、宽容程度等息息相关,因此,现代国家对法治之制的追求,在根本上还有赖于正式法律。但正如前述,法律静态性与法制动态性的固有矛盾使得无论按严格规则设制,还是按“活法”设制,两者错位的可能性总是存在,这更要求人们在注重法治之法时,同时注重它与法治之制的调适。

第三,法治之法的机械性与法治之制的可变性可能造成两者间的错位。机械性是法律固有的弊端之一,[③]即使良法也不例外。然而,法治之制与其动态性相适应,必须有应变性。倘若法治之制与法律一样机械,则社会因此而僵化,实践因此而停滞。但是,法治之制的应变性究竟至何种程度,才既能维护法律至上这一法治的基本原则,又能确保在严谨

---

① 参见严存生:“略论法制观念的现代化”,载《法制现代化研究》(第2卷)。

② 苏力认为:“如果不是将法制视为一种法典的集合,不是把法制视为某些机构的设置,那么所谓法制只是一种规范性的社会秩序,这种社会秩序从根本上看是形成的,是人们在社会生活中磨合并体现出来的,而不是按照理论构成的。”(苏力:《法治及其本土资源》,中国政法大学出版社1996年版,第287页)。苏先生力倡者即为“软法治”观,尽管他表达了一定的道理,但这道理只是相对的,因为我们照例可以找到以理论建构规范性秩序的无数实例,并且各国实践中通行的大概为后者。

③ 美国学者博登海默先生所谓法律的僵化性,其实即指机械性。参见[美]E.博登海默:《法理学——法哲学及其方法》,邓正来等译,华夏出版社1987年版,第389页以下。

乃至机械规则调节下的法治其他要素的活力,这不但涉及理论的设定,更是一个实用性的制度技巧。在这方面,英美法系国家推行的判例法(法官创法)的实践给我们提供了范例。法官作为机械法律与应变法治的联系者,可以较好地解决两者之间的错位。但即使如此,要完全解决这一错位,仍然是一种理想,因此,美国等西方国家,针对工业革命的发展和实践中行政自由裁量权的急剧扩大,采取了坚定而又富有成效的法律变革,即以正当程序和严格规则相结合的方式调控行政自由裁量,[①]从而把急剧变革的行政行为规范于法治的框架内。法治之法的机械性与法治之制的应变性是一对永恒的矛盾,因此,在实践中如何保障两者的对位也是一个常新的话题。如果不能较好地解决两者的对位问题,则必然使良法与法治间出现错位,从而使法治之法难以达致法治之制。

第四,法治之法的独在性与法治之制的同构性可能造成两者间的错位。对于法治而言,与其相关的法律可以是一个独在的系统,而法治之制的其他要素必须以法律规范为前提并与之保持同构;否则,便出现两者的错位。虽然在那些具有良好法治传统的国家,规则与其他制度的同构一般不存在问题,但事实并非全然如此;相反,法治其他要素对法律的冲击在任何国家都是不争的事实,比如前述行政自由裁量权曾对严格规则模式的冲击,无过错责任方式的客观实存曾对过错责任原则的冲击等。如果说法治发达国家法律和法治间的这种错位往往为其更好地同构提供了正向的指示的话,那么,在法治后进型国家,一旦法治的其他要素对法律形成冲击,则每每形成法治系统的紧张,形成法治之法和法治之制要求间的反向对立,其结果是活动的制度走向法治的反面,而只留下供人们探讨和追思的独在的法治之法。孙中山先生及其“临时约法”给我们的就是这种启示;当代中国法律规范的繁荣和与之配套的政治经济体制、主体观念—行为模式、社会—政治组织架构的严重匮乏亦很能说明问题。因此,在法治后进型国家,如何解决法治之法和相关制度的同构问题,如何使法治之法的独在性变成法治之制的同构性,是其走向法治之路时必须特别关注的问题。

综上所述,实践中法治之法无以导致法治之制的情形,是由两者间的内在矛盾决定的。然而,人类的智慧在于发现矛盾并解决它。针对法治之法与法治之制的矛盾,首先要解决的是法治之法需哪些与其配套的

---

① 孙笑侠:“论新一代行政法治”,载《外国法译评》1996 年第 3 期。

制度要素。

二、法治之法需要哪些配套的制度要素?

虽然在现代社会里,与国家或政府相关的制度总是与法律紧密相连的,以致在宏观层面,法律与制度间到了难以分解的程度,然而,这绝不是说制度就是法律。[①] 法律只是制度的基础要素、前提要素和导向要素,但有了基础、前提和导向,并不意味着制度的建立,正如有了土地、材料及图纸,并不意味着房子已经建立一样。那么,法治之法究竟需要哪些与其配套的制度要素?我们认为,这些要素有法治观念、法治组织(主体)、法治行为和法治监督四个方面。

第一,法治观念。如果把法治之法的配套要素划分为软件和硬件两个方面的话,那么,法治观念属于软件部分。其特点是既可存在于法律之前,或法律诞生过程中,亦可存在于法律之后。一般说来,超前存在的法治观念常为社会精英阶层所拥有,而在法治之法基础上推广的法治观念则为大众法治观念。[②]

对法治之法而言,法治观念不仅是其催助剂,而且是其营养液。说其是催助剂,在于倘无超前的法治观念,则法治之法难以产生。如没有资产阶级革命前夜的法治思想启蒙,就没有近现代资本主义法治;没有近20年来中国法学界对法治的热切呼唤,中国的法治化进程将更加困难。说其是营养液,则在于法治之法一旦没有法治观念的支持,则必是"死法",而无法变成"活法"。这在目前我国虽制定了大量良法,但因法治观念的弱化而难以实现的困惑中可得明鉴。

法治观念可分为法治的价值观念和技术观念两个方面,其中价值观念决定着法治之法的质态方面,而技术观念决定着法治之法的量态方面。虽然法治之法有其统一的、恒定的、放之四海而皆准的质,但这并不意味着法治国家的法律无质的区别;相反,要在世界各法治国家找出完全相同的法律则是困难重重的。同样,法治之法也有天下同理的度量标准,但这并不意味着世界各国在法治之量态标准方面的完全同一,其中最明显的则是大陆法系国家和英美法系国家运用截然不同的法律技巧成功地进行着各自的法治建设。这种法治观念在不同国家的差异也正

① 从逻辑上讲,法律既是一种制度,也是制度的一个要素,笔者在本文中对法律的定位主要指后一情形。

② 精英法律观念主要指导立法;而大众法律观念主要支配守法、用法和行法,不过这只是个相对的划界,尤其在当代主体素质普遍提高的情形下。

是这些国家法治的特点所在。如果法治之法和法治观念在一个国家相匹配,则该国的法治之路事半功倍;相反,则事倍功半。

第二,法治组织(主体)。主体是人类一切活动的主导,也是其目的。法治作为人类活动的一种模式,既离不开主体推动,也必须以主体为目的。与法治观念相对,法治组织(主体)是法治之法的硬件。与法治之法配套的法治主体,必须是法律化的主体。所谓法律化的主体,是指社会上实存的组织或人取得法律上的资格,即取得法人资格或自然人的法律资格。在现代社会,法治主体实际上存在着组织化的主体和非组织化的主体两个方面,其中组织化主体更具有主导性。虽然不少学者认为随着信息化的发展和网络技术的日趋发达,未来社会中人们的行为更趋个体化,[①]从而使组织化主体的地位下降。但我们认为,这只是组织化主体的一种模式变迁,而不是组织化主体功能的弱化。事实上,现代科技的发展,更加强化了组织化主体的功能,即个体对组织化主体的依赖性日益增强,而不是相反。例如,在信息网络化社会中,一旦网络出错、信息失灵,则个人的行为将无所适从。

但是,组织化主体的主导作用并不意味着其是法治之法的目的要素;相反,并不占法治主导地位的个体主体,从来是法治的目的。如果组织化主体最终不能实现个体主体的要求和期望,那么,它便是背离法治之价值宗旨的组织,就不是与法治之法相配套的组织。

从原生意义上讲,与法治之法配套的法治组织只能存在于法律之后。在法律之先存在的组织,倘未得到该法律的认可,就是法律取缔的对象,而不是法治之法的同构体。而作为个人的非组织化的主体,即便未得到法治之法的认可,也不是其可以取缔的对象。造成这种情形的根本原因,是因组织化主体的工具性和个体主体的目的性之所致。

第三,法治行为。主体行为是法律调节的最基本的对象,[②]依法律行为也是法治的基本要素。法治之法要转化为法治之制,其关键环节就在于依法行为。

法治行为虽然也是与法治之法相配套的制度硬要素,但因其自身的

---

① 其中最典型的是美国未来学家托夫勒在《第三次浪潮》等书中的论述。1997 年随着科技(包括人工智能计算机)的突破性发展,使中国新闻界也加强了相关论点的宣传。

② 对此,最典型的是马克思的论述:“对法律来说,除了我的行为以外,我是根本不存在的,我根本不是法律的对象……”(参见《马克思恩格斯全集》(第 1 卷),人民出版社 1965 年版,第 16 页以下)。这只是从制裁意义上讲的,我们认为,倘从保护和放任的意义上讲,思想照例是法律的调整对象。

活动性,使它成为连接法治之法与法治主体、表现法治观念与法治监督的关键所在。如果人们的行为与法治之法不配套,那么,设置法治的其他要素则为徒然。

从应然性讲,法治行为必须合法,才能与法治之法相对应。然而,在法律运行的实践中,往往是违法行为与合法行为并在,这就需要法律的适时和恰当调节。如果法律不能导引合法行为,则无法治之制;同样,如果法律不能制裁违法行为,亦无法治之制。主体行为与法律的相契性,是从法治之法到法治之制的基本动力。但这种境界的实现,既有赖于法律观念与法律之间的调适,更有赖于主体对依法行为之道德感的增强。①

法治行为也只能产生在法律之后,没有法治之法,便无相关的法律行为,存在于法律之前的行为,并不是法律调节的当然对象,因此,法治之法一般要求其颁布后的主体行为与它同构。如果在法律颁布后,主体行为未保持与法律的同构,则法治之法仍未转化为法治之制。世界法治史的实践表明,凡是法治化程度较高的地方,人们依法行为(包括运用权利和遵守义务)的程度较高;相反,凡是法治化程度较低的地方,人们依法行为的程度必低。

第四,法治监督。监督是法治之法的基本保障和必须要素。从广义讲,法律即监督,法治之法即为实施监督的标准和规则,它源自人性的不完善,法律就是人性不完善的救济措施和导人向善的监督机制。② 然而,狭义的监督在法学上仅指对公权主体之行为的监督,作为法治要素之一的法治监督也仅指后者。

法治监督的根据和标准只能是法治之法的规定和要求,其对象是权力运行,其目的是权力行使的合法性和正当性。为何权力运行必须监督?对此,古今中外的思想家(尤其近代以来的思想家)进行了深入的探讨。除了众所周知的原因外,我们认为,权力作为社会必备的要素及其在社会中的强势地位是其受监督的根本原因所在。虽然,自卢梭以来,主权在民观念深入人心,但这并非权力和人民权利必然是统一的;相反,即使近现代的权力,其一产生就是人民权利的异己力量,并且人民实际

---

① 从本质讲,依法行为,不论是运用权利还是履行义务,均是具有道德义务性的行为。对后者人们易理解,对前者却理解不足,但只要看看德国法学家耶林的著作《为权利而斗争》就会明白。参见[德]耶林:“为权利而斗争”,载《民商法论丛》(第2卷),法律出版社1994年版,第12页以下。

② 我们知道,自基督教以来,“原罪”观念一直是西方法律的理念之一,也是救赎的根本方式。参见张中秋:《中西法律文化比较研究》,南京大学出版社1991年版,第157页以下。

表现形态的个体性和分散性,致使其权利具体表现也具有此种属性。而国家表现形态的整体性和聚合性,则使其权力获得了相应属性,因此,权利与权力间从来是弱者对强者的关系。法治之法之所以要设定对权力运行的监督要素,其目的就是为制约强者(国家及其权力)以救济弱者(人民及其权利),并最终使两者在社会功用上实现动态平衡,在人类进步中实现功能互补。

没有对权力监督和制约的法律便不是法治之法,对权力监督和制约失效的法律即使是法治之法,也只能表明其并未导致法治之制。可见,法治监督是法治之制的必需要素。法治不力的地方,法治监督要素大率松弛;而法治得力的地方,法治监督要素也必然严格。

综上所述,法治之法只有同时与法治观念、法治组织(主体)、法治行为和法治监督相同构,才能从法治之法转向法治之制,否则,如果上述四方面与法治之法出现紧张甚至对立,则法治之法徒具形式,法治之制殊难呈现。那么,如何实现从法治之法到法治之制的转换呢?

三、从法治之法到法治之制的转变方略

从法治之法到法治之制的转变方略,因文化传统的不同而各异,大体说来,世界各国存在如下两种转变方略:

第一,经验主义转变方略。所谓经验主义转变方略,是指法治之法与法治之制经过长期的实践磨合之后实现两者相契的情形。这突出地表现在以英美为代表的普通法系传统中。众所周知,英国普通法和衡平法是在长期经验积累中发展起来的,其间,法律规范和法治其他要素间紧密结合,形成一套严密的经验逻辑体系,并最终导致了在当今世界具有明显主导性的经验主义法治模式。这种模式泽惠所及,几达半个地球。不过对那些引进或鉴取这一模式的国家和地区而言,其仍然经过了一个建构性发展过程,如英国法治模式之适用于印度、新加坡及中国香港等,就是一种经验理性的建构性适用。

第二,建构主义转变方略。这是指在设置法治之法时,同时设计与该法相配套的制度要素,并通过人为的努力,把其推向实践,使法治之法与法治之制相契合的模式。从本质上讲,这是一种以割断传统并重建传统为目的的转变方略。这种模式突出的体现在法国、德国等大陆法系国家。它虽然是建构性的,但其并非没有经验基础。如果说近代欧陆各国通过法治成功地割断了一种神治的传统,并使神学政治转向世俗政治的话,那么,在另一端,它继承了别种经验,即以罗马法为代表的法典理性的经验。因此,建构主义方略,并非像一些人们所说的那样主观武断,脱离实际,[①]它也成功地开辟了一种使法治之法和法治之制紧密结合的模式,其对世界的影响,至少不亚于英美法系,尤其在观念方面,世人接受的则更多是后者的理想主义法治观。

社会主义国家在法治选择上具有明显的建构主义特征,但因其法治之法与法治之制的严重脱钩以及法治之法自身的严重缺陷,并没有实现建构的法治模式;相反,却创造了一种建构主义的人治模式。它在实践中的挫折,迫使人们另辟蹊径,寻求新的法治之路。

综观上述两种模式,它们都成功地导演着法治,因此,两者之间只有方法的差异,并无价值的优劣。在当今世界,两大法系之间出现了明显的互借局面,但这绝不是说两大法系间变得更为模糊;相反,在互借对方优点的同时,两大法系间的分野也愈益明显。并且这种不同的模式理念共同推出了区域国际法[②]和世界统一的国际法,使国际社会出现了明显的法治特征。这集中表明两大模式各有所长,因此,不能因肯定其中一种模式而否定另一种模式。

中国作为法治后进型国家,究竟如何实现法治之法与法治之制的同构呢?在学术界,目前有两种不同的主张,一种是以老一辈著名法学家江平先生为代表的法典理性主义(即建构理性主义)者,他们主张在中国应复兴罗马法精神,[③]制定法典,建构法治。另一种则主要以注重法社会学研究的青年学者为代表,主张经验理性对中国的作用,这其中又可分为两种,其一是经验的方法论者,即主张引进经验理性主义方法建设中国法治,如苏力先生的有关主张[④];其二是经验的本体论者,即主张引进英美的法治模式以建设中国的法治,如贺卫方先生的有关论述。[⑤] 笔者认为,不论上述哪种方式,对中国而言均是建构,而非经验,它们均是中国传统经验的异在物。中国作为一个具有五千年文化连续性的文明古国,其文化的多样性和多变性大量存在,这正是有人得出中国文化更像

---

① 近年来,受文化保守主义思潮的影响,我国学界出现了明显的重英美经验模式和轻大陆建构模式的倾向,虽然其所言不无道理,但并非是充足的道理。

② 如欧共体法、东南亚国家联盟法等。

③ 参见江平:“罗马法精神与当代中国立法”,载《中国法学》1995 年第 1 期。

④ 参见苏力:《法治及其本土资源》,中国政法大学出版社 1996 年版。

⑤ 参见贺卫方:“英美法与中国”,载《比较法研究》1991 年第 4 期。

法兰西，[1]而又有人得出中国法律文化与英美有更可沟通处[2]这种截然不同结论的缘由所在。

既然欧陆建构模式和英美经验模式对中国而言均是建构，那么，在中国究竟应如何实现从法治之法到法治之制的转变呢？笔者认为，这一方略应包括两个阶段：

第一，强制性对位阶段。这是指从法治之法到法治之制的过程是借合法权威的力量实现的过程，即通过权威推进，使社会观念、社会主体、社会行为及社会监督与法治之法相对位的过程。由于我国是一个法治后进型国家，且现代法治的基本理念、技术在传统文化中几乎没有，因此，一方面，经过经验积累以实现法治的可能性极小；另一方面，即使有可能，也是一个耗时费日的漫长过程。然而，中国所从事的现代化却是一个具有明显追赶性质的事业，法治也不例外，这就必须借助权威或精英的力量进行推动，甚至不惜借强制力量割断与法治悖反的传统文化成分，并以同样的方式推行世所公认的法治理念。显然，这是一个具有明显建构特征的过程。中国从法治之法到法治之制的第一阶段必须借助这种建构，即使从形式上看，建构主体及其强制行为具有一定的非法治色彩，但只要通过它能实现从法治之法到法治之制的转型即可。

然而，这种强制性建构并不是法治的目的，而只是法治发展的一种方式或手段。当法治有了一定进展，法治之法与法治之制实现了对位之后，则必须不失时机地依靠另一种力量实现法治之法与法治之制的同构。

第二，自治性同构阶段。这是指当法治之法与法治之制实现了强制性对位后，利用社会主体对法治的深刻需求及在这一需求基础上的自觉力量实现两者的进一步同构过程。从两者的强制性对位到两者的自治性同构，既意味着从法治之法到法治之制的推动主体的转变，也意味着两者间两种不同程度的实现——形式的对位和本质的同构，还意味着法治发展从逻辑建构主义到经验实证主义的自觉升华。一个国家的法治之法与法治之制间如果发展不到自治性同构阶段，那么，其法治水平只是低层次的。

---

① 陈寅恪先生曾认为："西洋各国中，以法人与吾国人，性习最为相近。"参见吴学昭：《吴宓与陈寅恪》，清华大学出版社 1992 年版，第 7 页以下。

② 贺卫方先生认为："在文化的某些方面，中国与英国还有较诸欧洲大陆国家更可沟通之处呢。"参见贺卫方："英美法与中国"，载《比较法研究》1991 年第 4 期。

自治性同构的关键是全体公民对法治的自觉向往和深刻需求。对中国这样一个经过数千年人治统治并至今仍有九亿多人生活在人治土壤丰厚的乡村社会的国度而言,这种状态的实现尚须艰苦的努力,尚须不断地经验积累和民众启蒙。这肯定是一个深刻的创造过程,但对它最终的创造却必须借长期的经验积累。

自治性同构的目的是实现法治之法与法治之制的有机互动,它与两者的对位不同,如果说后者是一种物理性反应的话,前者必须是化学的化合性反应。因此,自治性同构的目的不止是其自身的目的,而且是整个法治的目的。

通过上述三方面论证,可得出如下结论:第一,有法治之法并不必然有法治之制,并且往往有良法而无法治,这有其内在必然性;第二,从法治之法到法治之制必须有相关的配套制度要素;第三,法治之法与法治之制相同构的模式是多样的,中国作为法治后进型国家,实现两者同构的方式显然具有多模式综合性。

〔本文原载《法学》1998 年第 10 期;
转载于《法理学·法史学》1998 年第 12 期〕

论西方法治的中国因素及其成因

——兼论西方法治的世界精神

希腊的哲学智慧、罗马的私权精神、希伯来的信仰系统和中国的选诠制度，共为西方法治精神之源泉。

——题记

在有关法制现代化的论述中，人们尽知法制现代化是西方文化的产儿。然而，随着"东学西渐"研究在中国的逐渐展开，人们对西方法治中的中国因素也有了一定程度的了解。① 可以说，虽然，西方的现代法制是西方文化长期发展的产物，是从西方文化内部分裂

---

① 在我国，笔者所看到的我国学者关于"东学西渐"的系统研究是由季羡林先生主编的"东学西渐丛书"。该丛书由河北人民出版社于1999年以来出版。丛书中其中有一本为史彤彪先生所著的《中国法律文化对西方的影响》。但综观全书，所论基本为中国古代的法律观念（特别是中国古代的一些文化巨匠们的政治法律思想）对某些西方思想家的影响。而关于中国古代法律文化对西方法制制度所发生的影响，除了其中论述日本（以政治地理划界的西方）的部分之外，大体上未涉及。另外，笔者还于最近看到了由刘登阁、周云芳两人合著的《西学东渐与东学西渐》（中国社会科学出版社2000年版），但其中东学西渐的内容，基本为20世纪以来的史料及其论述。（国外学者、传教士或游客对中国及其与西方关系的客观描述，应当是东学西渐的最重要的原始材料。）对此，谢方主编的《中外关系史名著译丛》（该丛书由商务印书馆1993年以来出版，笔者手头有其中15部著作）可谓集大成者。另外，新近出版的法国人维吉尔·毕诺所著的《中国对法国哲学形成的影响》（耿昇译，商务印书馆2000年版）和安田朴所著的《中国文化西传欧洲史》（耿昇译，商务印书馆2000年版）两书，是西方人关于"东学西渐"研究的重要著作，值得一阅。

出的一种必然结果,[①]但可以肯定的是,来自西方世界之外的"埃及文化"、"希伯来文化"、"中国文化"等对于西方现代法制的形成同样功不可没。[②] 本文拟逐步地梳理西方法治中的中国传统文化的因素,以便进一步说明起始于西方的现代法治文化,是全人类的共同精神财富(当然,现代法治即便没有中国因素和其他文化因素,而纯粹是西方文化的单线演进结果,也同样可以是全人类的共同精神财富),并希望对我们不断开放对西方法治的理性认知有所裨益。

一、西方法治制度中的中国因素

打开有关西方法制史的书,给人们印象最深的是自希腊、罗马以来西方私法的发达。虽然中世纪的黑暗使其遮损不少,但如果用蔡叔衡先生研究中国法的逻辑理路,则仍然可以这样表达我们对前现代西方法律的看法:除了私法史的法制史,便觉空洞无物。[③] 被世人所格外看重的罗马法,能够光耀千古的不是其公法,更不是刑法,而是以市民法和万民法为代表的所谓私法。如今,习法者很少有人知道罗马的公法状况(虽然,它也有不少的甚至可说是发达的宪制和刑制方面的公法),但对罗马的私法没有一定程度的了解,就很难说是习法者。

对前现代西方法律中私法的发达和公法相对微弱之表述,使我们不得不反思的是,在前现代的西方,为什么公、私法俱有,而对今天影响最大的却是私法,而不是公法?特别是今天被称为行政法的公法,为什么

---

① 按照法制的"自然长成论",法制只能是某种文化长期积累的产物。例如,在《法律与资本主义的兴起》(由泰格、利维著,纪琨译,学林出版社 1996 年版)一书之中文版的"代序"中,陈方正先生把西方法律文化的源头追到了两河流域的"苏末文化"。近年来,这种"自然长成论"的观点在我国非常流行。确实,这种观点在一定程度上很具有解释力,但它明显地具有"单线进化论"的嫌疑。对该观点,笔者在《"自然长成"与公共选择》(未发表)一文中有详细的分析与驳议,可参见。

② 值得注意的是,在这里便不可避免地涉及对"西方"的界定问题。诚然,在西方文化的历史发展中,"苏末文化"、"埃及文化"、"巴比伦文化"以及"希伯来文化"等都曾是西方文化在某种意义上的源头,但就现代法制而言,上述文化中还有活力的部分,显然都是近、现代西方"法治"文化的异在。因此,这里的西方,就只能是近代以来的英美世界和欧洲大陆世界,它的文化上限,仍然是以"希罗文明"为代表的古代文明;否则,"西方"的界限就漫无边际了,甚至属于"印欧语系"的印度也要归于其中了。

③ 蔡叔衡先生在研究中国古代法制史时认为:古代中国"除了刑法史的法制史,便觉空洞无物。"(参见蔡叔衡:《中国刑法史》,广西人民出版社 1983 年版,第 4 ~ 6 页、第 41 页、第 49 ~ 50 页、第 169 ~ 171 页)。虽然以现代法律的观念来衡量,蔡先生的观点不合情理之处甚显,但如果站在中国古人所抱守的法律的立场,则该观点未必不当。这种分析也可以用之于笔者在文中关于前现代西方法制史的结论,即前现代的西方照样有"公法",特别以刑法为代表的"公法",只是私法的繁枝茂叶遮蔽了它。

在古代的西方世界很少有建树？毕竟人类作为社群生存的动物，既生活在私域的世界，也生活在公共的世界。对于一个民族或国家而言，就更是如此，没有离开公共交往的所谓纯粹的私人世界。在公共交往中，也存在两种情形，即以自治性交往而达成的公共世界和以强制性交往而达成的公共世界。这两种不同的公共世界，需要不同的规范来达成人们交往的秩序。其中前者所需要的是自治性的私法规范，后者所需要的则是强制性的公法规范。虽然就一般的法理而言，所有法律，毫无例外都具有强制性，但是，自治性的私法之强制性却每每得借助公法的强制性来实现；否则，很难真正产生实际的强制之效果。这就表明，对于一个成熟的国家和一种成熟的法律体系而言，缺乏公法（特别是最典型的公法——行政法）像缺乏私法一样是一种令人遗憾的事。

如果说在中国古代的国家法体系中，公法有余而私法不足的话，那么，在古代西方的法律，特别是以希腊和罗马为典型代表的西方法律中，法律的结构正好呈现出相反的态势：私法有余而公法不足。如前所述，这两种情形都不是成熟国家和法律的标志。随着中世纪中后期西方传教士的纷纷东来，中国行政体制中严谨有序的管理方式、开明开放的文官考试选任制度、和谐富庶的社会生活和经济生活，都深深地吸引了远道而来的客人们。据云，从 1570 年到 1870 年这 300 年间，仅用英文出版的介绍有关中国政治制度和官员制度的书籍就达 70 种。在英国，人们“极力称赞中国的文官制度，尤其是科举制，并力主英国仿行……西方人心目中表现‘机会均等’的科举制，曾使一代西方哲人心悦诚服。”①特别是中国的文官考试选任制度，成为日后西方文官制度的最重要的参照因素。今天，不论是西方学者，还是中国学者，在谈到近、现代西方文官制度（公务员制度）时，常要谈及中国古代的科举考试制度。② 特别是孙中山先生，不但对中国古代的考试制度赞赏有加，成为其创造“五权宪法”的重要实践参照，而且对该制度之于西方的影响作出了精妙的评论：“英国行考试制度最早，美国行考试制度才不过二三十年，英国的考试制

① 相关论述，参见杨百揆等著：《西方文官系统》，四川人民出版社 1985 年版，第 46～47 页；史彤彪：《中国法律文化对西方的影响·前言》，河北人民出版社 1999 年版，第 3 页。

② 例如，还在笔者上大学时，一位来自当时西德的法学家在给我们讲授西德文官制度时，开场白是这样说的：谈到文官制度，你们是我们的先生，我们是你们的学生。今天学生给先生讲课，不好意思，但学生已经走在先生前面，因此，讲也不妨。在国内，一些系统介绍西方文官制度的书籍往往要谈到中国古代文官制度对西方文官制度形成的影响。例如，杨百揆：《西方文官系统》，四川人民出版社 1985 年版，第 44～48 页。

度就是学我们中国的。中国的考试制度是世界上最好的制度。”①在现代法治所规约下的西方政治体系中，如果说以政党竞争为骨干、以财富竞争为后盾、以利益竞争为目的的议会选举制度确立了西方宏观政治的选举模式的话，那么，源自中国的考试举仕制度却在制度层面为西方“中观”政治的选举模式打开了全新的局面。从此，国王的或国家的“仆人”——文官的产生，便不取决于世袭的身份、国王的恩赐以及姻亲的缔结等非理性的、情感的因素，而取决于形式公平的考试竞争，以及和这种竞争必须相关的知识和才华。

对中国科举考试制度之于近、现代西方公法制度的这种深刻影响，无论怎样评价也不为过。人们尽知中国古代四大发明对西方近代化的重大意义，但它们只是在西方人认知和改造自然方面起了工具的作用。其实中国的考试取士制度之于近代以来西方社会的组织化、政治的稳定化和法治的正义走向发挥了更为重大和直接的作用。也就是说，中国古代文化对于西方的影响有两个方面，既作用于对自然的认知领域，从而使西方在物质—经济领域的现代化有了坚实的认知工具和科学基础；也作用于社会的组织领域，从而使西方的政治—社会领域的现代化有了更为可靠的技术操作规程和公正的制度形式。可以说，西方议会的竞选制度源自古希腊以来的古老的宪制传统，它对保障社会的活力之作用是明显的，但它很难同时保障社会的稳定。以考试制度为基础的文官制度，不但开新了西方整个政治制度的参与活力，而且在党争不断的西方社会，是保障其社会和政治稳定的公认的闸门。不唯如此，考试制度早已从文官制度中溢出，成为西方乃至世界各国选拔各类人才的普遍模式，从而使其作用范围和幅度越来越大、越来越深。

近、现代的法治理论和法治制度，是以社会主体之间的妥协为前提的，这是因为无论是法治的政治基础——民主政治，还是它的经济基础——市场经济，都凸显了利益主体的多元化特色。同时它们也使人类社会面临着比历史上的任何时代都更为严重的社会冲突。民主政治追求“大家说了算”的效果，而市场经济却尊重每个利益主体的自治、自由

① 孙中山：“五权宪法”，载《孙中山选集》，人民出版社 1956 年版，第 496 页。如果说孙中山的上述说法还明显地具有政治鼓动的作用，从而令人们难免犹疑视之的话，那么，前几年出版的何怀宏先生的《选举社会及其终结——秦汉至晚清历史的一种社会学阐释》（三联书店 1998 年版）一书，则以强烈的实证精神给我们说明了中国古代科举考试制度中值得肯定的方面，也表达了作者对它的精神实质的归纳——形式平等的“选举社会”。

及自我设计。然而,“大家说了算”的政治追求,如果没有共同的游戏规则,又必然含有无政府主义倾向;主体自治的经济要求,如果缺乏必要的规范机制,则容易陷入社会失序的泥潭。这就需要社会(或国家)制定更为宽容的法律来协调人们之间越来越复杂的社会关系。法律的宽容是以自治主体间的妥协为逻辑前提的。如果在“不是西风压倒东风,就是东风压倒西风”的思维框架下,宽容的法治便没有可能。西方人在设计其法治框架时充分考虑到了法治是自治主体间妥协的理念,因此,他们把法律视为契约。① 其中英国法学家梅因的“从身份到契约”的观点已为我们所熟知;②而马克思的相关结论则具有经典性,他指出:“国家制度只不过是政治国家和非政治国家之间的协调,所以,它本身必然是两种本质上各不相同的势力之间的一种契约。”立法权所要订立的法律,就是对这种国家制度的“揭示和表述”。③ 基于这种认识,西方人建立了具有宽容精神的法律,但这种宽容的法律之守护神——法院在纠纷裁决中却总是扮演着刚性的不肯宽容的角色。这既是西方法治的优点所在,也是其缺点所在。就后者而言,它导致了西方法治中对人情眷顾的丧失,导致了司法的过分机械,甚至使裁判走向专横,使司法陷入了一种理性的狂妄。对此,西方人也有深刻的反思。在反思的同时,他们也在关注来自东方文化中具有悠久历史的调解传统。这种调解传统,现在已被有机地融入西方国家的仲裁制度中。可以说,现代仲裁制度的文化基因就是长期流传于中国民间的以“小传统”方式存在的调解制度。西方人以这种文化作为其司法制度的重要补充,既在一定程度上解决了前述西方司法制度在其内部无法克服的缺陷,也在很大程度上解决着西方严重的社会的结构性问题,使西方社会在人情冷漠、物欲横流中寻找回了一些人文的慰藉。还有,如果站在法学上事实与是非之相对论的立场上,则注重调解的中国文化能够更好地解决事实与是非的这种相对性。在中国文化传统中,法官的重要使命是平息两造之间的矛盾,而在西方文化传

---

① 其实,把法律作为契约的观念,在古希腊哲学家那里就已存在。例如,伊壁鸠鲁就认为:“自然法是一种求得互不伤害和都不伤害的[对双方]有利的契约。”“对于那些不能互相约定互不伤害和都不受害的人,是不存在正义和非正义的东西的。那些不能够,或不愿意订立不伤害和不受害的契约的民族的情况正是如此。”“正义不是一种独立存在的东西,而是在相互交往中,在任何地方为了不伤害和不受害而订立的契约。”转引自《马克思恩格斯全集》(第 40 卷),人民出版社 1982 年版,第 34 页。

② 参见[英]梅因:《古代法》,沈景一译,商务印书馆 1959 年版,第 96 页以下。

③ 《马克思恩格斯全集》(第 1 卷),第 316 页。

统中,法官的主要使命是在两造之间决出是非。显然,两者各自有其优缺点。前者虽不伤害(或较少伤害)两造之间的感情,但也会因此而模糊是非,难以形成人们对追求公平精神的法律的依赖。后者虽可实现人们对法律依赖之效果,但冰冷的判决结果又会极大地伤害人们之间的情感。因此,对这两种用以解决人们间纠纷的机制进行有效的提升并去劣取优,是整个人类所面临的任务。西方人在其法治中引进中国调解模式的举措,已产生了明显的国际效应。这就是在现代国际纠纷中所广泛采用的国际仲裁制度。众所周知,产生于中国的古老的调解制度和原则如今已经在国际政治、经济和文化交往中发挥着越来越大的作用。这进一步地说明了西方法治中中国因素的地位及其意义。

如果说科举考试制度和注重调解的民间传统对西方现代法治的影响提供了一个技术层面的参照的话,那么,把中国固有的某些观念化作西方的法条,便使这些东方价值观成了现代法治的重要精神力量。最典型者为法国1789年的《人权和公民权宣言》和1793年宪法的《人权宣言》。前者在第4条明确规定:“自由就是指有权从事一切无害于他人的行为。因此,各人的自然权利的行使,只以保证社会上其他成员能享有同样权利为限制。此等限制仅得由法律规定之。”①在这里,已经明显地蕴涵了中国圣哲孔子的伟大思想:“己所不欲,勿施于人。”②而在后者中,更是在前者基础之上明确地引用了出自孔子的名言:“自由就是属于各人得为不侵害他人的权利的行为的权力;它以自然为原则、以公正为准则、以法律为保障。其道德上的限制表现于下列格言:**己所不欲,勿施于人**(重点为笔者所加)。”③

我们知道,如果说公正是现代法治的基础的话,那么,自由就是现代法治的灵魂。然而,自由的意义还不仅体现在它在现代法治中的灵魂作用,可以说,整个世界近代史以来人类所奋斗的一切事业,无不以围绕并寻求各式各样的自由(自我的、国家的、民族的、大众的、个性的;政治的、文化的、经济的、社会的、信仰的;对神的、对人的、对物的、对权的、对己的;情感的、意志的、语言的、行为的、理念的等)为特征(尽管所谓“自由、自由,多少恶行假汝以行”的情形在世界各地都严重存在,甚至不可避免)。在西方,有裴多菲唱响整个世界的自由赞歌:“生命诚可贵,爱情

① 参见董云虎、刘武萍编著:《世界人权约法总览》,四川人民出版社1990年版,第294页。
② 《论语·颜渊》。
③ 史彤彪:《中国法律文化对西方的影响·前言》,河北人民出版社1999年版,第104页。

价更高。若为自由故，二者皆可抛。”在东方，则有“不自由，勿宁死”的高尚追求。可见，自由是现代社会的精神标志，是现代人的生命意义所在，是人之为人的最高理性，也是现代法律的最高价值之一。[①] 因此，西方现代法律对其最高精神价值追求——自由以东方——中国的古老格言来界定，充分表现了现代西方法治文化对中国古老文化的开放态度和吸取精神，也充分表明了现代西方法律，并不是在西方文化的城堡中封闭地生长的，相反，它具有强烈的、前所未有的沟通精神和开放意识。这就是在西方法治城堡中不难见到中国四合院情怀的原因所在。这样，古老的中国意识通过现代西方法律的诠释，成为一种放之四海而皆准的世界意识——并且是体现世界近代以来人类最高追求：自由的世界意识！

应特别指出的是，随着工业革命及其对人类带来的前所未有的生存方式，甚至生存条件的挑战，全世界已经开始把解救的目光投向东方、投向中国。虽然人们对这种情形抱有完全不同的态度，但态度相同与否是一码事，这种事实的存在是另一码事。作为学术研究者，面对这种事实，我们所需要的既不是对这种事实存在的沾沾自喜，也不是对它的毫无所谓。更重要的是，人们不难发现，中国价值观不仅越来越多地被反映在一系列的国际法中，而且在西方国家的当代立法中——特别是在其家事法和反映人与自然关系的法律中，中国精神已经不是大树的影子，而且结构于大树中的枝叶。

二、西方法治观念中的中国因素

西方法治制度中的中国因素，必然影响到人们相关法治观念的养成。然而，这里所要追述的，却不仅是在上述法治制度中中国因素影响下的法治观念，更要寻求以西方精英为代表的文化巨匠们对中国法文化的态度。这是因为一个民族或一个地区与国家人民（公民）观念的养成，既有所谓自然成长的因素，更离不开精英人物的教导、启示、熏陶和引领。因此，在我国，有人称“天不生仲尼，万古如长夜”。这种说法，可以适用于世界上任何一个民族的文化巨匠对该民族的贡献，特别是所谓“轴心时代”的思想家们的思想，不论是哪个国家的，他们的思想本身都体现着某种“元典精神”。

当然，在人类社会面临巨变时代的思想家们的思想倾向也可以套用此种说法。这是因为他们是引领一个社会甚至整个人类在变革时代前

---

① 谢晖：《法律信仰的理念与基础》，山东人民出版社 1997 年版，第 176～195 页。

行的导师。众所周知,至少至14世纪以来,西方历史便进入了一个伟大的变革时期。史称"罗马法复兴"和"文艺复兴"的伟大运动,虽然在名称上给人们一种复古的印象,但在事实上,正如史家们早已指出的那样,它不是一种任何意义上的文化和制度复古,相反,是文化的伟大创新和制度的重新构造。① 恩格斯指出:"这是一次人类从来没有经历过的最伟大的、进步的变革,是一个需要巨人而且产生了巨人——在思维能力、热情和性格方面,在多才多艺和学识渊博方面的巨人的时代。"②因此,探讨和追述在这一伟大变革中西方思想巨子们对中国法律文化的态度,在一定意义上也就明晰了现代西方法治观念中的中国因素。

西方世界的中国观,最早出现在"公元前六或七世纪成书的普洛克奈苏斯人亚里斯特亚士(Aristeas of Procounesus)所著的《阿里马斯比亚》(Arimaspea)《独目篇》之中……"③但毫无疑问的是,至少自马可·波罗以前的西方人的中国观并没有达到一种自觉的程度,因此,还是相当模糊的。这正如19世纪后期之前中国人的西方观同样相当模糊一样。④ 甚至马可·波罗自身对中国的描述,是否反映了一种清晰的中国观,还大为可疑,因为不少学者认为他并没有到过中国,因此,他在书中的描述只是种种道听途说。⑤ 可以说,西方人自觉的中国观,是以葡萄牙人利玛窦为典型代表的耶稣会士东来以后形成的,⑥因为从那以后,古老

---

① 其中关于"罗马法(学)复兴"及其评论,参见何勤华:《西方法学史》,中国政法大学出版社1996年版,第62~88页;关于"文艺复兴"的系统介绍及评论,可参见陈小川等著:《文艺复兴史纲》,中国人民大学出版社1986年版,第455~464页。

② 《马克思恩格斯选集》第3卷,人民出版社1972年版,第445页。

③ [英]赫德逊:《欧洲与中国》,王遵仲等译,中华书局1995年版,第1页。这是笔者所看到的出自西方人之手的一本有关中西文化交流史的较好的作品。其论述的历史上限在如上引文中已经表明,而其下限则在"1800年为止"(参见该书前言第18页)。

④ 19世纪后期至20世纪初期,中国人在整体上对西方都是这种模糊观念。对此《儒家文化困境》(该书作者是萧功秦,由四川人民出版社于1986年出版)一书的作者作了惟妙惟肖的描述和透彻入里的评论。可参考。另外,在《中西文化与文化论争》(该书由曾乐山著,华东师范大学出版社1987年出版)一书中,作者对中西文化交流中在中国学者和学者之间、学者和政治家之间、政治家和政治家之间所发生的有关中西文化的论争进行了系统的论述,具有重要的史料参考价值。在20世纪80年代中国的"文化热"及"文化激进主义"思潮中,相关的分析材料甚多,也需要慎思。

⑤ 参见杨志玖:"再论马可·波罗书的真伪问题",载《历史研究》1994年第2期;"百年来我国对《马可·波罗游记》的介绍与研究",载《天津社会科学》1996年第1、2期;"马可·波罗到过中国:对《马可·波罗到过中国吗?》的回答",载《历史研究》1997年第3期等文。

⑥ 相关问题,可参见赫德逊:《欧洲与中国》,王遵仲等译,中华书局1995年版,第267~302页。石源华主编:《中外关系史三百题》,上海古籍出版社1991年版,第223~225、229~231页。

中国的不少文化典籍被翻译为各种西方文字，从而使西方人摆脱了对中国的道听途说式的理解，深入对文化中国的自觉理解。特别是当西方面临经济自主、社会自治、政治自由——现代化的社会巨变时，其文化体系内部的固有内容已经不能满足社会的创造要求，因此，经济实业家（冒险家）们到海外掠夺财富、抢占市场；政治野心家（侵略者）们到海外开拓土地、暴力殖民；文化思想家们则放眼世界、谋思未来。不论上述那种情形，都使西方人能够得风气之先，以开阔、开放的目光审思世界各种文化（当然包括中国法律文化），从而进行综合与创造。因此，近世以来的西方文化，与前现代的西方文化虽同属西方，但名同质异。面对中国文化，在文化精英的实践与理论上有截然不同的两种举措（看法）。其一为肯定并借鉴中国文化论；其二为否定并拒绝中国文化论。

对中国文化的肯定及借鉴，在艺术领域里，产生了所谓罗珂珂风格："罗珂珂风格直接得自中国，这在一定程度上是美术史家公认的……"赫德逊生动地描绘了中国艺术在欧洲的影响："中国艺术在欧洲的影响成为一股潮流，骤然涌来，又骤然退去，洪流所至足以使罗珂珂风格这艘狂幻的巨船直入欧洲情趣的内港。"①当然，人们不会忘记达·芬奇的不朽作品——《蒙娜丽莎》主人公背后的中国背景，更不会忘记主人公那东方式的永恒微笑。在政治法律领域里，如前所述，中国观念在法国的入宪举措，中国考试制度被英国所借鉴，并进一步溢出英伦、传向世界，溢出政治、深入社会，都表明了中国法律文化在西方法治化中被重视的程度及所影响的深度。中国文化在欧洲现代化（特别是法制现代化）实践中的深刻影响，正是由于一大批时代的文化巨人欣赏并倡导这种文化的结果。

谈到文艺复兴以来的西方文化巨人们对中国文化的崇拜、追求和欣赏，我们可以举出足以令国人自豪的一系列伟大人物来，仅在政治—法律学术思想领域里，在英国有坦普尔爵士（William Temple）、有哥尔斯密（Olirer Goldsmith）；在法国，有魁奈、有伏尔泰、有以狄德罗等为代表的"百科全书派"……在德国，有哲学家、科学家莱布尼茨、有孔子的殉道者

---

① ［英］赫德逊：《欧洲与中国》，王遵仲等译，中华书局1995年版，第247、249页。

沃尔夫……[1]这些伟人们对中国政治法律文化的赞美、欣赏、追求甚至迷恋的态度，所影响的不仅是这些思想家本身。由于他们在西方思想界，乃至整个西方社会的领袖地位，也由于他们对社会和政治活动的积极参与，因此，他们的思想，既在制度层面上影响了西方现代法治中的文化成分，从而通过法律运行的潜移默化，影响了人们的法治观念；又在他们的行动特别是在他们的论著中得到积极阐释，从而直接地影响了主体的观念。

同时，就文化作为一种体系而言，中国文化对西方现代法治观念的影响不仅限于其政治法律文化，中国人的生活样式、审美观念、价值追求、世界意识、政治理想、规范选择等，当被西方人接受并展开为他们在更为宏观的视野中审视其“本土文化”的参照时，甚至当中国人的生活样式成为其在一定时代的追求时，[2]都可能因转变为人们的一种生活方式而催化为其对该种生活方式的规范需求，即转变为一种法律需求，升华为人们的法律观念。可见，西方现代法治观念中的中国因素，先在思想文化大师们那里奠其基，又通过法律规定和其他实践总其成，最后通过人们对思想大师们遗教的领会和对法律规定的普遍遵行，构织进西方现代法律观念之中。所以，尽管身置于现代法治中的西方人并没有感受到其中中国法律文化的影响，但事实上他们享受着中国法律文化之对西方法治的血液补充，在他们的法律观念中已经融入了中国文化的因子（对

① 由于以上绝大多数学者对中国文化（特别是中国政治法律文化）欣赏的态度和赞美的思想，在我们所进行的有关爱国主义教育和宣传中被人们较为普遍和广泛地掌握和了解，因此，本文作为一篇学术论文，对于那些常识范围内的知识再不加介绍和引证。对以上所介绍的相关人物对中国政治法律文化的欣赏态度及具体看法有兴趣继续了解的读者，请参见史彤彪：《中国法律文化对西方的影响·前言》，河北人民出版社 1999 年版；范存忠：《中国文化在启蒙时期的英国》，上海外语教育出版社 1991 年版；谈敏：《法国重农学派学说的中国渊源》，上海人民出版社 1992 年版；朱谦之：《中国哲学对于欧洲的影响》，福建人民出版社 1985 年版；忻剑飞：《世界的中国观》，学林出版社 1991 年版；王漪：《明清之际中学之西渐》，（台北）商务印书馆 1979 年版以及［法］伏尔泰：《哲学通信》，高达观等译，上海人民出版社 1961 年版；《哲学辞典》，王燕生译，商务印书馆 1991 年版；《风俗论》，梁守锵译，商务印书馆 1995 年版；［法］魁奈：《魁奈经济著作选集》，吴斐丹等译，商务印书馆 1981 年版。

② 例如，在大革命之前夜的法国，浪漫的巴黎贵妇、社会名流，特别是文坛才子，以追求“中国式”的生活方式为时髦（参见朱学勤：《道德理想国的覆灭》，上海三联书店 1994 年版）。尽管可以肯定的是他（她）们对中国的理解，未必就是中国的。在当代，随着环境恶化、生态失衡、人口爆炸、犯罪横行等社会病的不断出现，西方人的对策之一，就是注重从东方价值观中寻取有用的救济资源。尽管这种对东方价值观的寻取，免不了戴着西方文化的有色眼镜，但它在客观上促使中国文化的一些内容被贯彻到西方法律中去，从而既使中国思想可能规范人们的行为，又因为行为的规范使中国思想影响其观念。

此，身置于中国并对自身文化的糟粕有着更深刻体会的国人们常常表现地不以为然，这在情理上虽是可以理解的，但从理智上并不可取）。

当然，西方思想家对中国文化的这种青睐，随着人类历史进程的自然发展，并未受到削弱，相反却越来越盛。因此，在西方世界兴起了声势浩大的、令人目不暇给的“汉学”。① 这其中，英国的李约瑟和美国的费正清学人们已经耳熟能详。即使在法律文化领域里，仅在美国，就聚集了像安守廉、高道蕴、皮文睿、宋格文、马伯良、孔飞力等一批热心关注并推崇中国法律文化的汉学家。② 可以预料，随着中国走向世界的步伐的不断加快，也随着世界在工业化、现代化进程中面临的问题日益增多，西方世界对中国文化（包括其法律文化）的关注及必要吸取会越来越盛。这一点，已经露出了明显的苗头。

当然，在西方世界的文化巨匠中，面对中国文化，并不是都投来艳羡的目光，也有不少思想文化大师对中国文化采取了正反两面的客观描述甚至低调的评价和排斥的态度。例如，英国的亚当·斯密、法国的孟德斯鸠、德国的黑格尔以及美国的昂格尔等。③ 如果说对中国法文化的积极赞扬和认真鉴取在正面使中国法文化影响了西方人的法治观念的话，那么，对中国法文化的理性审视、低调评价和拒绝态度，同样在相反的意

① 早在1981年在我国所出版的一本介绍美国“中国学”研究状况的书中，“被列出的当代美国中国学研究人员达1045人（其中美国学者530人，华裔美国学者515人），资助这一学科的美国财团、基金会、奖学金团体有794个，有中国图书馆藏的有50多个具有代表性的大学图书馆和其他图书馆，研究著作有131种，出版的期刊达120个。”“另据图书专家弗里德·休曼教授的调查统计，仅从1971~1975年的5年中，美国获得中国学博士称号的就有1249人之多”。上海中西哲学与文化交流研究中心编：《中西文化冲撞》，华东师范大学出版社1989年版，第184页。由此可见海外中国研究盛况之一斑。

② 他们探索中国法律文化的部分精辟内容，已经在高道蕴、高鸿君等主编的《美国学者论中国法律传统》（中国政法大学出版社1994年版）一书中被收编。另外，孔飞力先生作为一位历史学家和美国最知名的汉学家之一，却通过对中国历史上“1768年妖术大恐慌”的个案的仔细描述和研究，表达了对中国法律文化的某种“同情的理解”。参见［美］孔飞力：《叫魂——1768年中国妖术大恐慌》，陈兼、刘昶译，上海三联书店1999年版。他们关于中国法律文化的不少研究成果，国内的相关研究者望尘莫及！

③ 可分别参见［英］亚当·斯密：《国民财富的性质和原因的研究》（上、下），郭大力、王亚南译，商务印书馆1972年版、1974年版；［英］坎南编著：《亚当·斯密关于法律、警察、岁入及军备的演讲》，陈福生、陈振骅译，商务印书馆1962年版；［法］孟德斯鸠著：《论法的精神》（上册、第3卷），张雁深译，商务印书馆1961年版；［德］黑格尔：《哲学史演讲录》（第1卷），贺麟、王太庆译，商务印书馆1959年版，《历史哲学》（特别是“东方世界”之第一篇），王造时译，上海书店出版社1999年版；［美］昂格尔：《现代社会中的法律》，吴玉章、周汉华译，中国政法大学出版社1994年版等。

义上使西方人有了关于何谓法治的参照。也许这种参照是法治良性发展的永恒的警示器。所以,笔者赞同对这两种态度和评价的如下观点:“其实,无论是伏尔泰对中国文化的赞美、颂扬,还是孟德斯鸠对中国文化的批判、否定,都是在启蒙运动中对外来文化的一种借鉴和利用,都是服务于、有利于他们各自思想体系的建立的。另外,18世纪这两位西方哲人所提供的中国形象,对我们来说都是有益的,用他们来反观自我都具有同等的历史价值。”①

通过上述对西方现代法治制度和观念中中国因素的宏观描述和把握,我们需要进一步追问的是:为什么与西方法文化在性质上根本不同的中国法文化,②能够被西方现代法治制度和观念所吸取呢?即为什么会在现代西方法治中具有中国因素呢?

三、西方法治中含有中国因素的原因

反思西方现代法治中何以会有古老的中国因素,我们既要考虑中国古代文化,特别是其政治法律文化的独特特征及其与西方近代社会发展需求的某种相关性,也要考虑到人类文化固有的可沟通性和可交换性,甚至每种文化所具有的对人类的普适性。具体说来,笔者把现代西方法治中之所以会有中国因素的原因归类为如下三个方面:

首先,中国大一统政治法律文化及其实践对启蒙时代之西方的强烈吸引。自古以来,中国人政治法律的重要追求之一就是实现天下大同。这种追求迄今为止,一以贯之。“大道之行也,天下为公。选贤与能,讲信修睦。故人不独亲其亲,不独子其子;使老有所终、壮有所用、幼有所长、衿寡孤独废疾者皆有所养。男有分、女有归。货恶其弃于地也,不必藏于己;力恶其不出于身也,不必为己。是故谋闭而不兴,盗窃乱贼而不作。是谓大同。”③这种古老的大同理想在古代的政治法律实践中,特别是秦汉以降的实践中,得到了普遍的认同和相当程度的贯彻。虽然统治者在贯彻这一理想时,未必全然遵守文化亲和与同化的“王道”方式,换言之,其免不了武化强制和征服的“霸道”方式,从而与文化巨匠们所构想的文化大同的理想不尽合辙。但是,在这种实践中,大同理想的精神

---

① 史彤彪:《中国法律文化对西方的影响·前言》,河北人民出版社1999年版,第104页。

② 对中西法文化特征及性质之差异的比较研究,可参见林咏荣:《中国固有法律与西洋现代法律之比较》,“中央”文物供应社,“中华民国”71年版;张中秋:《中西法律文化比较研究》,南京大学出版社1999年版;何勤华等著:《中西法律文化通论》,上海人民出版社1994年版;梁治平:《法辨》,贵州人民出版社1992年版等。

③ “礼记·礼运”。载宋元人注:《四书五经》(中),中国书店1985年版,第120页。

不但被维持了,而且从一种精英文化被推演为大众文化。因此,“天下”统一为治、“天下”分裂为乱;统一得民心,分裂失民意;统一行王道,分裂兴霸业。正是这种大同的政治法律文化观念及其实践在西方的传播,尤其是在广袤无垠的元帝国时期,一批西方商人的东来,使西方人走出了以道听途说的方式了解古老的中华帝国的情形,而对中国文化及其实践有了亲身经历。他们对中国的描述,直接刺激了相当一批西方人的中国情结。这是由于当时中国的统一富庶和西方的分裂匮乏形成明显的对照之故。时间再往后发展,随着商业资本主义生产方式的兴起及其对统一市场的要求,中国的大同政治法律文化对西方的吸引越来越强烈。

撇开前述资本主义生产方式对统一市场的要求,即使从人类一般的情感经验出发,对大一统的追求也具有相当程度的人性根据。从理论上讲,人是社会的动物,社会性与个体性一样,是人最基本的两种属性,[①]这就不可避免地造成了人不分黄、白、黑,都具有心理扩张性(人性中的帝国主义倾向)。因此,扩张心理并不需我们指责,它是人类与生俱来的天性,问题只在于这种心理在实践中扩张时的方式。如果采取德性和文化扩张的方式,则于人于己皆利;如果采取兽性和武力征服的方式,则与正义相悖。从实践上讲,西方人总是因为其文化源头之一的雅典城邦文化而自豪,但在实质上,他们所自豪的并不在于小小的雅典的文化,而在于雅典的文化创造在日后支配了希腊化时期、支配了罗马时期,甚至在一定程度上支配着当代世界。这样,我们就不难理解为什么自近代以来(甚至古代),西方人不遗余力地企图征服世界(宗教的、军事的、语言的、法律的——这一征服过程至今仍在继续)的人类心理因素。只是众所周知,这种征服在很大程度上是非人道的。同样,我们也就不难理解为什么欧洲要建立欧盟、北美要建立贸易共同体、东南亚要建立其联盟、阿拉伯、非洲等地区都要建立其某种联盟,还有国际社会要建立联合国。

探讨了这种对大一统追求的人类文化心理因素,再回过头来看看进入中世纪末期以来西方世界的政治割据的情形及由此造成的社会积弱,就不难进一步理解当时西方人对中国文化的热衷,也不难理解为何在现代西方法治中会有中国因素的存在。

其次,中国文化传统中与西方文化的某种相似性为其法治提供了参照。在中西文化比较的研究中,人们会有多种不同的发现:例如,陈寅恪

---

① 具体论述,参见谢晖:《法律信仰的理念与基础》,山东人民出版社 1997 年版,第 191 ~ 195 页。

主张中国文化与法国文化的相似性，“陈君寅恪谓西洋各国中，以法国人和吾国人，性习为最相近。其政治风俗之陈迹，亦多与我同者。美国人则与吾国人相去最远，境势历史使然也。”[①]而在李泽厚先生看来，作为“实用理性”的中国传统文化，[②]与经验或实践具有相通性……类似的看法在中国学者中并不少见。由于中国古代的文化巨匠们，大都持守着“为天地立心，为生民立命，为往圣继绝学，为万世开太平”的文化道德主义立场，因此，不论是所谓的唯心主义者，还是唯物主义者，都崇尚身体力行，因此，称中国文化为“力行哲学”或一种特殊的经验哲学，恐怕并不为过。特别是在法学界，有学者认为中国古代法文化更像英美法文化。[③]为什么同样的文化，在学者们的比较中会得出如此不同的结论呢？对此，吴宓先生曾有一精辟的说明：“古今东西，所有盛衰兴亡之故，成败利钝之数，皆处处符合。”[④]与此同时，作为世所公认的历史悠久，并博大精深的中国文化，几乎在人类文化的一切领域里都有过自己独特和杰出的贡献，因此，在这种情况下，从事比较文化研究的人们，完全可能找到有利于支持自己观点的材料（当然，绝大多数学者并不是有了观点而去寻求材料，而是在有限的材料基础上建立其观点）。

上述情形，不仅在中国的文化研究者那里存在，同时在西方世界照样存在。即当西方世界的文化研究者们面对博大精深的中国政治法律文化时，必然也会得出“仁者见仁、智者见智”的不同结论。我们知道，在西方世界，如果从宏观视角出发，有两种理路不同的文化，一种是崇尚经验的英美文化（特别是以习惯法和判例法为代表的法律文化）；另一种是青睐建构的大陆文化（特别是以成文法典为代表的法律文化）。在这两种不同文化影响下的学者，在接触到古老的中国传统文化（特别是其法律文化）时，会以某种特有的“前见”来观视中国文化，并有目的地选择其所需要的材料。这正是在英国的法治设计中，我们看到了中国的考试制度，而在法国的法治设计中，我们看到了中国的价值观念之原因所在。

---

① 吴学昭：《吴宓与陈寅恪》，清华大学出版社1993年版，第7页。

② 李泽厚先生关于中国文化之“实用理性”的总结，参见李泽厚：《中国古代思想史论》，人民出版社1986年版，第303页以下；《中国现代思想史论》，东方出版社1987年版，第311页以下。

③ 例如，在民国时期，法学家、司法院长居正就说：“中国向来是判例法国家，甚似英美法制度。”（转引自武树臣等著：《中国传统法律文化》，北京大学出版社1994年版，第654页）。贺卫方先生则说：“在文化的某些方面中国与英国还有较诸欧洲大陆国家更有可沟通之处呢。”（贺卫方著：《法边馀墨》，法律出版社1998年版，第16页）。

④ 吴学昭：《吴宓与陈寅恪》，清华大学出版社1993年版，第7页。

可以说,在中国古代文化中,既有经验进化主义似的文化因素,又有逻辑建构主义似的文化因素。前者在以儒家为代表的文化体系中有突出表现,而后者则在以墨家和法家为代表的文化体系中更为明显。自成一格的道家文化,实际上跨越了上述诸家,而达到了某种超验的形而上的思考。这就使得中国传统政治法律文化不论与英美经验主义的政治法律文化相比较,还是与大陆建构主义的政治法律文化相比较,都有可能沟通的基础与因素。一旦对它们在文化体认上的沟通使命完成了,则使其作为法治建设的参考因素就是再自然不过的事了。可见,我们熟知的所谓"古为今用、洋为中用","用人类所创造的全部优秀精神财富来武装我们的头脑……"不仅可适用于中国,而且同样可适用于西方。只是对前一口号,需稍微做些修改而已。总之,中国传统政治法律文化中所蕴含的丰富的、多样性的内容,不论在过去、现在还是在将来,都会是西方或其他国家制度实践的必要参照,这正如在当代中国法制现代化实践中,包括西方在内的其他国家的政治法律文化也是其必要甚至必需的参照一样。

最后,人类文化固有的共同性和可比较性是现代西方法治中会有中国因素的根本原因所在。正如前文所述,人类虽然有皮肤之差异、性别之区分、地域之划界、文化之分别,但是,这些都不能否定人类文化固有的共同性以及在此基础之上的可比较性。作为一种"类存在"的动物,①即使其文化类型有再大的不同,也并不影响其作为类的共同基础。不少动物也有较高的意识,也会进行一定的"自觉"的劳动,甚至也有一定的"文化"创造(比如规则有序的蜂巢、经纬严密的蛛网、结构独特的鹊窝等)。然而,毕竟人与其他动物不是一种"类存在",因此,在文化上他(它)们之间"异类不比"。但这一理论并不能适用于在人类文化之间的比较。人类不同的文化之间即使差异再大,也不会达到"异类不比"的程度,因为即使是逻辑走向完全相反的人类文化,毕竟仍然是人的"类创

---

① 人是一种"类存在"、"类生命",因此,哲学研究应导向一种"类哲学"。这是哲学家高清海先生近年来对我国哲学创思的新贡献(参见高清海等:《人的"类生命"与"类哲学"——走向未来的当代哲学精神》,吉林人民出版社1998年版)。有些学者在评论这一理论时,认为它是中国哲学的当代理念(参见胡海波、郑弘波:"追寻中国哲学当代理念的类哲学",载《世纪论评》1998年第4期)。笔者觉得,作为一种评价,这种结论本身有违"类哲学"的意蕴。因为"类生存"、"类生命"不限于中国,也不限于当代,因此,它不只是、或至少不应当只是"中国哲学的当代理念"。事实上,现代哲学、特别是康德、黑格尔、胡塞尔以及马克思主义哲学的重要问题之一,所研讨并期望解决的就是类的生存和发展问题。所以,这是一个具有世界意义的哲学理念。

造”,它们不可避免地反映了人的“类存在”和“类意识”。一言以蔽之,人是任何人类文化共同性的基础。

人类文化之所以具有共同性,端在于作为“类存在”的人具有共同的需求。以法律为例,所谓“基本走向相反”①的中西文化(特别是其法文化)之间,共同之处却存在多多。比如,在法律的根本精神方面,西方自古就强调法律是“公正善良之术”,而在中国,“平之如水”也是自古以来法律的追求。即使东西方在实现法律的公正方面有完全不同的方式,但它们对法律之公平和正义的操守是大致无异的。正是在此意义上,我们可以得出公平(以及类似的正义、公正、平等)是人类对法律的终极追求,尽管不同时代和不同文化背景下的人们对它的内容理解各异。这是由于人的“类存在”,决定了对其法律的这种“类需求”。

正是人类文化的共同性和可比较性,才导致了即使远在东方的学问和制度,也照样能够资助西洋的文化创造和制度变革。难怪身处东西两大文明之间的穆罕默德精辟地说:即使学问远在中国,也要去追求(大意)。同时必须强调的是,即使人类文化在具体的文化区域间是对立地存在的,但这种对立未必一定是对抗,一定是要么东风压倒西风,要么西风压倒东风,一定是你死我活、没得商量。笔者倒觉得,越是对立的文化间,越有利于收到取长补短之效。当然,“有利于”并不是指“容易”,而是指经过主体不断的和自觉的努力有可能达到比在相同或相近文化间的借鉴更好的效果。在实践中,这类例证可以说比比皆是,如列宁就是因吸取了和当时苏俄制度对立的资本主义国家的一些制度,取得了“新经济政策”的成功;罗斯福则是吸取了与资本主义制度对立的苏联的一些经济管理制度,使自由竞争的资本主义的顽疾得以彻底改观;当代中国所进行的改革开放,向与其在制度上对立的资本主义制度及其管理方式的吸收和借鉴有目共睹。正因如此,在人类文化之最高意义的借鉴上,我们可以引用那句在物理领域通行的说法:“同性相斥,异性相吸”。总之,不论中国文化与西方文化有多大的不同,其作为“类生存”的主体基因是相同的。有了这种相同之处,就有了人类不同文化间的可比较性

① 梁漱溟先生曾在反思李大钊对中西文化的结论(“东西文明有根本不同之点,即东洋文明主静西洋文明主动是也。”)时,深刻地阐明了他对中西文化对立性的看法:“大约在西方便是艺术也是科学化;而在东方便是科学也是艺术化。”“……西方的文明是成就于科学之上,而东方则为艺术式的成就也。”[梁漱溟:“东西文化及其哲学”,载《梁漱溟全集》(第1卷),山东人民出版社1989年版,第355页]。

和“可交换性”。虽然,由于人类文化总有所处时段的高低之分,因此,免不了从高到低的“自流”,但是,“自流”总是相对的,可比较性和可交换性却是绝对的。正因如此,才有了现代西方法治中的中国因素。

四、几个必要的结论

对西方现代法治中的中国因素及其原因的探讨,旨在进一步说明:尽管现代西方法治主要是在西方“本土资源”基础上长成的,但这并不意味着它只是西方文化的自然结晶;相反,由于资本主义生产方式对世界市场的开放要求及其在此种要求下或通过强制,或通过和平而形成的世界各国之间的“门户开放”,直接导致了站在经济、技术和文化“高位”的西方世界对其他国家和地区文化的观察和汲取。西方人能从东方、能从世界各地抢去或盗走人家精美的壁画、雕塑、书法、图书等他们认为有用的东西,就意味着他们同样能在东方或世界其他各地吸收和借鉴对他们有用的制度资源和法律文化。因此,产生于西方的现代法治,不仅因为它是西方人的精神结晶而属于世界,更因为它在西方人的努力下综合了世界各地的优良法制文化传统而属于世界。这就为我们观察现代西方法治文化的世界性,甚至在一定意义上的普适性提供了一个与以往不同的、全新的认识视角。

在我国乃至非西方世界各国的法制现代化进程中,不时可以听到或看到人们对后发达国家能否借鉴,甚至移植西方发达国家法律的争论。肯定论者总是主张西方法治不仅具有西方意义,而且具有放之四海而皆准的世界意义。否定论者则强调西方法治既然是西方文化的产物,也就只能具有在西方适用的地方性。但事实上,不论人们争论的观点如何对立,也不论争论的各方如何为其观点的成立寻找扎实的论据,一个不争的事实是:“法治”作为一种文化传统发展的逻辑结果,本身是西方人综合了自身及世界各国的优秀文化资源而形成的。因此,当后发达国家要以法治为目标取向时,不可避免地会趋向对产生法治的背景逻辑的认同,即如果没有那种独特的背景逻辑,也许结论就不是法治,而可能是德治、人治、权治、势治或神治。正是在这种意义上,笔者并不笼统地赞同撇开西方法治,后发达国家也能在自己的文化土壤上建立起法治的结论,因为被西方人所综合利用的文化传统和法治结果之间实质上是一种因果关系,而不是手段和目的的关系。虽然我们完全可以发现异因同果、同因异果等例外的情形,但这种情形毕竟是例外。在法制现代化过程中,如果不创造与法治相同或接近的背景,那么,其因果逻辑往往是异因异果(非法治的),而不是异因同果(法治的)。因此,对后发达国家而言,追求法治的基本逻辑理路就是将文化传统与法治结果间的因果逻辑关系转化为手段与目的的关系(除非他们所追求的不是“法治”,而是以法律为工具的“人治”、“权治”、“势治”、“神治”、“德治”),从而创造一种和法治之目的追求紧密勾连的实现手段。也就是说,面对“橘生淮北则为枳”的局面,如果人们仍然一刻都割舍不下对橘子美味的眷恋,那么,人们的任务就只能是改造土壤、气候、水质等,除非人们放弃对橘子的喜好。我们既然不能割舍法治,我们就需要承认并创造与法治相关的文化背景,改造妨碍法治实现的文化因素。对西方现代法治中中国因素的探讨,有利于说明笔者的这种主张:即使在法治文化传统非常浓厚的西方世界,也需要不断地通过借鉴一些外来的文化因子,改造其文化土壤,不断健全其法治,更何况对那些法治文化传统相当瘠薄的国家和民族而言呢?既然他们选择了法治,那么,借鉴外来的文化因子,以改造其非法治的文化土壤,并不是一个不可思议的选择。当然,在以上的论述中,人们自然会问的是,既然西方国家在法制现代化过程中能够汲取中国传统法律文化中有利于他们的因素,那么,为什么我们不能效法别人,同样汲取其他文化系统中对我们建设法治的有用资源?这是一个好问题,也是我想在这里所要表达的主要用意。如果读者们通过本文能进至此种认识,本文的目的也就达到了。

当然,读者们在本文的论述中,也许还会得出这样的结论,即在中国固有的文化传统中,也可以找到现代法治的因子。对此,笔者向来是认同的。作为具有数千年文明历程的一个东方大国,其文化中什么样的文化因子都可能找到。但问题在于不借助外在的力量和因素,不借助于我们的更新和创造,这些因子就足以构成实现法治的原因并足以导致法治吗?对此,笔者至少是一个悲观论者。

总之,西方法治具有世界性,这不仅是因为法治是西方文化因素的产物,也不仅是因为法治是西方人民所创造的文化结晶,更不仅是因为法治理念已经被当代世界绝大多数国家所接受。在如上原因之外,还应加上一条:法治也是包括中国在内的世界各文明国家优秀文化的综合结果。这样才使它的世界适用性更加名副其实。

〔本文原载《金陵法律评论》2001 年秋季卷〕

政治家的法理与政治化的法

——二十世纪中国法理对“宪制”的支持关系及其变革

立于世纪边缘，再回首我们即将走过的这个世纪，启蒙与救亡、[1]割据与统一、侵略与反抗、动乱与变革，构成20世纪以来我国悲壮而又瑰丽的历史画卷。然而，这种既欢快，又悲切的情形，对生活于“天下大势，合久必分，分久必合”[2]之历史情境下的中国人而言，似乎并非不寻常。反倒是那个并不引人注目的概念——宪制，却在中国苦难的变革历程中悄悄地发挥着诀别自秦皇以来的制度专断的作用。遗憾的是：支持这种“宪制”的不是法学家的法理，而是政治家的法理。

一、动荡时代的文化变革：“师”的政治性转化及其与宪制的关系

在中国政治数千年的发展进程中，知识分子（士）虽然很少直接主宰政治，但通过由士而仕的参政过程，对中国政治还是产生了巨大的作用，尤其“师”与“帝”在功能上的两分使师能以独特的方式影响现实政治。古人所谓师，即有以“传道、授业、解惑”[3]为目的的师，也有为政治统治出谋划策之师。而能够影响

---

① 李泽厚先生在探讨现代中国思想史时，以“启蒙与救亡的双重变奏”为标题，并认为在20世纪前期的中国，“救亡”压倒了“启蒙”。参见李泽厚著：《中国现代思想史论》，东方出版社1987年版，第7页以下。

② 参见罗贯中：《三国演义》。

③ 韩愈：《师说》。

皇帝,从而影响其帝政者,也有两种:即皇帝的“发蒙之师”与“帝业之师”。前者“传道、授业、解惑”,后者出谋、划策、修政。有时,这两者可能合一,但此种情形甚少。尤其值得重视的是,在上述师的范畴之外,尚有万世不易之导师。自汉武以来,孔子基本充当了这一角色,但如众人所知,这只是“阳”的一面,在其阴里暗里(甚至有时也在“阳”里),道家、法家及外来的释家,也每每担当帝“师”的角色。虽然需要何种理论和主张,究竟以何人充担导师,高高在上、大权在握的帝王完全可以自决,但这种形式意义上的“师”、“帝”分开至少为帝提供了“一面镜子”,可以参照其政治的得失,有时甚至是那些开明之士用以讽谕、劝谏,从而制约最高统治者权力的凭据。这就使师在中国具有了独特的意义。

然而,自20世纪以来,辛亥革命导致了皇权主义的政治模式在中国不复存在,“五四”运动又导致了儒家独尊的“师道”格局难以复现。这使得即使在先前那次惨痛地失败了的变法中仍存在的师(康有为等)、帝(光绪皇帝)相分的局面在20世纪以来并未呈现,转而出现了一种独特的政治——文化景观:“师、帝合一”,即政治领袖就是思想导师。由林彪发现的“伟大的导师、伟大的领袖、伟大的统帅、伟大的舵手”之类,在他唱高调之前,其实就已经作为一种实践而存在了。20世纪具有全局性影响的政治强人,除去个别“四肢发达,头脑简单”者外,大率是政治领袖与思想导师合二而一,其中孙中山、蒋介石、毛泽东、邓小平四位是典型代表。这种情形,使得政治领袖不仅是政治的实践者,而且同时也是现实政治模型的理论设计者。

自清末立宪以来,中国虽然没有实行过学人们所期待的那种经典意义上的宪制,但一方面,对这一目标的追求贯彻于20世纪之始终;另一方面即使现实中那些并不如意的宪法,仍然对20世纪的中国政治发挥了前所未有的影响,只是指导20世纪中国宪法的思想源泉,大率来自政治领袖的主张,相应的,法学家的主张在宪法上却调低音稀。

如果以1898年戊戌变法为中国宪制运动的发端的话,[①]中国的宪制运动,正好走过了100年的历程,然而,正如前文已言,戊戌变法时期,“师、帝两分”的格局并未改变,就这次变法而言,提出君主立宪蓝图的是一群知识分子,尤其是康有为。光绪皇帝只是被其不断上书所感动,同

① 这是一些学者的主张,参见张晋藩、曾宪义著:《中国宪法史路》,北京出版社1979年版,第14页。当然,如果从宪制思想起算,这一历程要更早些,参见殷啸虎:《近代中国宪法史》,上海人民出版社1997年版,第1页以下。

时更念及其岌岌可危的帝位，而采纳新政，选择维新。在高墙壁立的深宫，其自身对宪制的了解可想而知。尤要者，戊戌变法的短命，致使变法者并未拿出一份宪法性的草案，而只是通过论著精心设计了一幅君主立宪制的蓝图。因此，对于中国宪制而言，戊戌变法其实只留驻于思想鼓动层面，尚未伸展到实践推行层面。

及至实践推行之时，已到了20世纪初，其时，清政府已风雨飘摇：内则革命风暴席卷全国，外则西方列强虎视眈眈，处于内外交困中的清朝流亡政府于1901年年初在慈禧太后主导下颁诏变法，强调"世有万古不易之常经，无一成罔变之治法，大抵法久则弊，法弊则更"；"法令不更，锢习不破；欲尔振作，须议更张。"[①]这种看起来并不差的主张虽然导源于维新派，但在维新派那里，却无法变为国家政纲，而处于实际政治领袖地位并"垂帘听政"的慈禧太后一接过它，就转化成了变法政纲。这一变法旨诏下达近五年后，清政府才下令委派五大臣出国考察政治；近八年后才颁布了《钦定宪法大纲》。"宪法"而钦定，其距现代宪制理念之远可想而知。对本文而言，所欲证明者不在于该"宪法大纲"如何欺世盗名，只想证明政治家的法理主张对此次立宪的明显支持。前引慈禧太后之诏令，虽可作无奈之解，但也有真情表露。倘一个政治家于内外交困、弊祸丛生之际仍不反思而乱下旨诏，其于政治家之称远矣！事实证明，慈禧太后在预备立宪中既顺理成章地成了政治领袖，又阴差阳错地成为思想导师。由此便开启了20世纪政治家的法理对中国宪法的深刻支配。

如果说慈禧太后集政治领袖与思想导师于一身只具有偶然性的话，那么，自孙中山以降，政治领袖与思想导师的合一近乎必然，旧有的以皇权为中心的权威体系瓦解了，但中国社会同其他任何公共社群一样，不能没有权威。那么，权威如何产生？这里有三种方案：即要么按在中国通行千古的历史经验重新安排皇权世系，但这一招儿不但为时代所难接受，而且后来袁世凯的举动被社会公认为是倒行逆施；要么以军事强力安排政治谱系，然而，北洋军阀们的拙劣表演证明，没有出色的思想理论的支持，纯粹的暴力只是导向私欲、引致混乱的工具，并最终被社会所唾弃；[②]要么重新设定权威坐标，即这一权威来自社会的、在当时尤其是在精英阶层中有号召力的人物。然而，在清末民初，有此等影响者大率为

① 《光绪朝东华录》总第4655页。

② 也许这正是毛泽东当年一方面强调"枪杆子里面出政权"，另一方面又强调"党指挥枪"的原因所在。

思想家,其政治家的身份也主要以宣传鼓动而成,并非以真刀真枪打成。在辛亥革命前后,中国选择了后者,这使孙中山以思想导师的身份"登基"为政治领袖。不过作为政治领袖,不仅其所代表的"阶级"是软弱的,而且孙中山自身的内外条件也是软弱的。就内在条件而言,其显然缺乏袁世凯那种老辣的政治经验,患了作为思想家的书生所共有的"轻信症"。就外在条件言,数千年的皇权制度虽因一场革命而告终,但皇权意识的坚固却不能随之即除,更兼之作为一个难以指挥枪的政治领袖,其结果如何,可想而知。所以,他只能用自己的思想构筑"临时约法",①而不能以其政治家的权力践行约法。以政治家的思想构筑"临时约法",使得该法大率为权宜性的,而不是超然党派、阶级之上的和中立性的,这从"临时约法"为限制袁世凯专权,改革草拟时的"总统制"为审议时的"责任内阁制"的举动中可见。有些学者批评此举是"因人设法",②这固然不错,但解释至此尚未揭示本因。笔者认为,由政治家的法理支配宪法,这宪法只能"因人而设",孙中山是如此,其后的袁世凯、曹锟之流莫不如此。如果宪法和宪制不是建立在深厚的社会基础之上和与此相关的法学家的法理之上,而只建立在政治实用和政治家的权力理念之上,宪法的政治工具性不可避免。在一定意义上,毛泽东关于先造就民主事实,而后颁布根本大法的分析所揭示的就是这一道理。③

如果说孙中山是基于其思想影响而"登基"为政治领袖的话,那么,蒋介石所走的正好是与孙中山相反的路,即由政治领袖而晋升为思想导师。在国民党的领袖谱系中,上述两人,是最具代表性的,他们都有政治实践,也有思想头脑,只是前者在政治手腕上,稍输后者一招,而后者在思想深度上,略逊前者一筹。蒋介石形式上假借孙中山的思想,实则以种种政治手腕推行自己的政治见解,从所谓"训政"到"宪政"的过程,正是蒋介石及其他政治家任意裁剪孙中山宪制思想的过程。④ 其结果,不

---

① 按照孙中山所谓《临时约法》"只有中华民国主权属于国民全体一条是兄弟所主张的,其余都不是兄弟的意思,兄弟不负这个责任"(《孙中山全集》第五卷,第497页)的说法,"临时约法"似乎距孙中山主张甚远。然愚意以为,一方面,它只是就具体制度设置而言,不是就该法之精神而言;另一方面"临时约法"系以思想家充任政治家的领袖集团的作品,即使其不完全符合孙中山的主张,但并不否定其是在政治家法理支持下的作品这一结论。

② 参见殷啸虎著:《近代中国宪法史》,上海人民出版社1997年版,第135页以下。

③ 参见毛泽东:《新民主主义的宪政》,载《毛泽东选集》第二卷,第735页。

④ 比如在1928年8月召开的国民党二届五中全会上,针对"训政"时期应否颁布"约法",蒋介石与胡汉民各执己见,但都声称遵守孙中山"遗教"。

管宪法性法律在规则上如何变化,但在思想上反映的却是政治家的法理,或即政治化的法理。这种法理的基本特征是根据政治家对权力运作的政治需求设定一种法理主张,然后再将其制定为宪法性规则,从而使宪法难逃政治化法的命运。

毛泽东作为政治领袖与思想导师的特征既不同于孙中山,又不同于蒋介石。作为政治领袖他完全是白手起家的,因而不论在战略设定上还是战术安排上,他都是娴熟老到,独具一格。同时,他又是公认的具有深刻洞见的理论家和思想家,这使他集政治领袖与思想导师于一身的过程几乎是一个自然的过程。历史选择了毛泽东,所选择的不仅是其领导才能,更是其思想路线。毛泽东的思想,支配了从革命根据地到共和国成立后所颁布的绝大多数宪法性法律。共和国成立前由共产党人主持制定的三大宪法性法律:《中华苏维埃共和国宪法大纲》、《陕甘宁边区抗战时期施政纲领》和《中国人民政治协商会议共同纲领》皆是在毛泽东思想直接指导下的产物。共和国成立后的四部宪法,其精神宗旨莫不如此。即使现行宪法,在国体、政体、民族区域自治以及经济模式等一系列制度上,无不受毛泽东思想之影响。可见,毛泽东不但以政治领袖的身份领导国家,而且以思想导师的身份指导着其生前和身后的宪法。

毛泽东之后,中国历史又推出了邓小平这位兼政治领袖与思想导师于一身的伟人。作为政治领袖,他是中共第二代领导集体的核心,作为思想导师,他是"改革开放的总设计师"。虽然从文本看,邓小平的理论往往是粗线条的、指示性的、对策性的,但其极强的实践性和实用性使那些优秀思想家们严密的逻辑论证显得相形见绌。如果说毛泽东思想还能用"集体智慧的结晶"概括的话(尤其是 50 年代以前),那么,邓小平理论在更大程度上是个人化的,因为在这一特定历史背景下,能与邓小平在资历和威望上平等对话的政治家寥若晨星,更何况有此资格的人(如陈云)在许多政见上与其有明显不同。邓小平的理论对当代中国宪法的影响突出体现在自 1988 年以来的几次宪法修正案上。

迄今为止,如果说中国法学家的理论主张对其他法律(如刑法、刑事诉讼法、民事诉讼法)有了相当程度的影响的话,那么,对宪法的影响则是极其有限的。中国目前的宪法,仍然明显的是受政治家法理支配的宪法。

综上所述,20 世纪的中国,既是一个寻求宪制的时代,也是由英雄主导宪法的时代,而法学家只是这些宪法的边缘人。这是一种奇怪的历史现象,但又是一种必然的实践逻辑。

二、从政治家法理到政治化法的历史逻辑探寻

任何一种影响全局的政治实践,既有偶然的实践巧合,又有必然的历史机缘。20世纪中国的宪法之所以无不受政治家法理的支配,正是这种偶然与必然相互作用的结果。总的说来,既有领袖资质,也有导师才华的人物的出现是一种偶然性因素,而历史对这种人物的选择却具有必然性。

(一)与革命相关的家族主义解体与国家主义兴盛之双重影响

众所周知,"家—国同构","家—国一体"是古代中国社会与政治结构的基本特征,然而,这并不意味着家与国的职能之重叠与合一。如果用当下学术界探讨的热点问题——市民社会与政治国家的关系来作比,那么,中国古代的家族所执的使命主要是社会性的,它既是社会的组织单位,又承担着全部的社会职能。一个家族就是一个"社区",甚至在与"国法"并不相悖的情形下,家族具有相当程度的自治性。而以皇权为中心的政权则代表国家,它虽然依赖于家族,但这种依赖恰如政治国家对于市民社会的依赖。古代中国的此种情形,其实是一种"宗法社会"与"皇权国家"的并立关系,在这里,两者并非简单合一,而是相当程度的职能分离。之所以探讨家族与国家的这种相分性,是要说明在这种特殊社会背景下,政治领袖——皇帝虽然对社会具有全局性影响,然而,这种影响每每局限于政治——行为领域,至于人们的意识或观念,却常常被民间的思想导师们所操纵,即使一部分对民间具有深刻影响的思想家曾为朝廷命官,但其主张却以民间为广阔的市场,[①]这样,"宗法社会"与"皇权国家"的职能分离就为思想导师与政治领袖的分工提供了一定的社会条件。

反观辛亥革命以来的情形,家族主义因此而大致解体,宗法观念因此而大大削弱,但用以替代家族之社会职能的社会组织却没有产生。即使尚存的家族(或家庭)及其宗法观念,也只能支持与其对应的皇权国家,而难以支持一个民主共和的国家。因此,社会变革不像历次改朝换代那样,只是政治层面上的,而且必须是社会层面上的。如果说辛亥革命、人民共和国的成立等,意味着中国政治革命的发展和完成的话,那

---

① 尤其宋元以来,一些官方思想家(如朱熹、王阳明等)把其思想面向民间;而民间自身也培养了一大批出类拔萃的思想家,其中明末清初尤盛,如王船山、黄梨洲、李卓吾等灿烂的思想群星皆生于民间。

么,“新文化”启蒙和“五四”运动只为社会革命开了个头,而“文化大革命”却使这一革命走向畸形,改革开放可以视为在政治革命成功的基础上中国进行社会革命的继续。正是社会革命的未完成,导致与民主共和相应的市民社会难以出现。而那些著名的现代民间思想家,如章太炎、胡适、鲁迅,甚至梁漱溟等所持的思想观念,[①]却大致与中国传统的民间立场(宗法观念)是相对立的,这就使他们的思想只对知识者阶层有号召力,对普通民众则并无号召力。这种情形,即使在今天,依然如故。比如对当代中国知识界有重大影响的思想家李泽厚先生,其影响也仅仅在知识阶层,远未深入民间。这些事实说明,要全面完成中国的社会变革,只有借政治家的权力再加之思想家的话语才能成功,而前述情形又近乎必然地使具有如此影响的政治家与思想家合二而一,只有如此,才能借政治权力强制性地推行其思想话语,才能借政治权力使完全有别于宗法观念的新式思想深入社会、深入民间。

上述情形必然影响到20世纪的中国宪法。从根本上讲,当社会革命的任务尚未因政治革命而完成之际,宪法只能依赖于政治力量的支持,而不是社会力量的支持。既然宪法只依赖于政治力量,那么,宪法的政治化职能便无法抹去,不但如此,在此情形下,宪法就是政治家表达其政治意愿和思想语言的工具,宪法只能立足于国家主义之上,而不是“社会主义”之上。因此,国家权力是神圣的、公有财产是神圣的,而与此相对应的公民权利和私有财产却不能“神圣”,也无须“神圣”。宪法实质上不是“阶级”(经济意义上的)力量对比的表现,而仅仅是政治权力较量的结果。

以上事实,实质上反映了家族主义解体后的国家主义的一方独大,一统天下。要改变这种情形,除非与民主共和国相对应的市民社会的出现。今天,它正在形成之中,但距制约政治国家尚遥远,距支持现代宪制尚乏力。

(二)与乱世相关的平民主义弥失与英雄主义高涨的双重影响

20世纪的中国,是个毋庸置疑的“乱世”,即使近20年来世道已有所治,但一方面,乱源(一元政治文化与多元社会文化的严重冲突与错位)未消;另一方面,就算其是“治世”,但在总体上无法抵消长达3/4多世纪的祸乱事实。在这种乱世里,英雄崇拜是一种必然的逻辑,有趣的

---

① 胡适虽然做过民国政府的官,但他所执的自由主义思想,显然是一种来自外域的民间产物;梁漱溟虽然很看重中国传统,但其乡村自治的试验却是取自西方的理念。

是时势也确实造就了无数英雄,为人们的英雄情结提供了慰藉。

如果说乱世所需要的是英雄主义的话,那么与其相对应的治世则更须平民主义。在一定意义上讲,近现代以宪法为主轴的宪制,正是平民主义的产物,而不是英雄主义的产物。随着西欧中世纪末期商品经济的蓬勃发展,富有的资本家阶层强烈要求对政权的参与,他们的代言人——知识阶层则深入论证自由、民主、人权、平等、博爱、法治等的必要性,这种思想的启蒙和平民的普遍需求产生了深刻的契通,于是最终达成了建立在人民主权和社会契约之上的宪法。这不但是民主共和制国家的事实,而且也是君主立宪制国家的事实,正是这种平民主义的宪法,确保了首先实行它的国家在数百年的发展历程中,大体循着平稳、和谐的方向发展。① 今天,它早已从原发地溢出,成为绝大多数国家秉持的政治理念。② 即使有些国家尚没有平民主义的根基,但英雄们仍然高举宪制的大旗而引导、感化平民。甚至在国际关系上,也按照内国法的宪制模式处理日趋复杂的国际矛盾和冲突。《联合国宪章》正是宪制理念和宪制模式在国际社会的扩展和放大。

反观近代以来的中国,在经过了数千年治乱相兼的历史发展后,出现了自身历史中前所未有的大动乱。它所导致的,不仅是政治层面的改朝换代,民生层面的百业凋敝,而且危及中国传统文化中固有的平民性的健康发展,催生并强化了中国传统文化中的另一方面——英雄主义文化。

如果从中外文化对比的角度看,古代中国的政治文化,和同时代任何国家相比,都更具有平民性。且不说"民贵君轻"和"民水君舟"的政治主张,即使从政治实践看,这种平民化的特色也远甚于同时代的其他国家。早在秦朝,农民起义的领袖们就提出了"王侯将相,宁有种乎"③的质疑,毫无疑问,这是一个质疑明显具有平民主义色彩;而自隋唐以来,通行的科举制度使得除了皇帝及相关世袭职位之外,其他官位任何

---

① 当然,这绝不是说宪制可以消灭冲突,不论从理论上还是实践上都无法得出这一结论。事实上,宪制既是一种崇高的政治理念,又是处理社会矛盾和纠纷的机制,宪制的后一内容必然使其不可能是毫无欠缺、十全十美的。因此,宪制宁可说是一种不得已的选择,而不是最好的选择。

② 有些国家实行宪制后社会矛盾和冲突不但没有歇息,反而更加激化,如非洲的一些国家和亚洲的印度、菲律宾等,这大半不是来自宪制之弊,而是与宪政相关的平民主义文化根基不牢所致。

③ 《史记·陈涉世家》。

平民通过自己努力都可借“正当程序”达到。这种平民化的举官方式,像中国古代的科技文化一样深深地吸引了远在亚欧大陆另一端的“洋”人,成为他们对其政治进行平民化改造的基本工具。直到今天,西方学者对其文官制度中的中国因素仍深怀谢意。[①]

然而,中国传统政治文化中的这种平民色彩却因外族的入侵和民族危难的加深并未向更高层次发展,反而在一定程度上更加弱化了,取而代之的是高涨的英雄主义。到人民共和国成立以后,此种情形尤盛。而英雄对民众的怜爱造成的不是平民主义,却是民粹主义;它与英雄主义的变种——血统主义[②]一起,支持着20世纪后半期的中国宪制。事实上,不论民粹主义还是血统主义,都是和英雄主义息息相关的,其出发点都不是采取平民视角,而是英雄视角。民粹主义使英雄把宪法当做给人民的施舍,而不是人民的自愿选择;血统主义更肯认宪法只是掌握政权的统治阶级的最高意志,而这一阶级,却往往是从旧社会过来的赤贫阶层及其后代。

至于20世纪前半期,虽没有民粹主义和血统主义,但英雄主义对宪法的支配却是不争的事实。虽然此时“城头变幻大王旗”是一种常景,但在所有变换的“大王旗”上,又少不了宪法的内容。可惜所谓宪法,在英雄们的揉搓下并未调整出宪制,而是不折不扣的强权政治。

总之,20世纪的中国是一个平民主义失落和英雄主义高涨的时代,这就必然导致宪法只能是被称为政治家的英雄们主张的结果,而不是平民选择的结果。在一定意义上讲,时势的发展致使人民选择了英雄,但在宪法的创立上英雄却并未选择人民。这就构成了20世纪中国宪法和宪制的基本品格。

如上笔者初步探讨了导致20世纪政治家的法理支配中国宪法和宪制的基本原因,也许还有其他因素,但上述两点却是最为重要者。政治家法理对今天中国宪法的支配,在一定程度上是当今中国发展的动力,在一个平民意识极度缺乏而农民意识弥漫不息的国度,没有强有力的政治家的统治,也许农民仍然如马克思所讲的那样,是一个个滚出布袋、无序四散的马铃薯。但这种情形只意味着是眼前还是长远?换言之,靠这

① 1984年,一位德国(西德)学者到笔者当时就学的西北政法学院讲西德的文官制度时,开场白便是:谈到文官制度,你们是我们的先生,我们是你们的学生……学生应当感谢先生。

② 如从“文化大革命”中过来的人所熟悉的“龙生龙,凤生凤,老鼠生儿会打洞”,“天下乌鸦一般黑”等政治化谚语,寓意所在,正是血统主义。

种政治家法理支配的宪法可否导致中国的长治久安和可持续发展？对此，中国学界自20世纪80年代以来即有截然不同的争论，其中“新权威主义”和“民主主义”的争论具有代表性，前者大率以政治学家和史学家为代表，而后者以法学家为骨干。当今中国的实践，主要遵行的是前者，后者虽是高扬的旗帜，但并非政治的践行。这种实践及其已经取得的良好社会效应，使人们陷入相当程度的麻木状态，对政治家法理所支配宪法的认同多于疑义，赞美重于批评。然而，在笔者看来，这种政治家法理支配的宪法却是值得认真反思的：当我们在各行各业呼吁“不能把××带入21世纪”时，那么，能否把由这种政治家法理支配的宪法带入21世纪？

三、现实检讨：重新寻求中国宪制的法理支持

对于前文提出的问题，从其现实性而言只能做否定的回答：21世纪近在咫尺，如果以国内学者首肯的2000年为21世纪的“开门年”论，[①]新世纪的门槛只距我们一年多时间，要在如此短暂的时间内使已有宪法的法理改型，没有任何可信的预期。但这并不意味着法学界应对这种法理支配的宪法沉默到下世纪；相反，尽早地讨论现行宪法在法理支持上的弱点并提出各种可供未来制宪的理论方案，当是法学家责无旁贷的义务。在这一点上，解决现行宪法的法理积弊与解决计算机的“千年虫”问题具有明显的可比性。

虽然政治家的法理成功地开启了我国的宪法及宪制制度，但这并不意味着这种宪法及宪制本身就是成功的；相反，整个20世纪中国虽有宪法，但无真正意义上的宪制，清末立宪却不论其根本未来得及实行，即使能实行，也不过是借宪法来强化皇权专制，使大清皇帝“万世一系，永永尊戴”。孙中山欲行宪制，但惜乎时事危艰、命运多舛；北洋军阀们实行的那一套更被人们称为军阀政治，而非宪制；蒋介石统治大陆22年，却把主要精力放在军政、训政上，他推行的剪除异党、排斥异己的做法，与宪制理念格格不入。中华人民共和国成立以来，走马灯似的宪法变更表明宪法只是一种无关紧要的工具，可以制定，也可以搁置。宪法不是法治的基本纲领，而是阶级斗争和较量的工具。这正是名义上宪法是“根

---

① 究竟以2000年还是2001年作为21世纪的“开门年”，学术界争论颇大，其中主张前者的已得到官方的支持；而主张后者的人仍不断争取其主张的地位。其中宁波大学金友博先生的争取及论证尤令人感动（参见金友博自发行刊物：《纪年研究》相关各篇）。

本大法”，实际上宪法是“无所谓法”这种怪现象的根源所在。[①] 这些事实证明，由政治家们根据其需要而设计的宪法从根本上就存在严重的问题，它只能根据权力者的意志任意剪裁，而无法反映全民的心声。过去，我们囿于阶级斗争至上论，总认为强调全民国家，全民政治，全民宪法是一种虚伪，历史进化到今天，我们应当理直气壮地高举全民宪法的旗号。然而，“全民宪法”与“统治阶级宪法”是一对不可克服的矛盾，赞同前者就必须变革后者，而肯定后者则只能牺牲前者。笔者认为，我国业已存在的多种所有制结构形式和多种经济成分在经济上出现了一种全新的格局，它已经并在不断地支持人们对民主政治的渴求，在中国农村地区出现的“竞选”现象足以证明这种要求之强烈：在不久前，那里还盛行着封闭的自然经济和保守的宗法传统，是中国专制传统最顽固的区域，仅仅20年左右的变革，却使不少地方超尘脱俗！农民的民主要求已达到这种境地，更何况受教育程度更高、接受现代文明洗礼更多的市民们呢？全民宪法需要全新的相关法理，这种法理，不应是政治家的法理，而当是法学家的法理。

也许有人会反问，法学家法理又能如何？至少自新中国成立以来前40年的法学领域，弥漫的仍只是对政治家意图的析解，甚至直到目前，法学家的此种“研究”风气并未完全消除。诚哉斯言！不过从事法学工作的人未必都能配称法学家。他们当中，有些只是政治意识形态的宣传员，有些只是现行法典法条的简单解释者。当代中国绝大多数精研法律的法学家们大都受着与西人的法律观相近的法学教育，尤其宪制观念，受西人影响更甚。这种情形的产生，并不是法学家们一相情愿的要求，而是我们所处的时代对法学家的感召。一方面，我们在培育市场，发展市场经济，并因之而使相关的规范大踏步地与世界接轨，甚至在冷战后一向被视为东西方对抗的关键领域——人权方面，我们已一扫往日的剑拔弩张、积极对抗，转而采取与西方对话与合作的态度。我国对《经济、社会和文化权利国际公约》、《公民权利与政治权利国际公约》的积极加入，表明这种对话迈出了实质性的步伐。但另一方面，与西方国家百花齐放、群星灿烂的法学盛况相比，中国古人既没有留下多少可资今用的法学思想，今人也没有独创出足以支持中国法制现代化蓬勃发展的法学理论，这迫使中国的法学家们不得不把眼睛向外。这种情形恐怕也是中

---

① 在1997年济南召开的宪法年会上，有学者指出：应当“把宪法从天上复置于地下”，不应再使其名义上高高在上，实际上可有可无。这种呼吁得到不少与会宪法学家的热烈回应。

国祖传的根底薄弱的其他学科如经济学、社会学等所共同走过的路程，甚至连祖传丰厚的一些学科领域，如文学、史学、哲学、政治学等，我们一样借取西方的分析工具去剖析和研求。可见，埋怨法学家对西人法学理论的钟情，至少大半是没有道理的。在笔者看来，正是法学家们对西方现代法律和宪制理念的关心和钟情，才为我们以法学家法理支配未来中国宪制的改革提供了机遇。可以预料，正如改革开放的前20年由具有世界眼光的经济学家们的经济思想具体地支持、指导了中国的经济改革一样，在未来中国改革成果法律化的关键时期，具有世界意识的法学家及其法理必将是支持和指导中国宪制变革与法制现代化的大脑和灵魂。[①] 那么，能支持这种变革的法学家的法理是什么呢？如下笔者将对此进行简单的特征性描述。

第一，商业主义的法理。现代法律产生于商品经济的发达，现代法理也必须因应商业主义的要求。商业主义对应着游牧主义、农耕主义。后两者更侧重于人对自然的依赖，因此，无须过多的心智创造。前者则更多地依赖于主体自己，依赖于主体的创造心智。在人际关系模式上，后两者更重血缘、亲缘的关系，而商业主义更重业缘、地缘的关系。血缘、亲缘关系原本是一种等级关系，人们只能根据其血缘、亲缘关系的远近来选择交往，并根据辈分高低构造等级。在那里，强调的是控制与服从，因此，其法理倾向只能与之相应，是一种身份化、伦理化法理。但是业缘和地缘关系却是一种平等关系，人们是根据其需求与他人交往的，而不是根据其先天身份与他人交往。人际交往的凭据是信誉，这种信誉的客观表达是契约。因此，在商业主义的社会，无信不往、失信难立。这就必然导致契约的普遍化。法学家的法理必须是时代要求的升华。商业主义的这种时代特征和人际关系模式，既是法学家法理的根基，也是法学家法理的旨归。综观商业主义的时代，大都有睿智的法学家和发达的法学。古罗马代表了古代的商品经济，相应地其商业主义的法学及群星灿烂的法学家一直泽惠至今。西欧和北美代表了近代的商品经济，相应地创造了流派纷呈的法学，并以此而支持了宪制和法治。如今，商品经济也是一种遍及世界各地的体制模式和观念范畴，因此，商业主义的法理早已溢出欧美而走向世界。这正是中国法学家所承接的时代前提和学术背景。

---

① 周永坤认为："法学家是法律现代化的大脑"（参见周永坤："法学家与法律现代化"，载《法律科学》1994年第4期）。

虽然当代中国的法学还很不尽如人意，但我国法学家们对自己与他人间的差距已有深刻的感受，法学家已经着眼于面向现实、参酌中外、独立思考。[①] 这些使中国法学家所秉持的法律理论距商业主义的本质要求并不太远，即中国法学家的法理也有越来越浓厚的商业主义色彩。

第二，"社会"主义的法理。由于世界社会主义实践的深刻影响，我们对社会主义的理解，每每站在国家的立场上，因此，所谓社会主义，实质上是国家主义，这正是近几十年来深刻影响我国法学的关键所在。为矫正此弊，郭道晖先生曾主张："中国法学要研究中国社会。要从重在'国家与法'的研究转向'社会与法'的研究。法产生于社会（生产与交换），要还归于社会。"[②]这里所谓"社会"主义的法理，正是从此意义上讲的，即这里的社会，是与国家相对应的社会，而不是由国家控制、受国家摆布的社会。社会之于国家的独立性，乃是商业主义的必然要求，这里的基本观念是：凡是社会能够自治的地方或事物，均由社会处理；只有对社会难以自治的地方或事物，才交由国家处理。可见在社会与国家两分的情形下，社会是国家的基础，而不是相反。法律也是如此，它首先是社会需求的产物，当它产生后，社会又按照私法自治与公法强制的分工原则，将私法的运行主要归于社会施行，把公法的运行主要交由国家施行。法律所表达的这种社会与国家的两分状态，正是法学家法理具有明显的"社会"主义特征的原因所在。如果说西方国家已成功地完成了社会与国家相分的历史使命的话，中国则正朝这个目标迈进。但是站在国际社会文化交流潮尖上的中国法学家，并未拘泥于社会与国家尚未分立的现状，他们正在深刻关注日渐变异的中国社会提出的法律要求，并比较世界各国法制现代化的不同经验，为中国的宪制与法治设计方案。因此，中国法学家的法理，不论其探究方法如何，但在价值旨趣上明显倾向于"社会"主义，而不是国家主义（虽然强调后者的法学家还大有人在，但笔者认为，这是一种法学多元化的可喜现象）。

第三，功利主义的法理。长期以来，我们弃功利主义如撇履，从而在法律和法学上只强调阶级和政治功利，而否定普遍的社会功利。而今，既然我们实施市场经济，其实质便是对社会主体普遍具有的功利之心的肯定。功利不仅有阶级意义上的，更有超阶级意义上的。从法律的视角

---

① 参见谢晖：《价值重建与规范选择——中国法制现代化沉思》，山东人民出版社 1998 年版，第七章。

② 郭道晖："法学三愿"，载《政治与法律》1994 年第 6 期。

看,超阶级的功利更是与商业主义、“社会”主义相对应的法律所必须关注的。从法律的价值属性讲,这种法律就是以权利(相对于权力)为本位的法律,是普遍权利化的法律;从法律的工具属性讲,这种法律是对人们多元利益的保护机制、冲突利益的调整机制和有限利益的分配机制。多元利益及利益冲突是社会分工、阶级分层和职业分化的必然结果,而利益有限更是人类面对的一个客观事实,它指的不是人类创造利益的能力的有限,而是指人类所面对的创造利益的环境和条件的有限。现代法律就是主体普遍功利的化身或规范表达。法律的这种特征突出地决定了法学家法理与政治家法理的相异:法学家更多地注重人们权利和利益的实现,而政治家更多地注重政治统治的成败,注重政治对社会管理的成效;前者着眼于权利本位,而后者着眼于权力本位;前者更重社会主体的自治,后者更重社会主体的服从。由此足见法学家法理的先进性。自20世纪80年代末期以来中国法学界围绕权利与义务、权利与权力、人权与法治等而展开的深入讨论,至少使法学家们不再回避功利,甚至功利是法学家着墨最多的问题之一。对普遍功利的这种肯定,使法学超出了阶级功利和政治功利的樊篱,更具有法学家法理的特征。

第四,世界主义的法理。当今世界各国的法律在保有其本土性的同时,也出现了明显的国际化和世界化趋势,①这是由于世界经济的一体性交换、政治的回应性对话和文化的开放性交流使然。法律及其赖以建立的社会基础的上述世界化趋向,自然要求法理的相应转型。法理作为人类对法律现象思考的结晶,在本质上属于思想文化领域。因此,所谓世界主义的法理,并不是要求法理也像法律那样具有世界的或国际的趋同性,而是要求法学家的法理必须能在开放的世界中与他人平等交流和友好对话,并进而探寻法律世界化和全球化的理性基础。这就需要剥去形形色色的意识形态对法理的遮蔽,防止政治家的法理霸权。然而,盛行于20世纪中国法坛的政治家法理事实上只是意识形态化的法理,并由此筑成了难以跨越、固若金汤的话语“城池”。此种法理,并非不可质疑,而是不能质疑;并非不可对话,而是不能对话。于是,政治家法理与其引导的法律同样取得了权力强制的属性。如前所述,这正是导致20世纪

① 孙笑侠:“论市场经济社会法的民族化与国际化”,载《杭州大学学报》(社科版)1993年第4期;李双元:“中国与当代国际社会法律趋同化问题”,载《法学评论》1994年第2期;朱景文:“关于法律全球化的几个问题”,载《法学》1998年第3期等。笔者的看法参见拙著:《价值重建与规范选择》,山东人民出版社1998年版,第3章和第6章。

中国宪制式微的原因所在。同时,在此情形下,中国法理的落后势所必然。为此,中国法学界在近20年来进行了艰苦的译介、消化和探索,终于在20世纪之末,树立起了法学家的自省精神。正是法学家的这种精神自省,换来了法学家声音在中南海的回荡,打破了政治家法理“天经地义”式的垄断,使中国法理即便在目前很难与法治发达国家的法理在同一层次对话,但至少有了同等对话的准备和可能。也许这正是中国法理朝向世界主义发展的基础,也是中国宪制变革的法理前导。

探讨了法学家法理的上述特征及其背景,并结合当代中国法学家的研究状况,人们不难看出:以法学家的法理支持中国的宪法和宪制,是我国未来在宪制改革中必须关注的问题;以法学家的法理超越并取代政治家的法理,是中国宪制的主要理论基石。

〔原载《法学评论》1999年第3期;
转摘于《高等学校文科学报文摘》1999年第4期〕

权力缺席与权力失约
——当代中国的公法漏洞及其救济

当人们因中国权力的肿胀而深深忧思时，在另一方面，权力缺席现象却是当代中国法律的明显特征。法治主义的权力观，强调国家和政府的权力皆自法出、法外无权。英国著名思想家哈林顿指出，在法治条件下，“每一个政府的基础或中心就是它的基本法律。”①英国著名法学家拉兹也认为：“法治意味着政府的全部权力必须有法律依据，必须有法律授权。”②即便因社会的进化而使适当的自由裁量权被人们普遍容忍和接受的今天，符合法律依然是权力行使的基本前提，这便是在严格规则之外，借助正当程序以控权。可见，法律是法治时代权力存在和行使的唯一根据，没有法律根据的权力行使，其本质为非法。这也正是当代中国权力行使的明显病症之一。

一、当代中国法律中的权力缺席现象及其成因

既然权力必须由法律明示或受法律制约，那么，设定权力的应有席位便是法律不可或缺的内容。在当代中国法律中，虽不乏对权力的原则性规定，尤其《宪法》对中央诸国家机关及其权力的规定，组织法根据《宪法》的相应规定，但这并不足以证明我国法律规制权力任务的完成；相反，一方面，现有法律对权力的

---

① ［英］哈林顿：《大洋国》，何新译，商务印书馆1983年版，第104页。

② 转引自张文显著：《二十世纪西方法哲学思潮研究》，法律出版社1996年版，第61页。

规制往往原则性有余而具体化不足;另一方面,现有法律对具有全局驾驭性的执政党的权力几乎未涉足;再一方面,位居我国政治和行政实践前沿的行政职能部门之职权缺乏权威法律的明细界定。这使得我国虽然制定了一系列法律,包括和公权相关的法律,但权力在法律中的明细化、可操作性之呈示远远不足。笔者将这种情形称为当代中国法律中的权力缺席现象。那么,何以立法会导致权力如此明显的缺席呢?这有多方面的因由:

首先,国家主义法律观。这是一种在人类历史上具有很大影响的法律观念。在世界之古代法律思想史上,国家主义是一种主导意识,而"社会主义"[①]则是一种例外。到了近现代,虽然民主的呐喊一浪高过一浪,但国家主义法律观依然声势浩大。在公认的西方法学三大流派中,规范法学派就秉承了国家主义的逻辑。边沁指出:"可以将法律界定为一国主权者设想或采用的一系列意志宣告,其涉及某个人或某些人在一定情形下服从的行为。这些人是或应该是受制于主权者的权力……"[②]苏联和中华人民共和国的正统法理,虽然标榜社会主义,但其本质是登峰造极的国家主义。列宁强调"法律是统治阶级意志的表现。"[③]"法律就是取得胜利并掌握国家政权的阶级的意志的表现。"[④]维辛斯基认为:"法是经国家政权制定或认可的,反映统治阶级意志的,而由国家的强制力保证其适用的行为规则(规范)的总和,其目的在于保护、巩固并发展有利于适合于统治阶级的社会关系和社会秩序。"[⑤]这种明显的国家主义法律观,一经和皇权观念深入人心的中国文化接触,便实现了深刻的内通。新中国50年法学沧桑,归根结底未摆脱国家主义法学观的左右。直到今天,虽然法学的其他内容发生了令人瞩目的变化,但法律本质论仍然经典不动,在国内近几年出版的几部影响较大的教材中,所奉尊的依然主要是国家主义法律观。[⑥] 如果说法理上盛行的国家主义法律观尚是一

---

① 既然有"多元社会主义"之实践,必然有与其相应的解释。笔者认为社会主义应是国家主义的对应物。对此笔者在未发表的《社会主义:价值与操作》一文中有专门交代。

② 转引自刘星:《法律是什么?》,广东旅游出版社1997年版,第20页。

③ 《列宁全集》(第17卷),人民出版社1990年版,第145页。

④ 《列宁全集》(第13卷),人民出版社1990年版,第304页。

⑤ 转引自张文显著:《法学基本范畴研究》,中国政法大学出版社1993年版,第34页。

⑥ 可参见沈宗灵主编:《法理学》,高等教育出版社1994年版,第26页以下;孙国华主编:《法理学》,法律出版社1995年版,第37页以下;张文显主编:《法理学》,法律出版社1997年版,第48页以下;等等。

种理论的话,那么,在实践中则将这种法律观演绎得更为淋漓尽致。由前述可见,国家主义法律观明显地具有奉权力为圭臬的特征,其结果只能导致权力支配法律,而非法律规范权力的情形。既然权力能够支配法律,则必然为权力的规范留下法律漏洞,对权力者自缚于法律的奢望,只是一种道德期待,而难以收到控权实效。要使这种期待变成政治——权力生活的现实,事实上意味着自律的大获全胜和他律的无所作为,那样,法律便成多余,权力亦无必要。可见,国家主义法律观与法治权力天然地具有对立性,国家主义法律观不去,法律中的权力缺席现象难免。

其次,暴力主义法律观。与国家主义法律观相应,在我国盛行的暴力主义法律观也是法律中权力缺席的重要致因。视法律为暴力,这是数千年中国皇权主义政治秩序的基本观念,从而形成中国古代极为独特的"法—刑一统"的法律秩序模型。在这一秩序模型中,终极的权威是操生杀予夺之权的皇帝,而法律不过是一种暴力工具。商鞅认为:"法者,宪令著于官府,赏罚必于民心,赏存乎慎法,而罚加乎奸令者也。"[①]韩非则大致持相同看法。[②] 桓宽则更为直露地强调:"法者,刑法也,所以禁强御暴也。"[③]中国古人的法律观如此,今人的法律观亦未更改多少。尤其当今中国法学深受规范法学的影响,而规范法学就奠基在对一切支配者或统治者之规范的(不论是否正义)价值肯定上。奥斯丁指出:"法律是一种责成个人或群体的命令……法律和其他命令被认为是优势者宣布的,并约束和责成劣势者。"[④]我国法学对法律暴力论的强调更是业内人士人所共知,因而无须我们更多征引之。对法律暴力的强调,必然预示着法律以强控为使命,法律运行不是出自主体之自觉,而是出自国家之暴力。以暴力治天下,必使权力强大无比,一旦法律规范了权力,则暴力的有效性便值得怀疑。因此,暴力主义法律观不需要法治权力,亦无须在法律中为权力设定固定席位。辛亥革命以来,虽然皇权主义的暴力论大体灭迹,但集团主义暴力观却无处不在。即使在今天,人民自由和权利的威胁时常还来自人民的政府、人民的法院等。可见,暴力主义法律观在中国实践中,只是置换了形式,而未更改其本质,这也使得当代中国法律的权力缺席现象难以避免。

---

① 《商君书·定法》。

② 韩非说:"法者,编著于图籍,设之于官府,而布之于百姓者也。"(《韩非子·难三》)

③ 《盐铁论·卷十》。

④ 刘星:《法律是什么?》,广东旅游出版社1997年版,第20页。

再次，管理主义法律观。20世纪80年代中期以来，随着中国经济改革和开放的发展，法律的管理功能被学者和政府日渐重视。但不少学者和几乎所有政府官员大率基于前述国家主义立场而言法律管理，因此，在管理关系中，总是把政府置于优位，而把管理相对方置于末位，从而把国家利益资源主要配置于政府。而这种配置没有明确的权威的法律划界，于是，只采取具有"阵风"效应的政策来整治明显有违民意的举措。举凡"三乱"、"公款吃喝"、"传销"、"假冒"、"黄货"等社会弊害，当人们寻求其因源时，皆可追根到实存权力的实施、支持或放任，而中央政府的反击措施，又总是借政策、指示行事，以致在实践中人们必然要质问：对政府事前的支持应否惩治？而一旦政策触及更大范围的政治影响，则政策效力尽失，权力泛滥照旧。毫无疑问，强调借助法律进行管理是社会进步的表现。然而，当人们固执地把法律管理的对象认定为民众时，只能说这是一种历史的倒退，因为这种观念，不论是在理论上还是实践上，中国古已有之。[①] 同时，这也只能导致实际居于优位的管理者去影响立法，使法律变成放任管理者，而控约被管理者的工具，这在近20年来我国的立法中屡见不鲜。对此，笔者在下一问题中将专门阐析。

最后，我国现行立法体制的弊病则是法律中权力缺席的直接致因。众所周知，在理论上和宪法上，我国将立法权交由全国人民代表大会及其常委会行使，但实践中立法权的耗散则人所共知。从法案的起草，到立法中时有所见的授权立法，使政府成了立法的实际操纵者。近几年重大立法中的问题，往往与政府插手期间相关。据闻，在《统一合同法》起草过程中，针对《技术合同法》是否保留、应否在该法中写入"合同管理机构"等事项在相关行政机关代表和学者代表之间展开了激烈的争论。行政机关当然是赞同论者，这可使其权力范围进一步延展和伸张。连一部民事立法政府也要插手，更遑论行政立法中的政府操纵了。政府插手正是导致"法官法"、"检察官法"及一系列关涉国家机关和公务人员管理的法律遭人诟病的原因。不但政府如此，甚至连专事司法的法院和检察院在事关其权力的立法时也难以持客观公正立场。这从《刑事诉讼法》的修订过程中出自法院和检察院的明显对立的文章中可以看出。上述事实旨在证明，当立法体制容忍裁判者（政府、法院、检察院等）为自己立

---

① 例如在理论上，管子主张："夫生法者，君也；守法者，臣也；法于法者，民也。"（《管子·任法》）强调："以力役法者，百姓也；以死守法者，有司也；以道变法者，君长也。"至于在法律实践上，众所周知，中国古代有发达的法律，且至少从秦至清，政府重法一以贯之。

法时，立法的必然逻辑结果是使法律有利于裁判者，其中法律中放任权力当然比规范权力更有利于上述各种裁判者。于是，法律中的权力缺席便不难想象。政府为自己立法也罢，其他权力主体为自己立法也罢，[①]都表明我国立法体制中情感道德主义的盛行，理性规则主义的匮乏。

以上论述表明：我国法律中的权力缺席现象有多方面的致因，这一现象无疑是权力制约的最大障碍，其弊祸一言以蔽之为“权力失约”。下面笔者进一步分析法律中权力缺席与权力失约的必然内通关系。

二、法律中的权力缺席与权力失约

要制约权力，须有规则所明示的权力；规则上权力的缺席，在本质上是权力的未定状态。因此，从这一层面讲，一旦在法律上权力缺席，便不存在权力失约，而只有权力无约。但由于一方面，权力之必需和其应规范均是当今世人的共同要求；另一方面，权力之实存更是人们随时可感受的现象，因此，从权力之实存这一视角探察权力缺席与权力失约间的因果关系，就有必要。那么，为何权力缺席必与权力失约相因果呢？

第一，权力缺席致使控权对象缺失。权力制约必须以刚性的、规范的权力存在为前提，而法律中权力的缺席则使权力置于弹性的、乏范的状态。所谓弹性，是指实践中的权力任由权力主体伸缩，而其伸缩的尺度，往往与权力主体利益之取丧相应。利之所在，其权力无限伸张；利之所失，而权力萎缩至无。所谓乏范，则是指权力之存在往往是一种事实，而非规范的授予。权力的弹性和乏范状态均使权力制约的对象消失，因此，控权往往是无的之矢，对实践中权力积弊的追究，也常因此而无果。

控权对象的消失在实践层面意味着权力的无所不在、无所不能，这正如专制皇权虽没有定型的法律规制但在事实上形成“权势者，人主之所独守也。”[②]“权者，君之所独制也”[③]的情形一样。为什么在我们的实践中一些官员可以为所欲为？这固不乏其品行不端等自身素质的影响，但最重要的在于法律上权力的缺席和实践中权力的膨胀。在此情形下，即使一些品行尚好的人也自觉不自觉地陷入权力的迷津：要么因过分揽权而失事，要么因蔑视权力而误事。

如果说在法律上权力到位而后控权具有制度上的合理性的话，那

① 虽然出自政府或其他权力主体之手的法律草案最终要经过全国人大或其常委会的表决程序通过，但事实上这一过程往往只具有形式象征意义。

② 《管子·七臣七主》。

③ 《商君书·修权》。

么，在权力缺席状态下的所谓控权自身具有非理性。既然权力缺席，何来控权之说？因此，它使我们诸多的控权举措有名无实，最典型者莫过于《行政诉讼法》颁布实施以来有些行政机关担心起诉而弃权不用，或者对管理相对人施加更多的挤压力量使其投鼠忌器，不敢起诉。这些事实均表明权力缺席所致的控权对象之消失对权力制约之危害。

第二，权力缺席致使权力制约丧失规范依凭。法治权力的基本要求是权力规范化，缺乏规范便无权力。郭道晖先生在谈到近代的法治时曾指出其三点基本要求："(1)任何人的权力都是来自宪法和法律；(2)任何权力都要受立法和司法的制约；(3)法律的作用既要治民，更要治吏，制约政府。"①这一方面说明法治权力必致权力的规范化；另一方面也说明权力制约和监督也需借规范实现，而权力缺席在本质上却是一种权力的非规范状态。这必致权力制约缺乏规范依凭，从而最终使权力失约。权力之缺席使权力制约的规范依凭在如下两个方面流失：

首先，政府官员视法律为公权的外在物。这集中表现在我国各级政府官吏对自身与法律关系的看法上。迄今为止，视自身与法律相关的政府公务员往往只限于所谓的一些"行政执法部门"，似乎没有这一称呼的行政机关(部门)便无执法职能，②其结果是大多数行政机关(部门)及公务人员，并不以法律为其公权行为的准则，而以上级机关(部门)或领导的指示、旨意为其行为的导向，从而使法律成为公权的外在物。这样，作为权力制约的准则在官员心目中便打了折扣。

其次，社会主体对公权主体的道德期待。毫无疑问，这种道德期待是社会民众的一种善良意愿，但其并不必然化育"青天"、造就清官。如在当今中国各种新闻媒体中，对官员的道德评价随时可闻，而对其行为的法律评价鲜有论及，但这并未使官场作风明显好转。法律中权力的缺席更使人们不以法律为测量官员行为是非的准则，于是，法律作为制约权力的准则在民众心目中当然难以确立。

当因权力缺席而致法律既未变成官员心目中权力的根据，又未成为其他主体心目中权力的准绳时，则面临一个直接后果：即权力制约之法

① 郭道晖：《民主·法制·法律意识》，人民出版社1988年版，第23页。

② 笔者给某地农业厅官员做普法报告时，曾谈到农业厅作为执法部门要严格依法办事。该厅一副厅长听后即质问："要我们依法办事，那公、检、法干什么？"有一年中央电视台"社会经纬"节目主持人就一个法律问题问来自国务院的一位嘉宾，该嘉宾答："我不是搞法律的，因此，答不上来。"这些个例均典型地表明我国政府工作人员对自身和法律之关系"疏远"的看法。

律标准的丧失,从而权力失约便成为必然。

第三,权力缺席致使权力推定有了可能。笔者认为,“权力不得推定”应是法治的一条基本原则。[①] 这一原则意味着在法治之下不应存在法外权力,但这一原则的前提是法律对国家各种权力具体的明示,否则,权力推定不可避免。权力缺席现象正好为实践中的权力推定提供了可乘之机。在我国,形形色色的地方保护主义、部门保护主义甚至企业保护主义往往借助国家法律中权力的缺席而进行。而权力一旦在实践中推定,不但使权力的膨胀、滥用、无序成为必然,更重要的在于这种现象对社会权利必不可免的冲击和侵害。事实证明,权力的肥大必然是权利的瘦小,权力的任意则更是权利的消失,权力缺席状态下的权力推定其实就是权力任意,它使社会权利成为权力任意揉搓的面团。

权力缺席之所以使权力推定成为必然,在于人类公共选择的组织化社会对权力的内在要求。美国学者奥尔森曾断言:“没有政府便没有所有权。”[②]这在一定意义上表明了政府及其权力为人们所必需。虽然任何社会皆需权力,但同时人们必须提防权力,其原因在于权力是把“双刃剑”:一方面,它对人类社会的组织化运转功不可没;另一方面,它也对人类带来了巨大灾难。诚如经济学家张曙光先生所言:“国家权力既是个人权利的保护神,又是个人权利的最大最危险的侵害者。”[③]不过相比较而言,没有权力统一协调的人类争斗往往比权力强制更残酷,这正是权力为社会所需的原因所在。但是,即使权力缺席时的权力推定具有这种人类需求的合理性,也不表明我们对权力推定的赞许;相反,不论何种权力推定,均有潜在的或现实的危险。因此,必然否定之。

权力推定的实际效果不外乎二:其一是权力推定合理。既然如此,就应为合理的权力寻求更为合理的表达方式。法律是被人类实践业已确证的权力表达的最佳方式,舍弃法律而推定权力,至少使实质合理的权力丧失了形式合理的要素。其二是权力推定非理。在此情形下,权力推定不但丧失形式合理的要素,而且本质上就无存在的理由。不论上述哪种情形,都使权力为祸于民有了可能。在前一种情形下,权力推定依

---

① 参见谢晖:《价值重建与规范选择——中国法制现代化沉思》第五章,山东人民出版社1998年版,第188页以下。

② 转引自张宇燕:“奥尔森和他的集体行动理论”,载《公共论丛》(第1卷),三联书店1995年版,第180页。

③ 张曙光:“个人权力和国家权力”,载《公共论丛》(第1卷),三联书店1995年版,第4页。

赖于贤人当道，倘贤人变昏或恶人当道，则必然转向第二种形式，从而使制度对权力的有效制约效能尽失，权力放任和滥用情形却恒在。

第四，权力缺席致使权力与责任失衡。这里所谓权力，乃指实存的而非法定的权力。在权力缺席情形下，实践中的权力往往是推定的或意定的。这势必产生权力的放任，而权力放任又意味着责任的萎缩，从而责任无法成为权力的制约力量，这便是权力与责任的失衡。从法理上讲，权力和责任作为一对对应概念，应是均衡的。权力之大小与责任之大小呈正比例关系，有一份权力，必有与之对应的一份责任，即在权力与责任间必须形成紧张关系，而不是亲合关系。只有权力与责任的均衡对应才能形成两者间的紧张关系，任何非均衡对应的权力与责任关系，只能在事实上导致两者的亲合关系。这样，权力放任则为必然，而责任萎缩势所难免。

所谓权力放任，是指权力未受制约的一种状态。在前资本主义时代，权力放任只和君权相联系，君权之下的一切权力皆受君权之制约。而现代社会的权力放任，也与集权主义思潮相伴随，凡集权主义盛行的地方，必有权力放任现象存在。当代中国的权力放任现象则有其时代特征：这便是变革社会中威权政治的相对削弱和法治政治的尚未确立这一矛盾。这对矛盾导致当今中国的权力放任不仅存在于最高权力当局身上，而且存在于各级官吏身上。就最高权力当局而言，权力放任主要表现为对重大政治事件和经济决策失误的无责任追加；就各级官吏而言，权力放任则表现为对社会事务的横加干涉和大包大揽。这种干涉既包括善意的干涉，如借种种“服务”之名把本该社会自治的事项揽入权力主体之怀；也包括恶意干涉，如所谓“三乱”现象、因权力垄断所致的交易不公现象等。

所谓责任萎缩，则是指责任对权力任意的一种无能状态，即在权力缺席情形下，实践中的权力与责任间不是一种正比关系，而是一种明显的非对应关系。责任的萎缩使权力行使者无所拘束、为所欲为，从而形成“泛权力状态”。如果要对这种权力予以制约，则要么依靠轰轰烈烈的“运动”方式，①要么凭借权力行使者个人的道德自律。事实证明，这两种方式的效果均收效甚微。

---

① 在一定意义上讲，对权力放任所导致的权力腐败的反抗是“文化大革命”的重要致因，不过其是以一种权力放任（最高领袖的权力放任）反对另一种权力放任（多元权力主体的权力放任）而已。

以上论述表明，法律中的权力缺席现象所导致的控权对象、规范依凭、责任机制等的缺失以及权力推定的实存，使权力放任成为必然，从而权力失约因于法律中权力的缺席。所以，当代中国的反腐措施宜从规范权力入手。

三、克服权力缺席与注重公法建设

克服法律中的权力缺席现象固然需要多方面的措施，尤其观念因素的克服。但众所周知，由于一方面，人们的观念具有相对稳定性，因此，克服权力缺席的观念致因是一个需要长久时日的问题；另一方面，观念改革总要借助相关实践的变革。就对权力缺席之观念致因的克服而言，必须以权力规范化的社会实践为前提，否则，观念变革的倡导便因实践措施的缺乏而流于空泛。那么，这一实践对应措施应是什么？笔者认为，首要的内容应是公法建设。①

权力与公法的必然对应是法治时代的基本事实。所谓法治权力又可具体化为以公法控制权力。虽然私法也有不可忽视的制约权力的作用，②但它在本质上是通过私法权利对权力的制约。倘公法没有明确的权力定位，那么，私法对权力的制约就无从谈起。因此，公法上的权力确定是权力制约的首要的、直接的和第一位的法律举措；而私法上的权利规定对权力制约而言则是次要的、间接的和第二位的法律举措。这就必然导出了克服权力缺席对公法建设的依赖。

自市场经济体制目标在我国确定以来，法学界对私法建设的呼声甚高，但对公法建设的呼声却相对下降。可以说，如果公法尚未规束住权力的任意，即公法尚未对权力以准确定位，那么，私法上规定再多再好的权利也是枉然。私法自治必须公权规范，放任公权则私法自治难乎其难。从这一视角不难察见，公法在克服权力缺席中的特殊意义。具体说来克服权力缺席对公法立法的必然要求及其意义是：

第一，控权的立法宗旨。如果说近现代法治的基本宗旨之一就是对国家权力的控制的话，那么，公法则肩负着实现这一宗旨的直接使命。倘若公法控权的宗旨不强或弱化，必然使权力在整体上失约。控权的立法宗旨意味着：一方面，一切公权主体的权力均是有限的。它的界限以公共选择为前提，以满足主体对社会秩序的协调为标志。在公法中权力

---

① 尽管这一实践对应措施具有多方面的分支（包括法律的、组织的和行为的等），但公法建设的关键性则毋庸置疑。

② 参见徐国栋：“民法典与权力控制”，载《法学研究》1995年第1期。

范围赋予过大，就只能导致实践中来自权力的危害。另一方面，既然公权是公共选择的产物，则公法设定公权的目的是为公益。公益之外，权力不得剩余。权力在公益之外的剩余，必致其对私益的侵犯和践踏。再一方面，公权对公益的设定，又必然意味着其对私益要求的同等保护。如果法定权力在实践中针对相同的利益可提供不同的保护，则证明公法中权力剩余的存在和控权宗旨的不明。控权之立法宗旨的确定，为公法在宏观上克服法律中的权力缺席奠定了基础。

第二，确权的立法内容。欲行控权，必先确权，没有权力的法律定位，控权便无所指。所谓确权，就是指借法律给权力及其适用范围以具体限界，用以进行这种限界的法律主要不是私法，而是公法，即凡是权力的具体规定，一般以公法规范为形式理性。倘若私法中关涉有关权力干预问题，则表明的只是私法中的公法规范，而不是说私法的使命就是确权。公法对确权的这种规范，具体意义如下：一方面，权力明示，即权力之大小、范围等，皆由公法规范具体规定，公法是权力的基本载体。有学者认为：与私权利相比，"国家权力的界限一般是不大清楚的，虽然宪法可以作出界定，但其伸缩性很大，而且具有扩张的性质和特征。"[①]笔者认为，这只是表明公法对权力的明示程度不足而已。另一方面，法外无权，即没有公法上的根据，权力的实存便应否定，因为这种实存的权力不具有合法性。即便其具有合理性，亦应通过法律程序升华为规范化权力，否则，只能在规则之外，为权力放任准备好出路。再一方面，反对权力推定。如前所述，允许权力推定，则必致权力放任，那样，法治之宗旨便荡然无存。公法上的确权就是对权力的具体化、规范化，从而为否定权力推定打下基础。可见公法上的确权，是克服权力缺席的直接法律展示。

第三，护权的立法技术。公法不但要确权，而且确权本身意味着护权。众所周知，私权利在一般情形下是可以放弃的，但公权力具有不可放弃的特点，即公权力不许虚置，必须行使。公权力的虚置现象、滥用现象等均是法律护权不力的表现，因此，与对私权利的维护一样，对公权力也有一个严肃维护的问题。一般说来，护权的基本法律技术是有关与权力相对应的责任，但这一技术侧重于对权力的制约与监控，对此，笔者将在下一问题中讨论。除此之外尚有其他护权的技术，如权力运行的条件保障、权力的威严标志、行使权力的激励措施等。这些护权的技术规范，

---

① 张曙光："个人权力和国家权力"，载《公共论丛》（第1卷），三联书店1995年版，第4页。

必须在法律上加以完善,这也是公法的重要使命之一。如果公法上完善了这些技术,那么,对权力缺席的克服便可收到实际意义;否则,即使权力缺席现象在规范上克服了,但在实践中也难以通行,其结果只能降低公法的实践效用。强化公法上的护权技术不仅可进一步克服权力缺席,而且能进一步保障权力运行之实效。

第四,约权的法律责任。如前所述,就广义而言,约权也是护权的一种。但由于它是从预防的消极角度护权的,并且在法治之下,只要法律上设定了权力,就必须在法律上设定相应的责任,责任与权力的相对应,是公法用以控权的基本机制。因此,与公权相对应的法律责任和一般护权技术相比较,就具有了特殊的意义。

任何无责任对应的法定权力,在规则上即具有剩余性和非理性,它所带来的只能是权力的放任。可见,设定与权力相对应的责任,应是公法不可或缺的内容。它的基本要求是权责相当,即权力之大小与责任之禁约程度成正比。一旦这种比例失调,则意味着公法合理性的丧失。在权责相当的前提下,才能实现借责任机制对权力的制约,才能制造一把对权力主体有所警示作用的"达摩克利斯之剑"。权责相当表明:克服权力缺席的过程,在逻辑上也是克服与权力相应的责任缺席的过程。

由以上论述可知,要克服权力腐败就必须克服权力缺席这一权力腐败的致因;而要克服权力缺席,则必须注重公法的建设。当代中国公法的非理性必致权力缺席,权力缺席又必致权力腐败,这种牢固的因果链条,正是我们反腐败所面临的关键任务之一。

〔本文原载《求是学刊》2001 年第 1 期;
转载于《法理学·法史学》2001 年第 5 期〕

论当代中国的利益分化及其法律调控

“我们已进入了一个求利的时代”。[①] 不同的利益选择成为主体的自觉行为，社会利益分化已现实地成为中国当前最大的社会问题，多元利益格局已经形成并正朝纵深方向发展。在这种情形下，对利益的合理制度安排便成为全社会的重要需求和中国可持续发展的必要制度推动。如何从宏观上把握中国的利益分化？面对这种利益分化可供我们选择的制度战略及其原则有哪些？如何调控这种利益结构的分化？这是本文拟探讨的几个问题。

一

随着市场化改革的深入发展，我国已现实地出现了利益分化格局，并且这种利益分化已形成了立体型的利益分化结构，其中区域利益分化、职业利益分化、阶层利益分化和城乡利益分化是主体利益分化结构中的四个主要分支。

从本质上讲，市场经济是以交换为目的的商品生产和以求利为目的的以商品交换为特征的经济形态。在这里，由于人们所处的区域位置不同、职业选择不同、社会身份不同等，主体在客观上所能得到的利益分配和可供享受的利益来源大相径庭；更由于主体自身的能力、兴趣等主观方面的因素，使利益分化具有客观必然性。从宏观上看，目前我国在如下诸方面已形成了深刻的利益分化：

---

① 参见《探索与争鸣》1994 年各期中桑玉成先生的文章。

第一,区域利益分化。我国是一个具有960万余平方公里领土和300余万平方公里领海的国家,也是一个拥有世界1/5人口和拥有文化传统有别、生活方式多样的56个民族的国家。如此广袤的领土(领海)和如此众多的人民,不存在利益分化是不可能的。尤其在改革开放以来,随着梯度开发战略的推进,东部地区占尽地利和智力之优,迅速发展起来,成为亚太乃至世界经济的增长极;中部地区在东部地区的示范和带动下,由于劳动力的输出及其本身素质的提高,也有了相当程度的发展,但在中国省际经济的排序上,中部省区仍无法望东部省市之项背;而拥有广袤土地和丰富资源的西部地区,经济发展举步维艰,不少地方职工的工资长期无法兑现,劳力资本大量闲置,大量的资源开发后被廉价地输入东部,这样,便形成了深刻的区域利益分化。在这一分化中,还内在地含有地区利益分化。

第二,职业利益分化。市场经济是一种以社会分工为前提的经济。但是,在现实生活中,由于受市场供求关系的左右,不同职业间不可能具有均等的获利机会。一般地讲,在市场经济的诸多环节中,越是接近交易(换)环节的职业,获利的机会越大、风险亦越大;相反,越是远离交易(换)环节的职业,获利机会越小,但风险不一定相应地小;至于纯粹从事知识基础产业的脑力劳动者,由于其产品的价值交换周期极长,因此,很可能在该职业者的有生之年也享受不到其产品营利的乐趣,至多只是一种无法量化的精神利益的享有。这样,职业利益的分化亦是一种客观的无法避免的现象。可以说,职业利益在我国的分化是最具有广泛性的利益分化,金融、医务、会计、律师等职业已被人们称为中国的"白领阶层",而教育工作者,国有企业的一般"工薪族"以及大部分农民,则是社会的最低收入者。这种职业利益分化的积极表征是人们因市场需求而随时调整工业生产和其他社会产业,其消极表征则是大量的高素质知识生产者远离知识生产场所,而从事物质生产者的助手工作。

第三,阶层利益分化。市场经济又是一种发展经济。要发展必然意味着对平均主义的打破,从而导致人们经济收入的不均衡。人们经济收入的差距必然会导致不同经济阶层的出现。同职业利益分化一样,阶层利益分化也是一种具有广泛性的利益分化,并且它渗透于不同的地区和职业,既存在于城市,也分化于乡村。阶层利益的分化不只具有经济意义,而且很容易导致一定的政治结果。因此,它与前述区域利益分化和后述城乡利益分化一样,具有强烈的政治性。阶层利益分化的积极表现是不少地方出现了一部分人富起来之后自觉地实行先富帮后富的景象，其消极表现则是无数“款爷”、“款姐”们一掷千金、纸醉金迷的生活方式给社会带来了腐化和毒化效应。

第四，城乡利益分化。市场经济也是具有城市“情结”和城市倾向性的经济。城市物盛人多，获利资源丰厚，资金、技术、知识、物资、信息等均源源不断地从乡村流向城市，唯一难以自由流向城市的是农村劳动力。由于城乡隔离的户籍制度仍然是中国的一项重要制度，因此，出生于城市或有机会生活于城市就先天地是一种巨大的获利资本，而出生于农村者则无可奈何地与城市人无法同时获得等量的获利机会。虽然在东南沿海的个别地区出现了城乡倒挂的收入格局，但以这种个案来替代整个中国城乡的利益分化，显然是缺乏说服力的。城乡之利益分化还在继续扩大，城乡利益分化虽然在当下有利于聚集城市资本，以便扩大再生产，但从长远看，这是一种明显违背市场经济要求的利益分化格局，尤其我们对其所采取的对策（城乡隔离的户籍制度）更是一种市场经济的反动物。

上述利益分化的 4 个方面，形成了当代中国利益分化的宏观立体结构，它们之间既具有独立性，也具有交叉性。针对这种利益分化结构，设定必要的法制调节战略是当下我国的迫切要求。

二

虽然利益分化是市场经济条件下不可避免的现象，但这绝不是我们放任利益分化的理由；相反，对利益分化进行有效的法律调控，是使其朝良性方向发展的客观要求。在利益分化的法律调控中，可供选择的调控战略不是单方面的，这就需要我们从中选择最优的战略。笔者认为，鼓励竞争、承认分化、倡导多元是对利益分化进行调控的必要法律战略。

是使利益分化还是使利益整合？是使利益多元化还是使利益一元化？这是对利益分化进行法律调控战略的核心问题。由于受平均主义思想传统的长期影响，尤其受近几十年来所推行的计划经济体制的影响，人们在观念上把利益分化当做一种危险的和违反公理的现象。大量的利益分化现象并没有得到公众心理的支持，反而把它看做“世道混乱”的结果。于是，我们在战略选择上往往瞻前顾后，有些具有法令性质的政策措施的出台，既扼制了利益分化的发展，同时亦削弱了经济的增长，使经济发展呈现出大起大落的局面。这提示我们必须审慎地选择利益分化的法律调节机制，否则，要么使利益分化衍变为利益的对立，从而抑制社会整体利益的增长；要么重蹈利益平均主义之覆辙，这同样也抑制社会整体利益之增长。

现代法律的主旨之一便是平衡社会主体的利益关系，诚如利益法学的创始人赫克所强调的那样，“立法者必须保护利益，他要平衡相互竞争的生活利益”。[①] 在赫克看来，利益的保护机制就是平衡，问题在于平衡的基点是什么？是通过法律鼓励利益竞争，还是限制它？是承认利益分化还是否定它？是倡导利益多元还是强使利益一元？在这里，不论鼓励、承认、倡导，还是限制、否定、强制，都具有利益平衡的功能，但具体到平衡结果，则大相径庭。前者一般地是一种增长或发展中的平衡，后者却是一种停滞甚至倒退中的平衡，因此，关键尚不在于是否要平衡利益分化（或冲突），而在于如何平衡这种分化。

基于如上论述，笔者认为，对我国目前出现的利益分化现象，一般不宜采取法律限制的对策，而应在法律上采取鼓励竞争、承认分化、倡导多元的战略。具体说来，采取这种法律策略的根据是：

第一，既然利益分化是市场经济发展的一种必然现象，是市场经济发展的规律，那么，在法律上必须反映和记载它，而不应扼制和否定它。一个国家的法律只有准确地反映社会和经济发展的客观规律，才能推动社会经济的发展。逆规律而动的法律，不但收不到积极的社会作用，反而只能导致消极的社会后果，这在历史上是绝不鲜见的。例如，《德国民法典》公开对业已存在的社会团体（包括经济团体）通过法人化的制度安排，创生了一种被人们喻为近现代经济发展两大车轮之一的法人制度（另一“车轮”是蒸汽机的发明）。[②] 这种制度安排显然是建立在对客观规律之确认和保护基础上的，它极大地刺激了人们的利益追求，促进了经济的快速发展；相反，我国在“文化大革命”期间盛行的“斗私批修”，将“私”拔到了政治必须否定的境地，结果严重抑制了人们对利益的追求。可见，通过法律对利益分化的保护，是顺乎市场经济之发展规律的必然要求。

第二，利益分化作为一种经济和社会发展的必要条件，也必须对其在法律上采取鼓励、承认和倡导的战略。市场经济发展的实践表明，利益分化与经济增长之间具有内在的必然联系。市场经济是以分工为前提的，人类的分工生产其实就是利益分化的标志。如果说没有分工就没

① 转引自张文显：《当代西方法学思潮》，辽宁人民出版社1988年版，第77页。

② 孙皓晖：“论法制在改革开放中的作用”，载《西北政法学院学报》1994年第4期。

有市场经济的话,那么,同样可以说没有利益分化就没有市场经济。利益分化之所以能导致经济的发展,有两个原因:其一是因分工所形成的各利益主体能在分工岗位上一心一用,充分发挥其才智和潜能,提高劳动效率,增加财富积累;其二是各利益主体因分工生产并通过交换而获得了巨大的利益,这必然调动其创造欲望,促进其求利行为,为社会财富的进一步积累而奋斗。当代中国正处于以经济建设为中心的时代,在这里,求利意识不论从社会而言,还是自个人而言,都是十分正常的,发展过程中的利益分化也是必然的。当发展成为中国真正重新崛起于世界的必要途径时,利益分化也相应地成为中国实现这一目标的途径。因此,对与中国发展主题紧密相关的利益分化现象,在法律上采取人为的限制显然是不恰当的。只要利益分化是合理的,有利于从整体上带动生产力发展的,则在法律上必须对其采取保护战略。

第三,利益分化对政治民主和文化多元的促进作用也要求在法律上对其采取鼓励、保护和倡导的战略。利益分化,不仅是促进经济发展的动因,而且也是推动政治民主和文化多元的动因。在一个利益一元单一,或通过个别人的任意对人们的利益进行强制整合的社会里,不但经济发展受其严重桎梏,而且政治民主和文化多元在那里也没有催生的因素。民主政治和多元文化不论从其产生看,还是从其发展看,都是利益多元化和分化的结果,而不是相反。因为利益分化,所有人都取得了主体资格和地位,因为所有人都具有主体资格和地位,他们才普遍地有了发表意见的自由、思想行动的自由、择业劳动的自由,从而打破了那种因人身依附所造成的人格依附和依附者对被依附者的利益"同构"。主体因利益分化所导致的普遍的自由、自主,必然会形成多层面的文化要求,从而文化多元与利益分化不可分割;同时,主体多元共存的社会要求也需要对其在政治上采取使其共存和协调的对策,这种对策就是民主政治。我国在发展市场经济的同时,也在谋求建设高度的民主政治和发达的精神文明,没有利益分化和利益多元化的促动,要实现这些目标是不可想象的。现代法律已经调整着社会关系的方方面面,这也是民主政治和多元文化得以生存的内在要求。可见,利益分化对民主政治和多元文化的促进,要求法律对利益分化的调节必须采取鼓励、承认和倡导的战略。

第四,利益分化对法治文明的促动功能亦要求法律在调节利益分化时应采取鼓励、承认和倡导的战略。现代法律是利益分化的产物,利益分化既意味着不同利益主体间的协作，亦意味着不同利益主体间的矛盾乃至对抗，这内在地蕴涵了利益分化与法律发展间必然的联系。在依然奉行刀耕火种的原始山寨里，在纯粹靠家长权威协调家庭成员间关系的家庭里，法律的作用微乎其微，传统道德的力量早已把一切关系安排妥当，其原因何在？一言以蔽之，在于其利益同构性。这与利益分化的社会中对法律的强烈要求适成对照。比较我国奉行计划经济和实行市场经济这两个不同时期对法律的完全不同的两种态度，我们也可以得出同样的结论：计划经济的利益一元性（虽然是人为的）必然排斥法律的作用，而市场经济的利益多元性必然需要法律保护和协调。总之，利益分化是法律发达的根据。健全法制，走向法治之路必然意味着法律对利益分化的保护和协调。

三

在确定了上述总体战略之后，针对利益分化的不同情形设定具体的法律调节原则就成为必须。由于利益分化的极其复杂性，因此，不同利益需求和社会关系需要不同的法律调节原则，这使得利益分化的法律调节原则成为一个有机的体系。具体论述如下：

（一）社会公平原则

利益分化的时代必然是竞争的时代。只有保持竞争，才有利益分化，因此，在法律上应对竞争的利益主体和利益关系采取机会公平的调节原则。公平是古今中外的人们所共同追求的一项社会价值，但人们对于公平所赋予的含义却大相径庭。最常见的公平观是“分配正义”的公平观，这种公平将“实质公平”——结果公平当做公平的根本旨归。马克思曾赋予理想社会的公平含义，就是“各尽所能，按需分配？”[①]的结果公平。可以说绝大多数伟大的思想家对结果公平都情有独钟。与此相对的公平观则是建立在“交换正义”基础上的公平，这种公平将“形式”公平——机会公平当做公平的根本旨归。[②] 在不少思想家的观念中，机会公平是一种无可奈何的、等而下之的公平，如以一部《正义论》而闻名天下的罗尔斯先生就曾指出：“机会的平等仅意味着一种较不利者在个人对实力和社会地位的追求中落伍的平等机会。”[③]笔者认为，第一，结果平

① 《马克思恩格斯全集》（第19卷），人民出版社1965年版，第22页。

② 应指出的是：从机会平等之法律宣告看，它也体现的是“分配正义”，但从机会平等的实际享有和运用看，它所体现的则是“交换正义”。

③ ［美］约翰·罗尔斯：《正义论》，何怀宏译，中国社会科学出版社1988年版，第101页。

等的公平观以物的平等为公平的参照,因此,它应被"还原"为形式平等;而机会公平观则以人(主体)的平等为参照,因此,对这种公平应"更名"为实质公平。第二,强调结果公平是以主体的利益同构为背景的,当然利益同构的内容却截然有别——既有人身依附式的利益同构,也有马克思所设想的那种理想社会中的利益同构。不论如何,只要有利益同构,就有结果公平存在的合理性。但在市场经济这种利益必然分化的资源配置和经济运作机制下,则必须强调结果公平。因此,笔者主张在利益分化的法律调节原则上,首先应贯彻主体利益竞争之机会公平原则。事实上,各国法律中关于"公民在法律上一律平等"的宣告,正是机会公平的宣告,而不是结果公平的宣告。

(二)社会效率原则

如果说机会公平原则体现的是法律在利益分化面前的平等和正义问题的话,那么,社会效益原则是指法律在调整利益分化时要深刻体现对全社会的效益性。前者是一个质的原则,后者是一个量的原则。长期以来,平等与效率被视为一个具有根本性的伦理冲突。① 这是由于人们把平等的视角倾向于结果平等之故。倘从机会公平而言,它预示着结果的必要的乃至必然的不平等。因此,强调机会公平原则,事实上即意味着对社会效益(其中必然包含效率)原则的呼唤。任何个体利益的最大实现必须以社会宏观利益结构的最佳比例为保障。当法律对人们利益的实现和保障社会利益的最大化越来越具有必要性和前提性时,大量的经济学家和法学家们不约而同地注目于法律的研究。在社会法学、规范法学、功利法学等法学流派中已经表现出对法律调整之效益的深刻关注,如庞德认为,法的任务和职能就是通过"调整关系和安排行为的各种方式,使其在最少的阻碍和浪费的情况下给予整个利益方案以最大的效果。"②而在美国异军突起的经济分析法学,更标志着法律利益问题成为经济学和法学研究的共同主题之一。今天在我国有大量的法学家关注市场经济的法律研究,其目的是为市场经济运行作出成本最小、收益最大、效益最佳的制度(法律)安排。强调社会效益原则的内在根据在于近、现代以来法律与经济发展越来越密切的关联上,也在于法律与人们

---

① 参见[美]阿瑟·奥肯:《平等与效率——重大的权衡》,王忠民、黄清译,四川人民出版社1988年版。

② [美]庞德:《通过法律的社会控制,法律的任务》,沈宗灵译,商务印书馆1984年版,第71页。

利益实现的息息相关上。一种不计成本的制度安排,既不可能使收益最大化,也不可能确保主体之利益需求。因此,我国在设定关于利益调节的制度(法律)安排时,必须以法律能给社会以最大利益为原则,要以法律成本的最小化和其运行时收益的最大化为原则。

(三)国家(或社会)救济原则

这是对特殊利益主体所采取的一项法律调节原则,如我国实施的希望工程、对各种灾区公民捐钱捐物的措施等。从表面上看,这是一种具有结果意义的公平,但在实质上,它也内含着深刻的机会公平。在现实生活中,谁能保障自己的利益不受自然灾害或人为原因的侵害?既然不能,便会现实地要求法律采取必要的救济措施,对主体的利益损失予以补偿,或对弱者予以救济。其根据有二:一是根据契约(合同)予以救济,如保险法律所规定的保险险情出现时依据保险合同给予险情受害人(投保人)赔偿的制度等。二是根据良心(人类普遍的同情心)所采取的法律救济,如前述希望工程(应该在法律上采取信托方式),又如社会福利法规定的福利制度、先富者帮带穷困者脱贫致富(实践中大多以法定的联营方式进行)的制度等均属此类。国家(或社会)救济原则既是对利益竞争之机会公平原则的重要补充,也是享受机会公平的内在要求。

(四)政策倾斜原则

这是指对于和国计民生或国家发展有重大关系的产业、行业、职业、地区以及具有特殊贡献的个人等所采取的一项法律调节原则。改革开放以来,国家首先制定了对东南沿海地区的倾斜政策,这极大地吸引了境内外的投资者,也激发了这一地区公民追求发展的积极性,从而使该地区成为当今世界经济的增长极。在我国的"九五"计划和"2010年远景规划"中,我们已将政策倾斜到西部地区的开发和发展上(虽然目前看来这在实践中是一种十分有限的倾斜);又如目前对国有大型企业的政策倾斜、对外资企业的政策倾斜等。虽然在实践中我们已大量采取了各种倾斜政策,并且也收到了应有的成效,但从法律上讲,这些倾斜政策无论从其制定的程序还是实体上都缺乏根据(对"三资企业"的政策倾斜算是一个例外。它是一种基于法律的倾斜,但从长远看,它明显是不合理性的,因此,宜用国民待遇原则取而代之)。于是,对这种政策倾斜设定必要的法律程序和实体条件,就显得十分迫切。政策倾斜原则在利益分化的法律调节上是必要的,其基本根据有二:一是我国作为一个庞大的发展中国家在发展过程中必然存在的不平衡性。这种情形决定了在经济起步战略上必须刺激部分人、部分地区先富起来，以积累资本，并以此为基础谋划全国的发展，然后再向其他地区和其他人予以政策倾斜，使社会和经济发展最终实现一定的均衡性，以避免利益激化和利益对抗。二是主体需求与资源供应间必然会出现不平衡性。由于不同资源（包括人造的商品）的稀缺程度不同，可再生的资源可以源源不断地供给人们所需，而不可再生的资源则严重地供不应求。为此，在法律上允许对稀缺资源采取政策倾斜原则，是摆脱这种供不应求状态的必要手段。政策倾斜原则在一定程度上讲是对机会公平原则的否定，同时也不具有结果公平的含义。从此意义上讲，它不是一条对利益分化进行公平调节的法律原则，而是有关利益发展的法律调节原则。

（五）特殊优先原则

这是指在利益多元竞争中对于那些因国家或社会需要而远离实物竞争岗位的利益主体的法律调节原则。这里的优先是指国家或社会在利益调节中首先要满足这些主体的利益需求。在社会分工中，并不是所有的主体都直接从事物质生产，获取物质收益。大量从事基础研究的专家学者、从事国家管理的政府官员和公务员虽然也付出了艰辛的劳动，但其直接所获只是精神性的或者公共管理性的，而不是物质性的。其转化为物质的过程是很难被人们察觉的，因此，具有不可计量性。这样，要让他们以这些职业进行合法的利益竞争，获取直接物质享受就是极为困难的。不会有商人与康德黑格尔的哲学思想去交换（除非交换其名声，但往往只能在其身后）。因此，对于这些特殊岗位上的利益群体，在法律上必须设定特殊优先原则予以保护，给他们给付高工资是这一原则的现实表现。特殊优先原则也是一种政策倾斜，但又不同于后者。政策倾斜原则是阶段性的，而特殊优先原则却具有一贯性，即只要社会处在以市场经济为引导的利益分化时代，那么对类似前述行业中的利益主体必须在法律上一以贯之地采取特殊优先原则。从本质上讲，特殊优先原则是一项体现“分配正义”的原则，而不是体现“交换正义”的原则，因此，它是对机会平等原则的重要补正。

（六）强令限制原则

这是指对于那些具有明显的不合理或不合法的利益追求所取的一项法律调节原则。众所周知，追求相对的最大利益是人类的天性，也是市场经济和自由竞争的本质要求。但在现实的利益追求中，并不是人们都能采取合理、合法的手段去谋取利益。由于利用权力、色相、名声等

“资源”或借助欺骗、盗窃、抢劫等手段，在市场失灵、法律也失灵的情况下，可以使获利的“成本”大大减少，因此，不法之徒们用贪污、卖淫、诈骗、盗窃等手段而在利益角逐中粉墨登场，也是难以避免的事。对此，必须在法律上采取强令限制的原则。具体手段既有刑事惩罚，又有民事、经济制裁。对非法利益追求的强令限制，便是对合法利益竞争的有效保护。经济刑法、反不正当竞争法等正是对那些犯罪的、违法的或明显不合理的利益获取方式的强令限制规定。强令限制原则是对前述诸项原则的保障机制。没有这种保障，前述诸原则在实践中也许会荡然无存。

〔本文主要内容发表于《法学》1998 年第 1 期〕

立法超前·法商互渗·社会平衡

——与周林彬先生商榷

在最近几年我国的法学研究中，以往未曾被学人们重视的经济学研究方法被逐渐引入，从而使法学研究呈现出更为繁荣的气象。然而，同任何开拓者的不成熟一样，经济学方法运用于法学领域，也有这一特征。近读周林彬先生的《市场经济立法的成本效益分析》(载《中国法学》1995 年第 1 期，以下简称《分析》)一文，在印象颇深的诸多富有创意的文字之外，也收获了一些应当加以探讨的问题，现予提出，以为商榷。

一

不论从哪种角度分析，市场经济立法均应超前于市场交易活动，民法也罢、商法也罢、经济法也罢，均应如此。在立法与市场交易的关系上，不应存在民法超前，商法同步，经济法滞后的逻辑结论。这种结论只适用于市场经济之法律内容与法律调节过程上。

《分析》一文在分别对民法、商法和经济法等市场经济立法的经济学基础依据成本—效益原则进行分析的前提下，得出了如下结论："我国民事立法应超前于市场交易活动进行"，其原因是"民法可以作为配置资源的互补形式"；"我国商事立法应与市场交易活动同步进行"，因为"商法是市场配置资源的替代形式"；而"经济法应该滞后于市场经济及相关的民法、商法，进行立法"，因为"经济法是市场配置资源的补充形式"。

如上结论,是《分析》一文中的核心观点之一。笔者则认为,对于市场经济立法而言,任何法律的制定,只有超前于市场交易活动,才是上策;同步于市场交易活动,乃为中策;而滞后于市场交易活动,实为下策。

从立法学上讲,所谓立法,是立法主体依据对社会关系的现实观察和科学预测而设定并建构规则的活动,其目的至少是实现对现行的社会关系以及在法律未来实存期间的社会关系加以规范化调整和条理化的整合。任何立法都是一种具有预期性的活动,因此,从成本—效益的关系分析,只有市场经济立法超前于市场经济关系(市场交易活动)时,效益才能大于成本,才能既产生经济学意义上的效率,又产生社会学意义上的效率;反之,当其滞后于市场经济关系或部分超前、部分滞后于市场经济关系时,只能引致对社会关系调节的失衡。在我国市场经济的实践中,不仅因为民事法律滞后而导致了诸多挫折,而且因为经济法律滞后出现了种种失控。大量假冒伪劣商品的出现,无数不正当竞争行为的上演,欺行霸市现象的加剧,宏观经济运行的失控……表明我国经济法对市场交易活动的滞后已付出了难以估价的资产成本和社会成本,也流失了难以估量的资本效益和社会效益。

从经济学上讲,市场失灵其实是市场与生俱来的现象,因此,在效益上,与市场交易互补的民事立法固然要超前于市场交易活动,但健全企业制度的商法和设定国家干预的经济法在立法上却不应同步于或滞后于市场交易活动;否则,市场失灵现象得不到及时补救,而一旦到非补救不可的时候再强调商法或经济法的制定,则国家和社会为此付出的实际成本必然增大了立法的成本额,从而使其他比较效益亦相应下降。

从法律的作用机制讲,正如市场经济是一个整体一样,调整市场经济关系的法律也应是一个有机的整体。不论以市场方式调整市场经济关系的民法和商法,还是以非市场方式调整市场经济关系的经济法,[①]其对象和最终宗旨却是统一的。因此,市场经济诸法律(民法、商法、经济法)其实是一个作用互补的法律体系,强调任何一个方面在立法上之于市场经济关系的滞后性,都会对其互补关系造成损害,甚至带来不可估量的成本支出。若市场失灵时,经济法干预的滞后,不但使民商法的调整效益大大降低,而且会在一定程度上影响主体对民商法乃至整个法律的信心,从而必然增大调适这种心理的立法和执法的成本,相应地也降

① 经济法的调整是非市场方式的,但当其一旦渗入市场肌体中时,则成为市场交易活动的有机内容,而不是额外机制。

低了立法及法律运行的比较效益。

可见,市场经济诸法律在立法上不应存在“超前”、“同步”和“滞后”的分野,理想的市场经济立法是使诸法律均“超前”于市场交易活动。

回过头来思考,如果将《分析》一文的上述结论设定在市场经济诸法律的内容和运作过程上,笔者认为是比较恰当的,即在市场经济法律的内容设定和运作过程设定上,民法之内容与运作过程应超前于市场交易活动;商法的内容与运作过程应同步于市场交易活动;经济法之内容与运作过程应滞后于市场交易活动。只有这样,才能强化实践中市场经济诸法律的互补效应,既降低立法成本,亦降低市场交易成本。然而应特别予以注意的是:**市场经济诸法律的内容和运作方式不是市场经济立法**,前者只是市场经济立法活动的产物。只有在立法上前述诸法律均超前于市场交易活动时,才能实现诸法律在内容和运作过程中的先后互补,不但降低执法成本,而且也相应地降低立法成本,提高立法效益。

二

与民法一样,商法只是市场主体配置资源的规则前提和规范形式。商法既不可能独自完成资源配置,因而也不可能替代市场配置资源的功能。其价值只有在渗入于市场机制中时,才能协调商事主体关系,配置市场资源,使市场经济关系有章可循、有理可宗,也使市场交易与法律交易活动节约成本,增加效益。

《分析》一文在以市场成本与效益分析方法对商法与市场交易活动关系的分析中认为:“……集中反映交易主体内部交易规则的公司法及相关内容的其他商法规范(尤其是商事组织法),作为市场机制法制规范,这一命题的正确性在于,商法是市场配置资源的替代形式。其替代的含义在于,商法有关市场主体内部交易的法律方法和市场方法在发挥资源的配置效用方面,可以互相替代。如同出租汽车和公共汽车在发挥交通工具效用方面可以相互替代这一市场经济学定理一样的道理,健全的商法机制在一定条件下可以起到市场机制配置资源的同样作用。”

笔者认为,这一结论的提出,只是基于古典经济学所谓“看不见的手”的理论。在那里,市场机制被赋予了单纯以价格机制配置资源的意义,因此,法律与市场间基本上是一种脱节的关系。虽然,民法之于古典经济学的市场理论具有一定相容性,[①]但商法、经济法等则与这种理论完

---

① 这是由于产权关系是交易的前提,从而也是价格机制生成的基础。在一定意义上讲,价格机制与产权机制之间具有互生性。

全排斥。在亚当·斯密的设想中,政府只能充当守夜人的角色。事实上,这种理论是与当时比较简单的市场经济模式相适应的。

然而,市场经济却是一个不断发展的过程。昔日只有价格机制发挥作用的市场经济在工业革命的强劲推动下,不仅发生了模式上的转换,而且生发出了异于价格机制的市场经济新机理。如《分析》文所谓"严格意义上的市场机制,除了价格机制,还须包括产权机制,企业机制,政府干预机制"等,这就是现代市场经济。应当说,在现代市场经济模式下,上述机制均是其题中应有之义,并且诸机制间有机互渗,使现代市场经济与工业革命前的经济有了本质上的区别。在此情况下,不论对以企业内部交易关系为调节对象的商法,还是对以调整政府宏观干预关系为调节对象的经济法,都不能视为市场手段之外的纯粹的非市场手段,而应视为市场需求的两种法律表达。尤其对前者,更不能硬性地割裂、排除出市场机制,使其"替代"市场配置资源的功能。因为公司等商事组织是现代市场经济最主要的主体,对商事组织内部的资源配置是市场配置资源的有机构成,商法只提供了市场配置商事组织内部资源的规范,但并不能代替市场对商事组织内部资源的配置。即使政府,也不再仅是市场经济以外的"守夜人",而是市场经济的总管家,因此,学者们正在关注政府对市场经济的适应性或者干脆构想设立市场化政府!

与现代市场经济相适应,一些经济学家,如克莱布利斯(Guido Calebresi)、科斯(Ronald Coase)、艾尔奇恩(Armen Alchian)等将经济分析方法独特地运用于法学领域,创造了经济学与法学联姻的新结晶——法律经济学。其目的是通过对法律之成本与效率关系的实证分析,以研究法律对主体行为选择的约控和激励效应,并使这种约束和激励的目的导向节约立法和法律运作成本,促进立法和法律运作的社会效率。

借用法律经济学的方法分析,则商法之于市场经济只是通过其独特的规范调节功能而节约市场交易成本,增加市场交易的效率。要使现代市场经济的主要主体——商事组织的活力得以激发,必须在其肌体内注入商法激素。在此,商法与民法之于市场经济的关系本质并没有多少改变,它们都是规范化市场经济的必要要素,①只是其作用范围不同罢了:

① 规范化是现代市场经济的总体象征,也是主体在对市场规律理性把握之后主动适应它的图式,因此,规范化不是现代市场经济的"异己物",而是其"本性物"。

民法主要作用于主体的外部交易活动，即调整“主体间”的交易关系，它引导主体在外部交易中降低成本，增加效益；而商法主要作用于主体内部的交易活动，即调整“主体内”的交易关系，使主体在内部管理活动中节约成本，增加效益。①

总之，现代市场机制内涵的多样性，决定了法律渗入市场机制的内容、范围、方式的多样性。在另一层意义上讲，法律是协调现代市场经济内部诸机制的权威规则。因此，对于渗入市场机制中的任何法律都不应视为市场的异己，而应视为市场的应有机理，是现代市场经济运作的规范构成要素。这正是我们经常所谓“市场经济是规范经济”或“法治经济”的本意所在。对市场与法律两者的抽象和分析只可用作学理研究，但这一学理研究的结果只能有利于两者的互补与融合，而不能有害于其间互补与融合，更不是导致两者的生硬割裂。唯此，在立法和法律中才能产生出对市场的成本—效益关系，也才能节约立法成本，增加立法效益。

三

在法学研究（包括立法研究）中引入成本—效益分析方法是非常重要的，但法律与生俱来的社会性要求我们必须关注法律对社会的平衡效益。纵然在以求利为目标的市场关系中，法律的功能只能是对全社会的，而不是片面地作用于某一或某些主体的。因此，市场经济立法成本是对所有参与者而言的，而不是对特定主体而言的。市场经济立法效益照例如此。

《分析》一文认为，因为民法和商法对市场主体自主交易的促进性，市场主体容易主动地适用民商法，并将民商法的实施成本（外在成本）“内部化”。但“经济法所体现的交易规则因注意政府对交易活动的控制能力，而不是被市场主体的接受，由此提高了经济法的执法成本，而且这种成本也不易被市场主体考虑在其生产经营成本之中，因此有关经济法规的执行监督成本，往往由执法者自为负担”，即经济法执行的外在成本不易被市场主体“内部化”。这是该文主张经济立法应滞后于市场经济关系，以节约立法成本的根据。

笔者认为，对市场经济立法这种宏观的国家活动进行微观的经济上

---

① 至于经济法，诚如《分析》文所言，它是市场机制的补充形式。并且具有非市场因素，但值得注意的是，这种补充形式一旦适用，则应有机地融合于市场体制之内，而不应游离于市场体制之外。

的成本—效益分析是十分必要的,但这种微观分析的旨趣在于证成市场经济立法的宏观效益性;否则,所得出的成本与效益的结论则是片面的。

就民商法而言,由于其对市场主体营利偏好的适应性而易于导致其主动应用。对这种外在成本的主动付出意味着市场主体欲以之获取更高额的利润,并且在法制健全的前提下一般也能导致这一效应。然而,民商法不能有效地克服垄断;相反,在平等互利、诚实信用和安全便利的原则下,民商法只能是市场主体垄断的支持力量。一旦垄断形成,则对垄断者来说,高额利润会源源不断,而对消费者和其他中小经营者而言,则是消费成本和经济成本的不断上扬;对国家和社会整体利益而言,垄断所致的不仅是经济效益的不断缩小,甚至负值化,而且增加了国家和社会防止动乱产生或应付动乱的"政治成本"和"社会成本"。可见,民商法虽然易于导致市场主体的自觉认从,并将其实施成本"内部化",从而节约国家的"立法成本",然而,如果一味站在国家主义的立场上,则只能导致结论的片面性。当以这种结论指导实践时,又会引发社会整体高昂的成本支出和微弱的效率获取。

就经济法而言,虽然因政府在其间的强制作用而减弱了市场主体对执行经济法成本"内部化"的主动性,从而提高了执法成本,这在国家主义立场而言,确实是极不利的事,并且也会抑制个别市场主体的主动性和积极性。然而,一方面,站在"社会"主义立场观视,国家执法成本的增大,可以维护公平竞争的市场秩序,最终提高整个社会生产率,实现社会综合效率的提高,从而也创造出国家收益(税收)增大的前提,使执法费用在国家收益增长的基础上增大。另一方面,对于个别甚至大多数市场主体之主动性和积极性的抑制,只是为了实现整体的或长远的平衡效益。如果没有这种举措而使生产陷于停顿时,效益亦便失去。再一方面,市场主体是由消费者和生产者共同构成的。当卖方市场形成时,虽然拉大了其效益对成本的比值,但会使消费者的消费成本上扬,而收益下降;反之,当买方市场形成时,虽节约了消费者消费成本,但却抑制了生产者的生产热情。对此,市场供求机制一般地能予以解决,但并不总是能够解决。人们不会忘记,曾对西方国家具有致命影响的周期性的经济危机,不但导致了西方国家自身在经济上的重重困难,而且给全人类带来了如"二战"那样的灾难。可见,平衡买卖双方关系,使卖方肯事生产,买者愿意消费便是社会平衡成本降低和综合效益提高的关键。"罗斯福新政"和凯恩斯经济学为解决这一问题提供了卓越的实践模式和理论方案。虽然,其非至善至美的,但其运用已有效克服了“二战”前资本主义经济的周期性危机。对此,“反托拉斯法”等一系列经济性的法律起到了比民商法更大的作用。

应特别指出的是,今天,政府行为渗透于市场活动已是世界性的趋势,以至于国家成为无人匹敌的现代市场主体,只不过各个国家的政府作用于市场经济运行的方式不同罢了。在我国这样一个具有悠久历史和浓厚国家主义传统的国度,离开政府巨大的作用是无法实现市场化之路的,这已是国内外公认的结论。而政府在纯粹的民商法框架下也难以作用于市场经济,只有通过经济法,政府才能将其力量渗入到市场经济中去。在这里,应特别强调的是,政府之于市场,并不是当然的消解力量。只要政府功能借助法律发挥的得当,它便是积极促进市场化进程的最强大的动力,也是保障市场正常运行,防止市场失灵的最重要的方式。所以,当今世界没有一个市场经济发达的国家不重视政府对市场经济运行之独特价值的。当然,政府作用于市场,必然要使其为此付出巨大成本。但只要这一成本能带来全社会平衡与综合效益的提高,便是值得的,也是正当的。

事实上,现代市场经济既是人性得以真正施展的场所,也是国家的本质得以真正呈现的场所。在此,人性的优劣和国家的利弊均得以彰显,因此,也便于人们在宏观上理性地审视其各自的优缺点,并设计以市场主体的优点约控国家的缺陷、以国家的有效力量来限制市场主体之不足的制度,从而实现两者之间有效的双向约束机制。民商法和经济法则分别是以社会(市场主体)积极力量约控国家和以国家的有效力量限制市场主体的规范机制。通过它们的共同调整,将使市场交易活动更趋科学化、理性化和规范化。

可见,对一个社会平衡成本的支出和效益的产生而言,市场经济诸法律的协调作用是至为重要的。任何一个环节的缺失,都将无法使现代市场经济规范化。因此,问题的关键:一是提高诸法律对现代市场经济规律的适应性,二是恰当地协调市场经济诸法律之间的关系。唯此,才能既节约市场活动交易成本,并增加其效益;亦节约和市场经济活动相关的立法成本,并增加其效益。

在《分析》文中,还有一些值得继续深入探讨的问题,如产权经济学理论是否是民法财产权制度(该文认为“包括产权交易体系”,即合同制度)的唯一经济学基础?由此而需要进一步引申的问题是:在我们借鉴西方法律经济学的研究成果时,能不能以自己的独创而应对我们的经济和法律发展实际,从而使法律的经济分析具有更为理性的实用性和解释力？答案应当是肯定的。

〔本文写于1995年4月〕

政府宏观调节手段简论*

一、从"三种手段并用"说谈起

20世纪80年代中后期以来，我国在有关经济调节手段的探讨和论述上，经济手段、行政手段、法律手段"三手段并用"的理论日渐盛行，终成定论。"三手段并用"论意思是指经济调节既可用经济手段，亦可用行政手段，还可用法律手段三种手段不能偏废。不论是经济学权威，还是普通的法律工作者；不论是经济学教本，还是法学著作，对经济调节的三手段及其并用方式都首肯如一。

然而，这种把行政手段、经济手段和法律手段相提并论的做法却是错误的。它把本应在法律指导下的经济手段和行政手段视为与法律手段平起平坐的行使方式，从而导致了三个方面的结果：其一，人们在理解和谈论经济手段时，往往撇开经济手段行使的程序化、公开化和规范化等法律要求，把经济手段当做一种可以游离于法律之外的有关领导人的主观随意，于是经济手段在实践中大大走样。其二，人们在理解行政手段时，同样撇开法律看问题，似乎行政手段就是领导人的命令，行政手段的贯彻就是对领导人命令的贯彻和执行，行政手段和法律之间没有什么关联。形形色色的地方保护主义正是这种脱离法律规范的行政手段所孕育出的怪胎。它对我国经济发展的阻碍，人们有目共睹。其三，人们在理解法律手段时，则

---

* 本文系与宁波大学俞德鹏先生合作完成，征得其同意，收入本书。

单纯地理解为对违法行为的制裁或刑罚手段。似乎只要没违法、没犯罪,人们的经济活动便与法律无关。这种对法律手段的简单化理解,事实上是流传数千年的法即刑的中国传统法文化在今天的人们观念和行为中的表现。它不但强化着传统的法观念,使法律的功能在人们行为中不断流失,而且导致了日常行政活动和经济活动的无序化状态,导致了经济调节中经济手段与行政手段对法律手段的冷漠、背离乃至公开的破坏。

那么,经济手段、行政手段和法律之间是什么关系呢?笔者认为,市场行为和政府行为中的一切经济手段和行政手段都应归属于法律,不存在离开法律的经济手段和行政手段。法律高居于经济手段和行政手段之上,即没有法律根据或不符合法定程序,一切经济手段和行政手段都没有法律效力,都应当依法变更或废止。法律是行使经济手段和行政手段的唯一根据。据此,可以认为,政府管理经济的过程中,不论是用经济杠杆行使的间接调节,还是以指令方式进行的直接干预,归根结底还是法律调节。目前,"市场经济就是法制(治)经济"这一命题的使用率极高,但这一命题不仅及于经济本身,而且及于政府的一切行为。只有政府是法制(治)政府,才能有经济变成法制(治)经济的条件;否则,"市场经济就是法制(治)经济"的命题只能被实践所否定。总之,经济手段和行政手段必须是法治的,没有独立于法治之外的经济手段和行政手段。在此意义上,**经济手段就是经济法律手段,行政手段就是行政法律手段。**

二、法律手段在政府宏观调节中的特征

政府宏观调节必须要采取法律手段,这是政府宏观调节行为合法性的标志。在宏观调控中,法律手段体现出如下特征:

(一)法律手段的至上性

法律是主体行为最权威的调节器。在一个法治国家里,法律凌驾于一切个人、团体乃至国家之上。其中对于法治的实现而言,国家行为的合法性更具有举足轻重的意义。国家行为一旦出现背离法律的动向,则法治只能成为美好的虚设。宏观调节是政府在市场经济条件下介入经济领域的一种重要的国家行为。因此,它自始至终应当贯彻依法而为的原则,即在宏观调节行为中,法律手段具有至上性。首先,政府的宏观调节指令必须符合法律规定的程序和条件;否则,该指令就不具有法律效力。其次,下级政府机关的执行行为首先应被视为执行法律的行为,而后才是执行上级机关指令的行为,即在宏观调节中,上下级行政机关之间的关系应当在宏观调节方面的法律规范之下。法律手段的至上性，旨在防止宏观调节中政府及其领导人的主观任意，使宏观调节规范化、有序化，避免宏观调节时昔日计划经济条件下单纯行政命令的现象重新出现。法律手段的至上性要求人们转变法律观念，尤其亟待转变“法即刑”的观念，使法律观念与市场经济条件下法律的实质和功能保持一致，彻底改变那种轻法重德、轻刚性规则重弹性规则的行政传统。

（二）法律手段的唯一性

对国民经济的宏观调节，从表面上看是一种经济行为，因为这一行为总是和一定的经济目的相关联的，但这种表面化的理解恰恰违反了宏观调节的本质。这里有必要划分宏观调节下的两种行为：一是政府的宏观调节指令和执行行为，二是社会对宏观调节行为的反应。笔者认为，前者只能是一种行政行为，其运作过程亦只能由公法中的行政法，主要是经济行政法来调节。而后者则是社会主体的经济行为，是政府宏观调节行为的社会后果，这些行为既受公法中行政法的调节，又受私法中的民商法的调节。可见，宏观调节行为的性质只能是政府的行政行为。因此，法律手段在宏观调节中具有唯一性，即政府在宏观调节中除了采取法律手段外，再没有也不可能采取其他手段，表面的其他手段只能是置于行政法之下的或行政法律手段的分支。法律手段的唯一性表明：政府的宏观调节行为必须以法律规定的程序和条件为根据，一切政策的制定、措施的采取、方案的实施，都必须限于行政法授权的范围之内。法律手段的唯一性同其至上性一样，是有效制约政府在宏观调节中任意性的根本要求，是贯彻宏观调控中法治精神的必然要求。在宏观调节中，不论是利率的升降、税收的增减、资金的投向，还是经济结构的调整，必须置于相关的法律授权之下。只有这样，宏观调节才能形成程序化、规范化的法治格局；否则，宏观调节便与计划经济条件下政府对经济的收收放放没有什么区别。

（三）法律手段的彻底性

在政府宏观调节中，法律手段必须贯彻始终，即在宏观调节的每一个环节中，必须符合法律的精神、原则、程序与内容。任何一个环节对法律的脱离，都应当及时予以纠正，违法者必须受法定的制裁。在此，需要谈及宏观调节中自由裁量权的行使和运用与法律手段彻底性之间的关系问题。虽然我国关于宏观调节的法律规定尚不健全，但可以肯定自由裁量权是宏观调节方面的法律必须涉及的问题。因为首先，自由裁量权是立法机关以法律的形式授予执法机关的一种权力,其合法性是充分的。其次,自由裁量权是有权机构在法律规定的范围内的自由处理权,与那种凌驾于法律之上的主观任意有本质的区别。最后,自由裁量权是为解决具体问题而设立的一种权力,它的行使则必须建立在尊重事实、尊重法律的基础之上,与那种不顾事实的官僚主义作风格格不入。可见,宏观调控机构的自由裁量权只能是宏观调控彻底贯彻法律的标志,而不是行政机关在法外施加任性的标志。法律手段的彻底性更进一步表明:在宏观调节中,必须全面地、系统地坚持这一手段,使政府的宏观调节的所有措施都牢牢地置之于法律手段的节制之下。

三、加快宏观调节的立法工作

在我国的国情和文化传统下,市场经济的实现与否,主要取决于政府的价值取向。如果政府依法行为并主动与市场价值观接轨,那么,市场化体制会以比较快的速度建立;相反,如果政府对市场价值取向置若罔闻,那么,市场体制的建立便会遥遥无期。几乎所有东方国家在市场化体制的建立过程中,政府都发挥了强有力的作用。事实上,市场经济的体制化过程就是一个充分法制化的过程;离开法制,市场体制便是空谈。目前,人们谈论市场经济法制化的问题时,多侧重于对市场规则的设计,而对行政法与市场经济的接轨问题注重较少。从一定意义上讲,在我国现阶段,行政法向市场体制的靠拢比民商法的完善具有更大的现实意义与紧迫性。因为明确的授权与有效的限权,是消除昔日计划经济条件下政府行为方式的根本途径,是政府职能转变的坚实保障。如果行政法破坏市场规则,维护旧体制下的行政原则和行政方式,那么,就只能在如下两种结果之间进行选择了:要么是计划经济依然当道,要么是无体制、无政府状态的长期存在。这两种结果对于我们确定的社会主义市场经济体制的目标都是极具破坏性的!

鉴于以上分析,我们建议立法机关尽快制定以“国家宏观调节法”为龙头的宏观调节法律体系,包括行政程序法、行政行为法、行政责任法、行政干预法、行政决策法、紧急状态法和行政救济法等法律。并使之成为决定政府全部宏观调节过程的至上的、唯一的和彻底的行政手段。可以预料,这些法律的制定及其“三性”得到充分体现之日,就是中国经济体制真正迈向制度化、规范化和市场化之时。

〔本文原载《经济与法》1996 年第 2 期〕

“三手段并行论”与市场经济*

人类认识错误的起因并不仅仅是认识对象的深奥莫测使人类有限的观察力产生错觉,有时思维的惰性会使人在肤浅的问题上出现巨大的认识偏差。伽利略时代以前的人类对自由落体之速度的错误认识就属于后者。迷信权威,盲从传统,人云亦云,以讹传讹便是这类错误产生与持续的基本原因。一段时期以来,我国学术界对政府管理经济之手段的认识也是这类错误的一个实例。

一、“三手段并行论”引发的怪现象

20 世纪 80 年代以来,我国政府管理经济的“三手段并行论”就已经约定俗成了,从来没有人对之产生过怀疑。“三手段并行论”的意思是指政府在进行经济管理时既可以用利率、价格等经济手段,也可以用计划指标、行政命令等行政手段,还可以用经济法规、法律制裁等法律手段来实现管理目的。三个手段相辅相成,互为补充,缺一不可。即使是在我国业已确立以建立社会主义市场经济体制为改革总目标的今天,“三手段并行论”也毫无将要过时之迹象,反而日益根深蒂固。

自从“三手段并行论”盛行以来,特别是在当前传统经济体制正在向市场经济体制转型的过程中,政府管理下的经济活动以及经济管理本身都出现了一系

---

* 本文系与宁波大学俞德鹏先生合作完成,现征得其同意,收入本书。

列奇怪的现象。第一,各地区、各部门、各利益集团往往对国家的政策、计划、措施和法律做好恶选择,凡是对己有利的就贯彻执行,凡是对己有损的就束之高阁,从而放任地运用和行使能够维护或增进自己或自己所属的小集团利益的“行政手段”。比如,一些地方政府为了争取外商在当地投资,就完全置国家的产业政策和关于外商投资的法律于不顾,使重复引进、环境恶化、土地流失和擅自减免税收等有损于国家利益的行为和问题层出不穷。乱收费、乱罚款、强行集资、强行摊派等公然损害人民群众利益的行为也成了许多政府机关管理经济活动的重点内容。于是,改革越深入,“上有政策,下有对策”的做法和地方保护主义就越盛行,全国统一的经济管理措施在地方“行政手段”的顽强抵抗下已是强弩之末,预期目的被大打折扣。第二,在传统经济体制下习惯了发号施令的各级政府官员往往视法律、法规为惩罚、制裁之手段,视市场规则和国家计划为碍手碍脚之绳索,而对能够使他们“大展宏图”的“行政手段”情有独钟,于是“一言堂”、主观意志、秘密决策和形式主义等指令性经济的阴影难以消除,市场经济体制的成长步履维艰。第三,尽管现行的宏观调控方式比以前的大起大落式的调整政策已经有了相当程度上的稳定性,但政策的“阵风”特征尚未消失,“一管就死,一放就乱”的局面也没有根本上的好转。直接的“清理”措施还是经济管理的重要组成部分。“开发区热”、“房地产热”虽然在政府的高压水龙下降温了,可谁又能保证明天它们不会重新热起来呢?

显然,产生这些奇怪现象的原因是多方面的。有体制方面的因素,也有观念方面的原因。我们不可能一一深究。在此需要说明的只是:政府管理经济的“三手段并行论”在其中起到了不容忽视的作用。

二、法律不是政府官员身边的“丫环”

我们认为,把政府进行经济管理的经济手段、行政手段和法律手段相提并论的做法是错误的,是导致一系列奇怪现象得以产生的重要原因之一。试想,如果法律只是政府部门为了实现经济管理之目的可供选用的手段之一,那么官员们凭本集团利益的多寡或凭自己意愿的好恶来决定取舍就很自然了。任何人和任何团体都不应该对他们的行为进行过分地指责。实际上也正是如此。当地方政府把国家的产业政策束之高阁而忙于建设宾馆酒店的时候,当官员们以自己决定的税收措施来取代国家税法的时候,法律监督机关、立法机关和上级政府所做的也就是“呼吁”他们不要继续行为而已,从来没有听说过这些违法官员将承担何种法律责任。

全体公民的意志一旦上升为国家意志,法律一经制定,就成为一个独立的存在物,国家的强制力赋予它一种至高无上的权威,一种不可侵犯的尊严。它凌驾于一切社会成员(包括统治阶级的一切成员)和所有利益集团之上,这就是法律的至上性,或称法律的神圣性。显而易见,法律的工具性与法律的神圣性不是矛盾的而是统一的,后者正是前者得以实现的基本条件。没有法律的权威,就没有法治状态和法治国家,也就没有稳定的社会秩序,全体公民的利益就得不到保障。为此,区分法律的工具性与神圣性是必要的,不应该把二者混为一谈。当人们提起法律是工具的时候,我们就应当明白,法律仅仅是一国人民整体的工具,而不是一个国家中每个成员都可以任意使用的工具。当人们说到法律是手段的时候,我们就应该理解,法律仅仅是立法者用来实现自己所代表的那个阶层的公共意志的手段,而不是执法者用来谋求自己或自己所属的那个利益小集团的利益的手段。当我们看到法律具有凌驾于一切社会成员之上的权威的时候,当我们看到堂堂的美国总统会因为一桩水门小事而辞职的时候,就否定法律的公共本质,是错误的。同时,如果我们过分地强调法律的工具性质而忘却了它具有至上性的另一面,从而把法律的工具性简单化、庸俗化和无限扩大化地理解为所有单个社会成员、所有政权机构为实现自己的目的、谋求小集团的利益而采取的一切手段、措施和方式之总和,把威严的"天子"当成呼之即来、挥之即去的"丫环",也是不正确的。

在许多政府官员们的观念里,"违法必究"强调的往往只是对那些胆敢以身试法的"坏"分子不能宽容,从来不提那些置法律于不顾,巧立名目,收费罚款等喜欢发挥自己"行政手段"特长的政府官僚的法律责任问题。其实,大家都很清楚,执法人员把法律束之高阁才是最严重的违法!因此,只要我们看清楚"庸俗工具论"的错误所在,就不难理解我国法制建设的历程为何这般艰难。

三、依法调控与依法管制

如果说"三手段并行论"在传统经济体制下因有与人治作风相适应的一面从而还具有一定程度上的存在合理性的话,那么在我国即将确立的社会主义市场经济体制中,这种合理性就不应该存在下去了。法治社会是市场经济体制得以正式确立的基本前提。在市场经济条件下,法律具有至高无上的权威,一切社会成员与社会团体都必须服从法律,一切社会行为方式包括政府机关的执法行为都必须受法律的控制。法治社会不允许存在不受法律管辖的特殊公民与特殊团体,也不允许存在游离于法律之外的社会行为方式。

市场经济与计划经济不同,政府管理经济的手段也不尽一致。计划经济体制中的政府经济管理以直接的微观行政干预为主,而市场经济条件下政府则只能通过间接的宏观调控来实现各种经济目的,预算规模、货币供应量、税率、利率和汇率等经济参数都成了政府用来调节和控制市场经济天平的重要砝码。显然,在这架敏感的天平面前,政府调控人员的主观随意性将大大降低,只能无条件地遵从价值规律和其他经济规律的要求。不仅如此,政府的宏观调控还要严格遵守国家法律的各种规定。调控机构的设立、调控人员的任免都应当是权力(立法)机关以法律的形式认可和授权的结果。调控的对象、目的、方式和操作程序也必须有权力机关的明确规定。因此,我们完全可以说,政府对经济活动的宏观调控手段并不是游离于法律之外的调控主体的主观随意,而是依法行政的一种表现形式。现在,我国向市场经济体制转型的序幕已经拉开,制定一部国家宏观调控法来规范政府、企业和调控主体在调控过程中的地位、权力和责任以及调控的方式、内容和程序等已是当务之急。与此相配套的国家产业政策和发展规划也应该尽快制订。

尽管在市场经济条件下,政府运用宏观调控手段管理经济在政府经济角色中占有着绝对的统治地位,但政府对经济活动的微观干预也不应该被完全否定。这是由于宏观调控不可能解决一切"市场失灵"的问题,宏观调控的相对滞后性也不利于对某些重大"失控"现象的及时纠正。不久前我国出现的"开发区热"便是一例。因而奉行市场经济的国家都在一定程度上保留了直接干预手段,即微观管制手段。比如,对特定行业的进入限制,实际进出口许可证管制等。但是,微观管制毕竟有害于平等竞争,因而这种手段只能限制在必不可少的、尽量小的范围之内。而且,微观管制还具有容易助长官僚主义和主观随意的特征,因而这种手段必须严格地限制在法律授权和法律许可的范围之内。法律规定的直接干预权应该是公正的、有序的和公开的,每个人都有权对政府的微观干预实行监督。

总之,市场经济条件下政府管理经济的手段只有两种,即适用范围广泛的、占据主导地位的宏观调控手段和限制在小范围内的、次要的微观管制手段。流行日久的"三手段并行论"不仅对各种手段地位的认识不科学,而且在手段名称的使用上也欠妥,因为从来没有而且今后也不会有真正独立的“法律手段”、“行政手段”和“经济手段”。如果硬要将它们称为“手段”,那么这三个“手段”都是统一的、不分彼此的。比如,对于税收征管这一政府管理经济的行为来说,到底应该归入三“手段”中的哪一个“手段”才是最恰当的呢?其实,只要我们稍加思考便足以明白,传统说法中的“三手段”只是任何政府经济管理行为的三个特征而已,即任何政府经济管理行为都是由法律规定、授权或许可的,由行政机关执行的,为了实现一定经济目的的行为和过程。

重新认识一下政府管理之手段是一个简单的小问题,但对这个小问题的认识并非毫无意义。它至少告诉我们,如果我国政府机关的“行政手段”一如既往地游离于法律的管辖之外,如果法律仍然是与“行政手段”平起平坐的可供政府官员自由选用的一种“手段”,如果政府官员们把国家的法律和政策束之高阁而可以不伤一毛,那么开发区还会“热”起来,乱收费、乱罚款、乱摊派还会盛行,人治作风还将持续。总而言之,如果“三手段并行论”依旧,那么我们今天对社会主义市场经济体制所作的一切憧憬都将是一个难圆的梦。因此,我们只有把法律从受政府官员任意使唤的地位中解放出来并重新赋予它至高无上的权威,使它成为规范政府机关及其官员进行经济管理时的行为准则,只有使政府官员们树立起依法调控和依法管制的观念,只有依法追究那些有法不依的政府官员们的法律责任,政府的经济管理行为才有可能符合社会主义市场经济体制对它的基本要求。

〔本文原载《经济法制》1994 年第 4 期〕

行政诉讼法运行的文化观念审查

行政诉讼法，是最能体现现代文化环境铸造作用的法律之一，[①]它一扫人类阶级社会以往历史中的官尊民卑传统，使民官平等从观念上升为法律。不过，弥漫于中国的法观念却在许多方面滞后于凝结着现代观念的行政诉讼法。本文旨在从文化表层描述阻碍行政诉讼运行的观念。

一、人格平等观念之缺失

行政诉讼法是保障行政被管理者控告行政管理者的法律，是保障民与官的矛盾在和平时期得以弥息的法律。民之所以能告官，主要是基于现代文化关于人人平等的观念。早在资产阶级革命时期，卢梭就向世人宣告"天赋人权"的观念；取得革命胜利后的资产阶级，更高举"天赋人权"的大旗，不论《人权宣言》，还是《独立宣言》，均将这一观念贯彻其中。深厚的观念基础及有力的法制措施使得人格平等不仅是个别精英的观念，而且涵化成了一种十分广泛的大众文化观念；不仅仅是一种暂存的观念状态，而且转化成人们积极争取人格平等的行为。在我国，法律极力引导并保障人民去争取人格独立和平等。《宪法》关于公民在"法律面前一律平等"的宣告，正是人格平等观念的法律化，而行政诉讼法通过程序的保障更进一步将宪法的原则规定具体化和可操作性。不过，在我国的

---

① 参见谢晖："现代法律与现代文化环境"，载《学习与探索》1991年第3期。

文化环境中人格平等观念还十分淡薄，非但一般百姓如此，就连在许多方面受着现代观念浸渍的干部，在人格问题上也摆脱不了不平等的羁绊。人格不平等观念在我国主要表现为如下诸方面：其一，官民不平等。中国久长存在的官尊民卑传统，依然牢固地驻扎在相当多今人的魂灵中。与现代民主相比，古代落后的“父母官”观念并未在今天的实际生活中失色，相反却借着现代科学技术和经济基础而比古代有过之而无不及。“有权能使鬼推磨”的现象，使不少人竞相追官逐权，似乎人们人格之高低，不是一个道德的等级标准，而是一个“官品”的等级标准。职位泛化为衡量整个社会主体人格之等级单位，如“处级和尚”等的见诸报端，即表明此。而我们体制中反腐败机制的不足，更放任、强化、有时甚至公开助长着官民人格不平等观念，官民不平等观念严重挫伤了寻求行政诉讼者的积极性。其二，长幼不平等。以经验为特质的小生产方式使家中有各种经验的老人不仅是理性的化身，而且是健全人格者。而幼者却因所谓“缺乏经验”，只是弹性人格者，这种观念反映在社会政治体制中，往往是论资排辈。因而幼者权益受损的可能性更大，但幼者起诉长辈官员及其机关的途程却阻力重重。其三，男女不平等。由于三从四德观念的沉积，我国社会的男女不平等现象极其严重，加之对妇女社会权利保障机制的疏失，使妇女进入管理者层次的机会减少，男女不平等的现实则使妇女对管理者的诉讼，更难上加难。如上人格平等观念的缺失是与官官相庇观念密切相关的。

二、官官相护观念之牢固

现代行政活动，要求不同行政主体按社会分工原则各负其责，分工主体间应相互制约，而不应相互庇护，唯此，才能保障民主原则的实现，这就是权力制约原则。资产阶级为实现自己的政治理想，保障本阶级统治的长治久安，严格按社会分工原则，采取“三权分立”的方式进行权力制衡。我国以“一切权力属于人民”为逻辑起点，设置由人民监督权力运作的新权力制衡体系。一方面，国家设置人民代表大会制度监督权力运作；另一方面，制定了一些法律以保障人民对政府行为的监督。但因现行政治体制久积的问题和人民监督意识的不足，对政府行使权力的监督很不够；相反，传统政治文化中的糟粕——官官相护却严重存在，致使行政诉讼比其他一切诉讼所遇到的阻力更大。其一，公务员间的哥们义气。哥们义气是公务员之间依据私人交情而构成的一种社会风习。这种人往往认为：纵然行政行为是违法的，也是出于公务，因而对违法者不应或尽量科以较轻的制裁。于是,一旦行政机关因原告行为而参与行政诉讼,则说理者有之,说情者有之,威吓者有之,行贿者也有之……从而使行政诉讼陷入极其困难之境地。其二,公务员之间的亲情慈悲。由于我国公务员缺少回避制度,在同一机关或地区,往往存在着复杂的血亲姻亲关系,因而一荣俱荣、一辱俱辱的观念可充分发挥功能。亲属之间一旦有人代表行政机关涉讼,则会不惜一切力量和代价使其脱讼,连有些审判官员也是如此,这使得行政诉讼的阻力更加坚固。其三,公务员之间的个人利益纠葛。我国的公务员之间,往往有着多方面的个人利益联系,因而公务员之间或者为了现实利益的保障,或者为了未来利益之谋得,对于代表行政机关涉讼的官员不惜一切力量加以"营救",尤其当自身和涉讼官员代表的行政行为之间有着不可解脱的联系时,更会绞尽脑汁地阻挠审判机关的活动或相对人的诉讼活动。总之,在我国官员之间,形成了一个十分严密的极难冲破的关系网,并且,在这面网的周身渗透着有难同当、有福同享的"道德观念"。如果涉讼官员无人"营救",则表明其过去行为"缺德",而一旦"营救"、"照顾"的人多,则表明其深服人心,被推为"有德"之士。这样,便形成了一个从观念到行为无所不在的官官相庇体系,它使得行政诉讼如触网的蜜蜂,越缠越紧,甚至,诉讼主持人和原告人也许会因此而受到无尽的攻击、磨难。

三、主体价值观念之虚化

现代文化与古代文化的根本区别之一,是对主体价值估价的区别。古代文化普遍将人置于权威或神之下,因而主体的价值,只能看其对神或权威意志的接受如何。现代文化对人的基本看法是个体的独立,只有如此,才有个体对自身的支配和运作,法律规定的权利才有所寄托。资产阶级革命胜利后,以法律形式向世人公告了"天赋人权"的观念,因而使得所有的主体在理论的或法定的权利面前更丰满、更充实。社会主义苏俄建立后,发表了《被剥削劳动人民权利宣言》,使现代主体价值观念透过权利赋予进展到另外一个层面。人权,即主体权利,不但是现代文化认定主体价值的一根标杆,也是现代国际政治是非的"晴雨表",这表明以个体自由为特征的主体价值观得到了世界性的认同。现代主体价值观在我国许多法律上有所表现,我国行政诉讼法更集中地反映了这一观念,但这并不意味作为大众文化观念的现代主体价值观已在我国形成;[①]相反,我国的主体价值观,在很大程度上还处于古代文化水准上。表现在:首先,家族本位观念之浓厚。“家者,国之本也”,这是中国古代政治营运的主要规则。它导致人们的正义观念并非从全社会出发,而只是从家族利益出发,这种积久难移的农业社会观念在大工业尚未得以充分发展的中国依然存在。因而,人们在心理上极难接受以个体甚至社会为本位的现代法律观念,而宁愿受数千年礼教烟火之熏染。所以,包括行政诉讼法在内的现代法律,在这种意识面前极难得到主体的心理认同。其次,国家本位观念之坚实。由于“家—国同构”效用,家族本位观念一旦投射到国家,便形成国家本位观。今天,国家本位依然坚如磐石,于是便有“国家的事再小也是大事,个人的事再大也是小事”一类的谬论。这与以公民权利为本位的现代法律的要求是截然背反的,它泯灭了主体对自身权利的认识和保护,从而一方面使法定权利无法到位,另一方面却使无制约的国家官员的权力(即“法外特权”)急剧膨胀,形成令国人皆忧的“腐败”现象。最后,个体本位观念之泯灭。现代法律必须以个体人格的独立为运行的条件,但家族本位和国家本位使个体本位根本没有生长点,因而个人意志、个人要求、个体自由和权利均被当做“私”而摧残。十一届三中全会以来,国家通过或政策或法律的形式对个人利益予以确认,但距商品经济条件下法制所要求的“个体本位”还相去甚远,人们普遍缺乏以自由和秩序为己任的现代法律观念。至于主要以公民告官府为特征充分张扬个性的行政诉讼观念在大多数国民观念中,则几乎阙如。

四、权力绝对观念之盛行

从权力起源至今,权力的运作经历了两大阶段:一是君权时代。那时,君主是权力的最高的和唯一的代表。因此,在西方,君主狂言:“朕即国家”;[②]在东方,皇帝高唱:“六合之内,皇帝之土;人迹所至,无不臣者。”[③]君主之所以能成为国家权力最高且唯一的主体,首要原因来自封闭的自然经济及由此产生的小生产方式,同时也来自在这种小生产方式基础上的社会盲从。二是民权时代。民权时代是以现代商品经济为前导而产生的。不过,民权时代并不意味着国家权力的实际运作由全体人民操作;恰恰相反,国家权力的实际运作在任何时代总是由少数人操作

---

① 谢晖:“现代法律与现代文化环境”,载《学习与探索》1991年第3期。

② “朕即国家”乃法王路易十四之名言。

③ 司马迁:《史记·秦始皇本纪》。

的,这一客观特征使权力滥用有了可能。为了防止权力滥用,卢梭主张“社会契约论”,认为权力是人民为更好运用权利而给一部分人的让渡,操作权力的人一旦违反权力运行规则,人民可以根据契约当事人平等的原则,收回自己的让渡。而孟德斯鸠更现实地设计了权力分立原则,杰弗逊、汉密尔顿等将其由分立发展为制衡学说。这些学说,不久成为西方法律设施和政治设施的理论根基。社会主义理想必然要求使民权观念更加发扬光大,因而,我国宪法规定,“一切权力属于人民”。但是,美好的制度由于体制设置的不合理和权力绝对观念的障碍,尚未发挥其应有的优越性。其中权力绝对观念表现在:其一,权力私有观念。现实生活中的权力,往往能给人带来极大的利益功能,“三年清知府,十万雪花银”、“一人得道,鸡犬升天”等表明:传统文化的根子里深藏着拜权潜意识。[①] 它一旦外化为主体手中的权力,则主体要迫不及待地将其私化,目前官场的腐败现象正是权力私化的产物。不过,相当多的国人在没有掌握权力之前,可能会公正地批评权力主体将权力私化,一旦自己掌握了一定权力,则往往有过之而无不及地将其私化。这种心理是我们克服权力私化现象的顽症,也是进行行政诉讼的痘瘤。其二,权力滥用观念。权力的私有,其实质是使权力权利化的过程,即权力运作是权力主体不受法律和社会制约而进行的“私事”,这样便产生权力滥用。这对行政诉讼造成严重妨害:首先,司法权外的国家权力滥用对行政诉讼的干涉,主要指立法权、行政权主体滥用权力干涉行政诉讼行为。其次,非国家权力之滥用对行政诉讼的干涉,如党的机构和企事业单位的领导或通过命令或通过贿赂而干涉行政诉讼行为。最后,司法权之滥用对行政诉讼的干涉,主要指检察权、审判权主体滥用权力而使行政诉讼受阻碍,尤其上级司法主体对下行司法者的暗示、明令等,干扰作用更大。此外,权力滥用的惯性及其被大众默认,使社会丧失了以法律衡量权力的标准,而强化了权力就是有权者们可任意处置的观念。其三,权力无束观念。这一观念是权力私有观念的延伸。就权力主体言,权力私有观念必然促使其理所当然地化权力为无束和滥用;从未掌握权力者言,权力私有观念又使其很容易自觉地认为“有权的人说了算”,从而使行政诉讼不但受有权力者的干涉,而且干涉者干涉得心安理得,“坦然”、“当然”。

五、领导责任观念之淡漠

领导责任观念是指凡居于领导地位的人,必须在掌握职权的同时,

---

① 谢晖:“权力私化与政治拜权教”,载《学习与探索》1988年第5期。

尽其职责；一旦其违反职权，违背职责，必须承担法律所设定的责任。职责又称积极责任，而违法责任又称消极责任。领导责任观念也是基于民主政治的深厚土壤上的。在西方，一方面，通过法律规定以及领导就职前的演说等方式来强化领导人的积极责任观念；另一方面，又通过法律强制使违反职权、违背职责的领导人受到法律追究，如尼克松因水门事件而倒台，竹下登因受贿风波而倒阁等。在我国，领导者的积极责任是服务于人民。但这一观念在法律上的表现尚不足，因而对这一观念的运用往往表现为口号，从而远远未内化为人们行为的观念动力。在消极责任问题上，对领导者责任的规定也不明晰、不具体。因而，领导者往往认为自己无责任，表现有：其一，以客观原因代替法律责任。这些人一旦涉及法律责任，总是尽量寻求为自身解脱责任的客观理由，如事情多变啦、环境艰苦啦等。还有人以过去的功劳作为推卸现在法律责任的护符和口实，而审判人员也往往依此判决而推脱领导者及行政机关的责任，从而严重影响行政诉讼的公正性。其二，以集体为由代替个人责任。行政行为虽应建立在民主协商、评议基础上，但行政活动的时效性要求行政机关必须实行首长负责制，为此，我国现行《宪法》第 86 条和第 105 条分别规定了有关行政首长负责制的内容。但在实际生活中，首长们往往借助集体负责而回避个人责任，有时，甚至将其推给下级行政工作人员身上。究其原因，在很大程度上源于行政机关对抽象行政行为往往在事实上不负责任，这使得具体行政行为的主体上行下效地、惯化地将自身行为推向集体。在行政诉讼中，这种观念会极大地影响诉讼活动进程，干扰司法工作人员对案件的判断和审理。其三，以党纪责任代替法律责任。从理论上讲，党纪责任和法律责任，目标上是一致的，但在性质、执行机关、实施方式上是有区别的。在我国，绝大多数行政领导干部同时也是党员干部，他们的行政违法行为也是违纪行为，因而，既应追究其违纪责任，也应追究其违法责任。但实践中，却往往以纪律责任替代法律责任，有人甚至以“中庸”为标准，主张“责任不可复加”论，从而使受过党纪处分的人再受行政审判，似乎变成“道德”所不允许的！这一现象，也严重地削弱了人民法院对行政案件的审判功能。

六、诉讼耻辱观念之凝重

“非讼”或“无讼”观念是中国法律意识中最理想的秩序状态，在此观念影响下，中国百姓对于“诉讼”一词非但陌生，而且甚至有些害怕、反感。在民间当事人之间的诉讼，已经是“丢人现眼”的事了，更不要说个人之于官府的行政诉讼了。“进入法院没好事”、“进法院的没好人”等“格言”充分实证了某些人对诉讼不首肯的心态,而对于喜欢依法诉讼者贬之以“讼棍”更表明那些人厌讼的程度。这一特点,与现代法律所倡导的公开、公正审理适成对比。国人之诉讼耻辱观形成有三:其一,中庸观念对诉讼耻辱观形成的影响。倡导人们在行为方式及人际关系中持“中庸”态度,是中国传统文化的特色之一,也是对现实生活具有重大影响的观念形态。什么是中庸?曰:为人处事应不左不右,不偏不倚,不上不下。从表面看,这似乎很有利于社会发展,极富于辩证哲思。然而,实际上,却严重阻遏着国民的进取之心。深铭人心的“枪打出头鸟”、“出头的椽子先烂”、“树大招风”、“木秀于林,风必摧之”等说法和做法使人们的手脚如缚有绳索,极难前行。在中庸观看来,一切诉讼活动,有悖于其倡导的、和谐的中庸秩序,因而,中庸观绝不认为诉讼是处理问题的好方式,至于百姓与官府对簿公堂的行政诉讼更为中庸观所不取。其二,刑杀法律观对诉讼耻辱观形成的影响。诸法合体,以刑为主是传统中国法律规范的根本特征,由此形成的法律文化,是以刑杀为己任的法律文化。积淀已久的法律观经过共和国成立以来对刑事法律的大量应用(有时甚至是非规范性的运用)而加以催化,成为主导今人的法律观念。笔者亲自听到一位哲学副教授发言时说:“为了对人民民主,必须要加强教育的功能;为了对敌人专政,必须要加强法制的功能。”高层知识界对法律的理解不过如此,普通公民们的法律意识,就可想而知了。既然观念中法律的功能是镇压、刑杀,则对主动起诉者只能以“缺德”来评价了。笔者调查一位其妻被人拐卖并对拐卖人知情的男子时,问他为何不向公安部门报案,该公民竟言:“那是缺德的事!他缺德我不缺德!”真令人啼笑皆非!这种刑事诉讼耻辱观,也使人们经验地比附于民事诉讼、行政诉讼等。其三,隐秘观念对诉讼耻辱观形成的影响。笔者把中国传统文化称为隐秘文化,它强调事物的非公开。在行为上,人们应当节制;在心灵活动中,人们应当留有余地。这种隐秘文化和主体厚积的面子观念相纠结,形成强大的诉讼耻辱观,因而纵然自身权益遭人侵犯,也视为“家丑不可外扬”。有许多女子遭强奸后忍气吞声或“私了”;有些男子遭人毒打后,因怕堂堂男子汉之声誉扫地而闭门不出,不正反映了这种心态?如果诉讼本身“耻辱”的话,那么,在诉讼中做被告更是耻辱,一般百姓做被告是如此,而高高在上的国家行政机关做行政诉讼的当然被告更“耻辱之至”!显然,隐秘文化和面子心理致使人们宁可接受非法的私下调解,也绝不愿接受合法和公正的公开判决。

七、依法行政观念之阙如

依法行政是现代行政的基本观念和方式,也是实现国家管理法制化的关键。我国现行《宪法》第5条第4款规定:“一切国家机关和武装力量、各政党和各社会团体、各企业事业组织都必须遵守宪法和法律,一切违反宪法和法律的行为,必须予以追究。”这为依法行政奠定了最高法律准则。但长久以来由于依法行政的一些具体规定很不明晰或富于弹性,使实践中盛行的是和依法行政背反的观念。主要有:其一,依领导意志行政观念。相当多公务员认为,自己的行为并不是法律行为,而是执行领导意志的行为,即领导怎么说,下属怎么干。在领导看来,下属依据自己的意志而执行,乃天经地义之事。由于领导人的意志往往是任意的,执行者将这种任意加以延伸的结果就可想而知。它非但扰乱法律秩序,而且可能会造成社会、国家和公民个人全方位的损失,尤其在一个社会经济事务主要靠行政功能推行的国度,依领导意志行政的恶果会更大。从行政诉讼方面看,则既增加了人民法院进行法律审查的难度,又必然会给人力、物力、财力有限的人民法院的审判工作形成巨大的压力。其二,依政策行政观念。新中国成立以来,我们经验式地把战争年代极富效率的政策行政经验搬了过来,但结果导致长期以来党政不分,甚至一度以党代政的局面。因此,党的政策成为人们行政的当然根据。这样,依政策行政的观念便牢牢地驻扎在人们心中。虽然依政策行政在没有法律根据时能为行政工作的开展起一定作用,但由于政策的弹性、指导性和内部性,往往给人们留有任意理解、消化政策的空间,理解不同,执行各异。因而依政策行政并不是一种良好的行政方式,尤其在有了部分行政法律的情况下,这种由政策非规范性原因而导致的任意行政,不但破坏着行政秩序,而且为司法审查带来有理难言的困堪。其三,依关系行政观念。行政的功能,一方面是管理,另一方面是协调,如果说在管理工作中行政主体能利用现行体制的弊端,走后门、开白条、充分施展其依关系行政的特点的话,那么,在协调工作中,尤其在平行的各部门(条)和各地区(块)之间的协调,更往往是根据领导者之间关系的好坏而进行的。既然关系好者可以置法律义务于度外,那么无关系者也可以置法律权力于度外,从而法律规定在行政实践中形同虚设。显然,依关系之好坏而行政,没有任何合法基础,因而它或须受行政机关矫正,或须受司法机关的矫正,但案出太多,对矫正工作势必带来更多的压力和麻烦。

八、司法(审判)低于行政观念之浓厚

不论司法还是行政,都是根据权力可分的现代分权原则和法治意识而产生的。在资本主义国家,倡导权力分立,因而将国家权力析解为立法权、行政权和司法权,这对反对封建的王权和教权专横,起了重要的作用。社会主义国家主张最高权力机关制约之下的权力分工,司法权和行政权概念的存在,正是基于权力分工之上的。虽然我国的审判权、检察权与行政权在法律上是并列的,并且现行《宪法》第126条明令人民法院"独立行使审判权",但在观念上并非如此。表现在其一,行政本位观念。人们常讲的"官本位"。笔者认为其实是"行政本位"。据此,不论立法官员级别之高低,还是司法系统官员(审判官、检察官)级别之高低,只能以行政官员级别之高低作为参照。这种参照本身既表明行政本位的体制构建,也表明行政本位的观念沉淀。以此为参照所得出的结果是,由于各级人民法院院长的实际待遇低于同级人民政府领导,所以,审判权必然低于行政权。这样,便将两种并列的国家权力体系套在以行政为参照的网中。这种观念既妨碍公民对行政违法行为的诉讼(认为是竹篮子打水一场空),又妨碍国家行政领导作为被告代理人参与行政诉讼活动。其二,行政实权观念。我国公民往往将真正能发挥权力效能,甚至利用权力为自身多办事的权力称实权;相应地,名义上虽掌握着权力,而把极难发挥权力效能,尤其极难利用这种权力为自身谋得一些利益的权力称为虚权。以此衡量,得出行政权为实权,立法权、审判权等均为虚权的结论。由于行政权直接掌握着国家诸事务的执行,因而其功能的实效性是明显的。而审判权只掌握消极执法的一部分,并且其经费开支、人事调动等均受制于行政权,因而在此体制下产生行政权大于审判权的观念是很自然的。这种观念不但使公民无法信任审判权能审判掌握实权的行政机关,而且使行政机关自认为老子天下第一,小小的有职无权的审判官能奈我何的观念,从而极大地妨碍了行政诉讼活动的有效开展。其三,行政优越观念。在我国法制体系中,由于审判权的运用总是依据比较严格的法律程序进行的,因而办事的时效性受法律的约束较多。而行政则不同,由于行政法制的不健全,行政活动受法律程序约束的现象较少,行政领导拍板决定的却较多,从而容易产生行政优越观念。这样,行政大于审判,其效能优于审判的观念又得到实证的支持,这使得公民有怨情宁可找行政机关进行申诉,也不愿找审判机关进行审理,因而使得行政诉讼活动受到严重的文化心理牵制。

综上所述,行政诉讼活动的有效开展,在多方面受着人们观念的干扰,这要求国家和社会必须全力进行观念的矫正和改造。当然,与此相应的还应进行政治体制、文化体制和经济体制改革,这些,笔者将在《行政诉讼的观念铸造》一文中专门论述。

〔本文原载《宁波大学学报》1994年第1期;
收入本书时题目作了改动〕

法律文化的一般问题

随着文化研究热潮在中国的兴起和发展,法律文化也日渐被人们所重视。早在中华人民共和国成立之前,我国就有一批学者和社会活动家在探讨中国传统与西洋文明之冲突时关注到法律文化问题,如梁漱溟、陈独秀,尤其严景耀、吴文藻、费孝通、瞿同祖、蔡叔衡等。但是这些研究都使法律文化依附在文化研究领域或其他研究的大项目下,而没有形成独立的学科化的法律文化研究。在我国,使法律文化研究逐步具有学科独立化色彩的时间乃是20世纪80年代末至90年代初,迄今,法律文化问题已是一般法理学教材均予以关注的章节。

一、文化概说

什么是文化?这是研究法律文化的一般原理时,必须首先予以回答的问题。

稍微留意文化学的人们大概都明了文化概念问题的歧义丛生,经常被文化研究者提及以便表明文化概念之复杂性的是:据有人统计,中外关于文化的不同界说共达百余种之多。可见,从不同视角去观察则对文化的含义便有不同的解说。由于对象的广博性和复杂性,研究者只能借各自的视角表述文化,如史学家眼中的文化为历史遗存或传统;文化家视野中的文化则是主体的生活,人生即文化;社会学家将文化看做主体的社会规则和行为方式;新近活跃的信息论者和结构论者则分别认为文化是信息之保存和传播,或文化是结构——显结构和隐结构的关系……虽然,文化的含义是如此复杂,以致分歧不断,但在了解法律文化之前比较系统地理出一个可为人们接受的概念还是很有必要的。

国外有关百科全书对文化一词的解释在各国均有一定代表性,苏联的《苏联百科全书》(1973 年)曾将文化一词做了广、狭义之区分,广义的文化是指社会和人在历史上一定的发展水平,它表现为人们进行生活和活动的种种类型和形式,以及人们所创造的物质和精神财富,而狭义的文化"仅指人们的精神生活领域"。《大英百科全书》(1973~1974 年)也认为文化应分为"一般性的"和"多元的相对的"两种概念,前者是"总体的人类社会遗产",后者是"一种渊源于历史的生活结构的体系,这种体系往往为集团的成员所共有",包括该集团的"语言、传统、习惯和制度,包括有激励作用的思想、信仰和价值,以及它们在物质工具和制造物中的体现"。《法国百科全书》(1987 年)认为:"文化是一个社会群体所特有的文明现象的总和";"文化是一个复合体,包括知识、信仰、艺术、道德、法律、习俗以及作为社会成员的人所具有的一切其他规范和习惯。"①

在我国最具权威性的《辞海》一书认为:文化"从广义上来说,指人类社会历史实践过程中所创造的物质财富和精神财富的总和,从狭义来说,指社会的意识形态以及与之相适应的制度和组织机构"。② 在 20 世纪 80 年代以来我国掀起的文化热讨论中,我国学者形成了关于文化的广义、中义、狭义三种观点,前者认为文化包括了人类所创造的一切物质财富和精神财富,是它们的总和;中者则将文化限定在人类创造的精神财富领域,是人类创造的精神财富的总和;而后者则认为文化就是指社会的意识形态。不论人们赋予文化以何种不同概念、观念及含义,我们还是可以从中寻找出关于文化的共同性问题。

第一,文化是一个主体化的概念,即人化的概念。主体既是文化的创造者,又是文化的承载者。作为创造者,主体对文化具有原生意义;而作为承载者,文化因为继受者的传承、享用、增补、剔除而更加博大精深并且精细完美。然而需进一步说明的是:首先,文化不是主体——人的等同语。人类创生之初,生活在并不文化的环境中,为了扼制人类的野性及"武化"对秩序的危害和对主体生存的妨碍,人类才不断地创造文化、积累文化、应用文化。从举族全歼到同态复仇再到公权组织刑罚的演变过程中,我们不难看出其作为文化的演进意义。其次,对主体而言,

---

① 参见李述一、李小兵:《文化的冲突与抉择》,人民出版社 1987 年版,第 5~6 页。

② 《辞海》,上海辞书出版社 1980 年版(缩印本),第 1533 页。

文化并非皆利。同一切事物具有利弊两面性一样,文化对人类的作用从来是利弊参半的,如国家文化的产生虽然使人类的秩序有了保障,秩序化程度得以大大提高,但其却永远失却了田园牧歌式的原始民主社会。但是,这并不否认从整体的宏观的方面说来,文化总是野蛮的对立物和对人类具有重大作用与价值的主体创生物,文化自始便与主体相伴。作为一个主体化或人化的概念,文化自然地排斥任何其他动物对它的创生、占有和承载。即使在当今,由于人类智慧的作用,有些动物已经具有不容忽视的智能,如训练有素的狗、海狮、海豹等。然而,它们的进化依然可被视为人化或文化的产物,是文化产生了这些动物智能性的行为,而不是相反:这些动物的智能性行为产生了文化,因为它们都是人类按其意志而调教的结果。

第二,文化是一个递进的过程性概念。虽然一位美国著名文化学家在其名著《文化模式》[①]一书中总结出了享誉世界的“文化模式”概念,把文化视为统一的整体,一种“受某种模式支配并且通过社会整合作用而成的统一体”,从而使文化“或多或少地具有固定的思想和行为模式”[②]特征,但这并不是把文化置于无可更改的死板模式下。因此,文化模式概念从来与“文化相对主义有关”。本尼迪克特认为,“个人自由虽然有限,文化自由却无限制,因此,文化模式的变化形式几乎是无限的”。[③] 这里既提供给我们一种关于文化问题的世界观,又提供了一种我们观视文化问题的方法论:文化是有模式的,但文化又从来是一个变动不居的模式,纵然那些最具有守成性而被人们以“超稳定性”来形容的具体文化模式(如中国文化),依然是一个递进的、变动的过程。人类的进化史,其实就是关于文化的进化史。人类每向前一步,则表明某种“文化模式”或者从其边缘或者在其内核发生了量或质的变化,由此可以认为:与人类总是发展变迁同步,文化总是伴着人类社会的发展变迁而递进积累的。

第三,文化是一个宽泛的多义性概念。在前面的介绍文字中我们已经得知文化概念的多义性,其原因除了主体在不同的视角对文化进行观察会得出不同的结论之外,更重要的是文化作为一种客观实存的广延性

---

① 参见[美]R. 本尼迪克特著:《文化模式》,王炜译,三联书店1988年版,第2、3、7、8章。

② 梁治平:“法律的文化解释”,载《中国社会科学季刊》(香港)第4卷(1993年)。

③ 梁治平:“法律的文化解释”,载《中国社会科学季刊》(香港)第4卷(1993年)。

和宽泛性。任何概念都是对客观实存的意义描述。[①] 文化概念必须反映文化实存的意义。然而,文化实存却如此之广:从历史的纵流看,一部人类发展史,就是文化的遗留史和实存史;从现实的横断面看,则一幅人类生活图式就是文化的实存图和创造图。在这一意义上讲,任何人文科学都是在不同角度对文化实存的探究和描述。这已经使文化描述的多义性具有了深深的主观基础和机制,更兼之由于文化模式、人文风格和气质、价值观念等的不同,使得不同民族的文化实存及其学者对这种文化实存的意义描述——文化观念也千差万别,如在大多数中国人心目中的宗教信仰者,几乎与心灵空虚,从而寻求某种解脱相等同,宗教信仰无非是那些在现实中的失意者为了逃避社会现实的行为;而西方人所描述的宗教信仰者则是对神灵(上帝)这种"永恒实在"的崇拜者,他们是幸福的、充实的、极其虔诚但又不失崇高精神价值追求的人。可见,不同的人文背景及文化模式对主体关于文化的意义描述之区别是多么巨大!在如此情形下,欲寻求一个一劳永逸的、一元化的文化观念是难乎其难,甚至于没有可能的。

如上关于文化含义的概括性描述,当然与给文化下定义的要求还相去甚远,然而,笔者不太欣赏那种"定义唯一化"和"绝对化"的研究方式,而主张多维视野下的意义探究和追求,[②]对于文化问题的研究同样可以适用这一主张。

初步探讨了文化的含义,紧接着便需要我们继续探讨本文的主体——什么是法律文化?

二、法律文化的含义及特征

(1)与"文化"一词相比,"法律文化"在我国只是新近出现的一个词,以致在几年前,青年法学家刘作翔先生还感叹:"在我国的新、旧、大、小版本的法学辞典中,'法律文化'是一个空白。在我国的法律教科书中,'法律文化','法律与文化'之类的问题也没有它的一席之地。"[③]梁治平先生最近也意味深长地评论道:"以我闻见所及,世界上尚无一家法学院把'法律文化'单列为固定的课程,而且,也还从未有人写出像G. A. A(mond 和 S. Verbe 合编的《公民文化:五国政治态度与民主》)那

---

① 这里的"意义"不是指类似价值层面的意义,而是具有"指称"性的事物之内在规定性的意义。

② 参见谢晖:"现代法及其性质界定",载《天津社会科学》1995 年第 6 期。

③ 刘作翔:《法律文化论》,陕西人民出版社 1992 年版,"序"第 6 页。

样有影响的著作,从而使‘法律文化’概念如同‘政治文化’概念一样具有较为确定的内涵和明晰的界限。”梁先生同时还感慨地写到法律文化“这样一个重要概念在一般法律学乃至社会科学辞书里是找不到的”,该词的“用语混乱几乎与这个词的泛滥一般严重”。[①] “法律文化”一词的晚出[②]使得权威性的、约定俗成的法律文化概念还尚未形成。

目前,人们对法律文化一词从本体论与方法论两个方面来理解。本体论的研究侧重于法律文化的价值及其研究范围和对象。美国学者埃尔曼在其名著《比较法律文化》[③]一书中所表达的法律文化概念,便是在本体论意义上的描述,并且他把法律文化和其关系十分紧密地已得到广泛认可的政治文化的概念加以比较,使法律文化在价值层面上得到了阐释。[④] 对这种侧重于从本体论角度论述法律文化的做法,我国学者梁治平先生在肯定其作用的同时,提出了不同意见。他指出:“被如此限定了的‘法律文化’变成了法律研究(或只是法律社会学)领域内的一个小小分支,它要在已经十分拥挤了的学科领域内为自己争得一席合法位置,因此,不能不先将手脚束缚起来。更严重的是,对理论与方法的关注为关于对象的思考所取代,在寻找和确定适当范围的过程中,‘法律文化’概念可能具有的创新的方法论意义就逐渐被掩盖或消失了。正是因为这个缘故,我宁愿把法律文化视为一种立场和方法。”[⑤]他主持编辑的以自己同名文章为书名的《法律的文化解释》一书,即以对法律文化所独具的方法功能的阐释为其旨。笔者认为,对法律文化的研究,既要注重其本体性的一面,亦要注重其方法论的一面。注重法律文化的本体论,才能使法律文化秀出学科之林,取得其应有的地位,赋予其相对稳定的意

---

① 梁治平:“法律文化:方法还是其他”,载梁治平编:《法律的文化解释》,三联书店 1994 年版,“代序”第 1～2 页。

② 虽然在孟德斯鸠和梅因的一些著作(如《论法的精神》、《古代法》等)中,我们早已得知不同的法律文化及其对一个国家现实法律的深刻影响,但在这些著作中,都没有提供给我们关于法律文化的专门性概念。人类学法学者的研究非常注重法律的文化背景,但也没有提供给我们方便地理解该概念的现成定义。对此,可参见[美]E. A. 霍贝尔:《初民的法律——法的动态比较研究》,周勇译,中国社会科学出版社 1993 年版;[日]千叶正士:《法律多元——从日本法律文化迈向一般理论》,范愉等译,中国政法大学出版社 1997 年版;[日]汤浅道男等编:《法人类学基础》,徐晓光、周相卿译,华夏文化艺术出版社(香港)2001 年版等。

③ [美]埃尔曼:《比较法律文化》,贺卫方、高鸿钧译,(北京)三联书店 1988 年版。

④ [美]埃尔曼:《比较法律文化》,贺卫方、高鸿钧译,(北京)三联书店 1988 年版,第24～41 页。

⑤ 梁治平:“法律文化:方法还是其他”,载梁治平编:《法律的文化解释》,三联书店 1994 年版,“代序”第 4 页。

义;注重法律文化之方法意义,则会使法律文化作为一种重要的不可缺少的分析工具被广泛运用于法学各学科乃至其他学科,使法律文化理论产生更广泛深刻的影响。在一定意义上讲,任何一门学科只有升华为方法时才更能使该学科发挥广泛的社会效用,如系统论、信息论、训诂学等方法使得系统科学、信息科学、训诂学发展得蔚为大观。同样,任何一种方法只有借助于一定的本体支持时,才更加具有坚实的理论基础。可见,本体论的法律文化和方法论的法律文化,不是相互割裂的两张皮,而是相辅相成的知识和方法体系。因此,对法律文化的研究,既不能缺少对其本体性的揭示,也不能撇开对其方法论的发扬和光大。法律文化的含义亦宜在此基础上展开探索。

和文化的概念一样,目前我们所掌握的法律文化也是一个歧义丛生的概念。公丕祥先生认为:"法律文化是在一定社会物质生活条件的作用下,掌握国家政权的统治阶级所创制的法律规范、法律制度或者人们关于法律现象的态度、价值、信念、心理、感情、习惯以及学说理论的复合有机体。"①刘作翔先生认为:"法律文化是法律意识形态以及与法律意识形态相适应的法律规范、法律制度及法律组织机构和法律设施等总和,社会主义法律文化是社会主义法律上层建筑的总称,是社会主义文化整体中不可缺少的重要组成部分。"②武树臣先生认为:"法律文化是人类文化的组成部分之一,它是社会上层建筑中有关法律、法律思想、法律制度、法律设施等一系列法律活动及其成果的总和,它是以往人类法律活动的凝结物,也是现实法律实践的一种状态和完善程度。""法律文化由法律思想、法律规范、法律设施和法律艺术组成。"③而慕槐先生则认为:"法文化即是法观念、法意识。"④关于法文化的概念,还可以举出很多,仅就如上所举诸例,我们不难看出,人们对法律文化的看法之差异之大。具体分析以上人们在本体意义上得出的关于法律文化的含义,⑤大致有如下四种观点:

① 公丕祥主编:《法律文化的冲突与融合》,中国广播电视出版社1993年版,第4~5页。

② 刘作翔:《法律文化论》,陕西人民出版社1992年版,"序"第36页。

③ 武树臣:"中国法律文化探索",载北大法律系:《武树臣法学论文集》,光明日报出版社1998年版,第317页。

④ 慕槐:"法律文化随感录",载《比较法研究》1989年第2期。

⑤ 事实上,法律文化和"法律与文化"是两个不同的概念和问题。在我国,以刘作翔等为代表的一些学者主要关注的是前者,但以梁治平等为代表的一些学者则主要关注的是后者。由此就引致了在法律文化问题上的完全不同的见解和研究理路。

第一，广义的法律文化观。该观点把人类在法律实践活动中所创造的一切均纳入法律文化范畴。从横向看，法律文化包括法律制度（法规范、法组织法行为等），法律的物化标志和象征符号、主体的法律思想、法律观念以及人们依照法律而为的行为方式、生活方式等；从纵向看，则法律文化既包括人类在长期法制实践中的制度积累和观念形态、生活样式，也指人类在现实法制活动中的制度创造、心理成长、理论总结及行为操守等。在此，法律文化不仅包括国家法文化，亦包括诸如习惯法、（非国家的）宗教法等在内的非官方的法律文化。似乎可以说，广义的法律文化观把人类法律实践活动中的方方面面悉数纳入。

第二，中义的法律文化观。这种观点排除了人们在法律活动中所关涉的物化设施为法律文化的可能，而只是把法律文化视为制度层面的规则、组织等和意识层面的思想、观念及在其指导下的行为方式。在法文化的范围上，该观点亦指向了国家法文化和社会习俗法（民间法）文化的内容。可以说，该观点所指的法文化就是有关"法律上层建筑"的全部内容。

第三，狭义的法律文化观。该观点把法律文化界定为有关法的意识和观念。不过在法的界定上，其所指不仅是国家法，而且也包括其他法，如宗教法、习惯法等，这是其区别于最狭义的法律文化观之重要标志。可见，其所指比最狭义的法律文化观所言的法律文化要宽泛得多。在狭义法律文化观看来，法律文化所对应的是法律制度、法律之物化设施等。

第四，最狭义的法律文化观。该观点把法律的物化内容及制度内容均排除在法律文化概念之外。在法的确定上，其奉行严格的法律归属的国家主义原则，否定习惯法、（非国家的）宗教法等作为法的存在意义，而把它们归于社会规范领域。因此，最狭义法律文化观之所指是主体有关国家法的思想体系、意识观念等。

（2）毫无疑问，前述不同的关于法律文化的论述和观点，有助于我们更深入、系统地从多视角、全方位来理解法律文化的含义。与文化的含义一样，我们不想也很难给法律文化作出一个经典的、不容更改的定义。但这也不能妨碍笔者在自己的视角提出一个相关的定义，以大致确定法律文化的范围。

第一，法律文化是文化的一个子系统，其归属于文化。不论是广义法律文化、中义法律文化，还是狭义、最狭义的法律文化，从根本上说来，均与论者所主张的文化观念相呼应并契合，都从属于其主张的文化含义之下。我们知道，文化是愚昧、野蛮、粗暴的对立物，同样，法律文化也是对愚昧、野蛮和粗暴的反动。虽然在法制史料中，不乏在今天看来自身粗野残暴的法律和刑罚方式，然而，相对于原始时代的复仇——哪怕是同态复仇的那种任意性和残酷性，这些法律仍然不失为一种进步，仍然是一种“文”化的一个过程，因为专制的法律总要胜过开明的率性而为。作为文化的一个子系统，一方面，法律文化与文化的其他子系统共同表现着人类社会发展进步的过程，使人类的行为有了文化作为参照；另一方面，就整个人类文化作为一个有机的体系而言，如果缺少了法律文化，则人类文化系统便残缺不全，人类的发展进步便因规范文化的缺乏而难以想象。因此，法律文化是人类发展过程中必不可少的，任何其他文化均无可替代的一种文化。

第二，法律文化是人类法律活动的产物。几乎一切社会现象均产生自人的矛盾和需求。在人自身的矛盾中，主体的个体性与社会性的矛盾是最为深刻的矛盾，也是决定其他一切社会矛盾（诸如自利与利他、自由与秩序等）形式的根源。因此，这一矛盾既是推动社会发展的根本的主体动因，也是阻碍社会进步的最大的内在障碍。当该矛盾的双方处于平衡状态时，其社会效应便为前者；当该矛盾的双方处于一方对另一方起绝对支配作用之时，其社会效应则为后者。人的本质的矛盾存在产生了人的本质的需求，这便是自由与秩序需求。这是一对明显矛盾和对立的需求，但同时也是只有处于平衡状态时才能标志着其实现的需求，人类为这一目标的奋斗过程无疑是一个文化的过程。人类每向前发展一步，便意味着向自由与秩序的平衡推进一步。然而，旧矛盾的解决，意味着新矛盾的来临。人类本性的矛盾的平衡每推进一步，就又会出现新的自由与秩序的失衡从而需要继续来平衡。法律是人类制造的平衡自由与秩序之需求（矛盾）的最佳方式，它不但是人类的一种文化过程，而且是人类文化的结晶；它不但是人类文化的表征和标记，而且是人类文化的重要载体。① 任何法律总是在一定的比较意义上对感性的反叛和对理性的张扬，对野蛮与粗俗的背弃和对文化、纤细与雕琢的肯定。因此，人类的法律实践史，就是人类需求与矛盾的平衡史，也是人类不断走向“文”化的文化史。

第三，法律文化的主旨是对法律的一种文化理解。法律文化从属于

---

① 笔者认为，只有人是人类文化的主载体，其他一切人为的事实均可归结为人类文化的“次载体”。

文化,但并不从属于法律,它与法律之间在逻辑上是混融关系。由于法律文化总是与人化相关的,因此,对人的解释——文化解释总是可以与法律文化关联起来。无论是人类学的解释、历史学的解释,还是社会学的解释,都可以广义地归纳为文化解释,因而都可以用之于对法律的解释。只有在这一层意义上理解法律,才能更深刻地寻求出法律的价值和意义来,才能使法律不断地关注和记载人类的"终极关怀",从而摆脱过分的法律的实用主义倾向和工具主义传统,也摆脱对法律的恐惧感和神秘感,使法律成为文化的、人化的、内化的"活法"。这种对法律的文化理解之于法律文化,不仅具有方法论意义,而且具有本体论意义。离开这一主旨,法律文化不论在价值上还是效用上便大为逊色。

第四,在理解法律文化时,既要奉守法律的"国家主义"①立场,即以国家法为法律文化的主要参照,但不能以国家法为唯一的法律模式和分析法律文化之参照。这是因为之所以要以前者为主要参照,在于有文字记载以来在人类社会发展史上真正发挥最大作用的法律是国家法,人类史上有关法律的史料主要是国家法,国家法是最重要的实在法。同时,在一定意义上讲,其他任何实在法都必须服从于国家法。虽然在政教分离时代,曾有过宗教法与国家法的分庭抗礼,然而,就人类历史发展的长河而言,尤其文字创生以来的人类文明史,主要是国家主宰的历史;在法律上,国家法也在效力上起着至高的规范和制约的功能。但是,这并不是说国家法是法律的全部,也不是说法律文化就是指国家法文化。实际上,除国家法文化之外,在人类社会发展中,还存在着大量调节社会关系的与国家法具有类似性质和功能的法现象,甚至在一定程度上,在绝大多数国家的乡村社会,习惯法对人们日常行为的调节程度和功用远甚于国家法。这些不同于国家法的法律及主体在它之上所形成的法观念和法意识等,形成了丰富多彩且独具特色的法律文化,尤其宗教法文化和习惯法文化。对此,法文化理论应当高度重视,在法文化含义中亦必须涉及之。

第五,法律文化既是一种过程性的历史积淀,也是一种立体性的现实创造。人类长期的法律实践活动过程,就是一个法律文化的不断创造过程和积累过程。人类现实的法律活动,就是法律文化在现实主体行为

① 这里所谓"国家主义",只是对该词汇的借用。它不是指必须站在国家的立场上来观察一切法律现象,而是指不论站在何种立场上阐释法律文化,都不能无视国家法在可实证的人类法律史上的主导性。

和心理中的展示。一般说来,历史上所积淀的法律文化,主要通过典籍的方式加以承载。当然,在口耳相传的民间传说故事中,亦蕴藏着大量法律文化的内容,也是亟须我们收集、加工和整理的法律文化领域。而现实的法律文化,既表现为法律文化的文字载体,又表现为主体从事法律的心理和行为,还表现为主体直接依法从事或创立法律的生活样式与生活态度。因此,研究历史的法律文化积淀,强调典籍材料的重要性是理所当然的。但倘要研究现实法律文化,就必须首先深入现实社会人们的法律生活中去,以社会学的视野观视法律文化。

同时,历史上的法律文化与现实实存的法律文化之间不是截然两分的,这不论在国家法文化,还是其他法文化中都存在着。所谓彻底抛弃传统而另起炉灶的法律文化是不存在,也不可能存在的。一般说来,传之越久,被人类使用时间越长的法律文化,越具有优越性,亦越具有"文化"特色;而被人们日渐放弃的法律文化,虽则在其发挥作用的当初具有"文化"属性,但在后世眼光中,往往为"武化"、"粗化"的内容。法律文化的这种积淀性在习惯法传统和宗教法传统中,更加明显。

第六,同文化具有"模式"①一样,法律文化亦同样具有不同的模式。众所周知,从宏观层面来说,西方法律文化和东方法律文化就是截然不同的两种法律文化模式。从中观层面讲,在西方法律文化模式中,大陆法律文化模式与英美法律文化模式就深令学者们玩味再三;而在东方法律文化模式中,譬如中国的法律文化模式和印度的法律文化模式就足以成为无数感兴趣的专家永恒探讨下去的问题。法律文化模式如此不同,以致在法律文化的探讨过程中如果以特定的法律文化观念去观照其他法律文化,就必然会导致先入为主的偏见。因此,深入各不同法律文化模式的底层,寻求其独特的"范式"和"话语表达方式",乃是强化和深化对不同法律文化模式研究的一般要求。

当然,法律文化模式的存在,并不否认人类法律文化的共同性和不同法律文化模式之间比较的必要性。相反,对某一模式的深入探讨和研究,一方面是为了从模式的特征中探寻其存在的必要性和合理性,另一

① 我们知道,"文化模式"一词系美国著名文化学家本尼迪克特所首创。在很大程度上讲,文化决定法律的命运,文化模式决定着法律模式。就像萨维尼的观点所表明的:一个国家(民族)的法律就像他们的语言和文字一样,是其文化传统的有机组成部分。正是从此意义上讲,法律文化学主要研究的是法律和文化的关系,而不是法律文化自身。然而,这绝不意味着对法律文化自身问题的研究不重要,这从研究好了文化并不意味着同样也就研究好了法律文化的事实中可以顺理成章地推出。

方面，则是在与其他法律文化模式的比较中，求同存异，比较优劣，找出法律文化发展的共同规律，强化不同法律文化模式的交流，使法律文化研究真正表达和实现其意义。这就需要我们在研究中寻找“比较范式”和“共同话语”，以为正确地比较创造条件，使法律文化的研究更具意义。

至此，我们需要表达一个概念化的法律文化的含义：法律文化是人类文化系统的有机组成，是人类在有关规范公共交往行为的活动中所创生的法律制度及关于这些制度的思想、观念、知识和在这些制度之下的主体行为方式体系。法律文化既具有人类共性，亦具有历史性、民族性、时代性，从而亦具有不同模式性。因此，法律文化又是认知法律的重要方法，即其具有方法性。这就是笔者到目前为止关于法律文化的总的看法。

三、法律文化的分类

这里所讲的法律文化的分类，主要不是指在前述实践形态的法律文化模式意义上的分类（虽然它也应被视为一个重要的分类方式），而是指在学理上根据不同的标准对法律文化所进行的分类。在学理上，法律文化大体上可以分为如下诸类：

（1）从法律文化的内容分，可分为制度法文化、观念法文化和行为法文化

①制度法律文化，是指人类所创造的法律制度本身。法制度一般表现为两大内容：其一，法律规范；其二，与法律规范相适应的法律组织设施。就法规范看，无论以文字形式体现出的成文法规，还是以主体行为形式表现的行为法规范，都具有强烈的文化意蕴。成文法规范不仅加厚了人类的文化典籍，而且更加稳定地引导着主体的文化行为。以行为形式传世的法规范，则直接表现在主体的“文化”活动中，人们行为的模式化就是以行为方式所表达和实现的规则，就是规则的行动化。

就法组织设施来看，它的设立总是依从于一定的规则。规则如果是文化图式的话，那么，法组织设施就是根据这一图式的实物建构。它融入了人类理性的深沉的文化思考，如法庭庄严肃穆的建筑结构、法庭组成（如陪审团与法庭主持人、当事人及其辩护人的结构）模式、法律标志（如国旗、国徽、国歌等）均往往体现了独特的人文风格和民族精神，是典型的文化现象。因此，我们亦将法律组织及其设施归于法律文化之中。

制度法律文化是其他一切法律文化的前提，没有法律制度——法律

规则及其组织设施，那么，其他一切法律文化便丧失了产生的前提基础，就成无皮之毛、无本之木、无的之矢。当然，制度法律文化亦有其独特的基础，从客观层面看，就是制度的物质基础；从主观层面看，则为制度所赖以建立的民族精神。

②观念法律文化，是主体关于法律的观念、意识、态度、思想等的总和。一定的制度实存总会在一定程度上影响人们的观念和意识，观念法文化就是在制度法文化基础上主体对它的意识反映。

观念法文化具有一定的层次性，它既表现为较低层次的主体的法律心理，如法律感知、法律认知、法律情感、法律态度等，亦表现为高层次的法律思想体系。较低层次的法律心理往往直接支配着主体的法律行为，并且其对主体法律行为的支配具有个别性。因不同主体的法律心理不同，因而在其支配下的法律行为表现亦异。然而，一般说来，在同一法律文化模式下，主体大致具有相同或相近的法律心理。唯此，法律心理才堪称法律文化，才能形成法律观念和法律意识；否则，纯粹个体的、四分五裂的、缺乏认同感的法律心理很难说是法律“文”化，毋宁说其为无法律文化或反法律文化。

法律思想体系作为法律文化，是更高层次且具有普遍影响力的法律文化。一种法律思想体系总是在一定的宏观层次上作用于主体的行为。因此，除了普遍性之外，它的作用还具有持久性和深刻性。

观念法律文化既是制度法律文化和行为法律文化的桥梁，又在特定条件下决定着新的制度法律文化的产生。一般来说，法律心理和观念之作用主要为前者，而法律思想体系之作用主要为后者。缺少观念法律文化这一环节，既产生不了良好的法律制度，也会令已有的法律制度难以顺利地化为主体行为。

③行为法律文化，是指主体在法律制度和法律观念、规范引导下的法律生活方式。不同的法律制度和法律观念必然引导着主体不同的法律行为，从而形成不同的法律生活样式。视国家法为神圣的国家在比较完备的法律制度的支配下，人们的行为方式与法律的需求在很大程度上自觉契合，从而形成了一种法律味浓重的主体生活样式；在国家法的神圣观念尚未内化进主体心理中、且法律制度的不太健全的国家，人们的日常生活无论在观念上还是事实上的法律特色均十分微弱。即使人们的行为与公认的法律之间产生了契合，人们也宁愿视其行为为习惯行为或区域化的道德行为。

行为法律文化既是法律观念的外化，也标志着法律制度之能否实现。当主体的行为模式在整体上契合于法律制度的要求时，行为法律文化标志着法律制度的实现；反之，当主体的行为模式背反或并未完全契合于法律制度时，则标志着法律制度根本没有发挥调节作用或只发挥了部分的调节作用。由此，不难看出行为法律文化的作用。

上述三种法律文化既是一个过程，又是一个统一的有机的系统。三者的相互作用，形成在制度要素视角上的完整的法律文化体系。

(2)从法律文化的性质分，可分为国家法文化、宗教法文化和习惯法文化

如前所述，由于法律分为国家法、宗教法和习惯法，相应地，法律文化亦分为国家法文化、宗教法文化和习惯法文化。这是几种不同质态的法文化。

①国家法文化。国家法律是自人类进入有文字记载以来的主要法律，国家法文化由于有了明确的文字记载和强大的政权后盾而比其他法律文化有更厚实的根基和广远的存留。因此，有文字记载以来的主要法律文化乃为国家法律文化，与其他法律文化相比较，国家法文化具有如下显明的特征。

第一，国家政权的存在既是国家法文化得以产生的重要前提，也是其得以传播和弘扬的重要基础，国家政权之于国家法文化是一种有效的强制保障力量。一般说来，当主体普遍具有浓厚的法律观念，从而一般能够做到依法享受权利、承担义务时，国家强制力的现实效应就弱；反之，国家强制力的现实效应就强。从性质上讲，国家强制力的存在有两种：一种是符合法理基础的强制力，即国家强制力(政权)应受到法律的制约，这就是在法治社会的国家强制力；另一种则是缺乏法理基础(政治哲学意义上的合法性)的强制力，即法律只是政权的副产品，法律是执掌政权者的任意，政权不受法律的制约。这是人治社会的国家强制力。与这两种情形相适应，分别产生了民主国家法文化和专制国家法文化。总之，政权的强制性是国家法文化的重要特征。

第二，国家法文化具有对主体的广泛适用性。只要在国家权力所及的地方，国家法文化便具有适用性，这不同于宗教法文化和习惯法文化。前者只对于宗教信徒具有约束力和适用性，非教徒虽可能具有宗教法文化的思想和观念，但并不受宗教法的制约。而后者则往往具有狭小的区域性和特定的种族性。因此，一般说来，某种具体的习惯法文化的适用

范围较国家法文化要狭窄得多，不在该区域或不属该种族的人，纵然有习惯法的系统思想和观念，也不受该习惯法之制约。[①]

国家法文化还有其他一些特征，如上两者则是最为重要的方面。

②宗教法文化。与国家一样，宗教自身是一种深沉的文化现象。宗教法是在人类有文字记载的历史上之影响仅次于国家法的法律形态。宗教法自始便是一种文化现象。在一定意义上讲，宗教法的文化意蕴远甚于其法律意蕴，这在穆斯林之外的世界中，一位穆斯林见到另一位穆斯林时那种心犀相通、热情有加的景象中我们可以得到深刻体验。在古代社会相当长的历史时期内，宗教法要么与国家法合二为一，即国家法借宗教法的力量来说明其“合理性”，表明其“权威”所在，从而产生了宗教法文化与国家法文化的混生形态；要么与国家法分庭抗礼，形成蔚为壮观的“政、教分离”局面，从而国家法与宗教法形成二元结构状态。在我们当下的现实世界中，宗教法文化依然起着重要作用，如西方国家依然用宗教心态强化法律信仰，总统就职时手按《圣经》的仪式，青年男女结婚时在教堂举行的仪式等均表明了此。至于在伊斯兰国家，《古兰经》、《圣训》等宗教法依然具有至高无上性。[②] 而在另一些国家，如较少宗教影响的东亚国家，宗教却被置于法律之下。在这里，那些信教者中虽有宗教法，同时社会上也有宗教法的思想和观念，然而，其力量总是远逊于国家法文化，宗教活动及其法律程式必须与国家法文化保持一致。宗教法文化的重要特征是主体内心的自觉调节性。虽然其不拒绝教会、寺院的强制执行，但总的说来，它的内心的自觉调节性远大于外在的强制适用性。

③习惯法文化。习惯法是重要的文化现象，从其适用的历史过程看，习惯法有着比国家法和宗教法更为悠远的历史。习惯法文化也有着

---

① 当然，这绝不是说宗教法文化和习惯法文化作为文化整体形态的广泛适用性比国家法文化狭窄。事实上，和人们的社会生活相比较，国家是一个相当晚生的现象。在国家及其法文化产生之前，宗教法文化和习惯法文化就已经广泛地存在着。因此，从这层意义上讲，国家法文化只是在习惯法文化和宗教法文化基础上发展起来的。它的实现或者现实有效性，往往须借助习惯法文化和宗教法文化的支持。对于宗教法律文化对国家法律文化之意义的富有启示性的论述，可参见[美]伯尔曼：《法律与宗教》，梁治平译，三联书店 1988 年版。

② [英]诺·库尔森：《伊斯兰教法律史》，吴云贵译，中国社会科学出版社 1986 年版；吴云贵：《伊斯兰教法概要》，中国社会科学出版社 1993 年版；《真主的法度——伊斯兰教法》，中国社会科学出版社 1994 年版；赛生发编译：《伟嘎耶教法经解》，宁夏人民出版社 1992 年版；高鸿钧：《伊斯兰法：传统与现代化》，社会科学文献出版社 1996 年版等以及相关的伊斯兰教的经典文献，特别是《古兰经》。

更为深沉的主体心理基础。在国家和宗教产生之前,人类就普遍受部落的习惯法规范调整。对此,有人认为只应呼其为习惯,而不能视其为习惯法。习惯要演变为习惯法,必须经过国家这个中介,[①]即一切法律都是国家的,法律是国家的附属物或副产品。尽管人们可以对它保留各自的看法,但我们探讨问题的基点还是应当落脚于历史事实和社会现实,而不是某种先验的观念。就历史事实而言,习惯法的长期存在和社会作用不但被大量的文献资料所记载,而且为不断出土的文物资料所实证。就现实而言,在一些远离都市的乡村地区和国家控制比较薄弱的地区,还存在活生生的习惯法和生机盎然的习惯法文化。对此,有些学者进行了深入的田野调查和实证分析,在我国近两年对该问题的研究也有了长足的进步,如范宏贵先生所著的《少数民族习惯法》、[②]夏之乾所著的《神判》、[③]邓敏文先生撰著的《神判论》、[④]高其才先生撰著的《中国习惯法论》、[⑤]朱勇先生撰著的《清代宗族法研究》、[⑥]王学辉著的《从禁忌习惯到法起源运动》、[⑦]张冠梓著的《论法的成长——来自中国南方山地法律民族志的诠释》[⑧]等,均可视为从 20 世纪 80 年代中后期到 90 年代以来我国对习惯法研究的重要成果。与国家法文化和宗教法文化相比,习惯法文化的产生和发展具有自发性,唯其如此,它才在主体心理中积淀得更为深沉,在主体的实践中贯彻得更为自觉。

(3)从法律文化的分布空间分,可分为西方法文化、东方法文化和其他法文化。在此,东、西方法文化的范围确指程度较高,而其他法文化的范围确指程度较低,具有明显的泛化特征。

①西方法文化。今天所指的西方法文化是指以希腊—罗马法和盎格鲁—撒克逊习惯法为源头,并经过中世纪的教法浸润发展而来的奠定于商品经济和资本主义民主政治基础上的法律文化。这是一个区域代表性十分广泛的概念。在该概念中,有在性质和特征上均有区别的两种

---

① 参见孙国华主编:《法理学》,法律出版社 1995 年版,第 48~49 页。
② 范宏贵:《少数民族习惯法》,吉林教育出版社 1990 年版。
③ 夏之乾:《神判》,上海三联书店 1990 年版。
④ 邓敏文:《神判论》,贵州人民出版社 1991 年版。
⑤ 高其才:《中国习惯法论》,湖南出版社 1995 年版。
⑥ 朱勇:《清代宗族法研究》,湖南教育出版社 1987 年版。
⑦ 王学辉:《从禁忌习惯到法起源运动》,法律出版社 1998 年版。
⑧ 张冠梓:《论法的成长——来自中国南方山地法律民族志的诠释》,社会科学文献出版社 2000 年版。

法律文化体系，即众所周知的大陆法律文化和英美法律文化。西方法律文化对当今世界各国都有或多或少，或深或浅的影响，不少曾是当年英、法等国殖民地的国家，如澳大利亚、新加坡、印度、巴基斯坦等占主流地位的法律文化为西方法文化。即使社会主义国家的法律，除学者们在理论上刻意营造的法律本质的相异点外，在法律的形式和词语上均浸透了西方法律文化的影响。虽然西方法文化在传入其他国家与地区时总有一个“本土化”的过程，但该法律文化的基本精神却很难本土化。之所以西方法律文化对世界各国都有如此强的渗透力，不应视其为偶然现象，而应视为符合一定规律的法律文化在人类历史发展进程中所必然产生的作用。虽然我们不能无原则地夸大其精华，但其历史和现实的生命力和实践效应要求我们必须首先重视其精华成分。

②东方法文化。这是一个泛指性较强的概念，它包括以中国为核心的东亚法文化，以印度为核心的南亚法文化和中东、中亚为核心的伊斯兰法文化。在历史上，这些法文化曾经与西方法文化的主要源头——罗马法文化分庭抗礼。就今天看来，它们则表现为两种情形：一是以法律文化传统的形式存在着，如中国、印度法文化就主导方面说来是以法文化传统的形式存在着；二是对现实依然发挥着巨大的作用和影响，尤其伊斯兰法文化，不但具有深沉的历史价值，而且具有与西方法文化可比较的现实作用。其他东方法文化——中国、印度法文化等，抑或多或少地对现实起着巨大作用，有时甚至起着很大的作用，如中国法文化传统的现实实存和巨大作用，在严重制约具有现代价值和因素的当代中国法的实施。对此，法学界在近年来指陈甚多，尤其青年学者郝铁川先生更是比较系统地指出了中国法律文化的主流——儒家法律文化对当代中国法治的严重障碍。[①] 如何在东方背景下汲取西方法律文化的优秀成分，以改造、拓新东方法文化传统，是我们当前面临的一项紧迫而又具有重大现实意义的课题。

③其他法律文化。如前所指，这是一个区域确指程度极低的概念，它包括除了东、西方法律文化之外的其他一切地区、国家和种族的法文化。从世界文化史看，不仅东、西方国家创生了辉煌灿烂的法文化，而且其他一切国家和民族都曾创造过并且至今依然在创造着法律文化。黑非洲人、印第安人、南洋群岛的土著人等都各自拥有其值得称道的法律

---

① 参见郝铁川：《儒家思想与当代中国法治》，河南大学出版社1994年版。

文化，以致人类学家和法学家们在深入研究法文化，尤其习惯法文化时，不得不频频关注和深深留恋这些地区和民族。① 在放眼观视世界法文化，寻求创新人类的法文化时，我们必须珍视尚未引起足够重视的“其他法文化”；否则，更高层次的、代表全体人类发展方向的法律文化的创生便会遇到更多的阻碍力量和实际困难。

(4)从法文化存在的时间界域分，可分为古代法文化、近代法文化与现代法文化。这三个时代的历史界限，本是一个十分引人入胜的话题。笔者认为，古代社会之所指乃以自然经济占主导地位的历史时代为准；近代社会则以自由竞争的资本主义生产方式为准；而现代社会则以垄断联合的社会——资本主义生产方式为准。

①古代法文化。古代法文化是人类在古代社会所创造的主要奠定于自然经济基础之上的法律文化。对此，英国历史法学派的代言人梅因先生在其名著《古代法》中做了详尽的分析和“报道”。一般说来，古代法文化的共同特质有如下诸点：

第一，物质基础——自然经济的生产方式。一般说来，古代法文化的共同物质基础是自然经济，其中有所例外的只有古希腊—罗马法。众所周知，古希腊、罗马是古代简单商品经济十分发达的地区，在此基础上创造的法文化，尤其制度法文化对当今世界均产生了深刻的影响。那么，在以时间界域为标准的法文化分类中，它究竟属于什么样的法文化？笔者认为，从历史之断代看，它显然应属于古代法文化，但从其所包含的法律精神看，则又具有近、现代法文化的精神气质，是近、现代法律文化的真正活水源头。虽然有此一例外，但总的说来，古代法文化的物质基础具有明显的自然经济生产方式之特征。

第二，义务—秩序型法文化。笔者认为，古代法文化的另一共同特征是强调义务，义务居于法律规范的核心层次，其法律的调节目的是社会整合与秩序强加。不论古代的国家法、宗教法，还是习惯法文化，均具有义务—秩序的特色。由此而致的，必然是明显具有政治专制型和文化

① 例如，英国人弗雷泽在所著的世界名著《金枝》(徐育新等译，中国民间文艺出版社 1987 年版)中就用了大量“其他地区法文化”的内容；另一位英国人梅因所著的《古代法》(商务印书馆 1961 年版)也是如此；至于美国著名女人类学家和比较文化学家玛格丽特·米德所著的《萨摩亚人的成年》(周晓红等译，浙江人民出版社 1988 年版)，《三个原始部落的性别与气质》(宋践等译，浙江人民出版社 1988 年版)更是对南太平洋一些地区文化(包括法文化)的最直接的转述。当然，还有法人类学家霍贝尔的我们已经非常熟悉的《初民的法律》(周勇译，中国社会科学出版社 1993 年版)。

一元化的法文化。

第三,"公"法型法文化。公法是相对于私法而言的,古代社会(古罗马除外)各地的法文化,主要是以刑法和官法所构成的"公"法型法文化,因此,刑事制裁、官阶层属在古代法文化中具有十分独特的地位和作用。相应地,"礼"等私法规范亦深受公法的影响。

②近代法文化。近代法文化是以近代自由商品经济为基础而主要由率先进入资本主义的一些国家(如英、法等国)首创的法律文化。由此可见:

第一,近代法文化的物质基础是自由商品经济。这种经济的根本特征是自由竞争的绝对性、自主经济的绝对性和财产私有的绝对性,它已在客观上形成了向世界扩展的强大的内在冲动力量,在此基础上的法文化则也更为明确地表达了这种经济生产方式之特征。

第二,权利—自由型法文化。就西方世界而言,近代法文化在法规范上有着比较明显的与中世纪时期法文化对立的味道,因而在法规范中强调权利本位对主体自由的确保。权利在法律规范中居于绝对主导的地位,义务只是为权利而设,秩序变成工具性的东西,而自由才为最终目的,于此便保障了民主政治的出现和多元文化的发展。

第三,"私法型"法文化。近代法文化的主体是私法文化,最重要的公法——宪法与刑法乃是根据私法的基本原则和精神来构造的。甚至在有些国家,一些学者(如英国的戴西)曾公开否定"官法"——行政法文化,把它视为民主的对立物。这突出地表明了近代法文化之"私法"主旨性质。当然,这里主要指的是国家法文化的私法性质。

不应忽视的是,在以西方观念所主导下的世界之近、现代史上,还有大多数国家和地区在文化特征上仍然处于古代社会形态中,通行着自然经济,因此,这时这些国家的法律文化,依然应被称为"古代法文化"。

③现代法文化。现代法文化是指在现代世界性市场经济基础上所产生的法文化。现代法文化具有如下特征:

第一,现代法文化的物质基础是现代市场经济。现代市场经济与自由商品经济的重要区别是后者把经济活动纯粹视为主体自治的事,从而排斥、拒绝国家对经济活动的宏观管理和干预;而现代市场经济则强调主体经济自由与国家宏观调控的结合,从而使经济发生了重大的形态变化。现代法文化以此为基础,使得法文化更具有丰富多彩性。

第二,权利—自由与义务—秩序并重的法文化。由于市场经济不仅把某一国内的经济主体，而且把全球的经济主体构织到一个相互联系、不可分割的社会连带关系之中，因而导致在法文化上，人们既注重自由的保障，亦注重秩序的和谐；既注重权利的享有，还注重义务的承担，从而使现代法文化具有权利与义务、自由与秩序的并重性与和谐统一性。

第三，公、私法文化兼蓄性。现代法文化既注重私法文化，也注重以私法精神铸造而成的公法文化。由于国家与政府已是经济活动中必要的甚至首要的力量，因此，通过公法，尤其行政法对国家机关确权和限权，便是至关重要的问题了。在一定意义上讲，公法对公共权力和公共秩序的维护是私法发挥其作用的前提，这就使得现代法律文化的发展具有明显的公法文化与私法文化的兼容并包特征。这也是人类在总结自己治理社会的长期经验中创造出的综合性极强的法文化，是法文化在现代社会的升华。

第四，发展趋向的国际化。① 由于现代法文化的经济基础——市场经济的国际化与世界化，现代法文化亦出现了明显的世界化趋势。各国人民正在寻求较为统一的规范方式和对话机制，并不断地把自己的独特的民族意愿化为世界通用的法律语言，如中、缅、印等国首创的"和平共处五项原则"已进入国际法律体系中，成为各国对话的重要法律基础；在国内法上，法律文化亦表现出了明显的按照国际通行的惯例和要求而改进它的倾向。

以上根据历史分期对法律文化的划分，主要是以国家法文化为标准的。至于宗教法文化和习惯法文化，则较为复杂些。虽然其与国家法文化的古代、近代和现代之分期具有十分密切的关系，但不能以此来套用之。

(5)从法律文化的现实地位分，可分为占统治地位的法文化、处于被统治地位的法文化和社会法文化。其中前者是以国家法为标准进行的分类，而后者则主要指宗教法文化和习惯法文化。

①占统治地位的法文化，一般说来它是国家对一定的法律思想加以汲取并以其所制定的法律规范为核心而形成的制度、观念与行为共在的法律文化。占统治地位的法文化具有如下共同特征：

---

① 关于法律的国际化倾向，在我国已经有不少论述，其中较为系统的论述可参见李双元：《走向21世纪的国际私法——国际私法与法律的趋同化》，法律出版社1999年版。笔者根据中国法制现代化建设的实情而对该问题的阐述，参见谢晖：《价值重建与规范选择——中国法制现代化沉思》，山东人民出版社1998年版，第88页以下。

第一,法文化内容的全面性,即这种法文化在具体内容上既具有制度法文化,也具有观念法文化和行为法文化。在这里,法文化的一切内容被其全面涵括,因而该种法文化在内容上具有系统性和完备性。

第二,法文化实施的自觉与强制统一性。占统治地位的法文化在实施中不但需要,而且事实上也往往表现为主体的自觉运用和遵守。然而,一旦不自觉遵守之,则会有另一重保障机制,这便是运用国家的强制力,以迫使人们必须依从它而生活。

占统治地位的法文化不一定就否定社会性的法文化。相反,它之所以能通行,并能取得统治地位,总是与主体的一般需求相通相契的结果;否则,再大的强制力也不足以使其居于统治地位。

②被统治地位的法文化,这是指以思想观念等方式存在的没有被国家或社会普遍采纳的法文化。这种法文化的特征是:

第一,在内容上不具有法文化的完整性,即它往往没有现实的制度基础和根据,而仅仅是一种观念与行为形态的法文化。例如,法律虚无主义作为一种法律思想,当然可归入法文化中,但它在几乎任何国家均未占统治地位;再如,人们"无法无天"的行为当然表达了一种法观念和法律生活态度与方式,但任何一个国家也不能在法律上首肯这种行为。

第二,多样性。不占统治地位的法文化在表现形式上是五花八门、多种多样的,只要人们自由地持有不同的思想观念和采用不同的行为方式,便必然会形成不同于占统治地位的法律文化的各种各样的法律文化。

③社会法文化。如前所述,它事实上就是指宗教法文化和习惯法文化。因对这两者我们在前面已经有专门论述,这里不再赘述。唯应提及的是宗教法文化和习惯法文化在其通行的范围内一般的是占统治地位的法文化,至于不占统治地位的宗教法的思想观念和习惯法的思想观念,应被归于被统治地位的法律文化中去。

〔本文写于1994年1月〕

回族法文化研究概说

回族研究是我国民族研究领域近年来尤为活跃的领域,其中回族文化研究已从各个方面展开。然而,对回族法文化的研究,只是论者们在谈及伊斯兰教义问题时有所涉及,并且大多数论者并未认识到其所论为法文化问题,直接论及回族法文化的文章,笔者在国内迄今尚未看到。因此,回族法文化问题的研究,当是法学、文化学、民族学、宗教学诸学科交叉攻关的开拓性学科。

回族是祖国民族大家庭中一个十分独特的民族,其在文化上的独特性及优秀品质已为学界和社会各界所共识。与其文化的独特性相应的是,回族法文化亦具有其独特的品格和诱人的魅力,对此进行深入的学理辨析和实证考察,不仅对丰富我国法文化的研究具有重要意义,而且对我国法制现代化建设亦会提供一份有益的参照。

一、回族法文化的概念与对象

所谓回族法文化,乃指回族在其长期的发展历史中以法律或类似法律的行为规范(如道德礼俗、宗教教义等)为枢纽而形成的全民族关于法的观念形态、行为方式及社会组织构架等。它向我们展示了两个方面的内容:一方面回族法文化之源(形成原因),另一方面回族法文化之流(现实表现)。这应是回族法文化研究中的主干问题。当然,在系统考察这两个问题之前,简单梳理回族法文化研究的对象,当是该研究的奠基石。

回族法文化研究是以回族关于法的观念、法的行为、法的组织构架和回族的习惯法规范为对象的研究课题。从研究对象看,回族法文化与藏、蒙古等民族法文化比较具有一多一少之特征。一多是指,回族是一个在法律传统上受伊斯兰教《古兰经》、《圣训》等经典中的教法内容影响很大的民族。因而,回族法文化的研究,必须对此有足够的重视。这同时便涉及对我国传统教科书关于法的基本界定的突破问题。我国流行的法理学教科书对于教法系统弃除于法学研究的对象之外,尤其对我国受教法影响的民族法文化在法学研究中更视同禁区。今天研究回族法文化,如不涉及伊斯兰教法对回族法文化的巨大影响,便不可能探索到回族法文化的真谛。这当是贯穿于回族法文化研究之始终的一个问题。一少是指,由于回族在我国历史上不像蒙古、藏等民族那样,建立过稳定的政权体系,因此,也没有自行制定过法律。历史上的元、明、清统治者及民国和中华人民共和国政府都曾制定过一些涉回法令,但它们都是以中央政权的名义制定的,而不是回族独自制定的。因此,它们是我国传统法文化和现代法文化的重要方面。它们对回族法文化的形成虽具有重大影响,但不能构成研究回族法文化的独立的规范对象,亦即在研究其他民族法文化时这些规范具有同样的甚至更大的价值。正由于此,在对回族法文化进行历史考察时,除了教法之外,再无世俗法可资考证。这一少是目前我国有人否定回族法文化实存的主要证据。

回族法文化的概念和对象表明:回族法文化不同于我国其他大多数民族的法文化。我国以汉族为代表的大多数民族的法文化,是以国法为枢纽而形成的法文化。虽然不同的时代有性质和内容各异的国法,但这都不影响这些民族法文化的形成主要是由于国法规范及其实施、运用、遵守这一总前提。而回族法文化却不同,如果从回族法文化形成的规范因素考察,它大致由如下三个板块构成了其法文化的内在结构。

第一,国法文化。国法文化是指回族人民在长期的国家(中国)法律实践中所形成的对国法的心理认知、情感取向以及以此为前提对国法的行为运用和操守方式。在此,国法规范本不是回族法文化的有机组成部分,[1]但是,回族人民却将国法规范化做了自己的心理观点、情感体验和

---

① 中华人民共和国成立以来,尤其改革开放以来,一些回族自治地方制定了"自治条例"、"单行条例"等法律规范,虽然主要和回族有关,但我们仍然不能说这些法律规范纯粹是属于回族的。因为我国的民族区域自治区是"民族自治"与"地方自治"的有机统一。故该规范亦属于自治地方内的其他民族。

行为所宗。从宏观上讲,回族的国法文化与我国其他民族(尤其汉族)的国法文化具有十分紧密的联系,其他民族国法文化的主要特征(如视刑为法、法从于德、远法避律、贵和厌讼等)亦深深地烙在回族国法文化身上。但这并不意味着在回族那里国法文化是对其他民族国法文化的复写;相反,回族国法文化有自己独特的特征,那便是在对国法的观视和理解上,其心理和行为中端立着神圣的教法。

第二,教法文化。国内外不少研究中国历史和中国文化的学者认为,中国是一个没有或很少受宗教影响的国家。如果以这一结论总结主体民族——汉族则可,但倘以这一结论涵盖整个中华民族,则显然有以偏概全之嫌。以回族法文化而论,其主要因素就是教法文化。所谓教法文化,是指受回族人民心理所尚、行为所宗的伊斯兰教法规范以及在其塑造、规范和引导下的回族教法心理、教法行为及关于教法的执行组织等,在回族法文化结构诸板块中,教法文化居于核心的、至上的地位。它不但是回族法文化的心理——价值基干,而且是回族法行为的日常所宗。对回族教法文化不进行深入研析,也就不能把握回族法文化的本质特征。在一定意义上讲,回族教法文化对中国法制现代化更具有借鉴意义,至少在强调法信仰和重视真主之下的"权利"这两个方面,与中国传统法文化有比较优势,也许比中国传统法文化在我国法制现代化进程中更具有借鉴意义。

第三,习惯法文化。每个民族都有自己独特的习惯法。在我国,习惯法资源十分丰富。对此,范宏贵先生著有《少数民族习惯法》一书,著名学者夏之乾先生著有《神判》一书,学者邓敏文先生著有《神判论》一书,青年学者高其才先生新近出版了《中国习惯法论》一书,宋兆麟先生出版了《共夫制与共妻制》一书[①]……但遍观前述诸书,谈及回族习惯法者甚少。其实,回族和中国其他兄弟民族一样,也具有丰富多彩且严格践行的习惯法。回族是一个极富开拓创新的民族,常人所认为的回族"保守"、"守旧"等,要么是人云亦云的歧见,要么是悖于真实的偏见。回族虽宗伊斯兰教,但并非墨守成规;回族亦喜中国传统,但也非囫囵吞枣;相反。在回族人民长期的历史实践中,综合了伊斯兰文化传统的优良内容并汲取了中国传统文化的优良因素,形成了独具特色的回族风俗

---

① 范宏贵:《少数民族习惯法》,吉林教育出版社1990年版;夏之乾:《神判》,上海三联书店1990年版;邓敏文:《神判论》,贵州人民出版社1991年版;高其才:《中国习惯法论》,湖南出版社1995年版;宋兆麟:《共夫制与共妻制》,上海三联书店1990年版。

习惯,我们亦可谓之习惯法。由邱树森先生主编的《中国回族大词典》对回族民俗进行了较为深入的发掘和认真的载述,[①]值得研究回族法文化研究者一阅。习惯法文化是回族法文化中最为世俗化的一个板块,但它同时受教法文化的深刻影响。说其世俗化,是指回族人民之日常行为大都循此而行;说其受教法影响,是因为这些习惯法中浸透了伊斯兰宗教及教法的价值追求。这是回族习惯法文化的根本特点。

总之,回族法文化是由相互联系的国法文化、教法文化和习惯法文化三大板块构成的,其间既有矛盾对立,又有协调统一(如图 1 所示),研究回族法文化,必须系统地研究如上三个方面。

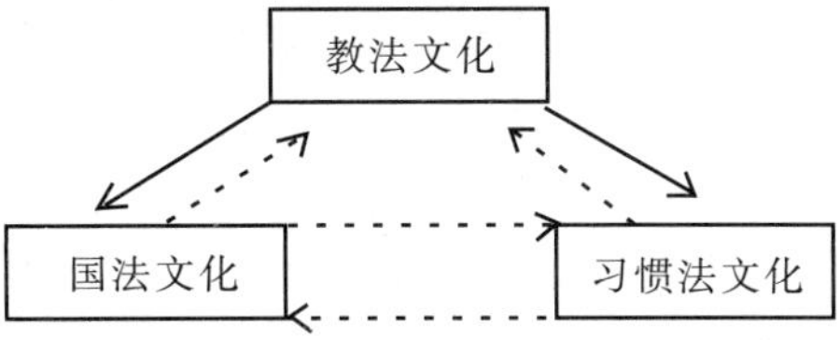

(注:实线表示强制约关系;虚线示弱制约关系)

图 1:回族法文化三大板块(外在结构)示意图

二、回族法文化:研究的基本范围

回族法文化研究的范围,既涉及回族法文化的一般原理,也涉及回族法文化的特征、未来趋势等。然而,最主要的还是回族法文化的来源及现状,尤其回族法文化的现状是该研究需要着力述及的问题。这其中既涉及回族法规范、回族法心理观念、回族法行为、回族法组织等问题的考察,也涉及回族对现代法律体系中不同种类法律认知状况的考察。现将回族法文化研究的主要内容概述如下:

(一)回族法文化的历史成因

回族是我国一个极为独特的民族,从其族源看,是阿拉伯人、波斯人、中亚人、汉人及其他中国少数民族人民在中国这块土地上长期融合而成的。[②] 从其流变看,回族是目下除汉族之外在我国分布地域最广的民族。回族法文化的形成,既有诸多历史因素的影响,也有许多现实因素的作用。具体说来,回族法文化成因于如下四个方面:

(1)伊斯兰教经典中的法文化对回族法文化形成的作用。回族是全民信仰伊斯兰教的民族,同时,也是与伊斯兰教的发源地有一定血统关

---

① 参见邱树森主编:《中国回族大词典》,江苏古籍出版社 1992 年版,第35~99页。

② 参见高嵩:《回回族源考论》,西北大学出版社 1991 年版。

系的民族。他们对真主安拉的情感浓烈真挚,对伊斯兰教义的信仰坚定不移。

伊斯兰法系是世界五大法系之一,它作用于世界所有信奉伊斯兰教的民族和国家。回族也不例外。长期以来,在我国的法学研究、民族研究和宗教研究中,一方面,对伊斯兰教法认识不够,有时甚至囿于某种法律意识形态,而将伊斯兰教法排除在法学研究范畴之外,无疑,这是一种浅陋的做法。如今,伊斯兰教法已被法学界和宗教学界所注重,翻译出版了不少教法论著。[①] 国内学者也写了大量的伊斯兰教法方面的文章,出版了一些论著。[②] 从中我们可以窥见伊斯兰教法之一斑。什么是伊斯兰教法?对此,国内学者有不同意见。据杨振洪先生的研究,“不外乎三种回答:①多数学者称为‘以伊斯兰教义为基础形成的阿拉伯国家封建法律的总称’;②有些同人则给它贴上了‘以伊斯兰教义为基础以教法为核心的中世纪阿拉伯帝国的法律’的标签;③个别贤达甚至认为‘伊斯兰法是适用于穆斯林的法律’”。[③] 杨先生在指陈了这三种说法之不足后指出:“我们认为,伊斯兰法是以古兰经和圣训为渊源而产生和发展起来的宗教法。它是宗教法,因此与世俗法大相径庭;它以古兰经和圣训为历史渊源,因而与其他宗教法泾渭分明。”[④]冯今源、铁国玺二位先生指出:“伊斯兰教法,阿拉伯语称做‘海里亚’(shari’ah),原意为‘通向水源地之路’,泛指‘行为’、‘道路’;进入法律成文期以后又称‘海里亚法典’,意为安拉降示的神圣命令的总和,指有关穆斯林宗教、社会、家庭、个人生活等方面的行为法规,亦称‘穆斯林法’,在中国又称‘回教法’。”[⑤]关于伊斯兰教法的性质和特征,见诸书刊的有不少。[⑥] 笔者在此

---

① 如:[英]诺·库尔森:《伊斯兰教法律史》,吴云贵译,中国社会科学出版社 1986 年版;赛生发编译的《伟嘎耶教法经解——伊斯兰教法概论》,宁夏人民出版社 1993 年版等。

② 就我所知,国内学者出版的有关伊斯兰法的专著有:吴云贵著:《伊斯兰教法概要》,中国社会科学出版社 1993 年版;《真主的法度——伊斯兰教法》,中国社会科学出版社 1994 年版。出自法学家之手的相关专著则有高鸿钧所著的《伊斯兰法:传统与现代化》,社会科学文献出版社 1996 年版。另外,在金宜久主编的《伊斯兰教史》(中国社会科学出版社 1990 年版)、王立民著的《古代东方法研究》(学林出版社 1996 年版)等书中,也有对伊斯兰法的一般性介绍,可参见。

③ 杨振洪:“伊斯兰教法与伊斯兰教的比较研究”,载《比较法研究》1998 年第 4 期。

④ 杨振洪:“伊斯兰教法与伊斯兰教的比较研究”,载《比较法研究》1998 年第 4 期。

⑤ 易卜拉欣·冯今源、塞尔德·伊布拉欣·铁国玺著:《伊斯兰教文化百问》,今日中国出版社 1992 年版,第 58 页。

⑥ 例如:齐海滨:“试论伊斯兰法的特点”,载《新疆社会科学》1986 年第 4 期;高鸿钧:“伊斯兰教法的主要特点及伊斯兰法系的现状与前景”,载《世界宗教研究》1985 年第 4 期等。

撷取《伊斯兰教文化百问》一书的总结加以说明。该著认为,伊斯兰教法学具有四大特点,即①立法的神权色彩;②法规的广泛适用性;③研究方法的烦琐性;④教法创制和司法上各行其是。[①] 这里所谈虽然是伊斯兰教法学,但实质上也是指伊斯兰教法。因为教法学与教法的不可分割性,使伊斯兰教法学的特征必然反射出教法的特征。诚如吴云贵先生所言:“伊斯兰法形成过程中,一个值得重视的‘反常’现象是,它不是由作为立法机关的国家,而是由精通经、训的宗教法学家们所创制,故亦称‘法学家法’。”[②]在此,我们不难看出伊斯兰教法的特征及其在世界法制史上应有的地位。

另外,关于伊斯兰教法对回族的影响,人们则更少提及。绝大多数学者只是从宗教对回族的影响这一意义上谈论回族与伊斯兰教的关系,而没有进一步指出这种影响的日常表现就是伊斯兰教法对回族的影响。事实上,伊斯兰教法对所有的穆斯林都有影响,只是其影响的强弱因穆斯林分布地域的不同而有所不同罢了。西方研究伊斯兰教法的著名学者约瑟夫·莎赫指出:“伊斯兰教法并不宣称具有普遍的效力。它只对在伊斯兰国家领土内的穆斯林具有完全的约束力,而这种约束力对在敌国领土的穆斯林较弱,对伊斯兰领土内的非穆斯林则更有限。”[③]即便如此,伊斯兰教法也不限制其对穆斯林的效力;相反,强化其在穆斯林中的效力却是该教之所愿。在中国穆斯林中,尤其在回族中,伊斯兰教法的两大经典——根本经典《古兰经》和“不仅具有宗教上的含义,而且还被看成是伊斯兰法的‘先例’和法理的基础”的《圣训》,不仅是公认的宗教经典,[④]而且对回族人民的行为起着重要的规范作用。可以说,《古兰经》和《圣训》对于回族的日常生活具有支配性的作用。在回族的生活习惯中,综观其社会规范、社会心理、社会行为、社会组织……无不受伊斯兰教教义的深刻影响。仅从其行为看,从做礼拜——对安拉的信仰到物质消费、精神娱乐、婚丧嫁娶,处处都有伊斯兰教义的浸润渗透。伊斯兰教教义对于回族人民来说,其有明显的法的功能,这主要体现在以下三个方面:

---

① 易卜拉欣·冯今源、塞尔德·伊布拉欣·铁国玺著:《伊斯兰教文化百问》,今日中国出版社 1992 年版,第 69 ~ 70 页。

② 吴云贵:“伊斯兰法的理论基础”,载《比较法研究》1990 年第 1 期。

③ 约瑟夫·莎赫著:“伊斯兰法的性质”,俗僧译,载《比较法研究》1989 年第3 ~ 4辑。

④ 万亿:“圣训在伊斯兰教法中的地位和作用”,载《比较法研究》1989 年第3 ~ 4辑。

首先,体现在价值的评判上。回族对于主体价值的评判,总是以真主安拉的天启为标准:人们(包括政府)的言行凡是契合天启的,均是有价值的;凡是背反天启的,则都是悖于价值的。这一价值评判标准,使回族在观念深处确立了对伊斯兰教的深刻信仰,也形成了回族特殊的心理意识结构。林松先生结合回族发展史,就此深刻地指出:“在封建王朝统治时期,特别是清代,回族人民屡遭屠杀血洗,起因或导火索有不少是宗教信仰被歧视凌辱,生活习惯被践踏破坏,或回民被官吏折磨虐待,才引起纠纷冲突,而清廷的疯狂镇压,只会更燃起回民反抗的怒火,致使事态扩大。在这种生死存亡的危急关头,除顽强抵抗外,别无他路,因而遵从古兰经的意念更坚决,为‘主道战斗而牺牲’的情感更浓烈。整个民族被激怒,连本来宗教意识淡薄的人也愤然而起,以卫道护教的姿态冲上火线。”[①]可见,回族以伊斯兰教为价值取向的心理结构对其行为的巨大支配作用。

其次,表现在规范行为上。伊斯兰教义对回族而言绝不仅仅是心的领会,它广泛地作用于回族人民的行动中。凡符合伊斯兰教义者为合规合法,否则为违规违法。伊斯兰教义对回族的行为规范功能及其深远的影响,使其成为回族人民的自觉行为准则。对此,不少学者在其论著中谈及,如前引林松先生的文章就指出:追溯回族的风俗习惯,举凡婚丧礼仪、饮食禁忌,以至节气经期等,回族现存所有的特点,无一不发源于伊斯兰教。[②] 高占福先生著专文认为:伊斯兰教婚姻制度对回族婚姻习俗具有重大的影响。[③] 丁学斌著文认为,伊斯兰教对回族风俗习惯具有决定性影响:一方面,它决定了回族风俗习惯的形成;另一方面,它对回族风俗习惯起着重要的稳定作用。[④] 可见,伊斯兰教义与教法,不仅是回族的现实的行为规范,而且在回族人民的实践中演变成为直接地、经常地支配其行为的习惯法。

最后,表现在决纷解疑上。在我国的回族社群中,回族内部的民事纠纷常常通过阿訇采取教义决纷解疑的方法,如一些回族社区的计划生

① 林松:“试论伊斯兰教对回族形成的决定作用”,载林松等著:《回回历史与伊斯兰文化》,今日中国出版社 1992 年版,第 101 ~102 页、第 105 页。

② 林松:“试论伊斯兰教对回族形成的决定作用”,载林松等著:《回回历史与伊斯兰文化》,今日中国出版社 1992 年版,第 101 ~102 页、第 105 页。

③ 参见高占福:“伊斯兰教婚姻制度与回族婚姻习俗的研究”,载《宁夏社会科学》1984 年第 4 期。

④ 丁学斌:“试论回族风俗习惯与伊斯兰教的关系”,载《宁夏社会科学》1987 年第 3 期。

育工作，往往是政府借助阿訇的权威作用，给计划生育有思想抵触者和行为规避者做工作、通思想。这一功能使伊斯兰教义在回族中有了更为现实且实用的法价值和权威基础。

总之，伊斯兰教法文化对回族法文化的形成有极为重要的影响，它始终是回族法观念的基本准则。

（2）中国传统法文化对回族法文化形成的影响。回族既是信仰伊斯兰教的民族，同时又是在中国和汉民族及其他民族长期杂居的民族，并且回族在社会交际中通用汉语言和汉文字，因此，回族文化具有明显的多元性。“正如回族的族源是多元的一样，回族文化也是多元的。回族文化受阿拉伯、波斯，特别是汉族文化的影响很深，但我们不要忽视突厥文化、南亚和东南亚或者蒙古文化的影响。”①回族文化的这种多元性直接影响到回族法文化的多元性。尤其汉族法文化对其影响更深。在学理上，古今不少回族学者“以儒释伊”，②“将伊斯兰教义和中国传统文化有机地结合起来，丰富了伊斯兰教理论；反过来，也给中国思想史输入了新的观念，丰富了中国传统文化。”③在生活上，回族在社会交际中通用汉语言和汉文字，因此，“回族文化和伊斯兰教及中国古老的传统文化有着不可分割的关系，离开了它们中的哪一部分都不再称其为回族文化了”。④ 不论是“以儒释伊”还是生活上借用汉字汉语，都使得回族法文化深受中国传统法文化的浸润。这种情形，可以称为回族法文化的“华化”现象。⑤ 可以说，中国传统法文化对回族法文化的形成具有必然的“酵母”功能。这里的中国传统法文化是指“德主刑辅”、“礼刑并用”的法文化。回族法文化受其影响者甚多，具体说来表现在：

首先，中国固有的法文化对回族法观念的影响。儒家法文化使回族群众普遍有了“合德者法、悖德者不法”的观念，从而，“德”也成了回族人民评判主体思想、行为当否的价值标准。可见，回族法观念明显具有

---

① 丁学斌：“试论回族风俗习惯与伊斯兰教的关系”，载《宁夏社会科学》1987 年第 3 期。

② 邱树森主编：《中国回族大词典・前言》，江苏古籍出版社 1992 年版，第 9 页。

③ 余振贵：“回族思想发展史研究刍议”，转引自李云桥、白世业主编：《伊斯兰教与回族研究文萃》，宁夏人民出版社 1993 年版，第 552 页。

④ 李燕晨：“试论回族文化与中华民族传统文化的关系”，转引自李云桥、白世业主编：《伊斯兰教与回族研究文萃》，宁夏人民出版社 1993 年版，第 553 页。

⑤ 回族文化是世俗文化与“华化”文化的综合，此概念系著名历史学家陈垣先生提出。《回族大词典》借用此论，说明回族文化的特征（见该书前言第 7～8 页）。我们引述之，则借以说明其法文化特征。

儒家法文化的因子。

其次,中国固有法文化对回族法行为的影响。法观念的外在化,必然是对主体法行为的支配。回族的法行为,在伊斯兰教义和儒家伦理法规范之间寻求到了通契点,如敬老爱幼、笃信真诚、表里如一、刚正不阿等也成了回族社区大多数群众的行为规范,这使得中国传统法文化对回族法文化有了行动的加固剂。

再次,中国固有法文化对回族乡规民约的影响。在有些回族社区,乡规民约对维护社会秩序、保障主体权利起着重要作用。查其中规范,既有伊斯兰教教义之内容,亦有中国传统伦理法的内容。而儒家伦理法在乡规民约中以文字表述的规范形式方面似乎更为明显。

最后,中国固有法文化对回族奖优罚劣、决疑解纠的影响。中国传统伦理法文化对回族裁决纠纷、处罚劣行等也具有重要的影响。

综上所述,中国传统法文化是回族法文化的又一大成因。它与伊斯兰教法文化的结合,形成了传统伦理法文化和伊斯兰教义中国化的明显的双向发展趋向。

(3)西方现代法文化对回族法文化形成的影响。回族法文化不仅受伊斯兰教法文化和中国传统伦理法文化的巨大影响,而且和中国各民族法文化一样,深受现代西方法文化的影响(甚至比其他民族所受影响更重),表现在:

首先,从历史看,一方面,古代犹太人所创造的犹太教不仅仅催生了基督教,而且被认为是伊斯兰教形成的重要因素,①这使得伊斯兰教和基督教之间有一种必然的内在关系,而受伊斯兰教影响甚深的回族对西方文化的吸纳能力比其他中国民族更强。另一方面,阿拉伯帝国之前,中、近东地区受希腊文明的影响甚大;后来,更受罗马帝国长期的、直接的控制,罗马人把希腊的思想和自己创造的罗马法及其观念移植并扎根到这里。希腊文明和罗马法又是影响现代西方文化和法文化的基本根系,这也使曾与阿拉伯地区居民有血缘关系的回族在现代西方法文化面前,更容易领会它的精髓。

其次,回族学者向西方学习的历史表明其对西方法文化的借鉴潜力。当西方文化与中国文化相撞击之时,不但有大批的汉族学者,而且也有一大批回族学者热衷于对西方文化的探寻。早在近代以前,不少回

---

① 参见张绥:《世界古今宗教史话·犹太教史话·犹太教和基督教、伊斯兰教的关系》,商务印书馆1991年版,第42~49页。

族思想家认真挖掘西方文化的精华，如生活在明朝的回族伟大思想家李贽（卓吾）“深受王学影响，对佛家、道家乃至西方某些哲学观点也有所沾濡”；[①]再如，著名学者刘智“早年读伊斯兰教经籍，旁及诸子百家和佛、道两教、西洋来书”。[②] 我国进入近代之时，土耳其、埃及、中东、中亚、印度、印度尼西亚、马来西亚等受穆斯林文化影响的国家或地区，普遍处于英、俄、法、荷等西方殖民主义国家的统治之下，他们把西方文化带到这里，也把西方式法律移植以这里。这最早出现在奥斯曼帝国。19 世纪初，为了缓和伊斯兰教法与近代西方文明的矛盾，“奥斯曼帝国不得不对伊斯兰法进行改革：先是对宪法、民法、商法、刑法、法院组织和诉讼制度进行了重大改革；1915 年以后，又在传统法律的基础上，对婚姻、家庭和继承法进行了改革。”[③]1906 年伊朗制定了深受西方法律影响的宪法。在印度，英国殖民者按照西方法律的精髓进行控制，并早在 1609 年取得“治外法权”；“1860 年以后英国殖民当局相继通过《印度刑法典》、《刑事诉讼法》、《证据法》、《契约法》等法规。在英国法律制度的影响下，伊斯兰教法越来越变得徒有其名了。”[④]可以说，凡是西方殖民者曾染指过的地方，在法律文化方面没有不受其巨大影响的。尤其第二次世界大战以后，随着亚、非许多殖民地和附属国的独立，独立的伊斯兰国家纷纷出现。参照西方的价值标准和规范模式，并紧密结合伊斯兰价值的法制改革，在这些独立的伊斯兰国家中不断深入和广泛地展开。关注伊斯兰世界发展的回族学者，在游学近东、中东、印度、东南亚时，亦对此给予了高度重视。他们对西方法文化的借鉴，因为有了穆斯林文化与西方文化在历史上的某种亲缘关系，更容易形成，这也势必对回族法文化产生影响。

最后，中国现代法律的制定，使回族人民和全国其他民族人民一样，直接受西方式法文化的熏陶。我国于清末以来，渐次制定了从名词、体例到内容都借鉴自西方法律的法律体系，处于这一法律体系管理之下的近现代中国回族，必然会承受来自西方法文化的诸多影响。尤其改革开放以来，不但国家制定了大量的以西方法律模式为特征的法律，基本形成了中国法律现代化的规范雏形，而且在回族自治地方，亦制定了掺杂西方法律规范模式甚至价值观念的自治条例、单行条例等，再兼之与这

---

① 谢苍霖、万芳珍：《三千年文祸》，江西高校出版社 1991 年版，第 381 页。
② 金宜久主编：《伊斯兰教史》，中国社会科学出版社 1990 年版，第 448 页。
③ 林榕年主编：《外国法制史新编》，群众出版社 1994 年版，第 257 页。
④ 金宜久主编：《伊斯兰教史》，中国社会科学出版社 1990 年版，第 505 页。

些法律法规相配套的法律实践和法制教育,使回族法文化中的西方法文化因素越来越多。这也具有必然性。可以说,西方法文化是铸造现代回族法文化的必备的黏合剂。

(4)回族人民的独特社会实践是回族法文化形成的决定因素。回族法文化毕竟不是伊斯兰法文化、中国传统法文化和西方现代法文化的简单的拼凑与组合,它是回族人民在其独特的社会实践中吸纳诸法文化的特点而独创的一种法文化形态。回族扎根于祖国虽短,但其文化特点的独特性却是国内其他民族鲜有的。主要表现为:首先,民族血统中的非土生成分使回族人民在文化寻根中十分自然地追寻到对该民族的迁徙、形成具有决定性作用的伊斯兰教和阿拉伯、波斯世界。众所周知,回族人中流淌着阿拉伯人或波斯人或中亚人的血液成分。虽然到中国扎根后已有浓厚的中国血统,但人类固有的寻根怀古情怀必然使回族人民寻其根、溯其源,从而加深了其对伊斯兰法文化难舍难分的亲合感。其次,回族人民的应变能力使其较快地接受了中国传统法文化。回族人民既是具有坚定信仰和强烈寻根怀古精神的民族,也是具有十分灵活的应变能力的民族。当回族人以一个民族共同体而扎根于祖国之时,他们也较好地适应着强大的汉文化的影响(当然,也有部分无法适应汉文化而远走他乡),但无论如何,回族人民在游刃有余地适应着汉文化的同时,又坚如磐石地保持其固有的精神信仰,其原因就在于此。这便为回族人民吸收中国传统法文化以铸造自己的法文化提供了条件。最后,回族独特的、善于在商品经济交往中流动的生活方式使其更易吸收西方现代法文化,并将之化成自己法文化的有机组成部分。

总之,回族法文化是回族人民在伊斯兰教经典中的法文化、中国传统法文化、西方现代法文化三种法文化的基础上又经过其独特社会实践的锻冶而创造的法文化形式,它是回族人民智慧的创造性综合。

(二)回族法文化的现状

回族法文化现状的研究,涉及如下5个方面的考察:其一,规范的考察;其二,心理的考察;其三,行为的考察;其四,组织的考察;其五,分类的考察。兹分述如下。

(1)法律规范的考察。法律规范是法文化的前提,也是法文化的硬件构架。前已述及,从历史上看,回族并没有制定自己独立的法律,但这并不意味着在现实生活中回族没有自己独特的法规范。构成回族法文化的法规范来自如下诸方面：首先，伊斯兰教法是回族法文化中法规范的重要内容。虽然我国实行国家法为唯一法的政策，但政策是一回事，政策的实践影响是另一回事。这一政策并没有影响伊斯兰教法在回族群众现实生活中的巨大指导意义，并且依据教法的行为，往往并非来自外界的强制，而是来自穆斯林心灵的自觉。这便使伊斯兰教法极其现实地构成回族法文化中法规范的重要一支。其次，国家法规范和回族自治地方制定的自治法规是回族法文化中法规范的主要内容。回族法文化现状，主要受着国家法律现实的影响。当代中国的全国性法律，原则上适用于祖国的每一个角落和每一个民族，回族自不例外。因此，国家法对回族法文化的影响甚大。回族自治地方依据国家有关法律并参酌本民族、本地区的实际而制定的自治条例、单行条例、变通规定等当然是构成回族法文化中法规范的重要内容。通过它，我们更能清晰地看出回族人民的法价值取向和法行为取向。再次，回族的习惯法规范也是构成回族法文化中法规范的辅助内容。回族在长期的社会实践中，创造了大量的裁纷解争的习惯法规范，其中有些是和伊斯兰教法具有内在关系的，而有些又是借鉴汉族或其他周围民族的习惯法而产生的，还有些是回族人民独创的。这些习惯法规范，作用于回族的日常生活中。最后，回族地区的乡规民约是回族法文化中法规范的综合内容。在有些回族聚居地区，制定了一些乡规民约，它综合了教法传统、世俗法传统、国家法和习惯法的特点而成为具有综合性内容的法规范，这也是最能表现回族法文化的活的材料。

(2)心理的考察。法心理是法文化的重要组成部分，它是指主体对法所抱的心理态度和基本看法。回族法心理所涉及的内容主要有如下4个方面：首先，回族的法认知。从总体上讲，回族的法认知程度较汉族而言要高。就传统来说，伊斯兰教是十分注重教法作用的宗教，并且涉及的内容不像传统中国法那样以刑统法，而是对刑事法、民事法（如财产、婚姻等）都有所并重，这使其对法的理解更开阔，也使其法律认知与现代法律之间容易形成合辙、契通。其次，回族的法观念。法观念是更深层次的法心理，是主体关于法的稳定的整体的心理状态。回族的法观念现状，是须做大量调研才能加以总结的问题。不过可以肯定的是：由历史上伊斯兰教法高于一切的观念向现代法律观念的转变是回族法观念的显著特点。再次，回族的法价值取向。在学理上，法的最高价值取向可以分为法秩序和法自由两个方面。[①] 与汉族对法秩序的景仰不同,回族更注重对法自由的追求,即回族的法律价值取向更偏重于自由。当然,因秩序与自由的不可两分性,回族对法秩序也不是弃而不顾的,尤其在教法领域,他们更注重于教法秩序。最后,回族的法期望。回族法价值取向的特征,决定了其法期望的特征,即对自由的法期望,这一期望渗透在其对立法、法律组织、执法、用法等的期望之中。

(3)行为的考察。法行为是主体在法心理支配下的关于参与制定、运用和遵守法律的活动,是法文化的外在表现。回族的法行为有一显著特点,即主体在国法与教法之间既要协调统一,又不能不有所偏重。国法与教法的一致之处是存在的,但两者之相悖之处亦是明显的,这必然导致回族穆斯林在国法与教法之间的二难选择。对回族具体法行为的考察,涉及如下诸方面:其一,回族对法律权利的运用。回族是以经商而著称于世的民族,所以,其不耻言利,故能较自觉地运用法律权利,这对于冲击以义务为本位的中国传统法及其观念具有至为重要的意义。其二,回族对法律义务的遵循。在教法义务面前,回族人民表现出较大的自觉性;在国法义务面前,绝大多数回族群众也能恪守。但近几年也在个别地区出现了较为严重的违法现象,不容忽视。其三,对法律义务(责任)的履行。这里的义务是指一个主体对其他主体或对自己特定的行为应负的责任。一般说来,回族在与他人交往中能讲信修睦,故在对他人的责任问题上有责必尽,这是与其宗教传统的影响分不开的。不过针对国法的具体违法行为,虽有自觉矫正的,但在大多数情况下是在国家的强制作用下承担责任的。其四,越轨行为及其督责。如前所述,个别地区的违法犯罪行为对传统的回族社会群体带来了危害。许多违法犯罪行为同时也是违反教义的行为,因此,通过国家组织或宗教教义对违法犯罪加以督责不但是必要的,而且是现实的和意义深远的。其五,对法律行为的评价。回族对法律行为的评价往往采取教法的标准和中国传统伦理的标准,而以国法为标准评价法行为的情形较少。

(4)组织的考察。法组织是实现法规范的权力(权威)后盾,它同法规范一起,构成法文化的硬件。回族法组织考察的内容主要有:其一,回族地区的国家法组织及其组成成员的状况。我国宪法和民族区域自治法等法律对民族地区国家法律组织(包括立法组织、行政组织、审判组

① 谢晖:“法律双重价值论”,载《法律科学》1991 年第 6 期;“论法律双重价值的成因”,载《宁夏党校学刊》1992 年第 3 期。

织、检察组织)的人员构成做了规定,尤其立法和行政组织,强调干部的民族化,这是对回族法组织考察的重要内容。其二,回族教法的执行组织,尤其回族门宦组织、教派内部组织及其传教方式,大阿訇的任用程序,对违反本门宦、本教派信仰及规则的惩戒方法等,都具有十分深沉的文化意象。在回族法文化研究中应对其做深入细致的考察,并从法文化角度得出中肯的结论。其三,寺院的法组织功能。清真寺既是组织回族群众聚众礼拜的地方,又是伊斯兰教法的执行组织。因此,清真寺具有明显的法组织功能。当然,由于各门宦、各教派的穆斯林信仰有所不同,因此,各清真寺除了执行教法的一般教义外,还执行与本门宦、本教派相关的教法事务,这已在前一问题的考察之内了。其四,回族乡规民约及习惯法的执行组织。就大体情形而言,回族的乡规民约与习惯法的执行机构为村或宗教组织,其中乡规民约主要靠国家所建置的村或乡来督导执行,也可由宗教组织督导执行。回族法组织的考察是具有相当难度的,尤其关于教法组织内部规则、教职人员任用程序等问题的考察更是困难。但不对此进行深入考察,便很难突出回族法组织之特征。

上述4个方面之结合,可以称为回族法文化的内在结构,以区别于前述回族法文化的外在结构。之所以把教法文化、国法文化及习惯法文化三大板块的结合称为回族法文化的外在结构,是因为一方面,它们只是以规范这种法文化的显在内容为标志组合而成的回族法文化;另一方面,这些规范必须内化到回族人民的法心理和法行为中去,才可称为回族法文化;再一方面,它只指出了回族法文化的显在要素,而没有更进一步指出把这些显在要素和其心理行为紧密结合起来的内在机理。笔者认为,这一内在机理,主要指回族法文化中的法律心理和法律行为两个方面。之所以把回族法规范、回族法心理、回族法行为和回族法组织这四个方面称为回族法文化的内在结构,在于一方面,它们更为深入地揭示了回族法文化的内在机理,尤其揭示了法心理在回族法文化内在构成中的关键作用;另一方面,不论是教法规则、国法规则,还是习惯法规则,一旦内化为回族法文化,就必然表现为如上4个方面;再一方面,上述4个方面,更能深刻地表现回族法文化的整体性和内在渗透性。回族法文化的内在结构是以法律心理为始点和终点的,其他要素归根结底取决于法心理(见图2)。

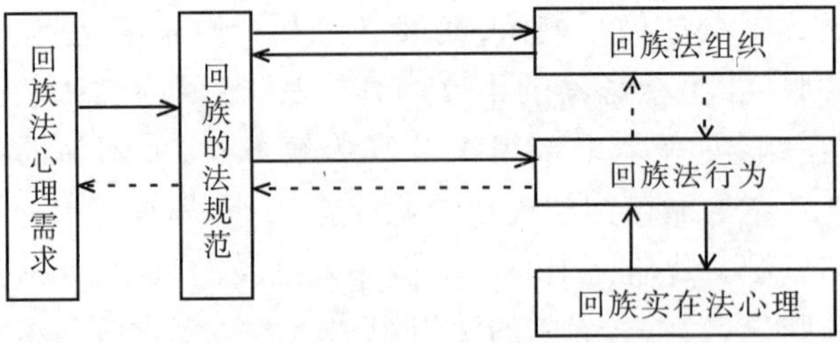

(注:"⇄"表示对称的实交互关系;"⇄"表示不对称的交互关系;"⇠⇢"表示对称的虚交互关系。)

图 2:回族法文化之内在结构示意图

(5)分类的考察。回族法文化的分类考察,是以现代法律部门的基本划分为标准,而分别考察如下诸方面的内容:其一,部门法文化考察的现代参照;其二,回族的宪政法文化,包括回族的宪法和行政法文化;其三,回族的刑事法文化;其四,回族的民事法文化;其五,回族的诉讼法文化。对上述回族法文化的分类考察,必须坚持以现代法律为标准,这必然会涉及法文化要素的各个方面,如法规范、法观念、法行为、法组织。这样,一方面,可使人们对回族关于现代法的认识状况有一个透彻的了解;另一方面,对回族在现代法问题上认识的不足及在此不足认识下的失范行为进行有效的引导和监控;再一方面,只有通过回族法文化的分类考察才能进一步充实回族法文化的研究,使其表现得更为饱满、丰富、有说服力。同时,分类考察必须以深入的社会调查为基础,只有借助于社会调查,才能补现成资料的缺乏。

(三)回族法文化的综合分析

在对回族法文化的源和流进行具体、深入和详尽的考察基础上,进行系统的分析和综合,从而分其类、考其质、寻其别、探其用……是把回族法文化研究上升到理论性和理性化的必经途径。这里涉及的主要内容有:

第一,回族法文化的特点。通过回族法文化之源和流的考察我们不难发现,回族法文化是一种十分独特的法文化类型,其特点在法文化形式、法文化的实质和法文化的功能上都有明显的表现。探索回族法文化的特点,不但可将回族法文化研究本身引向深入,而且在此基础上可以深入考察回族法文化之利和弊,预测回族法文化的未来走向等。

第二,回族法文化的功能。由于回族法文化是回族人民在自身独特的社会实践中对伊斯兰教法文化、中国传统法文化及西方现代法文化的有机的创造性的综合,因此,其开放性特征是显著的。由此所致,在功能特征上,既有与现代法律相悖的内容,如少数人心目中教法高于国法的观念等,但也有在功能上互补的因素,如通过宗教形式的信仰来坚定现代法律信念,强调教义倡导与国家法倡导的一致之处等。这样,便能有效地实现回族法文化在我国法制现代化建设中的创造性功能。当然,回族法文化在回族社群的现实生活中,尚在有效地作用于回族群众的法生活。在回族法文化研究中,对这种现实功能也必须作出深入的调研和分析;否则,便很难说明其在我国法制现代化建设中的功用。

第三,回族法文化的未来。这是关于回族法文化的预测性研究,其中既要预测回族法文化本身在未来的发展、变化、前景,也要预测回族法文化在回族社群中的未来价值和在中国法制建设中的未来价值,还应涉及对回族法文化在发展进程中的不断优化和改进。回族法文化的未来是充满希望的未来,然而也是充满艰辛的未来,这从其特征中可以表现出来。

第四,回族法文化与中国法制现代化。不论从回族法文化研究的现实意义而言,还是从该研究课题的设计看,回族法文化与中国的法制现代化的关系均是其主题之一。这一关系主要涉及如下两个方面的问题:一是回族法文化与回族自治地方法制现代化的关系问题。应当说,这一问题更为具体、微观。它需要详尽考察在回族自治地方的法规以及国家的涉回法律法规中,究竟有哪些受到了回族法文化的影响。换句话说,回族法文化对回族自治地方法制现代化的影响究竟为何。二是回族法文化与中国法制现代化的关系问题。显然,这是一个宏观的问题,故要对之进行宏观分析。当然,宏观分析不是粗线条的分析。就回族法文化与中国法制现代化的具体关系而言,倘要在宏观上得出正确的结论,必须对两者的关联性及排斥性进行深入细致的实践考察和认真严肃的理论分析。与回族法现状的考察对于回族法文化研究这一课题成功与否具有关键作用一样,回族法文化与中国法制现代化关系问题的仔细考察,亦对该课题具有关键作用。

在考察回族法文化与中国法制现代化之关系时,不仅要考察回族法文化对中国法制现代化之利,而且也要恰当地分析回族法文化对中国法制现代化之弊。这使得该问题的解决有赖于更扎实厚重的学养和严谨认真的学风。

总之,回族法文化的研究范围涉及多个方面。就本课题而言,如上提出的问题妥善地处理好了，可以预料，其任务也就较为完满地得以解决。

三、回族法文化：研究方法探究

在研究方法上，由于该课题跨越众多学科，因此，对各学科的融会贯通及自由运用是研究好该课题的基本功。在此基础上运用比较观察的方法、社会调查的方法、历史分析的方法、辩证思考的方法等对该课题的完成就具有必要性。在此，应特别强调如下诸方法：

（一）历史—文化分析方法

历史—文化分析方法是人文科学的基本方法之一，它的要津是要揭示分析对象的历史—文化内涵，从对象的历史行程和历史背景中捕捉对象的文化理路和脉搏。对于回族法文化的研究而言，这是一种必备的、首要的研究方法。这一方法不仅关系着回族法文化的发展，而且关系着对于在动态变迁中的回族法文化如何定位的问题。

在千余年的回民族形成、演变和发展的历史行程中，其法文化在这一进程中是如何形成的？促使回族法文化形成的原因是什么？为什么回族形成了十分独特的法文化，而许多自周边地区入主中原的民族非但未形成自己的法文化，反而较快地接受了中原地区汉族的法文化？回族法文化在回民族形成、发展、壮大的过程中究竟起到了何种作用？回族法文化的内在结构特征是什么？是何种文化因素致使回族法文化不同于其他国内民族的法文化……对这些问题的解释和回答，显然须扎实深厚的历史文化功底。这里不特指关于回族的历史文化功底，而且还必须具备中国历史和文化，乃至世界历史和文化的功底。只有掌握了这些必备的历史文化知识，才能更好地运用自如，在浩瀚的历史文化事实中发现历史文化的真理，在此基础上，再进而寻找出回族法文化的真理。

在一定意义上讲，历史—文化方法也是一种实证的方法。清代以来的中国史学界，弥漫着一种浓厚的史料考据方法。对此，现、当代的学者们多有批判。当然，如果着眼于考据所得的事实唯史料而史料的话，我们必然不会愿意首肯这种方法。但是如果着眼于历史的真实的话，我们则必然借助于这种方法。深挖广掘历史材料，细研精析文化理路，使材料印证观点、说明观点，让观点激活材料、解放材料。唯此，方能使材料在说明事实真相时有所用场，也方能使观点得以实证。既能厘清回族法文化产生、发展的历史脉络，也能发掘出不为人所重视的回族法文化的历史材料（或者对已发掘的材料赋予全新的知识和观念内涵：如昔日只被当做宗教遗传的材料,今日可被我们赋予法律文化的新内涵——虽然,就历史的真实而言,今人是否赋予它这一内涵,并不会改变历史材料中本有的内容)。

须说明的是:历史—文化方法与“文化历史方法”虽然并非同一方法,但两者有紧密的关系。后者是文化学的专门方法。W.施密特在其《比较宗教学史》等书中采用这一方法,并创立了文化历史学派。该方法的主要内容为:(1)“特殊标准”,用以帮助理解文化成分的相互关系;(2)“数量标准”,由多种不相关的特殊标准集合而成;(3)“文化圈”,用上述标准得出的文化圈,既是文化历史学派所研究的目的,又是其所研究的方法;(4)时间的衡量,即对文化的年代进行度量研究;(5)文化发展的内在尺度。对一个民族而言,外来文化的接受虽能促进其文化的发展,但本族文化始终是其文化发展的内在尺度;(6)消极研究法举例;(7)积极研究法举例。① 从对其内容简介中我们不难看出历史—文化方法对“文化历史方法”的吸收和借鉴。

(二)社会—实证方法

如果说历史—文化方法是就回族法文化久远的历史发展和深厚的文化内涵作出解释和说明的话,那么,社会—实证方法则是就回族法文化广博的现实表现和丰富的社会内容作出解释。如前所述,历史—文化方法具有实证方法的特征,那么,这里讲的社会—实证方法究竟是什么呢?

所谓社会—实证方法,是指以客观存在的或经过特定方法收集而知的(如问卷调查、跟踪访谈)材料以证明客观存在于现实社会中的对象,揭示对象的内涵、结构、变迁及本质。作为一种研究方法,实证方法自孔德以来享誉全球,而尤为“逻辑实证主义”(或“逻辑经验主义”)所推崇。“该学派的主要信条是下述命题:‘一个陈述的意义就是它的证实方法,或者是用证实方法所决定的。’因此,不能证实的(或不能证伪的)陈述就被认为是无意义的。”②笔者在此所讲的实证不可能在这种严格的意义上进行解释,故在实证之前缀上“社会”一词。

---

① 覃光广、冯利、陈朴主编:《文化学辞典》,中央民族学院出版社1988年版,第178~179页。

② [英]G.邓肯·米切尔主编:《新社会学词典》,蔡振扬等译,上海译文出版社1987年版,第242页。

回族法文化既是一种历史的实存,更是一种现实的实存。它需要在回族法文化所产生和存在的广阔的中国古、今社会的沃野和回族人民的实践中去实证。既然如此,回族法文化便不是,也不可能是一种孤立的、停滞的、静止的存在,恰恰相反,它是一种具有广泛社会联系的,不断发展变迁的社会存在。因此,对它的证实(或证伪)就必须采取相对的原则:证实的标准是什么?如何界定证实的标准?如果有些材料对已经形成(甚至成定论)的观点能够证伪,那么,原先的观点是否就无用?证伪本身可以被证伪吗……这些问题,必然要求对实证方法在使用时应界定它合理的社会界限和学理界度。如果没有这一界限和界度,便很难找出一种肯定的回族法文化了。例如,将回族法文化要么说成是伊斯兰法文化,要么说成是中国传统法文化,要么说成是西洋法文化,那么,回族法文化便只成论者观念中的假设了。

回族法文化作为一种文化实存,显然是在历史、文化和社会的冲突中发展起来的,这种冲突和中国其他民族的法文化比较,至今不但仍然广泛地存在着,而且要更为强烈和复杂。因此,仅仅靠微观的实证本身还不能解决问题,而必须把实证内容切入到中国社会肌体中去,找出一个合理的可实证的(价值性的)界限。只有如此,才能更准确地把握回族法文化的真相,理解回族法文化的本质和特征。

(三)思辨—价值方法

时下,在社会—人文科学的研究中,价值方法甚为时髦诱人,而思辨方法却似乎十分冷落萧条。但在笔者看来,这两种方法间,事实上具有难分难解的关联性。

价值方法,就其本质而言,不仅是找出事物的真相,揭示事实本身,而且要进一步在此基础之上找出事实与主体的关系。人类研究对象的目的,绝非为对象而对象,为认识而认识。与对象以及主体对对象认识紧密相关的、不可分离的一个问题是:对象与人的关系,认识对人的效用。这种关系和效用可能是超脱的、伦理的、文化的等“非实用的”,也可能是经济的、娱乐的、政治的等“实用的”。不论如何,失却价值探讨,等于放弃了研究、认识事物的目的本身。因此,回族法文化的研究,不可避免地要引入价值分析方法。

与此同时,必须承认,价值的多元性和主体文化考察的复杂性,必然会使价值方法与思辨方法结成盟友。只有这样,才能更深入地找出对象价值的适应范围、应用程度。否则,缺乏思辨分析的单一价值分析,只能导致要么将有某些人认可的一种价值体验和价值需求推而广之,强加于社会全体成员;要么将本来对全体人民都极有价值的见解或事物,付之一炬、化为灰烬。这样,则只能导致专制主义的盛行,而无法导致个体选择价值的真正实现。可见,在对回族法文化进行价值分析时,引入思辨方法与价值分析的同步进行,是多么重要。

如前所述,回族法文化与中国法制现代化的关系问题是回族法文化研究的重要内容之一。这一问题的实质,就是要找出回族法文化在当代中国的现实社会价值和功用。在这一进程中,从什么角度谈论其价值和功用?回族法文化的价值和功用究竟有多大?回族法文化存在负价值吗?如果存在,是对回族,还是对整个中国?如果存在,为什么回族仍在恪守这种法文化?如何有效地克服回族法文化的负价值……显然,这些问题不是价值方法本身所能解决的。只有将价值方法和思辨方法有机地结合起来,才能使价值方法有更为多样的用途和更为宽广的视野;也只有将两者结合起来,才能真正得出回族法文化的具体价值所在,并进一步发现在回族法文化中不可避免地存在着对中国向法制现代化迈进的特定历史条件下的负价值。只有以此为基础,才能在我国的法制现代化进程中,充分汲取回族法文化的优秀内容,摒弃其糟粕,并进一步推进回族法文化的发展,促进回族法文化的现代化。

上述回族法文化研究的三种方法,是有机联系的一个方法群,顾此失彼、厚此薄彼,都可能会影响研究成果的质量。只有综合运用三者,并兼顾其他方法,才能更有助于回族法文化的深入研究。就诸方法之关系而言,笔者认为,历史—文化方法与社会—实证方法之间是对等的关联关系;而历史—文化方法及社会—实证方法与思辨—价值方法之间是不对等的关联关系(见图3)。所谓对等的关联关系,是指两种方法间相互渗透,相互为用;所谓不对等的关联关系,是指一方面,思辨—价值方法对历史—文化方法和社会—实证方法的影响更大;另一方面是指在这个方法群内,思辨—价值方法具有一定的目的性,而另外两种方法针对思辨—价值方法却不具有目的性。

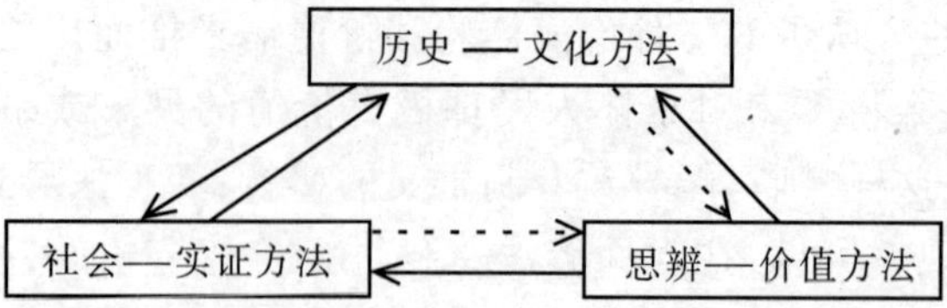

(注:“⇄”表示诸方法之间的对等关联关系;“→⇠”表示诸方法之间的不对等关联关系。)

图3:回族法文化研究诸方法之关系

〔本文是国家教委“八五重点资助项目”——《回族法文化与中国法制现代化研究》的部分成果,主要内容发表在《宁夏社会科学》1994年第1期。收入本书时做了适当修改〕

回族法文化的特征

一、回族法文化的特征:概念、含义及特征观照的方法论意义

任何事物都有自己的特征。回族法文化作为一种社会现象和民族现象,亦有自己的特征。所谓回族法文化的特征,是指回族法文化区别于其他相关事物的独特的外在表征和现象标志。它是由回族法文化的本质所决定的。

(一)回族法文化特征的可比范围:与回族法文化相关的其他事物

任何一种事物的特征,要在相关的事物的比较中才能更为透析地得出。我们知道,在逻辑上,有著名的"异类不比"原则。这一原则不仅适用于人们对自然对象的观察和比较,而且亦适用于对人文现象的观察和比较。例如,以回族法文化与印第安人的服饰文化进行比较,两者之间可比的内容就太少,因此,很难比较出其特征来;再如,以回族法文化与回族的农耕方式进行比较,亦很难比较出其特征,因为两者间没有可比性。那么,和哪些事物相比较才可更好地得出回族法文化的特征来呢?笔者认为,和如下诸方面的关联性比较可更好地获知回族法文化的特征:

1. 与回族法文化相对的回族其他文化

这是就回族文化内部进行比较。在我国学术界,已响亮地提出了回族文化这一口号。关于回族文化的论述已经很多,但诸多的论述尚侧重于从宏观的、整合的意义上探究回族文化,而对其进行分析和分类

的微观研究还很不足。作为一种民族的文化，其无疑可以分层、分解，如一个民族的经济运作文化、一个民族特有的政治文化、伦理—精神文化、生活—物质文化、法文化等。回族法文化和回族其他文化进行比较的目的，就是要通过别其同、察其异，比较出回族法文化之区别于回族其他文化的特征来。毫无疑问，作为同一文化的不同分层，回族法文化与回族其他文化间具有紧密的联系。但是，如果我们过分地看重于这种联系性，而忽视其各自特征，则既失去了比较的意义，也无法对回族各分层文化（包括回族法文化）进行更为深入地观察。

2. 与相关民族的法文化进行比较

除了对回族法文化与回族其他文化进行比较可以较为深入地探究并得知回族法文化的特征以外，与回族相关的其他民族的法文化进行比较，也是探究和获知回族法文化特征的重要方法之一。那么，与回族相关的民族法文化有哪些呢？我们拟分解为如下诸方面：

（1）与中国各民族的法文化比较。回族世居中国，总的说来，与中华各民族和睦相处达千年之久。在中国各民族文化中，回族人民的独特思维是其民族文化存在的根本因素，甚至也是该民族存在的基点。笔者认为，回族作为一个民族，其血缘型的种族特征已不太明显，或者在民族特征中降为其次，决定其为独立民族存在的最根本的因素便是文化因素。对回族的法文化与中国其他民族法文化进行比较之所以能更好地得出回族法文化的特征，就在于回族与这些民族在现实生活中的更为接近性。中国各民族，从文化特征讲又可分为二：一是受儒家文化影响较大的各民族（尤其汉族），二是受伊斯兰文化影响较大的各民族（尤其回族、维吾尔族和哈萨克族等）。通过深入地比较回族法文化与国内其他民族文化间的关系，以勘同察异，当能更深入地揭示回族法文化的内在特征。

（2）与伊斯兰世界各民族的法文化进行比较。回族虽然主要生活在中国，但同时亦生活在伊斯兰世界。在当今世界，信仰伊斯兰教的人居世界三大宗教的第二位。到1986年，穆斯林占世界总人口（50亿人）的17.4%，达8亿3千7百多万（见表1）。遍布世界各大洲，尤其集中于亚、非两洲。

表 1:世界三大宗教信教人数最新统计表①

教　名	信教人口总数(人)	占世界人口(50亿)的百分比
佛教	300,146,000	6.25%
基督教(包括天主教、东正教、基督教)	1,508,039,000	32.4%
伊斯兰教	837,308,000	17.4%
三大教总计	2,685,493,000	56%

回族作为一个全民信仰伊斯兰教的穆斯林民族,其法文化特征与其他穆斯林民族比较更有意义。在此,我们也将世界穆斯林按与回族关系的远近分为两层:一是伊斯兰教核心地带的穆斯林,主要有中东、近东和中亚地区的穆斯林;二是伊斯兰教边缘地带的穆斯林,如欧洲、东南亚等地的穆斯林等。将回族法文化与伊斯兰教核心地带各穆斯林民族的法文化进行比较将更有意义,亦更能显示回族法文化的特征。

(3)与西方法文化进行比较。不论人们承认与否,当代世界的主流法文化,是从西方世界渐至世界各国的。冷战对立的结束,虽然将可能带来世界政治发展的多极格局。然而,在法文化上,非但没有形成多极对立的情势;相反,世界各国为谋求经济的发展和政治的民主,不得不在法律管理模式上借鉴西方法文化,不少国家甚至还在移植西方法律以促进其法制现代化。在我国,法律移植的主张和呼声亦越来越强、越来越高。事实上,中国法制现代化的进程,固然不可避免地具有中国因素,但从根本上讲,却是一个法律文化西方化(或世界化)的进程。回族生活在这种世界法律文化发展的总背景下,一方面要汲取西方法文化,另一方面又要保持其独立特征,这便使回族法文化与世界其他民族法文化之间的比较有了必要,也因此能更进一步体现出回族法文化的特征。

总之,回族法文化的特征,必须通过与其紧密相关的上述三个方面的比较才能更好地来界定。总的说来,上述 3 方面与回族法文化特征的宏

① 转引自曹琦、彭耀编:《世界三大宗教在中国》,中国社会科学出版社 1992 年版,第 295 页。

观关系模式，我们将通过图1来表示。从中可见，要更好地得出回族法文化特征，最具有可比性的法文化是：中国各民族的法文化（包括儒家"法文化核"与伊斯兰"法文化核"两个方面）、伊斯兰世界核心地带的法文化。西方法文化是法文化现代性的一个重要代表，但对回族法文化特征而言，与西方法文化的直接可比性较弱，这是因为两种法文化的时代和背景（经济背景、政治背景等）差异所致。因此，在该表中笔者不径直用"西方法文化"一词，而用"西方式法文化"一词。它大体上也可指称当代中国的"制度法文化"。[①] 这样，便使回族法文化与西方式法文化之间有了直接的可比性，也更有利于总结回族法文化的特征。

（二）回族法文化特征的存在形式：外在表征和现象标志

1. 回族法文化现象及其观照视角

回族法文化的特征是通过大量的回族法文化现象而表现的。既然是通过现象表现的，从而也证明它是外在的和可观察的。

回族法文化的现象有多个观视标准。从回族法文化的内在结构讲，回族法文化现象大体有如下诸方面：其一，规范层面的法文化表现，如教法规范、自治规范、习惯法规范等。其二，心理层面的法文化表现，如关于法的好恶、关于法的心理价值取向等。其三，行为层面的法文化表现，其主要表现为用法行为和守法行为。在自治法规的制定方面，还应有立法行为；在行政和司法方面，还应有执法行为等。但由于我国的自治是民族自治与区域自治的有机结合，因此，在立法和执法方面，"纯粹"回族的法行为则没有太明显的体现。其四，组织层面的法文化表现，包括法文化的组织标志、组织机构等。在此，也许人们会认为，心理层面的法文化很难说是法文化现象，从而也很难说是外在的。笔者认为，如果从法文化之上述诸方面相比较的话，回族法文化之心理层面固然是内在的。但自回族法心理而言，亦有个本质与现象、内在与外在的关系问题。如果法心理都是深藏不露的，那么，它的现实意义也就值得怀疑了，人们也就无从观察之、得出之了。

---

① 刘作翔先生认为：中国当代法文化的根本症结在于"制度法文化"和"观念法文化"的冲突（参见刘作翔：《法律文化论》，西北大学出版社1994年版，第9章）。笔者认为，这一冲突的实质是西方式法文化与中国传统法文化的冲突。

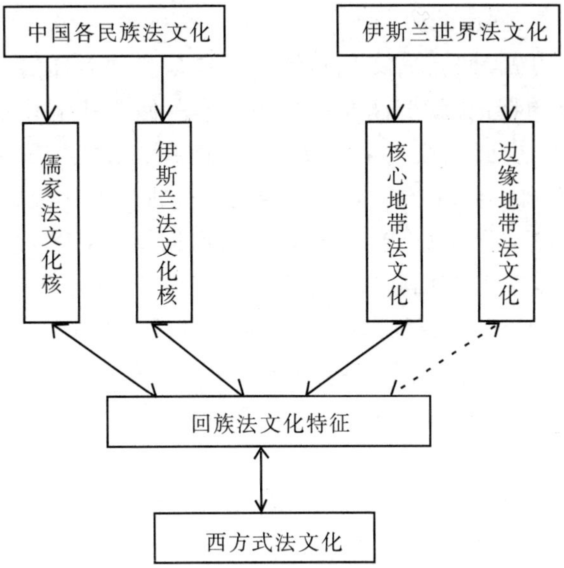

(注:"← →"表示可比较性强;" <- >"表示可比较性弱。对可比较性强者之间进行比较更易得出回族法文化的特征,同时;它也表明回族法文化特征与诸法文化之间的关系。)

图1:回族法文化特征与诸法文化间的关系模式

从回族法文化的外在结构讲,回族法文化由相互关联的三个部分所组成:其一,回族的国法文化表现,如回族关于国法的心理、行为等;其二,回族的教法文化表现,如关于教法的日常运用——朝拜、守斋、诵经等;其三,回族的习惯法文化表现,如回族的婚俗习惯、饮食习惯、交往习惯等。作为回族法文化之外在结构的诸方面,与上述回族法文化之内在结构的诸要素之间具有必然联系,回族法文化的特征就存在于此种联系当中。

从回族法文化的渊源看,回族法文化的表现可以有如下诸方面:其一,伊斯兰法文化因素在回族中的表现。综观回族的教法行为,大量的是伊斯兰法文化因素在回族中的表现。其二,中国传统法文化因素在回族中的表现。如视法为刑、厌恶法律等法心理便是。其三,西方法文化因素在回族中的表现。当代回族的国法文化表现中有不少内容是西方式法律文化影响的结果。其四,回族人民自己独创的法文化因素的表现。如回族习惯法文化表现大多为回族人民自创的法文化,对习惯法的日常运用就是回族法文化的外在表现。

从回族法文化所涉及的部门法文化考察,则回族法文化的表现更为丰富。举其要者如:回族的宪法文化表现;回族的行政法文化表现;回族的民商法文化表现；回族的刑事法文化表现；回族的程序法文化表现等。

从上述内容可知，回族法文化的外在现象是多种多样的、丰富多彩的。回族法文化的特征，就蕴涵在这多姿多彩的回族法文化现象之中。然而，必须指出的是：回族法文化现象并不是回族法文化特征本身，它只是回族法文化特征的外在载体。既然回族法文化现象并非回族法文化之特征，那么，回族法文化现象如何才能体现、反映回族法文化特征呢？

2. 回族法文化特征与回族法文化现象的关系

回族法文化特征的透析，必须借助于回族法文化现象。但只有回族法文化现象中的如下内容才能构成回族法文化的特征。

第一，回族法文化特征是回族法文化现象中具有共同性的因素。回族法文化现象表现在各个层面，每个层面的回族法文化现象显然取决于其不同的内容和不同的质。然而，各个层面的现象总有其共同的因素，这些共同的因素，正是回族法文化的特征所在。

第二，回族法文化特征必须在回族法文化现象中具有显著性和标志性。既然回族法文化特征是回族法文化诸现象中的共同因素，则其在回族法文化现象中显现的概率更大，更易于引起人们的重视，更容易在回族法文化诸现象中不断出现。因此，使回族法文化特征在回族法文化现象中具有了显著性和标志性。回族法文化现象是回族法文化特征的宽广的外在根基，而回族法文化特征是其现象的显明的、突出的标志。

第三，回族法文化特征必须能集中反映回族法文化现象的质。在以往我们所熟悉的哲学教科书中，人们过分扩大了现象与本质间的二元分野。笔者认为，就本质而言，每一事物都有内在本质和外在本质两个方面。事物的外在本质就是其现象本质，而现象本质又可称之为事物的特征。回族法文化的特征，就是指回族法文化的现象特征。因此，要在众多的回族法文化现象中观视回族法文化的特征，就必须寻找到能反映、表现回族法文化现象的质的因素。只有如此，才能使回族法文化现象的标志性——回族法文化特征更具有说服力，并更易使人们因此而深入于回族法文化的本质之中。

回族法文化特征概念的第二层含义向我们表明：观察回族法文化现象是重要的。然而，泛论现象而忽视其特征却无益于更深入地了解回族法文化。只有既广泛了解、认识回族法文化现象，同时也把握住这一现象的质的因素——回族法文化特征，才能使回族法文化的研究更为深入、更有意义，也才能进一步揭示回族法文化的本质。

(三)回族法文化特征的决定因素:回族法文化的本质

任何一种事物的外在特征总是由其内在本质所决定的,回族法文化亦不例外。于是,要考察并全面领会回族法文化的特征,就必须进一步揭示回族法文化的本质。

1. 从回族文化本质看回族法文化的本质

回族法文化的本质与回族文化的本质是紧密相关的两个问题。关于回族文化的本质,人们持各种不同的看法,大致有如下3种:

其一,伊斯兰文化论。该论主张回族文化是以伊斯兰文化为主的一种民族文化,如林松先生认为,伊斯兰教对回族的形成具有决定性作用。[①]这种主张的实质是表明回族文化是以伊斯兰教为主的文化。

其二,中国传统文化论。该论主张回族是汉族的一部分,不但一些汉族统治者出于政治需要而如此主张,就连个别回族代表也如此主张,如宁夏军阀马鸿逵曾认为回族"是一种宗教,不是一个民族,认为和汉人皆是'黄帝'子孙,而信奉的宗教不同而已"。[②] 这种主张的实质是强调中国传统因素对回族文化的决定性作用,从而相对地降低伊斯兰文化在回族文化中的作用。

其三,综合论。该论认为"回族文化(宗教文化除外)实际上是回族世俗文化与'华化'文化的综合"。[③]"回族文化和伊斯兰教及中国古老的传统文化有着不可分割的关系,离开了它们中的哪一部分都不再称其为回族文化了"。[④] 事实上,前一主张把宗教文化抽离出去,已很难说回族文化的综合性特征了。

笔者也主张回族文化的综合论,具体到其文化的诸要素,则其是一种三足鼎立的文化:宗教文化是回族文化的主导力量;习俗文化是回族文化的主体成分;中国传统文化是回族文化走向世俗的主要参照。因此,从不同角度观察,回族文化三大要素就体现出不同的作用。而上述三要素在回族文化中各自对对方只有相对的支配作用,而无绝对的支配作用。[⑤]

---

① 参见林松:"试论伊斯兰教对回族形成的决定性作用",载林松等著:《回回历史与伊斯兰文化》,今日中国出版社1992年版。

② 参见范长江:《中国的西北角》,新华出版社1980年版,第188页。

③ 邱树森主编:《中国回族大辞典·前言》,江苏古籍出版社1992年版,第7页。

④ 李燕晨:"试论回族文化与中华民族传统文化的关系",转引自李云桥、白世业主编:《伊斯兰教与回族研究文萃》,宁夏人民出版社1993年版,第553页。

⑤ 在本书中,我们往往针对不同视角和问题来说明上述诸因素在回族文化和回族法文化中的重要性并引征相关材料,这尤见于"回族法心理"和"回族法行为"两章。

回族法文化的本质也在于其综合性。在其综合因素中,伊斯兰教法文化、中国传统法文化和回族习惯法文化分别是主导力量、主体成分和走向世俗化的主要参照。与此同时,我们也不应忽视在近现代以来西方法文化对回族法文化的影响。明晰了回族法文化的这一本质,则为我们更进一步观察回族法文化特征和回族法文化本质之间的关系打下了基础。

2. 回族法文化特征与回族法文化本质的关系

任何事物的外在特征均取决于该事物的内在本质,是该事物之本质的最明显的共同性的外在标志。以这一普遍的哲学原理为指导进行观察,则回族法文化的外在特征,只是回族法文化内在本质的外在标志。具体说来,两者的关系是:

第一,一方面,回族法文化的本质制约和决定着回族法文化的特征;另一方面,回族法文化的特征又集中展现着回族法文化的本质。从此意义上讲,回族法文化本质是其特征的"真理",而不是相反。但另一方面,回族法文化本质的"尺度",却只能透过回族法文化的外在特征加以衡量;否则,便无法透析其本质。可见两者相辅相成之关系。

第二,回族法文化本质的发展变迁决定着其特征的变化。回族法文化特征的变化必然表现着其本质的发展变迁,这也是相辅相成的两个方面。回族法文化并非静止不变的,而是一个不断动态发展的过程。这种动态变迁性的根本原因取决于回族法文化之本质的变化,而这种本质的变化又决定了回族法文化特征的变化。当然,回族法文化外在特征的变化又必然展示着其内在本质的发展变迁。

上述两个方面表明,回族法文化特征与其本质间存在着密不可分的关系。要深入观察、了解回族法文化的特征,就须了解回族法文化的本质——不仅要了解其当下的本质,而且要了解其历史变迁中的本质和决定未来发展趋向的本质;否则,便不能更深入地了解回族法文化特征。

通过对回族法文化特征及其含义的解决,可以得出观视回族法文化特征的三大标准:第一,从与回族法文化具有可比性的事物中观视回族法文化特征;第二,从回族法文化现象中观视回族法文化特征;第三,从回族法文化本质与其特征的内在关联中观视回族法文化特征,这也可称为回族法文化特征的三种不同观察方法。但应指出的是,本文只是我们关于回族法文化特征的逐步总结,因此,多侧重于从现象这一视角观察回族法文化特征。至于从相关事物的比较中和从回族法文化本质与其外在特征的关系中观察回族法文化特征,待我们在对回族法文化更进一步的研究和探索中进行。

二、回族法文化的特征

我们将回族法文化的具体特征概括为如下诸方面:即历史变迁中的特征;内在本质上的特征;形式结构上的特征;内容的特征和价值的特征。

(一)历史变迁——回族法文化具有悠久性

回族法文化是伴随着回族的形成、发展和壮大而发展起来的。虽然与国内的主要民族相比,回族的历史算不上悠久,但就一个民族自身的发展过程看,回族已经历了近千年历程,因此,也可谓悠久。回族法文化又有着多方面的渊源。若从其渊源出发考察,则其法文化更可谓源远流长了。下面,我将分别在渊源和民族这两个方面考察回族法文化历史变迁的悠久性。

1. 回族法文化诸渊源的历史悠久性

如前所述,回族法文化的形成有四大渊源,其中伊斯兰法文化、中国传统法文化和西方法文化都具有悠久的历史发展过程。

以中国传统法文化及其对回族法文化的影响而论。自华夏民族形成之时,便有其相应的法文化。到了华夏民族进入国家时代,其法文化已经有了相当的成长和发展。春秋战国之际,既是中华各民族冲突融合的时代,也是中国传统法文化走向繁荣并最终确定其根本走向的时代。其后虽然经过西汉诸儒和宋明诸儒的两次变革,但集中表现法文化的法律思想体系并没有根本性的改变。这种变化,直到康梁变法——清末立宪、辛亥革命和新文化运动这三个标志着一个新时代到来的运动中才得以实现。我们通常讲,中国具有五千年的文明史,我们也可以相应地得出:中国传统法文化自发生时起,亦有五千年的形成、发展和变迁史。回族的形成时期,也是回族法文化的创建时期,其所面对的首先是这一悠久而辉煌的法文化遗产:身负如此厚重的历史,如何吸取其精髓,如何转换成自己民族的法文化,则必然是回族人民殚精竭虑的问题。回族法文化对古老悠久的中国传统法文化具有明显吸收。因多方面原因,在有些地方其风俗习惯及观念心理明显汉化,甚至出现汉人式祖先宗拜的标志——宗祠(如在福建晋江的陈埭[1])。这种情形首先表明了回族法文化渊源的悠

---

[1] 参见黄秋润:"陈埭回族风俗的演变"、叶文程等:"陈埭镇岸兜村社会民俗调查"等文,二文均载于《陈埭回族史研究》一书,中国社会科学出版社 1990 年版。笔者曾于 1993 年初在陈埭镇等福建回族聚居地进行调查,发现其对汉文化中宗法传统的继承比许多汉族地区有过之而无不及。

久性。

就西方法文化及其对回族法文化的影响而论。众所周知,西方法文化是以古老的希腊—罗马法文化和盎格鲁—撒克逊习惯法文化为主要代表而形成的法文化的泛称。它延续和发展至今,也有两千多年的历史。期间虽然经过了宗教(基督教)和封建专制对上述法文化的阻碍,然而与此同时,西方法文化亦汲取了基督教宗教法文化的诸多合理内容(尤其在法信仰问题上),从而强化了该种法律文化观念;也汲取了来自中国的文官传统和宽容理念。因此,自世界历史进入近代以来,其终究化成蔚为大观并作为世界法文化现代化开端和象征的现代西方法文化。回族法文化对它的承受,首先,来自基督教对伊斯兰教的深刻影响及在诸多内容上的同构性。其次,来自回族文化领袖们对西方法文化主动的、自觉的了解。最后,来自中国法制现代化进程中对西方法文化的多方面吸收对回族自然的影响。可见,西方法文化注入回族法文化的进程,亦是一个历史十分悠久的进程。

就伊斯兰法文化及其对回族法文化的影响而论。伊斯兰法文化是伊斯兰教的伴生现象,即伴随着伊斯兰教的创生,伊斯兰法文化也同时隆重登场。著名学者林兴智先生指出:"回族法起于第七世纪,为至圣穆罕默德订定的。这法律的订定,全以《古兰经》为准绳。在那个时代,古兰经即是唯一的至高无上的法典。穆圣便根据《古兰经》的训示和原理,制定出明显的条文,这就是圣训。"①众所周知,自先知穆罕默德(公元 570 ~ 632 年)在阿拉伯半岛通过"宗教革命",创立伊斯兰教至今,伊斯兰教已有接近 1400 年的历程。在这一历程中,伊斯兰教、伊斯兰文化和伊斯兰法文化等均经过了内部的分化、组合、变迁以至形成今日如此强大的规模。回族对伊斯兰法文化,虽经过一些加工改造,但更多的则是承袭和继受。可见,伊斯兰教法文化作为回族法文化的渊源,也具有悠久的历史路程。

当然,回族法文化渊源的历史悠久性并不能直接证明回族法文化自身的悠久性,但它在一定程度上能说明回族所负载的历史的多元和沉重和久长。在这种多元和沉重的历史中,汲取、整理、加工各种文化的优秀成分以化成回族自身的法文化足以表明回族法文化所蕴涵的古之幽情!

2. 回族历史的绵长悠久使得回族法文化亦具有悠久性

回族法文化虽然具有上述诸多的渊源,然而,它并不是诸渊源的简单

---

① 二布都·木台二滴:《回教继承法与其他继承法之比较·译序》,林兴智译,(台)商务印书馆 1983 年版,第 2 页。

拼凑和强硬捏合，而是出自回族人民卓越的文化创造。这不仅表现于回族所创造的习惯法，而且更表现在回族人民自如地运用并冷静地汲取中国传统法文化、伊斯兰法文化和西方法文化并内化为自己的法文化上。

这一法文化的创造过程也是一个历史悠久的过程。如从唐宋之间回族先民在中国大地上经商定居算起，其历程大致与伊斯兰教和伊斯兰法文化的形成历史年代相若；如从回族作为一个民族体形成的元、明期间算起，也有近千年的历程。在这一过程中，我们可看到回族人民不但恪守伊斯兰法文化的基本精神和要义，而且可看到李旬、萨都剌、丁鹤年等一大批回族文化精英们以坚强的毅力向汉文化学习的情形，他们创作的汉诗可谓出神入化。如果不是对汉文化中之伦理法制精神的深刻体悟和内心认同，如何能创造出那样在中国文学史上必须大书特书的优秀篇章呢？当然，我们还能看到李贽、刘智等一大批回族思想家们的卓越创造。可以认为，回族法文化的这一创造过程还在继续中，其中既有一大批回族文化精英在艰苦、认真地创造着（一本《回族当代文艺人物辞典》①所记载的不仅是回族在文艺方面的伟大创造，而且是在民族文化上的创造，这其中当然包含着法文化的创造），而且在市场经济、民主政治所推导的中国法制现代化的进程中，回族人民自觉地汇入了变革自身法文化，消化、吸收、引进现代法文化的进程中。

总之，回族法文化的发展具有悠久的历史。在一次次的历史劫难中，它不但没有退却、消失，反而变得更为强大、厚实。可以预料，经过回族法文化现代化的洗礼，它会变得更为强大厚实，并为其未来的辉煌奠定基础。

（二）内在本质——回族法文化具有综合性

通过前面的论述我们已经知道，回族法文化是一种具有多种综合因素的法文化。其中既有伊斯兰教法文化和中国传统法文化，还有回族习惯法文化和西方法文化。下面我们分别论述诸法文化在回族综合性法文化中的地位和特征：

1. 伊斯兰教法文化在回族法文化中的主导性和外封闭性

同伊斯兰教在回族文化中具有主导性一样，伊斯兰教法文化在回族法文化中也具有主导性。所谓主导性，是指伊斯兰教法文化对回族在吸取和舍弃其他法文化时具有方向指示作用和价值标准功能。众所周知，

① 《回族当代文艺人物辞典》，宁夏大学回族文学研究所编，宁夏人民出版社1990年版。

作为一个民族,回族的种族根源具有明显的多元性。因此,可以认定这些因素并不是形成回族的基本根据,故回族作为一个民族的伊斯兰宗教因素和伊斯兰文化因素已远较其种族因素更为重要。这致使在回族所有的文化(包括法文化)中,伊斯兰教文化始终居于主导地位。没有这一主导因素,回族的存在便没有实质的标准。回族法文化深受伊斯兰教法文化的影响,这是研究回族法文化所应确立的基本观念和事实。

与此同时,伊斯兰教法文化还在回族法文化诸要素中具有明显的外封闭性。所谓外封闭性,有两个方面的含义:其一是指对非穆斯林而言,伊斯兰教法文化具有封闭性,而对于穆斯林而言,这种文化又具有开放性;其二是指在不同的门宦和教派之间,本门宦或教派对其他门宦或教派具有封闭性,而在该门宦或教派内部,却具有开放性。不少人在谈及回族文化的封闭性时,不加分析,笼统而言,并试图表明回族文化对其他文化的排斥性。笔者认为,作为一种大众化或平民化的伊斯兰教法文化,不但在回族群众中具有开放性,而且对其他文化具有明显的吸收性;否则,就很难说回族法文化具有综合性了。

2. 回族习俗法文化在回族法文化中的主体性

虽然伊斯兰教是一种平民化的宗教,并且在回族人民中间,该教的这一特征表现得更为明显。然而,与任何宗教一样,伊斯兰教也不免具有神秘性和对人来说沉重性的一面。如何使这种沉重性的一面降低而更增添一些人们日常生活的轻快感?回族人民对此进行了富有智慧的创造。在法文化上,回族人民既坚持教法文化,同时又根据其民族生活的要求创造了人们喜闻乐见的并具有人民自觉的精神动力支持的习俗法文化(当然,应肯定的是,这种法文化与伊斯兰教法文化有千丝万缕的联系)。如同在艺术方面回族既有严肃的寺院"经诵"活动,也有活泼轻松的"花儿"一样,[①]在法文化方面,回族也有严肃的教法文化和相对轻快的世俗法文化。

任何一个民族的生活样式,其主要因素都是人们的日常生活。支配日常生活的规则则大多表现为习俗法,由此便形成了习俗法文化。回族的习俗法文化,虽然保留了诸多伊斯兰教法文化的精神要旨并汲取了中国传统法文化的大量内容,但其更是回族人民生活化、日用化和世俗化的结果。因此,与生活、日用、世俗相联系,便成为其习俗法文化的根本特

---

① "花儿"是回族等西北地区民族民间说唱艺术的一种重要形式,相关论述,参见屈文昆:《花儿美论》,甘肃人民出版社1989年版。在"花儿"中,本身具有广泛的习俗法文化的内容。特别是在婚恋方面。

征,并因此也构成了回族法文化中的主体成分。

3. 中国传统法文化在回族法文化世俗化中的主要参照性

中国传统文化(包括中国传统法文化)与世界其他民族的文化比较,是很少受宗教影响的文化。因此,其世俗化特征较为明显。"家为国之本源,国为家的放大",这是中国文化(特别是其政治法律文化)的主要演化特征。家庭的世俗化直接演化成了政治的世俗化和法律的世俗化。诚然,如以当今民主政治时代的法文化观照,中国传统法文化的专制色彩浓厚是事实。但是,倘以古代社会的法文化观照,我们可以肯定地认为,除古希腊罗马法文化外,中国传统法文化更富有人情味和"人道"味。[①] 纵使刑罚文化,听起来残酷,事实上亦充满了幽幽人情味,如质审、质决制度的创立等,以致在今天,东、西方人共同关注这一富有人情味的文化(包括法文化)在现代的意义,寻求通过调解来解决纠纷的模式。风行世界的仲裁制度和 ADR 纠纷解决方式毫无疑问受到中国传统法文化中通过调解来决疑解纷之模式的影响,或者至少其间具有可沟通性。不少人在谈论中国封建制度格外绵长的因素时,谈了不少见解。但在笔者看来,除了地理上的天然屏障因素外,这种富有人情味的法文化形成了一道更加强大的心理屏障和基础,使人顺应了温情脉脉的以家法文化为基础而放大了的国法文化。秦始皇、隋炀帝及清朝中后期的君主们,乃至一切遭人民反对的君主们,往往是忽视了礼法文化而专执于刑罚文化的结果。

论述中国传统法文化的特征,是要说明为什么回族人民走向法文化世俗化过程中以中国传统法文化为主要参照:回族习俗法文化既然是从沉重的教法文化向轻快的富有生活味的教法和世俗法相结合的法文化的转换,那么,其最现实的最具有参照价值的法文化便是中国传统的法文化。况且回族现实地生活在中国这块土地上,则更需要主要参照中国传统法文化的内容,以解决其生活法理、日用伦理等问题。这样,中国传统法文化就十分现实地成为回族法文化走向世俗化的主要参照。回族人学汉语、习汉字也罢,作汉式诗、赋汉式词也罢,"以儒释伊"、儒伊相证也罢,都深刻地表明了其以中国传统文化(包括法文化)为主要参照,使其文化世俗化、日用化、习俗化的过程。笔者认为,这正是回族法文化区别于国内其他信仰伊斯兰教民族的法文化,尤其维吾尔族和哈萨克族法文化的根本所在。如果说,教法文化是回族法文化本质的因素之一的话,那么,

---

① 这里所指是以刑罚和礼乐相互参用,互为表里的法文化,而非仅指刑法文化。如果把中国传统法文化仅仅处理为刑法文化,则其专制特征无法使人直接说(首肯)其是轻快的(结论)。

中国传统法文化便是决定其法文化本质的另一因素。

4. 西方式法文化对回族法文化走向现代化的根本参照性

正如前述,不论人们承认与否,所谓法文化的现代化,主要是以西方式法文化为参照的现代化。中国法文化整体的现代化也罢,回族法文化的现代化也罢,都必不可免地要涉及这一根本标准问题。这是否意味着我们经常担心的民族精神的消失呢?东亚国家(尤其日本、韩国和新加坡)法制现代化的实践证明,它非但没有销蚀这些国家的民族精神,反而随着主权观念的日益深入人心,国家自尊心和民族自尊心也愈加强化。也就是说,西方式法文化中的自主、自治、自由、主权等因素,必然含有更进一步强化民族精神的价值。因此,在回族法文化走向现代化的时候,我们必须注重西方式法文化对这一现代化进程的根本参照性。自觉地汲取西方法文化的内容并总结回族传统法文化中的优秀成分,以更利于实现回族法文化的现代化。

总之,综合性是回族法文化在内在本质上的根本特征。在这一特征中,也体现出了与此相关的另一特征:回族法文化形式结构的双重性。

(三)形式结构——回族法文化的内外双重性

笔者曾把回族法文化的结构分为外在结构和内在结构两个方面,①关于其内含,我们在此不加重述。这里需要进一步申述的是:不论外在结构还是内在结构,相对于回族法文化之本质而言,它们都是一种形式的结构。事实上,任何结构,都只是事物的组合形式而已。知悉了此,也就容易理解为什么我们把回族法文化的内在结构也归之于其形式结构中。如下笔者将具体说明回族法文化形式结构的内外双重性及其复杂关系,并进一步探讨其形成的原因。

1. 回族法文化形式结构的内外双重性及其复杂关系

所谓回族法文化形式结构的内外双重性,是指回族法文化有机相连的内外两大结构的构成特征。这种相联性的特征具体表现在:外在结构的每种要素总要内化在其内在结构的要素中,才能内化为回族法文化的内容;否则,便很难构织进回族法文化中。具体说来:

(1)回族法文化外在结构的要素之一教法文化构入法文化内在结构时,分别可形成如下内容:其一,回族的教法规范;其二,回族的教法心理;其三,回族关于教法的行为;其四,回族的教法执行组织。

---

① 参见谢晖:"回族法文化研究概说",载《宁夏社会科学》1994 年第 1 期。

(2)回族法文化外在结构的要素之二国法文化构入回族法文化内在结构时,则分别形成如下诸方面:其一,与回族相关的国法规范(包括直接相关的国法规范和间接相关的国法规范两个方面);其二,回族的国法心理;其三,回族的国法行为;其四,回族自治地方的国法执行组织。

(3)回族法文化外在结构的要素之三习惯法文化构入回族法文化之内在结构中时,也分别形成如下诸方面:其一,回族的习惯法规范;其二,回族的习惯法心理;其三,回族的习惯法行为;其四,回族的习惯法执行组织。

从上述简单的组合结果可见:如果只有回族法文化的外在结构,而没有内在结构,一方面,使得这种外在结构显得极为勉强,有硬性捏合之嫌;另一方面,单独的外在结构诸要素没有发生关联的机理。但是,当我们进一步将回族法文化外在结构的几大板块(要素)导入回族法文化的内在结构中时,便找到了三大板块发生关系的机理,使三大板块的结合免去了硬性捏合之嫌,而有了有机联系之感。因此,在理论和实践中,既要充分注重回族法文化形式结构的内外双重性,又要注重其外在结构只有借助于其内在结构,才真正产生意义,也才更能说明其是回族法文化。上述关系,我们可以用图 2 和图 3 来表示。

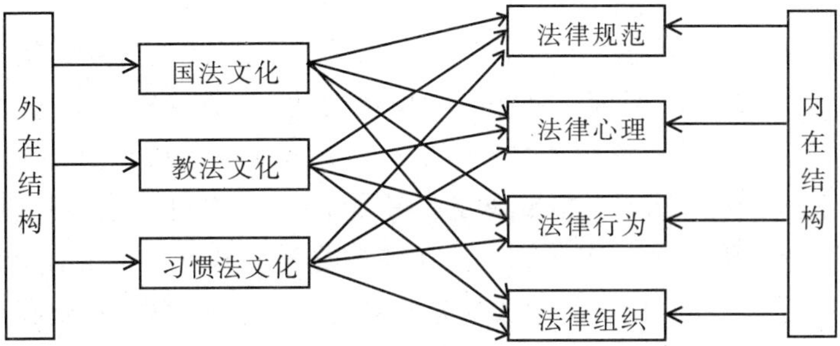

图 2:回族法文化双重结构间关系的平面图

由图 2 可见,回族法文化之内外结构间有着十分紧密的关系。如果说在这一平面图中我们只能看到的是外在结构诸要素对内在结构诸要素的平面依赖关系,从而不能更深刻地揭示外在结构与内在结构间的内、外关系的话,那么,图 3 这幅回族法文化外、内双重结构的立体图则能更好地解决这一问题。从中我们可知,一方面,回族法文化的内在结构决定着其外在结构;另一方面,回族法文化的外在结构必须内化到其内在结构中去,才能成为回族法文化的有机组成部分。否则,只是一种黏合关系,而不是一种有机的渗透关系。这样,才能更好地说明回族法文化及其形式结构的特征。

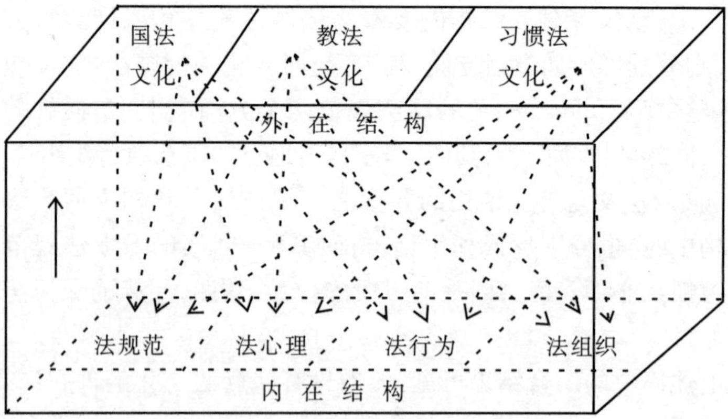

(注:之所以用虚线表示这一关系,是为了在这一立体图内对内、外结构间的立体关系看得更为清晰明了。"↑"表示内在结构对外在结构的决定性。)

图 3:回族法文化双重结构间关系的立体图

2. 决定回族法文化形式结构双重性复杂关系的因素

为什么回族法文化能形成如此复杂的形式结构特征呢？笔者认为，这主要取决于如下诸因素：

(1)取决于回族法文化本质特征的综合性所形成的外在结构要素的多样性。如前所述,回族法文化是由国法文化、伊斯兰教法文化、回族习俗法文化和西方式法文化等诸多因素有机综合而成的法文化。这种综合性本身便决定了回族法文化结构的极其复杂性(尤其外在结构)。这种外在结构的复杂性必然连带到其与内在结构的复杂关系。外在结构的要素越多,则其与内在结构诸要素间的关系越复杂。这一道理,只要我们明白了每一外在结构要素只有内化到内在结构中时,才能成为回族法文化的有机成分,便可获解决。

(2)取决于回族法文化内容的丰富性。回族法文化具有十分丰富的内容(详见下文),这些丰富的内容必然影响到回族法文化结构的复杂性。首先,它直接影响着回族法文化的内在结构。其次,它也多方面地决定着回族法文化的外在结构,使其要素增加。这样,便进一步使两大结构间的关系更趋于复杂。

(3)取决于回族法文化价值的多样性。回族法文化具有十分复杂的、多种多样的价值蕴涵(详见下文),这种价值必然要求不论在法规范、法心理、法行为还是在法组织方面,必须体现出多层面性,才能得以实现;否则，某一方面的法律文化就无法全面地实现这些由回族需求所决定着的法文化的多样性价值。由此进一步导致了回族法文化的关系多样性和其结构间的复杂关系。

（四）内容——回族法文化的丰富多样性

当人们未入回族法文化殿堂时，印象当中的回族法文化，大概不过尔尔。但稍加深入，便会发现，这是一座丰富多彩的蕴涵了多种矿石的矿山！出于理论综合的需要，我们将这些丰富多彩的内容概括为如下 4 个方面，即典籍、物象、心理存在和行为表现。

1. 回族法文化的典籍

几乎可以说，大凡涉及回族政治、思想和文化方面的典籍，大都蕴涵着十分丰富的法文化的内容。在以往的历史中，对于回族相关的文化典籍发掘很不够。改革开放以来，我们开始注重对这一文化资源的发掘整理。除了各种版本的《古兰经》以外，我们还整理出版了一大批回族和伊斯兰教方面的文化典籍，发表了大量的相关论著。仅宁夏少数民族古籍整理办公室整理出版的回族和伊斯兰教方面的文献典籍，已多达近 30 种。最近，笔者的一位友人正在筹划编辑《中国伊斯兰教文化宝典》，所涉及书目达百余种。由余振贵、杨怀中著的《中国伊斯兰文献著译提要》①一书中，提到中国伊斯兰文献更多达 578 种，未提要而做介绍的达 160 余种。这其中涉及回族法文化者甚多。回族法文化的典籍表现，大致可分为三类：各种涉及回族法的成文规范、思想家的理论论述、伊斯兰教经典。这三类典籍，内容繁多，汗牛充栋。若要详细选择出其中法文化的部分，当是一项十分浩大的工程。

2. 回族法文化的物象

所谓回族法文化的物象，是指回族法文化在器物层面的表现形式。任何一种法文化，都有其在器物层面的表现；否则，法文化便无法更有力地渗入到人们的心理和行为之中，回族法文化也不例外。笔者认为，回族法文化在器物层面的表现，大致有如下两大类：第一，法律组织的办公设备，如自治机关的办公设施（主要指其人大和政府的办公设施）、教会的活动设施（主要指清真寺）等；第二，法律标志，如国法的标志、自治地方的法律标志、教法标志，尤其回族的习惯法标志，内容繁多、不一而足，像男士戴的白帽、妇女用的盖头、净身用的汤瓶等，都是回族习惯法文化的重要

① 该书由宁夏人民出版社 1993 年出版。

标志。对回族法文化的物象之研究,需要深入的田野调查工作。从其涉及面而言,这也是一项十分浩大的工程。

3. 回族法文化的心理存在

任何一种文化的最深刻的存在形态在于其内在心理的存在,回族法文化也如是。关于回族的法心理,笔者在其他论文中已经述及,[①]这里只就其作为法文化内容及其表现的特征做些简要分析。

回族人民复杂的法心理世界,多半取决于其法文化本质的综合特征,这也是作为一个具有诸多外来血缘成分的民族在与自己祖先文化不同的文化土壤上生存时所必然表现出来的特征。对此,我们不加详细分析。这里需要说明的是回族法文化的心理易变与稳定的双重性。

回族法文化心理之易变性主要表现在其国法心理上。自从回族形成以来,国家法经历了蒙元时代具有极大奴隶制色彩的"封建"法、明清时代的"封建"法、清朝后期和民国时期半殖民地半"封建"主义的法、中华人民共和国时期计划经济模式所决定下的法和其后市场经济模式所决定下的法等不同阶段。由此可见,国家法在此期间的变化之大。但这还只是就宏观制度层面而言。任何宏观制度,必将影响人们的微观心理。倘深入回族微观的心理层面,可更加知晓国家法在回族形成以来近千年间的变化之巨。对此,回族人民不断适应着或斗争着。有什么样的存在,必然会形成与此相关的心理。国法形式和本质的不断变迁,深刻地影响着回族对国法的情感、态度、取向等,从而使回族的国法心理具有明显的易变性。当然,这并不影响其心理深层对国法的深沉积淀,即视法为刑的心理积淀、厌法畏法的心理积淀等。

回族法文化心理的稳定性表现在两个方面:其一是教法心理的稳定性。近千年来,伊斯兰教在回族地区经过了民族化和中国化的改造,并生长出不同的流派和门宦。但与此同时,教法的基本价值观念、基本教义、基本规范等长盛不衰,使得回族人民能在心理上坚信并在行动上恪守教法的内容,并因此形成深沉稳定的教法心理积淀。教法心理的稳定性也与前述教法文化的外封闭性紧密相关。其二是受伊斯兰文化和中国传统文化双重影响的回族习惯法心理也具有相对稳定性。由于这种习惯法文化与回族的日常生活紧密相关,因此,形成了回族对它的道德亲合感。

总之,国法文化在心理上的易变性和教法及习惯法文化在心理上的

① 在笔者尚未发表的《回族法文化与中国法制现代化》这一课题中,专门开辟了"回族法心理"一章。

相对稳定性是回族法文化心理的根本特征。它取决于国法、教法及世俗法在近千年间的变迁特征。

4. 回族法文化的行为表现

宋代大文豪陆游有句名诗:“纸上得来终觉浅,绝知此事要躬行。”这是对任何研究者的鞭策和警示,也是对理论与实践关系的深刻揭示。这句名诗所蕴涵的哲理我们同样可以运用到被观察对象上:仅仅停留于文献典籍和外在物象上,尚无法参透回族法文化。只有进一步深入回族人民的法心理世界和行为世界中去,才能真正悟清其法文化的特征。近现代西方法学的大宗之一社会法学派主张,在法学研究中,不仅要深入关注由国家制定的“书本上的法”,而且要十分注重在实践中运行着的和在现实中起着法的作用的“行动中的法”,后者又被称为“活法”。[①] 这一理论主张对于我们研究回族法文化,尤其深挖回族人民行动中的法文化具有重要的参考意义。

回族是一个善于行动的民族。因此,在其行为中,一方面,深刻地表达着其法心理;另一方面,大量地运用着法规范;再一方面,还不断在行动中创造着新型的习惯法规则。对此进行研究,可使回族法文化从书本的浅层次进入心理和行为的深层次,并能进一步揭示回族法文化的特征和本质。

总之,从内容方面看,回族法文化具有明显的丰富多样性。这与回族法文化本质的综合性正可形成相互照应的关系。

(五)价值——回族法文化的价值四元并存性

法文化价值,是指由法文化主体需求所决定的内在于法文化中并最终能够满足主体需求的内容。它与法文化功能具有紧密的关系,但又有所不同。法文化价值是主体需求渗入和表达在法文化中的过程,而法文化功能是法文化内容反过来作用于主体的过程。[②] 因此,法文化价值决定着法文化功能,但又不总是决定着法文化功能,因为在实践中,法文化功能总会发生一些偏离法文化价值的“变异”现象。但一般说来,法文化功能应反映法文化价值。正因如此,我们在这里选择从回族法文化价值出发来概括回族法文化的特征,而不选择从回族法文化功能出发来总结其特征。笔者认为,这样更能符合回族法文化的“本性”。那么,回族法文化价值属性具体有哪些呢?

---

① 朱景文:《现代西方法社会学》,法律出版社 1994 年版。

② 谢晖:“价值法律化与法律价值化”,载《法律科学》1993 年第 4 期。

1. 回族法文化的宗教——信仰价值

这是回族法文化对至高、至上、至慈、至善、无所不在、无所不能的作为唯一造物主的真主的心理信仰价值。它是对回族"全民"都有效的价值,因为回族是全民信仰伊斯兰教的民族,教法在回民心目中不但具有至高无上的地位,而且因此根深蒂固。在教法文化中,其中一个非常重要的价值就是宗教信仰价值。

如果仔细分析教法的内容,不论是其典制礼仪,还是刑民法律,都具有强化宗教信仰的内在价值。这种典籍意义上的法文化还深深地影响着回族的法心理和法行为。这已是人所共知、毋庸赘述的问题。

可以说,宗教——信仰价值是回族法文化的核心价值,其他一切价值往往围绕着这一价值而展开。这是弘扬真主至上、至慈、至善、至能的必然要求,也是真主普在并凌驾于任何人、事之上的必然要求。正是这一价值,使得回族法文化虽表现得庞然芜杂,但终能万端归一,并化成为有机的统一的回族法文化的原因。

2. 回族法文化的伦理——教化价值

如果说宗教——信仰价值是回族法文化因对真主的信仰而导致的对全民的价值的话,那么,其伦理——教化价值则是对民族集团的价值。

在民族内部,回族表现出了明显的"不和"与"和"两种特性。一方面,当涉及自身信仰的教派或门宦的利益时,回族之间常有纷争;但另一方面,在面对共同的"敌人"(影响其共同利益的人或者事)时,其内部先前的"对手"们能很快地联合起来并精诚团结、共抗外侮。这种情形,意味着纷然杂陈的回族法文化必须具有对整个民族集团的伦理教化价值。回族人民对中国传统法文化——礼主刑辅、轻刑重教的充分汲取,使得其法文化中蕴涵着极为丰富的促进其伦理教化的内容,从而更好地体现了其在真主之下和"君主"之下①的精诚团结。对于一个有大量外来血缘成分的少数民族来说,在文化异、血统异、人数少的情形下,强调法文化的伦理教化价值,不但必要,而且必须。可见,伦理——教化价值不仅作用于回族民族集团,而且这一法文化价值也维系着回民族种和族群的壮大和发展。

3. 回族法文化的日用——行动价值

不论是伊斯兰文化还是中国文化,都有注重人民日常行为的倾向或

① 在历史上,影响深远的一些回族文化精英们提倡尊主敬君,主在君前。中华人民共和国成立后,尤其改革开放以来,回族人民对这一传统作出了新的阐释,称为"爱国爱教"或"爱教爱国"。

特征。翻开《古兰经》,映入人们眼帘的并非多么深奥的文字,而是用通俗的文字对人们日常行为的劝诫。中国传统文化,更是发轫于象、发端于生活,注重于行动,如注重日常礼节,强调"君子讷于言而敏于行"①等。受伊斯兰教文化和中国传统文化影响甚大的回族法文化,十分注重法文化的日用——行动价值。不论是回族法文化之哪方面的内容,都直接和人们的日常行为相关联。如果说回族是一个善于行动的民族的话,那么回族法文化中的这种注重日用——行动的价值特征,对回族善于行动起了重大的文化推进作用。

回族法文化的日用——行动价值使其更富于大众化、平民化,更具有世俗性、实用性,甚至连宗教性的法文化,也具有了这种世俗性和实用性的特征。

4. 回族法文化的自由——秩序价值

人类历史上的任何法律,其目的都是规范社会交往中人与人之间的关系,分配其在社会交往中的权利和义务。人既是社会性的动物,同时也是个体性的动物。社会性属性必然使人们要突出人类对人与人之间和谐与秩序的需求。在法律上,秩序的规范前提是义务;人类的个体性又必然要突出人们对个人自由的追求。在法律上,自由的规范前提是权利②(图4)。人的本质与法律规范间关系的揭示,为我们解决回族法文化的自由——秩序价值提供了理论前提。

人 { 个体性—→自由—→权利
　　 社会性—→秩序—→义务 } 法律

图4:人性需求及其与法律规范的关系

在回族法文化中,教法总强调教徒对真主的义务,强调在真主决定下的秩序。但真主也必然会保护并无所偏心地保障每个穆斯林的权利和自由。这种义务权利观和秩序自由观极其深刻地影响着回族法文化的价值取向,使其比较易于和现代法文化的最高价值及其规范内容相沟通。虽然中国传统法文化有注重义务、轻视权利,注重秩序、轻视自由的特征,且它在一定程度上影响了回族法文化的自由——秩序价值,即偏重于秩序价值而忽视了自由价值。但是,一方面,回族作为全民重商重利的民族,

---

① 虽然元明以后,中国文化的政治性倾向压倒了生活性倾向;空谈性倾向压倒了实用性和行动性倾向,但这并未从根本上改变中国文化世俗化、实用化的特点。

② 谢晖:"法律双重价值论",载《法律科学》1991年第6期。

另一方面,随着当代中国法制及法律文化现代化的日益发展,回族法文化越来越注重其自由——秩序价值。

如上所述,我们从历史发展、内在本质、形式结构、内容及其表现及价值诸方面归纳、总结了回族法文化的特征,这对我们更进一步考察回族法文化提供了较为便捷的理论导向。当然,由于对回族法文化的研究方法尚未成型,研究资料整理不够,实践调研展开不广等,导致这里对回族法文化特征的总结仍属于初步的。对此,我将在以后的实证研究中进一步总结或深化之。

〔本文写于 1994 年 1 月,为国家教委"八五重点资助项目"——《回族法文化与中国法制现代化研究》的部分成果〕

经济现代化进程中的法律意识和法律行为
——以宁夏回汉民族经济活动为例

一、法律与经济现代化：比较的必要性分析

西方法学家在谈到近现代西方国家向经济现代化迈进的动力机制时指出：推动西方经济向前发展的两大车轮是蒸汽机和法人制度，其中“法人制度的发明远远大于蒸汽机发明的历史作用”。[①] 在此，蒸汽机代表着科学技术在经济现代化过程中的伟大作用，而法人制度代表着法律在经济现代化过程中的伟大作用。对于科学技术与经济现代化之间的关系，我们宣传甚多，也知之甚多，其中“四化”之一“科学技术现代化”的国家决策及“科技是第一生产力”的领袖号召，更使中国人民或感性或理智地知晓了科学技术对生产力发展的伟大推动作用。但对于法律与经济现代化之间的关系，我们则宣传甚少，知之亦甚少。在常人的观念中，法律不过是统治阶级对于被统治阶级进行专政的手段，或最多不过是稳定社会秩序的手段。至于法律与经济的关系，人们思之较多的也是当主体经济活动遇到纠纷之后如何借用法律排忧解纷，若说人们的日常经济关系，如生产中的劳资关系，经营中的租赁关系、买卖关系，消费中的质量要求等都是受法律直接调节的社会关系，除了有关法律专家能解其中味外，其他人（包括绝大多数企业经营家）则大不以

---

① 孙皓晖：“法制在改革和开放中的历史地位”，载《西北政法学院学报》1984 年第 4 期。

为然。导致这种情况出现的原因是多方面的,其中“法即是刑”、“以刑代法”的观念积淀和行为操守是导致人们疏远法律与经济现代化之间互进关系的根本原因。

但人们如何理解或能否意识到现行经济关系往往就是法律关系是一码事,经济现代化的历程必然需要完备的法律来规范、调节、促进则是另一码事。经济现代化的伟大抉择是中国人民前所未有的历史抉择,也是中华民族真正腾飞的必要前提和必然选择。世界各国经济现代化的历程表明:经济的现代化程度与法律的发达程度成正比。如号称当今世界经济霸主的美国,专门调整经济方面关系的法律达一万多件,间接涉及调整经济关系的法律则更多。经济现代化与法律发达间的这种正比关系表明了经济现代化绝不仅仅是经济自身的事,而且首先是社会的事。经济现代化必然是社会的现代化,没有社会的现代化,经济现代化便不能实现。纵然有发达的经济,亦很难说是现代化国家。如今日不少中东国家从物质丰裕程度上讲,绝不亚于一些发达国家,但很难说其是现代化国家。原因在于其社会结构远离现代化,使丰裕的物质并未化为现代社会条件下人们权利义务的合理分配,而变做个别人支配绝大多数主体的物质手段。在一定程度上讲,社会现代化即是社会的法治化过程。可见,经济现代化⇌社会现代化⇌法治化是一个不可脱节的互动过程。

尤其值得一提的是,市场经济与法律的关系。市场经济是实现经济现代化的最佳经济形态,或者说,经济现代化本来就是市场经济的必然结局。然而,健全的市场经济从来就是法治经济。当中国宣布迈向社会主义市场经济之路时,立即引起了法学界最强烈的反应,因为凡是熟悉现代法律的人,都了解其与市场经济之间内在的必然的联系。市场经济可以说是以分工、生产为前提,以商品交换为手段,以满足主体消费为目的的经济形态。可见,市场经济具有完整的、动态的三个环节(传统观点认为生产关系中尚有分配这一环节。笔者认为,在完整的市场经济条件下,交换已起到往日分配的所有功能,分配只是自然经济与产品经济的概念),即生产环节、交换环节和分配环节。不论哪一个环节,都与法律有着密不可分的联系。从生产环节看,一方面,社会分工将所有主体分割为在分工方寸内各自独立的实体,这需要通过法律的组织功能将其联系起来;否则,便会出现社会的无序状态。另一方面,每个分工生产者生产的结果是对其劳动成果的独享。这标明权力已从昔日自然经济条件下国家的独占转化为如今社会主体的共有。权力自国家向社会的转化，实质是权力的分散化过程。被分散的这一部分权力，通过法律的界定，事实上表现为权利。市场经济的分工生产方式，必然要求法律对权力与权利的分界，既便于经济秩序的确保，又便于经济自由的发挥。从交换环节看，由于分工生产的前提，使所有分工生产者在生产上是单一的，但人们的需求却是全方位的。这一矛盾的解决，便是分工生产者之间的交换。交换活动是以社会主体享有权利为前提的，它需要两个方面的基本条件：其一，交换意思的自由表达，即在主体交换过程中，不允许任何人(包括交换的对方)以任何理由干预意思表达行为，这样才能实现意思表达权利的共享。其二，交换行为的公平互利。市场交换的目的是以交易主体各自的有余补不足，从而实现人们的需求。如果丧失了公平互利，市场交换便毫无意义可言。不论交换的意思自由表达也罢，交换的公平互利也罢，从根本上讲，两者的真正实现，必须靠主体共同的、公平的、普遍的规则保障。事实证明，真正能普遍地、公平地规范主体行为的共同规范，唯有法律。可见，市场经济的交换过程必须通过法律加以调节；否则，人类的无序将难以避免。从消费过程看，在表面上，人们消费什么，如何消费纯粹是私人之事，与法律关系不大，事实则不然。且不说消费者家庭内部的消费活动需要法律的调节，即便消费者与社会的关系也需要法律的调节。因为现代人的消费活动是社会化的，而绝非仅仅是个人之事，如消费质量的保障、消费方式的灵活，消费者对消费基金的投向(用于生产投资，还是用于物质消耗)等，都与一个国家的法律保障和引导具有密切的关系，或必须通过法律的引导和保障。以上论述表明：市场经济的任何一个环节，都与法律有着须臾不可分离的联系。如果从市场经济对经济现代化的必然推导过程看，所谓经济现代化，必然要求首先是法律的现代化。然而，正如前述，中国人对经济现代化与法律的关系认识极为模糊，人们在经济活动中还缺乏法律观念，也极难认识到自己的经济行为往往是法律行为。

众所周知，观念是行动的先导。如果一个民族没有树立起经济发展必然与法律相关的法律意识，则不可能自觉运用法律以促进经济的发展；同样，倘若一个地区没有形成法律与经济现代化密切相关的意识，也就不可能利用法律手段把经济推向现代化途程。如果说我国公民对经济现代化与法律之间关系的整体认识尚低下的话，那么，其在宁夏回汉公民中表现得尤为明显。因此，通过比较宁夏回汉民族经济活动中法律意识和法律行为的异同,了解宁夏公民对法律与经济现代化关系认识的现状,利于有针对性地培养宁夏公民的法律意识,并引导其法律行为,促进宁夏经济的现代化。

总之,对经济活动中主体法意识与法行为研究的必要性,取决于经济现代化对法律的必然要求。谈经济现代化而不谈与市场经济须臾不可分离的法律的现代化,便不可能彻底弄清经济现代化的意蕴。

二、宁夏回汉民族经济活动中的法律意识和法律行为比较分析

(一)关于宁夏回汉民族法律意识的比较分析

关于法律意识,人们有从法政治学意义上解说的,也有从法社会学意义上解说的。前者比如讲法律意识是“一定阶级的法律观点的总和,包括对法律的看法和解释,对现行法的愿望和态度以及某些行为是否合法的评价”;①后者如“法律意识是人们关于法律的感觉、要求、期待、评价、认识等精神要素的总和,也就是关于什么是法、什么是法律权利和义务、为什么需要法、需要什么样的法、法的约束力从何而来、什么是正当的法、怎样的社会关系应该由法加以调整、法应该怎样制定出来等的心理反应、观念和理论”。② 在本文中由于笔者论述问题的特定性,只能撷取法社会学意义上的法律意识概念,对此,人们当然是不难理解的。同时,法律意识又是分为一定层次的,一般说来,我国学术界将法律意识分为法律心理和法律思想体系两个方面,如孙国华先生在谈到法律意识时指出:“法律意识是社会意识的一个特殊形式,是人们关于法律现象的思想、观点和心理的总和,是法律现实的特殊组成部分。”③孙先生关于法律意识的概念,典型地代表了我国法学界关于法律意识的层次观。由于本文探讨的是宁夏一般民众经济活动中的法律意识,因此,这里只能撷取低层次的法律意识,即法律心理和法律观念。至于法律思想,这里不准备也不可能涉及。

关于宁夏回汉民族经济活动中法律意识的研究,我们主要依据的是本文写作前进行的调查问卷。但又不唯该调查问卷,由于该问卷发放和回收的匆忙,使人们对问题的回答有一定漏洞。但从总体上讲,该问卷能较好地表达宁夏回汉民族经济活动中的法律心理倾向和法律观念特征,如对下面问题的回答,较能说明问题。

---

① 乔伟主编:《新编法学词典》,山东人民出版社1985年版,第643页。

② 王子琳主编:《法律社会学》,吉林大学出版社1991年版,第164页。

③ 孙国华主编:《法学基础理论》,中国人民大学出版社1987年版,第294页。

问题：面对有些部门对经济活动的乱摊派、乱罚款、乱收费，您应当——

①服从；②拒绝；③看形势办；④妥协。对这一问题的回答详情如表1所示。

表1：公民对经济活动中违法行为态度取向 %

答案	性别		年龄				民族	
	男	女	20～29岁	30～39岁	40～49岁	50岁以上	回族	汉族
1	10.00	13.82	12.41	11.73	9.20	10.24	10.72	12.89
2	59.11	49.50	56.96	54.93	47.04	63.61	56.65	53.88
3	22.91	28.26	23.03	25.93	33.52	22.41	24.04	25.95
4	7.47	7.41	7.32	7.08	9.20	3.73	7.95	6.95

从上表中对问题的回答可以看出，宁夏不同性别、年龄和民族的公民绝大多数选择了对有关部门在经济活动中的乱摊派、乱罚款、乱收费行为应当“拒绝”。这一方面表明人们对有关部门“三乱”行为的厌恶；另一方面也表明人们对公平的法律秩序的渴求。也许人们并没有意识到自己选择拒绝这一答案反映了其法律意识，但事实上通过上述回答不难发现：现代法律对主体的自立、自主意识在这里表现得较为充分。从表中看出，男性回答拒绝者高于女性，表明宁夏妇女在经济活动中的从属性较强，而男性在经济活动中的自主性较强，这与我国各地经济活动中性别角色的特征是相一致的。长期以来，我国妇女被禁锢在家庭之中，几乎谈不到什么自主从事经济活动的问题。同时，服从意识被视为女子应有的美德，因此，在以“权利为本位”的现代法律面前，女性的反映往往比男性要迟钝。但男性却不然，一方面，中国男性长期生活在男子至上至尊的观念环境中；另一方面男子的受教育程度往往高于女子，因此，我国男子在现代法律面前的权利选择意识较强。宁夏是一个受我国传统观念影响较浓的地区，所以，不论回汉哪个民族的男女，在现代经济活动中男子重权利，女子重服从的分野都是较明显的。从年龄特征看：回答拒绝的高峰年龄为50岁以上的人，占4个答案回答率的63.61%，其次为20～29岁年龄段的人，占4个答案回答率的56.96%，而30～39岁，40～49岁两个年龄段的人对“拒绝”的回答率分别占4个答案回答率的54.93%和47.04%。造成这种差异的原因是：一方面，年龄偏大的公民男性识字率较高，因此，女性请男性回答问题（往往请年龄偏大或偏小的男性）者较多，而男性对问

题的回答,又以选择“拒绝”为多;另一方面,50 岁以上的公民受 20 世纪 50 年代的教育较多,社会正义感较强;20 ~ 29 岁间公民,受 20 世纪 80 年代教育较多,是非观念较强;而 40 ~ 49 岁间公民,基本上是在“文化大革命”中成长起来的,一般说来,对权力的认同感和服从感较强。这些均是造成不同年龄阶段对答案选择不同的部分原因。此外,还有一些偶然性因素,这里不多分析。从民族特征看,回族公民选择拒绝和妥协的均高于汉族公民,分别高出 2.77 和 1 个百分点,而汉族公民选择“服从”和“看形势办”的人高于回族公民,分别高出 2.17 和 1.91 个百分点。造成这一差异的原因,主要在于回族是一个极善于经商的民族,因此,对商业利益的注重易使其意识到对权利的运用,而拒绝和妥协均是对自身权利的操作结果。同时,伊斯兰教的宗教精神对形成如上回答结果也有一定影响。而宁夏汉族公民的经商意识较差且受儒家服从观念的影响较回族公民深,这可能是对问题的选择与回族公民有所不同的原因。

当然,从表 1 中似乎回汉公民对问题的回答差异不太大,这也是有一定原因的。除调查过程中的技术漏洞外,回汉民族长期杂居,从而在经济活动中相互借鉴、相互影响使其对许多问题的看法趋同,这在我们的全部调查资料中均有明显的反映。

在我国,人们普遍将法当做一种约束机制,而没有当做激励机制,这在宁夏的回汉民族中表现尤甚。他们一般认为法律对人们的经济活动只有制约作用,而没有推动作用。不论回答法律在经济活动中的作用是重要还是不重要,人们都把看问题的基点放在法律对主体经济活动的制约程度上。回答法律在经济活动中具有“关键作用”或“较重要作用”的人,一方面是出于对法律制约作用的充分信任;另一方面则是出于对现实经济活动中不合理现象的严重不满。当笔者在调查中询问一位回族妇女为什么要回答法律在经济活动中很重要时,她的回答是:“只有法律严一点,才能杀一批赃官贪官;法律放松了,那批人也就危害百姓了。”类似的答案还有许多。而回答法律在经济活动中只起“一般作用”,甚至“没有作用”的人,也往往是基于法律对人们现实生活的制约作用较差而考虑的。当笔者问一位汉族中学生为什么填写法律对经济活动“没有作用”时,他反问道:“那么多小偷,那么多贪官污吏,法律能把他们怎么样?”法律一旦在人们心目中成了约束人的工具,便必然会丧失它在主体心目中的地位。人们在心理上,往往惧法畏法。尤其重要的是,中国人向来视法为刑,即把法律与刑罚、镇压等同起来,于是便“谈法色变”,这点在宁夏回汉民族中表现也很突出。从宏观上分析,其原因是:回族一方面受伊斯兰教法传统的影响较大,另一方面又受中国传统的儒家伦理法观念的影响颇大。众所周知,儒家伦理法是强调义务本位的一种法意识,而"传统的伊斯兰法……既非世俗也非独立的体系,与之相应的则是其义务本位(而非权利本位)的思想"。[1] 因此,虽然回族公民的权利意识较汉族公民强,但视法律为约束、为义务却与汉族无异。至于宁夏的汉族,更是深受中国传统的儒家伦理法观念的影响,把法律当做义务禁约。这种法律观念造成的必然结果是:在实践中不愿认真钻研法律的内容,尤其在市场经济这个以求利(经济效益)为本的经济形态下,人们总是把想象中的法律禁约和经济求利活动对立起来,宁夏的一位汉族女店主这样告诉笔者:"如果真的像法律要求的那样去做,那我们只好关门了。"当我进一步问"法律规定的都是些什么"时,她脱口而出:"还不是让我们多交票子,限制我们的手脚。"至于法律如何保护她的经营利益,她全然不知。在此,我们不难看出法律观念对人们经济活动的制约及因此而对法律自身的成见。

前述分析表明:从总体上讲,宁夏回汉民族法观念的共同特征是:义务本位。细加考究,回族公民的权利意识较强(不论其自身意识到与否),而汉族公民的义务服从意识较强,这种状况直接影响到其法律行为的状态。

(二)关于宁夏回汉民族法律行为的比较分析

法律意识是法律行为的发动器,任何法律行为都受法律意识的支配和制约。

人们一般对法律行为的学理解释是这样的:"具有行为能力的自然人或法人为了确定、变更或终止权利义务关系而采取的一种法定的行为。"[2] 其实,更明确一点讲,所谓法律行为,就是法律主体依法进行的作为或不作为。任何法律行为总是受一定意识支配的,因此,法律行为的研究需要涉及法律意识问题。宁夏回汉民族的法律行为从意识到行为过程有如下特征:

第一,违法才是法律行为。在宁夏,一般公民所领会的法律行为,只是违法行为,只有打人了,甚至构成犯罪了,人们才意识到和法律有了关系;没杀人,没犯罪,人们便很难意识到自身行为和法律相关。比如,老人对自己将来遗产的处理,村民或市民到市场上买卖蔬菜,在城市大街上行走等行为一概被人们当做和法律毫不关涉,而只属于自己私人的事。倘

---

① 梁治平:《法辨》,贵州人民出版社 1992 年版,第 232 页。
② 乔伟主编:《新编法学词典》,山东人民出版社 1985 年版,第 638 页。

有人给他(她)们讲,在城市大街上行走本是一种法律行为时,人们或者十分诧异,或者不屑一听。这样,就使日常经济生活中的许多法律行为,被人们在观念上弃除于法律行为之外。许多人当自己的麦苗或其他庄稼遭他人的牲口践踏时,能意识到要求对方赔偿乃至请求公权机构(如政府或其部门、党委机构等)出面解决,然而,要说把这种行为上升到法律角度,说是一种法律行为,一般人们却是很难接受的。再如,回族群众时常对假冒清真食品现象请求政府出面处理,但一般人只认为那是属于违背教义或道德范围的事,而很难意识到这本是法律范围内的事。这一切,都是与前述回汉民族的"法即刑"的法律意识紧密相关的。总之,在这里,人们的日常经济活动受古老的道德准则或伊斯兰教经训的调整,至于人们将日常经济行为和法律相联系起来的时候,除非已经在经济上出了"大事"。

第二,法官才有法律行为。只要人们留意观察便会发现,宁夏回汉民族把法律行为往往看成只是法院法官的行为,或再推而广之,法院、检察院或公安局工作人员的作为才是法律行为,而其他如税务部门、财政部门、金融部门、农业部门等的行为,都被认为是执行政策的行为。持这种看法的人,不仅是一般百姓,而且有不少官员。笔者到某地农业主管部门去"普法",当谈及农业部门要严格执行有关农业管理法律、法规时,一位领导随后提问:"我们执行法律,那么要公、检、法干什么?"言下之意,执法事项,只是公、检、法机关的事。抱这种看法的行政系统官员,为数绝不是个别。长期以来以政策行政的结果使人们形成这样的认识惯性:行政系统与法律无缘,有时眼前明明摆着法规,而官员们却硬要用政策来表述它。至于把公民上下班的行为、工厂的生产活动、销售活动、上街宣传其产品的活动,以及单位给职工发放工资、奖金,企业生产何种产品,要不要送孩子上学……这些活动和法律联系起来者,实在是寥寥无几。对于法律行为的这一认识,使得许多公民解开了自己和法律的关系,似乎自己与法不沾边、无关系,这正是形成许多人认为自己"和法律没打过交道"的根本原因。

第三,哪里管得紧,哪里才有法律行为。在宁夏,还有不少人把法律和管人联系起来。认为只要人们自在的地方便没有法律,而只有那些人们不自在的地方才有法律;越管得紧的地方,才有法律,越管得松的地方,便没有法律……至于对管得松与紧究竟是否符合法律,人们则不加多问。有些地方,税收工作人员、工商行政管理人员、公安人员等非法高额收"税"、任意罚款,这在人们看来是"法严";而前一段有些地方鼓励农民职工经商，依法对有些初“下海”者减免税，这在许多人看来是“无法”。再如，在不少单位，人们把职工畅所欲言，并把男女青年们在业余时间按各自兴趣、爱好梳妆打扮看成是“无法”，而把单位内部死水一潭，一人说了算看做是“有法”（这在中老年人中尤盛）。凡此种种均表明宁夏回汉民族对法律行为的认识十分模糊，总是把法律行为和管得死、管得住联系起来，而把人们的自主、社会的活跃等都看做无法现象。这种关于法律行为的看法，显然是与前述法律就是约束的法律观念相合相拍的，由此又导致了关于法律行为的如下认识特征。

第四，易把尽义务的行为和法律联系起来，而难以将享受权利的行为和法律联系起来。权利和义务本来是法律规范中相辅相成的两个方面，但由于一方面，在我国千百年来所通行的法律事实上是只要求人们尽义务，而不让人们享受权利的法律，因此，便积成了深沉的义务本位的法律观念；另一方面，在现实的法制宣传中，我们总是片面地强调守法的作用，而很少讲人们自觉运用法律，享受权利的作用，于是，人们很少将享受权利的行为与法律联系起来，如衣物所有权的享受，生命权、名誉权的享受，环境权、休息权的享受，工作权、受教育权的享受等统统被人们看成是“机缘”，而未看成是法律行为。再如，对爱提意见或建议的职工，不少人看做是“调皮”、“爱管闲事”，甚至“爱闹事”，而很少有人想到提意见或建议者是享受法律规定的神圣权利。

以上我们探讨了宁夏回汉民族法律行为的意识特征，从表面上看，其还是属于法律观念的范畴，然而正是这些观念的直接支配，引导了宁夏回汉民族经济活动中法律行为的如下共同特征：(1)合法行为少，非法行为多。许多行为如违反交通规则，拿公物为私用等，均被当成道德问题，而没有以违法来衡量，于是人们很少受法禁的约束。有些国家机关的严、狠、厉，表面上是轰轰烈烈的执法，但其实有不少行为是“非法执法”。(2)和解行为多，诉讼行为少。由于人们对法律普遍有惧怕心理，因此，遇到纠纷通过乡老、阿訇或政府（以所谓“政策”处理，往往并不合法）来处理，而很少想到运用诉讼手段，请求法院处理。(3)避法行为多，求法行为少。既然法律主要是制约人、管理人的，则必然导致人们在经济活动中尽量逃避法律乃至钻法律的空子，而很少有人按照法律如何规定，自己才如何做。(4)守法行为多，用法行为少。在涉及法律义务的遵守上，只要是有人倡议，人们一般会按倡议遵守（但自觉守法者极少，如随地吐痰、短斤少两、随处停车、公权私用等平常行为都表明了此），但自觉争取权利的行为很少，倡导人们保护自己的权利的事也不多，因为人们认为与他人公开争权利是“没有涵养”的表现。

上述情况，表明的是宁夏回汉民族经济活动中法律的相同点，至于其相异点，与其法律观念的相异点是紧密相连的。总的说来，回族公民在经济活动中注重法律权利，而汉族公民较注重法律义务(不过应指出的是绝大多数公民并没有明确地将这种行为倾向和法律联系起来，这是由其法律观念的狭隘性导致的)。笔者拟用对下面两组调查问卷的回答作为此结论的论据。

问题1. 当法律妨碍经济利益时，应当：①遵守；②避开(绕道走)；③不遵守；④公开反对；⑤不清楚。

如上5个问题，最能反映权利义务观念的是第①和第④个问题，对这两个问题的回答是这样的：回族公民选择①的占49.62%；汉族公民选择①的占52.73%，后者比前者高出2.11个百分点，大体表明汉族公民遵守义务的行为倾向较高。回族公民选择④的占15.48%，汉族公民选④的占9.76%，后者比前者低出5.72个百分点，这也能在一定程度上表明回族公民享受权利的行为倾向较高。当然，应指出的是：对这一问题的回答，因前提是法律妨碍了人们的经济利益，因此，涉及法律是否公正问题。这样，具有享受权利行为倾向的人从设想的“现行法”的角度看，甚至违法；而具有遵守义务行为倾向的人，从设想的“现行法”角度看，反倒合法。由于此问题和本文内容关涉不大故这里不详述。

问题2. 政府机关与企业的关系应当是：①服务与被服务的关系；②领导与被领导的关系；③监督与被监督的关系；④指令与无条件服从的关系。对这一问题的回答见表2：

表2：公民对法律规定的政府与企业之间关系的认识取向 %

答案	性别		年龄				民族	
	男	女	20~29岁	30~39岁	40~49岁	50岁以上	回族	汉族
1	29.87	31.67	31.23	28.08	31.36	35.54	32.31	28.42
2	25.83	28.86	24.22	29.95	32.40	27.11	23.59	31.06
3	32.78	28.65	33.33	30.55	25.44	28.07	33.85	28.59
4	10.88	10.02	10.46	11.10	10.80	9.40	9.49	11.74

对第二个问题的回答，选择①、③者，更能表明对法律规定的政府与企业关系的合理理解；而选择②、④者更能表明对法律规定的政府与企业

关系的不合理理解。在表 2 中可以看出回族公民选择①、③的分别占 32.31% 和 33.85%，汉族公民对这两个答案的回答分别占28.42% 和 28.59%，比回族公民对这两个问题的回答分别低出 3.8 和 5.26 个百分点。而对②、④的回答正好相反，回族公民的回答分别占 23.59% 和 9.49%，而汉族公民的回答分别占 31.06% 和 11.74%，后者对这两个问题的回答又分别高出 7.56 个百分点和 2.25 个百分点。这一比较，也能较好地表明回汉民族经济活动中的法律行为倾向。

如上我们探讨了回汉民族经济活动中法律意识和法律行为的相同特征及相异特征。从总体上看，两民族在经济活动中法律观念和法律行为的相同点居多，而相异点较少。法律观念较差，服从意识极强，这种现状，对宁夏经济现代化的制约、阻碍是巨大的，也是需要我们认真克服的。

三、克服阻碍宁夏经济现代化的法律观念和法律行为，促进宁夏经济的现代化进程

（一）宁夏回汉民族经济活动中法律意识和法律行为的现状对经济现代化的制约

经济现代化是涉及社会的方方面面的概念，它绝不仅仅是指经济的高速增长率，也不仅仅指人们手中有现代化的家用电器。如果仅以此来衡量，那么海湾国家早应跨入现代化国家之列，然而，这些国家迄今仍置于君主专制之下。经济现代化首先是人的现代化，包括人的素质、人的行为方式等，然而，人的现代化必须有一定的规则标准。这些规则，主要应是明细化、具体化和具有正义性的法律以及主体对法律的内心认同，不然，所谓人的现代化便因缺失普遍的准则，而变成各行其是的无政府主义，这一点在改革开放过程中的宁夏人民已经隐约地感到了。改革开放，有对传统价值观的汲取和保留，但这不是主要方面；最主要的还是随着改革开放的发展，传统价值观的丧失。当以传统道德规则来规范人际关系的模式被打破后，传统人即刻陷入一种茫然不知所措的境地。虽然政府在倡导法制，舆论在张扬法制，然而，人们在文化传习中形成的对法律的深刻拒斥感再加上公权机构自身对法律的执行不严，使人们在心理及行为上都有一种无政府主义的感觉。只要人们留心观察银川车道上很少受法规约束的“招手停”，便会多少领略前述感觉：随意停车、任意超车、快慢无度等。再如，稍用心观察宁夏高校校园内的动静，也会得出这样的印象：高校校园既是智慧的储存处，更是现代意识远远浓厚于一般社会的处

所。然而,长期身置此处的人会感到受到经济的无序给它带来的强烈冲击。个别高校校园内,经营饭食的私营饭馆、饭摊足有十余家,师生主要将精力投注于"经济收益"。生活的拮据严重弱化了他们对知识的追求、对教学科研的追求。人们尚没有充分意识到人才资本是经济现代化的根本前提。在人才管理与人才教育上具有明显的非规范性倾向。至于市场管理、乡村管理及其他社会管理中的无序现象随处可见。

当然,如上所述都是些现象问题。通过这些现象,我们不难体察到法律意识的偏颇和法律行为的偏离对于宁夏经济现代化的影响:首先,经济活动的无序使人们缺乏经济活动的长远观念,因此,经济政策及经济行为常常表现为短期化。只要一时能发财或向某个上级能交代自己干些什么就行,至于长远打算及这些打算可行不可行,人们则考虑得很少。经济现代化是一个循序渐进的过程,而经济活动中的短期行为(包括经济政策和经济活动的短期化),使社会经济进程不可能环环相扣,从而导致经济现代化过程的进一步、退一步的徘徊局面。这一切往往与人们只认人,不认法;只认私人关系,不认法律协调;只认政策效应,不认法律功能密切相关。可见,法律意识的缺乏直接影响了经济活动过程的现代化。其次,经济活动的无序也表明人的现代化尚远离经济活动。经济活动是人的活动,经济现代化归根结底是人的现代化,没有现代人的操作,经济现代化的景况不可能到来。而现代人的普遍准则,正如前述是具有明细性、具体性、正义性和普遍适用性的现代法律。既然人们缺乏现代法律意识和行为,怎能指望其成为现代法律规范下的现代人呢?因此,宁夏回汉民族现代法律意识的缺乏直接影响了经济主体(人)的现代化。最后,经济活动中的无序,导致人们的思维趋向是:返回传统经济形态,即自然经济条件下。这在宁夏广大农村地区尤甚。宁夏农村人口占总人口的80%以上,城市化率极低,传统的自然经济在农村经济中占压倒地位。在城市居民中,消费形态基本呈自然经济条件下的消费状况。这种惯性只有当人们有了更大的推动力或吸引力时才可能克服。然而,规定经济现代化基本模式和框架的现代法律尚未深入人心,即尚未形成对传统经济活动习惯的推动和吸引力,因此,现代法律意识的缺乏和法律行为的偏颇,必然影响宁夏经济现代化的总体进程。

宁夏回汉民族经济活动中的法律意识和法律行为对宁夏经济现代化的制约甚多,如上的探索,只不过是挂一漏万,聊供人们研究该问题时参考。

（二）努力培养宁夏回汉民族的现代法律意识和法律行为，促进宁夏经济的现代化

要说宁夏回汉民族没有法律意识，那显然是不妥的。我们前面的探索不但表明其法律意识，而且表明视刑为法、义务至上等传统法观念的坚固性和浓厚性。不过说宁夏回汉民族普遍缺乏现代法律意识却是恰当的。现代法律是随着商品经济的发展而发展的，中国十多年的改革基本上采取商品（市场）化的路径，但宁夏改革的缓行使人们的商品（市场）观念较淡薄，因此，对现代法律的认识也较淡漠。这要求我们必须努力培养宁夏公民的现代法律意识和法律行为，那么，如何培养呢？

首先，在商品（市场）经济的发展进程中培养，这是就基础而言的。经济基础决定上层建筑是马克思主义的一个基本观点，市场经济的发展，必然会使市场主体产生新的社会规范的要求。深圳的发展便是明证。在深圳的发展中，法律总是伴随着人们和市场化相关的巨大经济举措：特区的设立，引致主体对经济特区运行法律的要求，于是相关的法律在那里出现了；股份制的推行，又引致人们对股份制运行的法律的要求，于是，与股份制相关的法律出现了；房地产交易的活跃，使人们对房地产相关的法律需求很快化作了法律条文；证券交易业的发展，又使人们对证券交易相关的法律需求变作了法律条文……只要人们到过深圳，不但可看到经济的生机勃勃，更能看到主体的心情舒畅和社会的井然有序。宁夏公民法律意识的培养和法律行为的引导，也离不开市场经济的发展。也许在市场发展的起始阶段是无序的，但当其发展到一定阶段，人们必然会提出有序主张和法制要求。

其次，超前培养宁夏公民的现代法律意识，及时引导其法律行为，努力灌输其法律知识，这是就法制体系自身而言的。虽然，市场经济的发展必然会培养人们的现代法律意识，然而，这一过程却是自发的。只有超前培养人们的现代法律意识，及时引导其法律行为并尽力灌输其具体的法律知识，才能使人们对经济活动中的法律要求变得更自觉、更主动。所谓超前培养，就是指在经济现代化尚未实现之前，就应培养人们现代化的法律意识；所谓及时引导，则指时刻注意人们的法律行为动向，对合乎现代法律要求的行为应加以倡导、鼓励、示范，对悖反现代法律要求的行为应加以制裁、警戒、抑制；所谓努力灌输则指对合乎市场经济要求的法律规定，应最大限度地告知全体公民。比如，股份制，首先是一个法律制度问题，因此，应将其从法律的角度宣讲给公民；再如，关税贸易总协定首先是

一个国际经济法文献，因此，宣讲它时不能仅就经济而言，而应从国际经济法的角度去讲。这样，更易收到人们对市场经济的运作过程必然应有法制相伴的认识。

最后，应在法律良好运行中培养公民的现代法律意识，并引导其行为，灌输其知识。法律贵在运行，法律一旦停止运行，往往导致比无法更糟的后果。法律的运行，包括国家机关的执法行为活动、司法活动、法律监督活动以及公民的用法和守法的活动，这其中国家机关是否依法对于全体公民法律意识的培养至为重要。宋代文学家苏轼曾言："厉法禁自大臣始。"我们相应则要倡导"厉行法治应从官府始"。国家机关及其工作人员没有良好的法律意识和正确的法律行为，要引导其他公民的法律行为，培养其他公民的法律意识，只能如痴人说梦。宁夏是一个民族区域自治地方，民族区域自治是我国宪法的神圣规定，因此，宁夏公权机关，尤其权力机关和行政机关及其工作人员，更应有较高的法律意识，充分利用自治法赋予我们的权利和义务、权力和责任，以推动宁夏现代化建设的快速发展。如果能做到公权机关依法而为，公民自然会上行下效。对于公民而言，应更多地从其权利意识的培养中树立法律意识。过去我们只注重义务的宣讲，而忽视权利的培养，从而使人们畏法、避法、视法如仇。现在，应首先注重法律是公民权利之源的教育，因为只有当法律和每个公民的权利、利益密切关联的时候，人们才会自觉地用法，相应地也会自觉地守法，因为权利的取得及大小与义务的付出及大小成正比。

总之，经济现代化是与法律现代化紧密相关、如影随形的。宁夏的经济现代化离不开宁夏人在经济活动中现代法律意识和行为的支持，因此，只有积极培养宁夏公民的现代法律意识，及时引导其现代法律行为并灌输其现代法律知识，才能推动宁夏经济现代化的尽快实现。

〔本文原载《宁夏回汉民族经济行为发展取向研究》
（甘肃文化出版社 1995 年版）。
收入本书时题目作了改动〕

图书在版编目(CIP)数据

法的思辨与实证/谢晖著.—北京:法律出版社,2015.6

ISBN 978-7-5118-8022-2

Ⅰ.①法…　Ⅱ.①谢…　Ⅲ.①法的理论—研究　Ⅳ.①D90

中国版本图书馆CIP数据核字(2015)第121085号

法的思辨与实证　|　谢　晖　著　|　责任编辑　周丽君
装帧设计　贾丹丹

开本 720毫米×960毫米　1/16
印张 25.5　**字数** 376千
版本 2016年2月第2版
印次 2016年2月第1次印刷
出版 法律出版社
编辑统筹 独立项目策划部
总发行 中国法律图书有限公司
经销 新华书店
责任校对 杨锦华
责任印制 张建伟
印刷 三河市龙大印装有限公司

法律出版社/北京市丰台区莲花池西里7号(100073)
电子邮件/info@lawpress.com.cn
销售热线/010-63939792/9779
网址/www.lawpress.com.cn
咨询电话/010-63939796

中国法律图书有限公司/北京市丰台区莲花池西里7号(100073)
全国各地中法图分、子公司电话:
第一法律书店/010-63939781/9782
西安分公司/029-85388843
重庆公司/023-65382816/2908
上海公司/021-62071010/1636
北京分公司/010-62534456
深圳公司/0755-83072995

书号:ISBN 978-7-5118-8022-2
定价:58.00元
(如有缺页或倒装,中国法律图书有限公司负责退换)